KB060390

International Political Economy

국제정치경제
—
시각과 쟁점

제2판

이상환 저

박영사

「국제정치경제: 시각과 쟁점」 제2판을 발간하며…

2021년에 「국제정치경제: 시각과 쟁점」을 처음 출간한 후 3년의 세월이 흘렀다. COVID-19라는 팬데믹 와중에 변화하는 국제질서를 목격하면서 본 고 (稿)를 집필했다. 팬데믹 전후의 국제질서는 완전히 다른 양상이다. 특히 국제정치경제 관계의 현실은 판이하다. 오늘날의 국제질서를 '신냉전'이라고 규정하는 것도 이런 현실의 반영이라고 말할 수 있다. 미국과 중국 간 통상·통화 패권 경쟁은 심화하고 '경제안보'라는 용어가 부상하는 것을 보며 새로운 개정판의 준비가 필요함을 절감했다. 이에 본 단행본을 출간하게 된 것이다.

본 개정판에 그동안의 축적된 지식과 경험은 물론 최근 변화한 국제정치경제 관계의 양상을 담아내었기에 정치학 교육에 조금이나마 도움이 되었으면 한다. 아울러 저자의 학문적 정체성을 대표하는 이 책이 학부생을 위한 국제정치경제 기본서로서 계속 활용되기를 바라는 마음이다.

개정판 출간에 즈음하여 지난 세월 맺어온 많은 소중한 인연들에 대한 고마움을 다시금 전하고자 한다. 올해로 학과 창설 60주년을 맞이하는 모교인 한국외국어대학교 정치외교학과 은사님과 교수님 및 학생들, 학부 창설 10주년이 된 Language & Diplomacy 학부 교수님과 학생들, 학문공동체의 동료로 함께 해온 한국국제정치학회 회원분들…. 이 자리를 빌려 저자와 인연을 맺은 모든 분께 감사드리고자 한다. 끝으로 한 학자의 삶에 힘이 되어준 사랑하는 아내와 두 딸에게 말로 표현할 수 없는 고마운 마음을 전하고자 한다.

2024년 9월
이문동 연구실에서 저자

「국제정치경제: 시각과 쟁점」을 발간하며…

1985년 가을 어느 날, 미국 미시간주립대학교에서 내 학문 인생의 첫발을 내디뎠다. Hans J. *Morgenthau*의 *Politics among Nations: The Struggle for Power and Peace*를 바이블 삼아 국제정치를 공부해온 한국 유학생이 경험한 미국 대학교 정치학과 박사과정 생활은 고행의 나날이었다.

실증주의(positivism)가 지배하는 미국 정치학계에 적응하기 위해 사회과학방법론과 통계학을 수강하고, 탈냉전기로의 이행과정에서 부각되는 신자유주의적 제도주의(neo-liberal institutionalism)를 공부하며 학문의 맛을 조금씩 느껴갔다. 나아가 국제정치의 한 축인 국제정치경제를 주 전공분야로 국제통상 이슈를 그 세부 의제로 학문의 깊이를 더해가다 보니 자연스레 저자의 학문적 정체성이 만들어졌다. 국제정치경제 전공자, 국제통상분쟁 전문가, 신자유주의적 제도론자, 실증주의자, 경험적 방법론자 등 한 학자에게 부여된 정체성이 그 학문적 삶의 방향을 설정해준 것이다.

올해로 대학교에서 정치학도를 교육한 지 25년이 되어간다. 박사과정 중 미국에서 학부학생들에게 강의한 경험까지 합하면 28년이 되어간다. 지난 세월동안 학생들에게 국제정치경제 교과목을 강의하며 학부학생을 위한 보다 나은 교재에 대해 목마름이 있었다. 이에 지난 20여 년간 활용한 강의노트와 발표한 연구논문을 토대로 본 단행본을 발간하게 된 것이다.

1994년 여름 박사학위 논문디펜스를 마치고 지도교수인 Scott Gates 교수님께서 미국국제정치학회 학술회의 가방을 축하선물로 주시면서 하셨던 말씀이 아직도 뇌리에 남아있다. "좋은 강의란 네가 아는 것을 말하는 것이 아니라 학생들이 듣고자 하는 것을 말하는 것이다." 그 말씀대로 강의를 해왔는지 아쉬

움도 있으나 1986년 첫 만남 이래 오늘에 이르기까지 지난 30여 년간 게이츠 교수님과 사제지간으로 계속 함께 연구하며 지내올 수 있었음에 감사할 뿐이다. 이 책을 통해 게이츠 교수님께 감사의 마음을 전하고자 한다.

2020년 한국국제정치학회장으로서 선후배 학자님들과 호흡하며 학문 인생의 1막을 마무리한 것 같다. 이제 2막은 그동안의 축적된 지식과 경험을 다양한 책에 담아 정치학 학문공동체에 기여하고 정치학 교육에 도움이 되고자 한다. 이 책은 그러한 노력의 결과물이라고 할 수 있다. 앞으로 출간할 다른 책에 앞서 저자의 학문적 정체성을 대표하는 책이기에 더욱 애착이 간다.

책 출간에 즈음하여 지난 세월 맺어온 많은 소중한 인연들에 대한 고마움을 다시금 느낀다. 모교인 한국외국어대학교 정치외교학과 은사님과 교수님 및 학생들, Language & Diplomacy 학부 교수님과 학생들…. 이러한 인연이 없었다면 저자의 이 책은 세상에 나오지 못했을 것이다. 이 자리를 빌려 저자와 인연을 맺은 모든 분께 감사드리고자 한다.

끝으로 한 학자의 삶에 힘이 되어준 사랑하는 가족에게 말로 표현할 수 없는 고마운 마음을 전하고자 한다.

2021년 3월
이문동 연구실에서 저자

차례

제 1 부

제**3**부

1부

Ⅰ

국제정치경제에 대한 기본적 이해

 ## 사전 학습(핵심 용어 정리)

용어	뜻
국제정치경제	국제사회의 모든 현상을 정치경제적 현상으로 규정하고 이를 대상으로 정치적 시각에서 분석하고자 하는 정치학의 한 학문분야임.
북-북 체제	국제사회에서 부국(선진국) 간의 관계를 의미함.
남-북 체제	국제사회에서 부국(선진국)과 빈국(개도국) 간의 관계를 의미함.

📝 학습 목표 및 목차

◎ 주제

국제정치경제란 '무엇(연구 대상)'을 '왜(연구 목적)' 그리고 '어떻게(연구 시각 및 방법)' 공부하나요?

◎ 학습 목표

1. 정치학의 학문분야로서의 국제정치경제에 대해 이해할 수 있다.
2. 국제정치경제의 개요와 그 연구 목적, 대상, 시각, 방법을 파악할 수 있다.

◎ 학습 목차

1. 정치학의 학문분야로서의 국제정치경제에 대한 이해
2. 국제정치경제 개요
3. 국제정치경제의 연구 목적, 대상, 시각, 방법

국제관계(international relations)를 연구하는 정치학의 한 학문분야를 우리는 국제정치(international politics) 혹은 세계정치(world politics) 혹은 범지구적 정치(global politics)라고 일컫는다. 어느 용어를 사용하든 국제관계를 다룬다는 것은 부인할 수 없으며, 다만 그 관계의 주체와 성격에 대해 약간의 차별화된 인식이 존재한다고 할 수 있다.

국제관계의 주체를 협의적으로 정의하면 국가(state actor)에 한정할 수 있으나, 광의적으로 정의하면 국가와 더불어 국제기구, 다국적기업 등을 포함하는 비국가 행위자들(non-state actors)을 모두 일컫는다. 또한 정치학 분야에서 국제관계의 성격을 협의적으로 정의하면 정치·군사·안보적 관계에 한정되나 광의적으로는 여기에 경제·사회·문화적인 관계를 포함하는 다양한 관계를 말한다. 오늘날 국제관계를 이해함에 있어서 우리는 그 주체와 성격을 광의적으로 파악함이 타당하다. 한마디로 말하여, 국제관계학(국제정치학, 세계정치학, 지구정치학)이란 국제사회에 있어서 국가 혹은 비국가 행위자들 사이의 정치·군사·안보적 및 경제·사회·문화적 관계를 다루는 학문분야라고 할 수 있다.

우리는 이러한 국제관계를 각기 다른 분석수준에서 다양한 접근방법으로 연구하게 된다. 연구대상을 중심으로 한 분석수준을 언급하면, 개별 정책결정 담당자 수준에서의 연구인 개인 수준의 분석(individual level of analysis), 국가 수준에서의 연구인 국가 수준의 분석(state level of analysis), 그리고 양극 혹은 다극 등 다양한 체제 수준에서의 연구인 국제체제 수준의 분석(international system level of analysis)이 있다. 또한 그 접근방법으로 전통적 접근법(traditional approach)과 행태적 접근법(behavioral approach)이 있으며, 이 중 전통적 접근법은 국제관계에 대해 주로 규범적인 접근을 행하고, 행태적 접근법은 전쟁과 세계평화 혹은 전 세계적인 부와 빈곤 등의 원인을 살펴봄에 있어 주로 양적인 접근을 행한다.

정치학의 분야를 한국정치, 정치사상 및 이론, 비교정치 및 지역연구, 국제정치, 행정 및 정책학 등 다섯 가지로 나눌 수 있는데, 여기서 국제정치는 앞에서 언급했듯이 광의적 의미의 국제관계를 다루는 정치학의 한 학문분야이다. 국제정치를 영문으로 world politics라 칭한다면 국제정치는 **전쟁**(war)과 **세계평화**(peace)의 문제를 다루는 **국제안보**(international security)와 전 세계적인 **부**(wealth)와 **빈곤**(poverty)의 문제를 다루는 **국제정치경제**(international political economy)로 나눌 수 있다. 공교롭게도 그 첫 글자가 모두 'w'와 'p'인 것이다. 그리고 뒤에 언급하겠지만 세계시민으로서 우리가 지향하는 국제사회의 모습이 **부**(wealth)와 **평화**(peace)가 넘치는 국제사회라는 점에서 그 또한 'w'와 'p'로 시작됨을 알 수 있다.

　우선 국제안보 영역인 전쟁과 세계평화의 문제를 그 **시각**(perspective)과 **쟁점**(issue)의 측면에서 살펴보면 다음과 같다. 국제관계를 설명하는 세 가지 **기제**(instrument)로 **힘**(power), **제도**(institution), **구조**(structure)가 있다. 각 기제를 강조하는 거시적인 시각을 언급하면 **현실주의**(realism), **자유주의 혹은 제도주의**(liberalism 혹은 institutionalism), **구조주의**(structuralism) 등을 들 수 있다. 그 주요한 쟁점에는 **국가안보**(national security)와 **인간안보**(human security)가 있다. 이러한 맥락에서 상대적으로 미시적인 국제안보 관련 시각을 나열하면 **세력균형**(balance of power)이론, **공포균형**(balance of terror)이론, **위협균형**(balance of threat)이론, **이익균형**(balance of interest)이론, **세력전이**(power transition)이론, **집단안전보장**(collective security)이론, **게임**(game)이론 등을 말할 수 있다.

　국제안보 영역의 쟁점들을 다루기 위해서는 20세기 양차의 대전 중 제2차 세계대전 이후 국제관계의 변화를 이해함이 요구된다. 즉, **냉전기**(Cold War, 1950~60년대), **긴장완화기**(Detente, 1970년대), **신냉전기**(New Cold War, 1979~80년대 전반), **탈냉전기**(Post Cold War, 1980년대 후반~2010년대), **네오냉전기**(Neo-Cold War, 2020년대~)로 이어지는 국제사회의 흐름에 대한 지식이 필요한 것이다.

　한편 국제정치경제 영역인 전 세계적인 부와 빈곤의 문제는 그 상대적인 미시적 시각으로 **상호의존**(interdependence)이론, **종속**(dependence)이론, **국가주의**(statist)이론 등을 다루게 되며, 그 주요 쟁점으로 **통상**(trade), **금융**(finance), **환경**(environment), **노동**(labor), **부패**(corruption), **인권**(human rights) 등 여섯 가지 의제

를 다루게 된다. 이들 쟁점들을 전개할 때, **국제정치경제(통상·금융)** 체제를 구분하는 **브레튼우즈(Bretton Woods)** 체제와 **후기 브레튼우즈(Post- Bretton Woods) 1기 및 2기** 체제에 대한 이해가 요구된다.

앞서 언급한 여섯 가지 의제를 다룸에 있어서 주로 1980년대 중반 이후 강조된 시기와 그 세부 의제들에 초점이 맞추어지며, 이를 다자간 협상에 걸맞게 배열하면 **우루과이라운드(Uruguay Round; 통상)**, **그린라운드(Green Round; 환경)**, **블루라운드(Blue Round; 노동)**, **금융라운드(Finance Round)**, **반부패라운드 (Anti-Corruption Round)**, **인권라운드(Human Rights Round)** 등의 순서가 된다. 통상을 논의함에 있어 오늘날의 국제경제통합의 흐름과 통상패권 문제 및 경제안보가 주요 의제가 되며, 금융의 경우 국제금융시장의 변화와 통화·환율제도, 외채 및 통화패권 문제 등이 그 주요 관심사가 된다. 또한 환경문제와 관련한 국제적 갈등, 동북아 환경협력, 환경파괴를 이유로 통상규제 문제 및 기후변화 등이 국제환경 관련 세부 의제이며, 국제노동기준과 통상규제의 연계 및 이주노동자 문제 등이 국제노동 관련 세부 의제인 것이다. 새로이 대두된 의제로서 부패 문제는 OECD 뇌물거래방지협정에 따른 부패와 통상의 연계 및 부패지수 관련 투명성 논의를 중심으로 행해지며, 인권 논의 역시 그 개념 인식 및 국제적 기준 설정 문제 나아가 인권외교, 난민 문제 및 인권개선을 위한 경제제재 등을 중심으로 행해진다.

위에 비추어보건대, 국제사회는 항시 두 가지 해결해야 할 과제를 안고 변화하여 왔다. 그 하나는 전쟁 문제이며 다른 하나는 빈곤 문제이다. 역으로 말하여, 평화와 부를 창출해야 할 과제에 직면해 있는 것이다. 20세기 말 이래 세계화의 흐름은 우리에게 바람직한 국제사회의 미래를 제시하고 있으나 그 가는 길이 순탄하지만은 않을 것임을 예고하고 있다. 낙관적으로 전망한다면, 지역주의의 흐름은 세계화와 상충되는 것으로 이해되기 쉬우나 지역주의의 성격이 폐쇄적인 것이 아니라 개방적인 것으로서 지구촌의 형성을 지향한다면 바람직하다고 볼 수 있는 것이다. 따라서 지역주의의 발전과정이 지역패권주의로 흐르지 않도록 지역블록 간 상호협력의 심화가 요구된다고 할 수 있다. 반면에 최근 **감염병(COVID-19)** 및 **미·중 패권경쟁**으로 인한 탈세계화의 움직임은 비관적인 전망을 유발하고 있다.

　궁극적으로 말하여, 바람직한 국제사회의 모습은 부와 평화가 넘치는 '**세계민주공동체**(world democratic community)'가 되어야 하는 것이다. 균등한 부와 완벽한 평화가 보장되는 국제사회를 현실적으로 달성하기 어려우므로 국제사회의 **운영원리**(힘이 아닌 **제도·규범의 우위**)의 민주화를 통해, 즉 국제사회 내 의사결정과정의 민주화를 통해 세계민주공동체를 형성해야 할 것이다.

1. 정치학의 세부 학문분야로서 국제정치경제에 대한 설명으로 가장 적절한 것은?

   ① 국제정치경제는 정치학의 학문분야 중 비교정치 및 지역연구 분야에 속한다.
   ② 정치학의 세부 학문분야로서 국제정치경제는 국제안보와 함께 국제정치 분야에
      속한다.
   ③ 국제정치경제는 정치학의 특정 학문분야에 포함시키기 어려운 독립적인 학문분
      야이다.
   ④ 국제정치경제는 정치학의 세부 학문분야에 해당하지 않으나 국제정치에 가장 가
      까운 분야이다.
   ⑤ 정치학의 학문분야로서 정치경제를 인정할 경우 국제정치경제는 비교정치와 함
      께 이 분야에 속한다.

   해설 정치학의 학문분야로서 국제정치는 국제안보와 국제정치경제로 구성된다. 정치학의 학
   문분야로서 정치경제를 인정할 경우 정치경제는 비교정치경제와 국제정치경제로 구성된다.
   정답 ②

2. 학문으로서 국제정치경제에 대한 설명으로 가장 적절한 것은?

   ① 국제정치경제의 학문적 기원은 인류 역사와 동일하다고 봐야 한다.
   ② 국제사회에서 부국과 빈국 간의 관계를 의미하는 체제는 북-북 체제이다.
   ③ 오늘날 국제정치경제가 다루는 국가 간 관계의 이슈는 통상과 금융에 한정된다.
   ④ 북-북 체제와 남-북 체제 중 국제사회에서 관련된 국가의 범위가 보다 큰 갈등
      은 남-북 체제이다.
   ⑤ 오늘날 국제사회에서 국가 간 빈부격차 축소를 위해서는 부국의 경제성장 조절이
      가장 적절한 해결책이다.

   해설 부국과 빈국 사이의 갈등은 전 세계적인 관심사이며 국제정치경제의 핵심의제인 것이다.
   정답 ④

3. 국제정치경제의 연구 목적, 대상, 시각, 방법을 설명한 것으로 적절하지 <u>않은</u> 것은?

① 국제정치경제는 통상, 금융, 환경, 노동, 부패, 인권 등을 연구대상으로 한다.

② 국제정치경제는 개인, 국가, 국제체제 등의 분석수준에서 연구를 행한다.

③ 국제정치경제는 전통적 방법으로는 연구 성과를 거둘 수 없는 최신 학문분야이다.

④ 국제정치경제는 현실주의(힘), 자유주의(제도), 구조주의(구조) 등을 주요 시각으로 한다.

⑤ 국제정치경제는 부의 불균형과 빈곤의 원인을 밝힘으로써 부의 균형과 창출을 위한 해법을 구하고자 한다.

해설 국제정치경제 연구를 위해 전통적 방법과 행태적 방법이 모두 활용된다.　　　정답 ③

정리하기

1. 정치학의 한 학문분야로서 국제정치경제란?

정치학의 학문분야로서 국제정치경제는 정치학의 다섯 가지 학문분야 중 하나인 국제정치에 속하며 이는 국제안보와 국제정치경제라는 세부 분과 학문분야로 나뉜다. 만약 미국처럼 정치학의 학문분야를 여섯 가지로 나눈다면, 즉 정치경제라는 학문분야를 인정한다면 국제정치경제는 정치경제라는 학문분야에 속하고 이는 국제정치경제와 비교정치경제로 구성된다.

2. 국제정치경제란?

국제정치경제의 학문적 기원은 국제정치와 마찬가지로 1648년 이후 즉 17세기로 거슬러 올라가나, 주요 관심대상은 제2차 세계대전 이후, 즉 브레튼우즈 체제 형성 이후 오늘날까지이다. 국제정치경제는 부국 사이의 관계를 나타내는 북-북 체제와 부국과 빈국 사이의 관계를 나타내는 남-북 체제를 주요 연구대상으로 하며, 그 관계를 광의적으로 해석하면 통상, 금융, 환경, 노동, 부패, 인권 등 다양한 이슈를 일컫는다. 과연 오늘날 국제사회에서 국가 간 빈부격차와 개도국의 빈곤문제를 어떻게 해소하느냐가 주요한 의제가 되는 것이다.

3. 국제정치경제의 연구 목적, 대상, 시각, 방법이란?

국제정치경제라는 학문분야는 통상, 금융, 환경, 노동, 부패, 인권 등의 **이슈(연구대상)**를 **현실주의(힘), 자유주의(제도), 구조주의(구조)** 등의 **시각(연구시각)**으로 그리고 개인, 국가, 국제체제 등의 분석수준에서 전통적 및 행태적 방법으로 연구**(연구방법)**하며, 전 세계적인 부와 빈곤의 문제를 다룸에 있어서 부의 불균형과 빈곤의 원인을 밝힘으로써 부의 균형과 부의 창출을 위한 해법을 구하고자 한다**(연구목적)**.

Ⅱ

국제정치경제 관계에 대한 이해

사전 학습(핵심 용어 정리)

용어	뜻
행위자	국제관계의 주체를 말하며 협의적으로 정의하면 국가(state actor)에 한정할 수 있으나, 광의적으로 정의하면 국가와 더불어 국제기구, 다국적 기업 등을 포함하는 비국가 행위자(non-state actors)를 모두 일컬음.
행위기제	국제관계를 지배하는 주요한 기제는 힘(power), 제도(institution), 구조(structure)이며, 따라서 국가 간의 관계는 힘의 우열관계로 설명할 수 있음. 국제 규범의 틀을 중심으로도 분석이 가능하며, 나아가 그 관계가 위치하는 구조적 현실을 토대로도 해석이 가능함.
브레튼우즈 체제	제2차 세계대전 후 서구자본주의체제는 동구사회주의체제와의 대결 속에서 정치경제적으로는 브레튼우즈(Bretton Woods) 체제라는 경제협력체제로 그 활로를 모색함. 전후 서구자본주의체제의 변모는 1944년 미국의 뉴햄프셔주 브레튼우즈에서 44개국의 대표가 모여 설정한 경제규정들로 출범한 브레튼우즈(Bretton Woods) 체제라는 국제경제질서의 형성과 이의 약화 및 새로운 질서의 등장으로 묘사될 수 있음. 이 체제의 3대 지주는 국제통화기금(International Monetary Fund; IMF), 후에 세계은행(World Bank)으로 개칭한 국제부흥개발은행(International Bank for Reconstruction and Development; IBRD), 그리고 관세와 무역에 관한 일반협정(General Agreement on Tariffs and Trade; GATT)임.

✎ 학습 목표 및 목차

◎ 주제

국제정치경제 관계의 **행위자**(actor; state & non-state actors)와 **행위기제** (instruments; power & institution & structure)는 어떠한가요?

국제정치경제 **질서**(order)는 어떻게 변화하여 왔나요?

◎ 학습 목표

1. 국제정치경제 관계의 행위자와 행위기제에 대해 이해할 수 있다.
2. 제2차 세계대전 이후 국제정치경제 관계의 변화를 파악할 수 있다.

◎ 학습 목차

1. 국제정치경제 관계의 행위자와 행위기제에 대한 기본적 소개
2. 국제정치경제 관계의 행위기제와 관련한 시각 소개
3. 제2차 세계대전 후 국제질서 및 국제정치경제 관계의 변화 소개
4. Post COVID-19 시대의 국제관계

Ⅰ. 국제정치경제 관계의 행위자와 행위기제에 대한 기본적 소개

1. 국제정치경제 관계의 행위자(actor)

국제관계(international relations)를 연구하는 정치학의 한 학문분야를 우리는 **국제정치**(international politics) 혹은 **세계정치**(world politics) 혹은 **범지구적 정치**(global politics)라고 일컫는다. 어느 용어를 사용하든 국제관계를 다룬다는 것은 부인할 수 없으며, 다만 그 관계의 주체와 성격에 대해 약간의 차별화된 인식이 존재한다고 할 수 있다.

국제관계의 주체를 협의적으로 정의하면 **국가**(state actor)에 한정할 수 있으나, 광의적으로 정의하면 국가와 더불어 국제기구, 다국적기업 등을 포함하는 **비국가 행위자들**(non-state actors)을 모두 일컫는다. 또한 정치학 분야에서 국제관계의 성격을 협의적으로 정의하면 정치·군사·안보적 관계에 한정되나 광의적으로는 여기에 경제·사회·문화적인 관계를 포함하는 다양한 관계를 말한다. 오늘날 국제관계를 이해함에 있어서 우리는 그 주체와 성격을 광의적으로 파악함이 타당하다. 한마디로 말하여, **국제관계학**(국제정치학, 세계정치학, 지구정치학)이란 국제사회에 있어서 국가 혹은 비국가 행위자들 사이의 정치·군사·안보적 및 경제·사회·문화적 관계를 다루는 학문분야라고 할 수 있다.

2. 국제정치경제 관계의 행위기제(instrument)

(1) 행위기제에 대한 소개

국제관계를 지배하는 주요한 기제는 **힘**(power), **제도**(institution), **구조**(structure)라고 할 수 있다. 국가 간의 관계는 힘의 우열관계로 설명할 수 있고, 국제적 규범의 틀을 중심으로도 분석이 가능하며, 나아가 그 관계가 위치하는 구조적 현실을 토대로 해석이 가능하다. 어느 기제에 강조점을 두느냐에 따라서 그 시각은 **현실주의**(realism), **자유주의**(liberalism), **구조주의**(structuralism)로 나뉠 수 있다. 이 중 힘과 제도를 둘러싼 이견이 국제정치이론 논쟁을 이끌어 왔다.

(2) 힘-현실주의 대 제도-자유주의

국제관계를 이해하기 위해서 우리는 힘, 즉 '**국력**(national power)'이라는 개념에 대해 논의해야 한다. 국력이란 특정국가가 갖고 있는 능력을 의미하며, 군사적·경제적·인구학상의 자원을 모두 포함하는 개념이다. 이를 측정하기 위해서 싱어(David Singer, 1989)는 **인구**(전체 및 도시 인구), **산업능력**(에너지소비량 및 철강생산력), **군사능력**(군사비지출 및 화력) 등을 활용하고, 오간스키(A.F.K. Organski, 1981)는 **국민총생산**(GNP)과 정치발전을 가늠하는 **납세수준**(tax effort) 등을 토대로 국력을 파악한다. 이러한 국력에 기초하여 그 역학관계를 중심으로 국제관계를 설명하고자 하는 부류의 학자들을 우리는 **현실주의**자라 부르며, 반면 국력보다는 국제 규범을 토대로 국제관계를 파악하려는 부류의 학자들을 **자유주의**(제도주의)자라고 일컫는다.

현실주의는 국제체제의 무정부성과 국가의 권력 추구욕을 지적하고, 국가 간의 갈등 현상과 협력의 제한성을 강조한다. 즉, 국제사회의 **권력 정치**(power politics)적 성격을 설명하고자 한다. 자유주의는 국가를 포함한 다양한 행위자들 간의 상호의존과 협력을 강조하며 국제제도의 역할을 지적한다. 이에 비하여 **신현실주의**(neo-realism)와 **신자유주의**(neo-liberalism)는 각각 현실주의 및 자유주의와 기본적으로 같은 입장을 취하나, 분석수준에 있어서 분석의 초점이 주로 국제체제 혹은 국가 간의 관계에 주어진다.

신자유주의는 어떻게 자기중심적인 행위자들이 무정부 상태 속에서 그리고 서로의 중요한 이해관계가 상충하는 가운데 협력할 수 있을까를 다루며, 국가 간의 협력이 이기적인 국가 사이에서도 일어날 수 있고, 이러한 협력을 위해 중요한 역할을 하는 것이 국제기구나 국제제도라고 한다. 즉, 제도화가 중요함을 강조한다. 한편 신현실주의는 국가 간 협력의 장애요인으로 타국의 배신에 대한 우려와 상대적인 이익의 성취에 대한 우려를 지적한다. 또한 상대적인 이익을 중시하여 절대적인 이익이 있어도 협력이 일어나기 힘들다는 논리를 전개한다. 무정부성은 단순히 규범을 이행시킬 대리 기관의 부재가 아닌 다른 국가에 의해 잠재적이고 현실적인 폭력의 위협에 처해 있는 상황을 의미한다고 말한다(Robert Jervis, 1982). 이들 시각을 단순화하여 비교하면, 현실주의와 신현실주의는 **무정부 상태 속에서의 갈등**(conflict under anarchy)을, 자유주의는 **상호의존 속의 협력**(cooperation under interdependence)을, 신자유주의는 **무정부 상태 속에서의 제한된 협력**(limited cooperation under anarchy)을 각각 강조하는 것이다.

신현실주의자인 월츠(Kenneth Waltz, 1967; 1979; 1993)는 국제체계의 무정부적 구조성을 발견하고 국가의 행동을 이들의 속성이 아닌 체제의 수준에서 설명한다. 모겐소(Hans Morgenthau, 1967)는 국제적 무정부 상태라는 특징을 인간성에 관한 좀 더 근본적이고 선험적인 가정으로부터 이끌어내나, 월츠는 국제체제 수준에서의 가정으로부터 출발하는 것이다. 따라서 이를 구조적 현실주의 혹은 신현실주의라 일컫는다. 월츠에 의하면, 불평등한 단위로 이루어진 세계는 상호의존적일 수 없으며, 국가 간의 상호의존성은 협력을 이루는 조건이라기보다 오히려 한 국가의 자율성과 생존을 위협하는 현상이다. 극단적 상호의존성은 오히려 전쟁을 촉진하는 원인이 되며, 국제체제의 구조적 성격을 찾아내고 이것이 어떻게 국가들의 행동에 대해 영향을 미치는가를 알아내야 한다는 것이다.

이러한 월츠에 대해 신자유주의자인 코헤인(Robert Keohane, 1984; 1989)은 월츠가 국가권력을 정치력, 경제력, 군사력을 포함하는 총체적인 개념으로 보기 때문에 국제경제관계를 제대로 설명하기 힘들다고 지적한다. 경제력 배분에 따른 국제구조를 설정해야 한다는 것이다. 즉, 국가 간 상호의존의 증가가 곧바로 경제적 갈등으로 이어지는 것은 아니며 갈등이 발생하더라도 국가이익의 상호 조정과 교섭을 통해 얼마든지 국가 간의 협력을 달성할 수 있다는 것이다. 코헤인의 주장은 국제제도가 국가 간의 협력을 촉진시킬 수 있다는 믿음에 기초하고 있다.

결국 국제관계는 (신)**현실주의**와 (신)**자유주의** 중 어느 한 시각만 가지고 설명이 불가능하며 양 시각을 모두 고려하여야 한다. 국제관계는 협력과 갈등이라는 두 가지 속성을 공유하고 있다. 갈등만을 강조하다 보면 협력의 가능성을 간과하는 우를 범하게 되고, 한편 협력만을 강조하다 보면 갈등을 외면한 현실 감이 결여된 판단을 하게 된다. 따라서 양 시각을 수렴한, 혹은 사례별로 양 시각을 분리하여 적용하려는 노력이 요구된다고 할 수 있다. 한마디로 말하여, 힘과 제도, 즉 국력과 국제규범이라는 두 가지 측면의 고려가 국제관계를 이해하는 데 필수적인 것이다.

II. 국제정치경제 관계의 행위기제와 관련한 시각 소개

1. '힘(power)'으로 본 국제정치경제

(1) 개요

국제정치경제적 관계에서 힘을 강조하는 **신중상주의**(Neo-Mercantilism)는 경제적 요소보다 정치적 요소를 강조한다. 중상주의는 특별한 타입의 현실주의이다. 이 시각에 의하면 국가가 국제정치경제의 중심 행위자이며, 특정한 이익/목적을 가진다는 것이다. 신중상주의의 지지자들은 길핀(Robert Gilpin, 1975; 1987), 허쉬만(Albert Hirschman, 1970; 1980), 그리고 월츠(Kenneth Waltz, 1967; 1979; 1993) 등이다. 이 이론은 결집된 이론적 주장이라기보다는 국제관계의 규범적 정책, 처방의 집합이다. 길핀은 국제경제 관계가 사실상 정치 관계라고 주장하며 신중상주의는 각국이 자신의 이익극대화를 위해 경제적 계약을 조정하는 정부의 시도를 의미한다고 한다.

(2) 가정

신중상주의 이론 혹은 국가주의 이론의 가정은 다음과 같다. 우선 부는 국력증가를 위한 절대적으로 근본적인 수단이며 국력은 부의 유지 혹은 획득을 위한 수단으로서 근본적이며 가치 있는 것이다. 부와 국력의 증가는 국가가 추구하는 궁극적인 목적인 것이다. 이 이론에 의하면 국가는 국제경제 관계에서 지배적이며 단일한 행위자이다. 군사력으로 대변되는 국력은 정책의 가장 효과적이며 유용한 수단인 것이다. 국력의 수준이 정책에 대한 각국의 입장을 결정한다. 즉, 얼마나 많은 국력을 보유하느냐가 그 국가의 정책적 입장에 영향을 끼친다는 것이다.

(3) 주장

국가주의 시각이 보는 국제체제는 패권적인 구조이다. 즉, 중심부에 패권국이 존재하고 주변부에 종속국이 존재하는 패권적인 체제를 가진다는 것이다. 여기서 패권국은 체제를 유지하고 지배할 수 있는, 혹은 하려는 의지를 가진 가장 강력한 국가를 말한다. 종속국은 그 상대적 국력에 있어 뒤떨어지는 국가를 의미한다. 길핀은 정치적 패권과 외국투자 사이에 초점을 맞춤으로써 자유국제경제 체제의 흥망을 설명한다. 그는 자유주의 세계경제질서는 그 체제를 관리하고 안정시키는 패권국의 개입 없이는 자기파괴적인 것이라 주장한다. 그러므로, 자유주의적 국제경제는 정치적으로 지배적이고 경제적으로 능력 있는 한 국가를 요한다는 것이다. 길핀은 패권국을 자유주의 세계경제체제의 수호자로서 간주하고, 그 지배적인 국가는 기술혁신을 통해서 그 패권적 지위를 보존하기 위해 외국 무역에 힘써야 한다고 주장한다(Gilpin, 1975).

신중상주의 이론에 의하면 각국은 그 자신의 이익을 반영한 경제정책을 추구한다는 것이다. 일국은 자신의 이익추구가 다른 국가의 희생에 기인하든 안 하든 간에 그 자신의 이익극대화를 위해 부와 권력의 정책을 추구한다. 국가는 부의 극대화, 상품과 서비스의 소비 극대화, 생산과 소비의 극대화, 가격의 급격한 상승 통제, 외국시장에의 도달 및 외국상품의 국내침투 보호를 통해 통상관계에 관여한다. 결국, 증가된 경제관계는 필연적으로 '지구촌(global village)'을 초래하는 것이 아니라 국가 간의 경제적 갈등을 증폭시킬는지 모른다는 것이다. 신중상주의 이론이 설명하는 국제정치경제적 구조는 미국의 안보, 경제 이익을 증진시키는 미국의 패권구조라고 할 수 있다. 그 근본적 의제의 하나는 미국의 패권체제 후 무엇이 다음에 오느냐 하는 것이다.

2. '제도(institution)'로 본 국제정치경제

(1) 개요

서구선진자본주의 국가들 간의 관계를 설명하고 국제정치경제적 관계에서 제도를 강조하는 **상호의존이론(Interdependence Theory)**은 국제정치경제의 자유주의적 경제적 주장으로, 스미스(Adam Smith)의 '**보이지 않는 손(invisible hand)**'에 기초한 정치와 경제의 분리 그리고 중상주의적 경제정책에 대한 반발을 기초로 한다. 이는 독립경제주체 간의 자발적인 협력 관계를 강조하며, 모든 참여국의 적정한 경제 성장과 혜택을 토대로 수요공급 원칙에 따른 개방경제체제에 근거한 자유무역을 옹호한다. 월러리(Dan Walleri)에 의하면 자유주의 세계는 자유방임적 자본주의, 재산권, 제한된 정부, 그리고 사회적 진화론을 강조하며, 완벽한 경쟁하에서 시장은 최대의 경제성장, 발전, 그리고 일반복지를 창출하는 것이다(Walleri, 1978, 592-593). 또한 모오스(Edward Morse)도 자유시장에서의 개인 자유체제는 중상주의하에서보다 고수준의 물질적 이익을 가져다준다고 강조한다(Morse, 1976, 661).

(2) 가정

이 이론의 가정은 다음과 같다. 첫째, 개인은 가장 창조적인 존재로 합리적이며 이익의 극대화를 도모한다는 것이다. 이는 인간 본성에 대한 낙관적인 견해인 것이다. 둘째, 사회는 자기조절적이라서 전혀 간섭할 필요가 없다는 것이다. 보이지 않는 손에 의해서 적절히 움직여진다는 것을 의미한다. 셋째, 정부는 비효율적인 집단이라는 것이다. 정부는 완전경쟁을 위해 불완전한 시장에 개입해야 하나, 그 이상은 아니다. 넷째, 경제적 거래의 성격은 조화롭고 상호주의적이다. 다섯째, 경제적 거래는 **양의 합 게임(positive sum game)**에 근거한다. 이 이론이 다루는 국제관계의 주요 행위자는 **개인 기업주들(자본가들), 기업들(주로 다국적기업들), 그리고 국제기구들(IMF·GATT 등)**이다. 이들이 **국제레짐(international regime)**을 구성한다. 여기서, 레짐이란 "국제정치경제의 **특정한 영역(무역, 재정, 통신, 환율 등)을 지배하는(규칙제정, 행위·규칙 증진, 통제유지 등)** 관련 행위자들의 연결구조"를 의미한다. 자유주의적 시각에서 보면, 레짐은 국제관계의 모든 분야에서 존재하며, 국제관계의 모든 행위자들은 그들 행위를 구속하는 각종 원칙, 규범 및 규정들에 의해 영향받게 된다(Keohane and Nye, 1977, 19~22).

(3) 주장

상호의존이론에 의하면, 국가 간 거래의 동기는 한마디로 상호이익, 즉 돈, 이익, 부에 있고, 그 주된 주장은 증가된 경제관계가 모든 참여국들을 위해 이롭다는 것이다. 즉, 국가 간 거래는 하면 할수록 보다 더 많은 이득을 가져오고, 이러한 관계의 확산이 지구촌을 형성한다. 개발도상국은 그 과정에서 발전하며, 선진국으로부터 개발도상국으로의 자연적인 자본, 기술, 관리적 노하우의 이전이 가능하다는 것이다. 이러한 이론의 문제점은 내적인 모순인 사회가 자기조절적인가 하는 것과 실제 세계의 문제인 거래의 동기는 이익극대화인데, 참여하는 모든 국가가 이득을 보아야 한다는 것이 사실인가 하는 것이다. 또한, 정치와 경제를 분리하고, 경제를 우선하고 정치는 그다음으로 하는데 둘을 진정으로 분리할 수 있는가 하는 데서 오는 의문이다.

하나의 분석적 개념으로서 상호의존은 거래의 상호적 득실과 체계적 연관성을 강조하는 공동의 의존을 의미한다. 코헤인(Robert Keohane)과 나이(Joseph Nye)는 세계정치현실은 복잡한 상호의존으로서 묘사될 수 있다고 주장한다. 그 개념은 세 가지 특징을 토대로 한다. 첫째, 관계의 다양한 채널이 존재한다는 것이다. 이는 정부, 비정부 엘리트와 국가 간 기구들 사이의 비공식적 연결과 국가, 정부 간의 공식적 연결 등을 포함한다. 둘째, 다양한 이슈가 유연하게 존재한다는 것이다. 국내, 대외 정책의 구별이 덜 명확해지며, 군사안보 문제의 중요성이 감퇴한다. 셋째, 정책수단으로서 군사력의 약화된 역할을 내포한다. 예를 들어, 군사적 수단을 가지고 무역 분쟁을 해결할 수도 없고 하지도 않는다. 비록 복잡한 상호의존의 의미가 상호작용에 근거할지라도, 상호의존은 항시 참여의 비용과 관련한다. 가장 뚜렷한 비용은 감소된 **자율성**(autonomy)에 있다. 일국은 자신의 행위의 자율성에 대한 제한을 대가로 특정한 경제적 이익을 얻으려 할런지 모른다는 것이다(Keohane and Nye, 1977, 8~11).

결론적으로 상호의존이론은 최소한의 정치적 개입을 가진 상품의 자유로운 이동으로 상징되는 개방무역체제가 가장 효율적인 경제체제를 가져온다고 주장한다. 다시 말하면, 이러한 개방체제가 무역참여국 및 전체 세계를 위해 최대한의 경제적 복지를 낳는다는 것이다. 상호의존이론은 국제통상관계가 비교우위의 경제적 인식에 의해 행해지며 자유무역체제하에서 각국은 최대한의 경제적 성장과 혜택을 얻을 수 있다고 설명한다.

3. '구조(structure)'로 본 국제정치경제

(1) 개요

종속이론(Dependence Theory)의 주관심사인 제3세계의 경제발전문제는 부유한 국가와 빈곤한 국가 사이의 관계에 관한 논의에 초점이 모아진다. 전 세계적인 부와 빈곤의 문제는 상대적으로 저발전에 허덕이고 있는 제3세계 국가들이 그들의 빈곤의 원인으로 선진국에 의한 경제적 착취를 강조하고 있다는 데에 있다. 제2차 세계대전 후 정치적 독립과 경제적 부를 얻기 위해 신생국은 민주적 정치체제와 자유주의적 기업체제를 채택하였으며, 1950년대의 발전이론은 신생국의 내적 변화의 중요성을 강조하였다. 신생국의 빈곤은 외국원조를 필요로 하게끔 하였고 이는 경제적 종속이라는 현상을 낳았으며, 아울러 민주주의의 준비부족으로 인한 반민주적 정권의 등장은 국가의 경제적 발전과 더불어 정치적 독립의 필요성을 대두시켰다. 결국 서구적 민주주의는 경제적 부를 필요로 하는 것이었고, 경제적 곤경이 비민주주의를 심화시켜 대부분의 제3세계 국가들은 비민주주의적이 되어버렸다(이상환, 1996, 38).

이러한 시대적 흐름 속에서 남미를 중심으로 한 제3세계 학자들에 의해서 주장된 것이 종속이론이며, 이를 살펴보면 다음과 같다. 선진국의 경제발전은 저개발국가의 착취에 근거하며, 부유국은 빈곤국을 더욱 궁핍하게 만듦으로써 부유해진다는 것이다. 남북체제는 선진공업국과 아시아, 아프리카, 그리고 라틴아메리카의 개도국 간에 이루어지고 있는 경제관계를 말하는 것으로서, 북-북 관계가 비교적 동등한 수준의 국가 간에 이루어지는 평등관계라면, 남-북 관계는 경제발달의 수준 및 규범에 있어 현격한 차이가 나는 국가 간의 불평등관계라 할 수 있다. 그리고 이러한 불평등관계의 가장 큰 문제점은 종속현상의 발생인 것이다. 북-북 관계에 있어서의 경제적 상호의존성은 높은 수준의 상호거래와 상호민감성을 띠게 되는 데 반하여, 종속관계는 일방적 의존현상을 초래하여 불평등한 거래와 일방적 민감성을 야기하게 되는 것이다. 다시 말해서 북-북 체제의 상호경제관계가 대칭관계라면, 남-북 경제관계는 비대칭관계라 할 수 있다. 이러한 비대칭관계에 의한 종속현상은 무역종속, 투자종속, 통화종속, 원조종속 등이고, 최근에 이르러 종속현상은 더욱 확대되어 기술종속과 경영종속의 문제까지 야기되고 있다. 따라서 남북문제에 있어서의 주요 연구대상은 이러한 각종 종속관계와 이를 탈피하고자 제3세계가 주장하는 신국제경제질서와 남북경제관계에 가장 큰 역할을 담당하고 있는 다국적기업의 활동 등의 문제라 할 수 있다.

상호의존이론은 현 국제경제질서를 경제적 부가 점차 발전된 중심지로부터 저발전의 주변지로 확산되고 있는 시혜적 관계로 보고 있는 반면, 종속이론은 경제적 부가 오히려 주변국으로부터 선진국으로 역류되는 수탈적 관계로 보고 있다. 따라서 종속이론의 핵심적 주장은 종속관계가 심화되면 종속국가의 정치, 사회체제를 왜곡시켜 자국의 대중보다는 강대국의 엘리트와 이해관계를 같이하는 종속국가의 권력엘리트가 탄생되어 이들이 결정하는 정책은 자연히 강대국이 원하는 방향으로 될 수밖에 없다는 것이다.

종속이론에서 말하는 종속은 "국가들 사이의 불평등한 거래를 강조하는 비대칭적 관계" 혹은 "일국이 다른 국가에 의해 통제되는 상황"을 의미한다. 종속이론은 저발전이 제국주의 혹은 신제국주의의 산물이라 주장하며, 개발도상국의 저발전문제를 다룬다. 이 이론은 선진국의 저개발국에 대한 착취를 강조하며 개발도상국의 저발전의 원인과 결과를 설명함에 있어 그 대외적 요인에 중점을 둔 경제적 설명이다. 지적 배경은 신마르크스사상 학파에 속하며, 침투의 국제경제적 힘에 대한 강조와 발전의 **정치적 힘**(정부의 통제력)을 등한시한다.

(2) 가정

그 이론의 가정은, 첫째, 국가 간의 관계는 갈등적·경쟁적이라는 것, 둘째, 국제사회는 성격상 제로섬 사회라는 것, 셋째, 국제경제체제는 자본주의 원칙에 의해 지배된다는 것, 넷째, 세계정치경제체제는 자본주의 국가들 사이의 경제적으로 종속된 상황이라는 것, 다섯째, 국제경제체제는 제한된 한 있는 자원에 기초한다는 것, 마지막으로 국제정치경제체제의 구조는 각기 다른 수준의 발전 단계에 있는 국가들로 구성된 **핵심-반주변-주변국 구조**(core-semiperipheral-peripheral structure)라는 것이다.

(3) 주장

종속이론은 1970년대를 중심으로 전·후기로 구분되는데, 전기의 주장은 다음과 같다. 첫째, 종속관계는 단지 저발전을 가져온다는 것이다. 반주변국, 주변국에 대한 중심국의 착취로 중심국만이 이득을 보며 주변국은 손해를 본다는 것이다. 둘째, 종속관계에 의해 만들어진 경제구조는 발전을 위한 장애요인이 된다. 이러한 구조가 선진국에 의한 시장과 가격 통제에 매우 취약하다는 것이다. 셋째, 국가자율성의 억제문제인데, 선진외국자본의 침투로 인해 균형발전을 위한 주변국의 국민의지를 억압하여 외국의 영향이 그 국가의 이익추구를 위한 주변국정부의 의지를 해친다는 것이다. 즉, 불균형 저발전과 소득불균형을 생산한다. 후기의 주장은 종속된 몇몇 국가들의 경제성장에 대한 종속이론의 타당성 비판에 대항한 반론으로, 반주변국을 설명하면서 종속관계는 특정국가에 약간의 발전을 가져올는지 모르나 그럼에도 불구하고 이러한 현상은 보편적이 아니며 예외적인 경우라는 것이다. 물론 종속발전을 인정할지라도 그 부정적 결과를 간과하지 말아야 한다는 것이다. 즉, 주변국의 종속경제 심화, 외채와 그 상환 증가, 소득불균형, 그리고 **권위주의적 정권**(반민주주의적 정권)의 출현 등이다.

결론적으로 종속이론은 세계무역체제는 선진국과 개발도상국 사이의 상품의 불균등한 교환으로 특징지어진다고 주장한다. 즉, 선진국과 개도국 사이의 통상관계는 선진국에게만 경제적 이익을 가져다준다는 것이다. 종속경제는 선진국 경제의 발전과 확장에 의해 통제·조절된다는 것이다. 선진국의 경제적 조건과 상황이 통상관계의 성격과 양을 지배한다는 것이다. 선진국의 경제상황의 변화가 개도국의 대 선진국 수입침투에 직접 관련되어 있다는 것이다.

III. 제2차 세계대전 후 국제질서 및 국제정치경제 관계의 변화 소개

1. 제2차 세계대전 후 국제정치 질서의 변화

(1) 시기 구분

20세기 후반의 국제정치 질서를 주요 **행위자**(강대국) 수와 **국가 간 이해관계**(국가이익; 정치적 이념과 경제적 실리)를 중심으로 살펴보면 네 시기로 구분될 수 있다. 즉, 1950~60년대의 정치적 이념 갈등에 기초한 **양극 구조**(안보이익>경제이익; 미국-소련)에서 1970년대의 경제적 실리를 아울러 강조하는 이완된 **양극 구조**(안보이익=경제이익; 미국-소련-중국)로, 그리고 1980년대 전반에 단기적으로 **양극 구조**(안보이익>경제이익; 미국-소련≥중국)를 경험하다가 1980년대 후반 경제적 이익을 우선시하는 **다극 구조**(안보이익<경제이익; 미국-중국-독일-일본-러시아)로 전환된 것이다. 이러한 흐름은 1990년대와 21세기 초에 이르기까지 '**다극 속의 단극 구조**'(안보이익<경제이익; 팍스아메리카나; 미국-러시아-중국+미국-일본-독일)로 변모하다가 2010년대 후반 이래 '**다극 속의 양극 구조**' 혹은 '**G20 속의 G2 구조**'(안보이익=경제이익; 미국 중심의 가치공유 우선 동맹/시장자본주의 국가군 대 중국 중심의 이익공유 우선 동맹/국가자본주의 국가군; 미국-중국)로 변화되고 있다.

(2) 변화의 동인

20세기 후반 국제정치 질서의 변화를 가져온 두 가지 주요한 동인 중 하나는 1970년대에 초강대국인 미국과 소련의 패권적 지위 유지를 위한 패권유지 수단의 변화이며, 다른 하나는 1980년대 중반 이래 미국이 주도적으로 추진해 온 패권유지 수단 운영원리의 변화라고 할 수 있다. 1970년대에 미·소는 냉전적 대립 구도가 안보적 부담을 주고 경제적 실리를 훼손함으로써 결과적으로 동서(East-West system) 각 진영 내 그들 각각의 패권을 유지하는 데 어려움을 준다는 것을 인식하고, 상호 묵시적 합의하에 진영 내 경제력 우위를 통하여 패권을 유지하기 위한 노력을 경주하였다. 한편 1980년대 중반 이래 미·소는 경제적 실리와 경제력을 중심으로 한 패권 유지가 잘 작동하지 않음을 깨닫고 경제적 우위 강화를 위한 방안을 모색하였다. 이에 대한 양국의 대안은 다르게 나타났다. 즉, 소련은 개혁과 개방의 흐름 속으로 결국 체제 전환(개혁, 개방)의 길을 걷게 되었으며, 미국은 경제력 중심의 패권 유지를 가능하게 하는 국제관계의 운영원리를 찾아내려 했고 그 결과는 세계화로 나타났다. 하지만 21세기 들어 반세계화의 역풍과 글로벌 금융위기는 중국의 급부상과 함께 새로운 국제정치 질서를 초래했다. 2020년 감염병(COVID-19)으로 인한 탈세계화의 흐름은 새로운 냉전적 양극 구조를 파생하며 갈등적인 국제관계의 양상을 보이고 있다.

(3) 변화의 내용

지난 반세기 국제정치 질서의 변화를 요약하여 언급하면, 1970년대 미·소의 패권유지 수단의 변화에 따른 이완된 양극 구조의 질서, 그리고 1980년대 후반 이래 미·소의 패권유지 수단 운영원리의 변화에 따른 다극 구조의 질서로 구분할 수 있다. 전기에 미·소는 그 수단을 군사력에서 경제력으로 바꾸었으며, 후기에 미·소는 그 운영원리를 '차별화'에서 세계화로 바꾼 것이다. 힘에 의한 질서 구축만이 아니라 제도에 의한 질서 구축이 가능함을 인식하고 혹은 힘에만 의존하는 질서 구축이 한계가 있음을 인정하고 그 질서 형성의 수단을 군사적인 것에서 경제적인 것으로 탈바꿈한 것이다. 후기에 미국은 전기의 수단 변화만으로는 지도국을 유지하기가 어려움을 깨닫고 그들이 유리한 방향으로 경제적 운영원리를 바꾸고자 한 것이며 그 대안적 원리가 다자주의와 규범주의를 바탕으로 한 세계화인 것이다. 이는 양자주의와 단속적 협상주의에 기초한 차별화와는 근본적으로 다른 것이다. 하지만 미국의 트럼프(Donald Trump) 행정부는 '미국 우선주의(America First)'를 앞세우며 미국의 국익에 부합하게 세계화 전략과 탈세계화 전략을 구사함으로써 패권유지를 위한 노력을 경주해 왔다. 결국 이러한 전략은 실리를 취한 면이 없지 않으나 세계지도국으로서 미국의 **위신(prestige)**을 훼손하여 패권국의 지위를 위협받는 상황이 되었다. 2021년 출범한 **바이든(Joe Biden)** 행정부는 이러한 쇠락을 탈피하기 위해 '**동맹 연대주의**'와 '**다자주의·규범주의**'를 복원하는 전략을 추진해 왔다.

그림 1 **제2차 세계대전 후 국제정치(안보+정치경제) 질서의 변화**

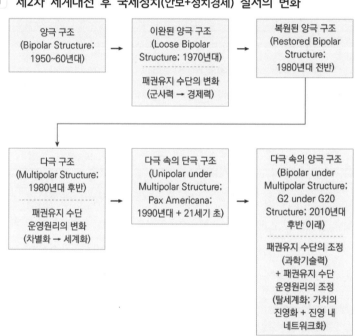

2. 국제정치 질서의 연속성과 불연속성

(1) '힘'과 '제도'를 통해 본 국제정치 질서

국제정치 질서의 변화를 **패권안정(hegemonic stability)**론적 시각에서 파악할 수 있다. 패권안정론은 **권력정치(power politics)**적 시각 속에서, 즉 힘의 지배의 견지에서 국제정치 질서를 설명한다. 이 이론은 패권국이 그 체제의 규범을 설정하고 관리하기 때문에 국제적 갈등은 패권체제에서 가장 적게 일어난다고 말한다. 다른 말로 하여, 국제질서의 안정은 그 질서를 보존할 능력과 의사를 가진 패권국에 의해서 성취·유지될 수 있는 것이다. 이러한 주장에 근거하여 지난 반세기 간 전 세계적인 전쟁이 일어나지 않은 이유는 미국과 소련이 패권적 지위를 유지해 왔기 때문인 것이다. 아울러 지난 세기 말 소련 및 동구권의 붕괴에도 불구하고 세계질서가 비교적 평화롭게 유지될 수 있었던 것도 미국이 패권적 역량을 발휘해 왔기 때문인 것이다. 20세기 말을 탈냉전기 혹은 미국 중심의 **범미**(Pax-Americana) 체제라고 부를 수 있으나, 엄밀히 말하여 미국이 주도하는 다극 구조라고 규정할 수 있다. 이러한 다극 구조는 중첩된 삼극 구조라고 할 수 있다. 즉, 안보적 측면에서의 삼극인 미국, 러시아, 중국과 경제적 측면에서의 삼극인 미국, 독일, 일본이 합쳐져서 오극을 형성하는 다극 구조인 것이다. 안보 및 경제 양 측면에서 모두 미국이 들어간다는 점을 강조하면 미국 주도의 단극 구조라고도 명명할 수 있다.

제2차 세계대전 이후 국제정치질서는 양극 구조 → 이완된 양극 구조 → 복원된 양극 구조 → **다극 구조**(다극 속의 단극 구조 → 다극 속의 **양극 구조**)로 변화해 왔다. 21세기에 들어서서 다극 구조에 다양한 해석이 존재한다. 이미 언급한 대로, 오극 구조로 보거나 미국 중심의 일극 구조로 보거나 혹은 미국과 중국의 양극 구조로 보기도 한다. 행위자 수가 어떻게 변하든 중요한 사실은 국제정치질서는 패권적 **국가**(군)의 **힘**(power)에 의해 주도된다는 견해와 국제질서는 그러한 **국가**(군) 없이도 **제도**(institution), 즉 **국제레짐**(international regime)에 의해 관리된다는 견해가 존재한다는 것이다.

국제질서의 변화 속에서 우리는 강대국 수를 기초로 한 구조적 특성과 상관없이 힘과 제도라는 행위기제가 동시에 작동해 왔음을 알 수 있다. 이러한 사실이 국제정치질서의 연속성을 이해하는 근거가 된다.

한편 국제정치질서의 불연속성은 그 기제가 상대적으로 강조되는 시기를 유형학적으로 구분할 수 있다. 전후 반세기를 냉전기와 탈냉전기로 양분하여 설명하면 냉전기의 논리는 힘을 강조하며 탈냉전기의 논리는 규범, 즉 제도를 상대적으로 강조한다고 볼 수 있다. 구체적으로 말하여, 전반적으로 양극 구조는 국가 간 역학 구도가 작동하는 위계적 구조이고, 이완된 양극 구조는 역학

구도가 근저하나 제도를 통한 협력의 가능성을 열어놓고 국제협력을 위한 레짐의 역할을 부분적으로 인정하는 구조이다. 다극 구조 자체가 힘의 논리의 적용가능성을 약화시키는 것은 아니나 국제협력의 요구가 증대되는 측면이 양극 구조에 비해 크기 때문에 제도의 기능이 작동할 여지가 많다. 따라서 레짐 구조가 형성될 가능성이 높은 것이다. 국제정치질서의 불연속성은 이러한 힘과 제도의 상대적인 작동 정도의 변화를 토대로 설명할 수 있다.

국제관계를 설명하는 기제로서 힘과 제도의 중요성은 각 국제정치 이슈별로도 달리 나타난다. 국제안보 이슈는 힘과 제도 중 상대적으로 힘의 논리가 작동하기 쉬운 영역이며, 국제정치경제 이슈는 제도의 논리가 작동하기 쉬운 영역이라고 할 수 있다. 국제안보는 생존의 문제와 결부되는 이슈이고, 국제정치경제는 삶의 질과 연결되는 이슈인 연유로 국제협력 가능성을 달리한다. 국제정치경제 영역이 국제안보 영역보다 국제협력을 달성할 가능성이 크다고 할 수 있다. 국제안보 학자의 다수가 힘을 강조하는 (신)**현실주의자**이고 국제정치경제 학자의 다수가 제도를 강조하는 (신)**자유주의자**라는 점이 이를 잘 반영한다.

요약하건대, 국제정치질서의 연속성은 그 시기와 이슈에 상관없이 힘과 제도 그리고 역학 구조와 레짐 구조에 근저하고, 불연속성은 그 시기와 이슈에 따른 힘과 제도의 상대적 중요성 그리고 역학 구조와 레짐 구조의 상대적 중요성의 변화가 이를 잘 대변해 준다. 냉전기 양극 구조하에서 힘의 논리 강조와 탈냉전기 다극 구조하에서 제도의 논리 부상이 국제정치질서의 불연속성을 보여주고, 1970년대 긴장완화기 이완된 양극 구조하에서의 **힘의 성격 변화**(군사력 → 경제력)와 1980년대 후반 이래 탈냉전기 다극 구조하에서의 **힘의 운영원리의 변화**(차별화 → 세계화), 즉 **제도적 틀의 변화**(양자주의, 단속적 협상주의 → 다자주의, 규범주의)가 또한 그 불연속성을 잘 대변해 준다. 2010년대 후반 이래 국제정치질서는 새로운 양극 구조하에서 힘의 논리가 다시 부상하고 있다.

(2) 국제안보 및 국제정치경제 체제의 변화

여기서 제2차 세계대전 후 국제정치질서의 연속성과 불연속성 문제를 국제정치의 두 가지 주요한 이슈인 전쟁과 세계평화의 문제, 즉 국제안보 문제와 전 세계적인 부와 빈곤의 문제, 즉 국제정치경제 문제로 구분하여 그림으로 제시하고자 한다.

그림 2 **제2차 세계대전 후 국제안보(International Security) 체제의 변화**

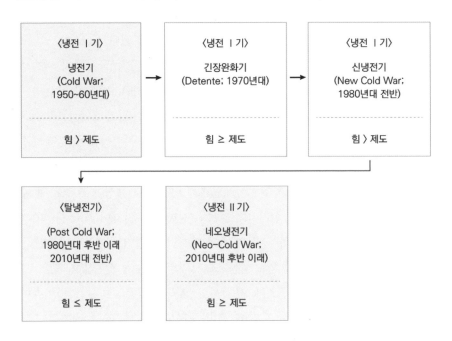

그림 3 **제2차 세계대전 후 국제정치경제(International Political Economy) 체제의 변화**

3. 제2차 대전 후 국제정치경제 관계의 변화

제2차 대전 후 서구자본주의체제는 동구사회주의체제와의 대결 속에서 군사적으로는 **북대서양조약기구(NATO)**라는 군사협력체제로, 정치경제적으로는 **브레튼우즈(Bretton Woods)** 체제라는 경제협력체제로 그 활로를 모색하였다. 따라서, 전후 서구자본주의체제의 변모는 1944년 미국의 뉴햄프셔주 브레튼우즈에서 44개국의 대표가 모여 설정한 경제규정들로 출범한 **브레튼우즈(Bretton Woods)** 체제라는 국제경제질서의 형성과 이의 약화 및 새로운 질서의 등장으로 묘사될 수 있다. 이 체제의 3대지주는 **국제통화기금(International Monetary Fund; IMF)**, 후에 **세계은행(World Bank)**으로 개칭한 **국제부흥개발은행(International Bank for Reconstruction and Development; IBRD)**, 그리고 **관세와 무역에 관한 일반협정(General Agreement on Tariffs and Trade; GATT)**이다.

이러한 브레튼우즈 체제는 **유럽경제공동체(European Economic Community)**의 배타적 관세동맹과 일본의 보호무역주의에 대한 미국의 경제력 우위에 기초한 묵인으로 1950~60년대 동안 잘 운용되었다. 1970년대에 들어서자, 미국은 경상수지와 무역수지 위기를 경험하였다. 이에 따른 미국의 협조요청이 유럽과 일본에 의해 무시되자, 1971년 8월 15일 닉슨 대통령은 체제변혁의 일환으로 금태환제 정지와 변동환율제 실시를 천명하였다. 아울러, 미국으로의 수입품에 10% 관세를 일괄 부과하기로 결정하였다. 혹자는 이를 브레튼우즈 체제의 종말이라 표현하였다. 1970년대는 두 차례의 오일쇼크에 의해 커다란 경제적 혼란을 경험케 하였다. 즉, 1973년 **석유수출기구(OPEC)**에 의한 400% 유가인상은 개발도상국들의 외채증가와 산유국들의 경제력 향상을 가져왔고, 1979년 2차 오일쇼크는 세계경제의 보호주의적 경향을 강화시켰다. 이는 또한 미국의 패권적 지위의 약화를 가져왔다. 이러한 패권의 약화를 케네디(Paul Kennedy)는 그의 저서 **『강대국의 흥망(The Rise and Fall of Great Powers)』**에서 패권적 국가로서 미국의 '**지나친 군사적 개입(imperial overstretch)**', 즉 미국의 세계문제에 대한 개입이 국력의 한계를 지나침으로써 미국의 패권이 종결되었다고 주장하였다(Kennedy, 1987, 515). 제2차 대전 후 가장 큰 채권국이 가장 큰 채무국으로 전락하였고, 미국의 연방정부예산 적자는 누적되어 1990년에 3조 달러에 이르게 되었다. 1990년대 초 미국 연방정부 재정파산에 따른 연방정부의 잠정휴업은 이러한 심각성을 잘 대변해 주는 것이다.

현존 최강국으로서 미국의 지위를 인정할지라도 과거의 패권적 지위는 이제 더 이상 미국의 모습이 아니라고 말할 수 있다. 서구 선진자본주의 국가들 사이의 관계도 미국의 연방적자 및 무역적자의 심화가 계속된다면 그리고 EU의 진전과 더불어 그들의 배타적 보호무역주의가 시행된다면 어두운 미래를 보일 것이다. 이와는 반대로, 1986년 시작된 **우루과이라운드**(Uruguay Round; UR)회담의 결과 탄생된 **세계무역기구**(World Trade Organization; WTO) 체제가 제대로 작동한다면 서구 선진자본주의 국가들 사이의 협력적 관계를 기대케 한다.

북미, 서구, 일본 등 주요 선진자본주의 국가들의 경제적 상호의존관계는 이들 국가의 경제적 번영에 기여한 바도 크지만, 또한 이에 수반되는 문제점도 적지 않았다. 즉, 일국의 무역, 금융, 및 투자정책은 곧바로 상대국의 무역, 금융, 및 투자정책에 직접적인 영향을 미치게 함으로써, 국가의 경제정책이 내부요인은 물론 외부요인에 의해 심각한 영향을 받게 되고, 점차 자주성을 잃게 될 위험이 있게 되었다. 특히 경제적 상호의존관계가 이를 적절히 운영할 수 있는 기구 및 수단, 그리고 지도력의 형성보다 더욱 빠른 속도로 진전됨에 따라 서방세계의 경제운영 문제는 더욱 철저한 집단운영방식을 택하든지, 아니면 상호의존관계에 제동을 걸고, 다시 국가별 해결방식을 모색해야 하는 양자택일의 전환기에 처하게 되었다.

동서 경제적 관계를 살펴보면, 전후 형성된 사회주의 계획경제는 1980년대 이후 와해되기 시작하여 1989년 민주화혁명 이후 하나씩 종결되었다. 사회주의 경제권의 형성은 사회주의 국가들의 경제적 요청보다는 소련의 정치적 필요에 따라 형성된 것이었다. 종주국과 위성국의 상하관계를 특색으로 사회주의 국가들이 소련의 경제적 지배를 강요받아 왔다. 사회주의 경제권의 경제발전은 소비를 억제한 가운데 중공업우선정책을 강행한 데 따른 것으로, 교역은 동유럽 국가들을 일방으로 소련을 다른 일방으로 하는 형태가 주종이었고, 동유럽 국가들 사이의 교역은 미미한 수준이었다. 대외적으로 시장경제권과 동서관계가 약간 있었을 뿐이었다.

사회주의 경제와 자본주의 경제 간의 경제교류는 이들의 정치관계와 표리를 이루며 대결과 화해로 점철되어 왔다. 사회주의 경제와 자본주의 경제와의 관계는 제2차 대전 직후 **코메콘(COMECON)**과 마샬플랜의 수립으로 경제봉쇄를 통한 경쟁갈등관계로 형성되었고, 사회주의 경제에 대한 고립 촉진을 유발하였다. 1960년대 초에는 구소련과 동구권의 흉작으로 사회주의 경제권이 경제교류에 적극성을 보이자 경제교류가 다소 활발해졌으나 1968년 소련의 체코침공으로 반전되었고, 1970년대에는 1972년 10월 통상협정이 조인되어 경제부문에서 협력의 전기를 마련하였는데 서독의 대소 수출이 3억 5천만 달러(**1969년**)에서 35억 달러(**1979년**)로, 같은 기간에 일본의 대소 수출이 2억 6천 4백만 달러에서 25억 달러로 급등하였다. 미국의 대소 수출은 연평균 10억 달러(1972~75년)와 연평균 24억 달러(1976~79년)로 증가하였는데 이러한 경제교류의 확대는 정치적 화해를 배경으로 하였다. 당시 소련과 동유럽 국가들이 서방과의 경제교류를 열망한 이유는 경제적 문제의 해결 즉 곡물구매 및 선진기술도입의 필요성 때문이었다. 반대로, 서방이 사회주의 국가들과의 경제교류에 관심을 갖게 된 기본적 동기는 경제적 양보의 대가로 **정치적 양보(군축협상, 월남전 종식)**를 획득하고자 하는 데 있었다(Spero, 1985, 343-385).

1970년대 말 이래(1979년 소련의 아프가니스탄 침공 등) 동서관계는 다시 위축되어 소련과 동유럽 국가들은 수입증가에 상응하는 수출증가를 하지 못함으로써 1981년 말 747억 달러의 외채를 기록하였고, 서방의 입장에서는 정치적 양보를 얻는 데 실패하였다. 미·소 관계는 1983년 9월 대한항공 격추사건으로 갈등이 증폭되었다가 이후 완화되어 갔다. 소련의 브레즈네프 후계자들의 서방에 대한 화해 모색으로 1980년대 후반 동서관계는 혁명적 대전환을 하여 고르바쵸프가 1985년 3월 집권한 후 그는 소련경제의 근본적인 개혁을 표방하고, 경제회복 없이 소련의 지위는 상실된다고 주장하였다. 1989년 1월 부시-고르비 몰타정상회담으로 동서냉전의 국제질서가 종지부를 찍게 되었고, 1990년대 들어서서 1990년 5~6월과 1991년 소련 및 동구권은 7월 **전략무기감축조약(START)**을 조인하였고, 1991년 코메콘을 해체하였다. 1991년 12월 소련 스스로

가 해체한 이유는 사회주의체제의 구조적 취약성, 서방의 경제봉쇄, 서방과의 군비경쟁의 사회주의 경제에 대한 과중한 부담 등으로 대내적 성장지속과 대외적 경제교류의 확대를 도모하게끔 되었다.

한마디로 말하여, 당시 사회주의 국가들의 세계정치경제체제로의 통합은 그들 경제개혁의 성공유무에 달려 있는 것이었다. 이들 국가는 자본주의적 경제양식으로의 변화에 발맞추어 정치양식도 보다 민주적인 방향으로 이행하고자 했다. 맥퍼슨(J. Macpherson)이 자본주의와 자유민주주의 간의 상응성을 지적했듯이 자본주의적 경제발전은 자유경쟁주의와 사유재산제에 기초하는 자유민주주의를 그 토대로 하는 것이다. 즉, 자본주의적 시장경제가 민주주의를 촉발한다는 것이다. 이러한 민주주의로의 변화속도는 경제발전의 속도에 따라 진행되는 것이다(Isaak, 1995, 68-70). 당시 미국과 러시아의 관계는 **개혁**(perestroika), **개방**(glasnost), **민주화**(democratization)라는 소련의 개혁 노력과, 냉전종식, 구소련의 자유시장경제와 민주주의의 미덕 인정을 통해 협력 우호적 관계로 발전될 가능성이 있었고, 구 사회주의 국가들의 경제개혁의 성공·실패 여부가 그들의 정치적 민주화에 달려 있었다.

IV. Post COVID-19 시대의 국제관계*

1. COVID-19와 보건 인식의 변화

중국 우한에서 시작된 코로나바이러스 **감염병**(COVID-19)이 아시아를 넘어 전세계로 퍼져나갔다. 우리나라도 그 감염병의 늪에서 쉽게 빠져나오지 못했다. 국제사회의 협력 없이 여기서 헤어난다는 것은 쉽지 않았다. 일반적인 보건 문제가 선진국이 개도국에 베푸는 시혜적인 수직적 관계 속에서 해결된다면, 감염병 문제는 선진국과 개도국 간 상호협력 없이는, 즉 수평적 관계 속에서 노력하지 않는다면 해결이 난망한 것이다.

---

* 본 내용은 이상환의 단행본인 『국제관계개론』(2022). 서울: 박영사. "Post COVID-19 시대의 국제관계."에 근거한 것임.

인간안보에서 새로이 부각되고 있는 의제인 감염병 문제는 21세기에 들어 국제사회의 주요한 갈등 요인이 되고 있다. 21세기 최초의 국제적 감염병인 사스(SARS)는 국제사회에 감염병의 공포를 알리는 신호탄이 되었고, 이어 발생한 조류독감(AI)은 감염병 문제를 국제사회 내 최대 관심사의 하나로 부각시켰다. 또한 **신종플루(Influenza A)**, 에볼라바이러스(Ebola Virus), 메르스(MERS), 그리고 최근 코로나19(COVID-19)에 이르기까지 감염병의 만연은 국제사회에 해결해야 할 과제를 남겨주었다. 이러한 흐름 속에 앞으로 더 심한 감염병이 등장하게 될 것이라는 예측이 오늘날 국제사회의 우려를 증폭시키고 있다.

표 1 2000년 이후 주요 바이러스 감염병 유행 사례

항목 \ 병명	사스	신종플루	에볼라	메르스	COVID-19 (2022. 1. 8. 기준)
확산국 수	32개국	129개국	4개국	24개국	223개 국가·지역
유행시기	2002~03년	2009년	2014~15년	2012~15년	2019년~
감염자 수(명)	8,273	25,584,595	8,396	1,154	298,915,721
사망자 수(명)	775	14,378	4,032	471	5,469,303
치사율(%)	9.3	0.056	48	40.8	1.8

* 출처: 세계보건기구(WHO) 보고서(2015/2020/2022)
(http://www.who.int/immunization_monitoring/en/globalsummary/countryprofileselect.cfm).
(https://www.who.int/docs/default-source/coronaviruse/situation-reports/20200314-sitrep-54-covid-19.pdf?sfvrsn=dcd46351_6).

2015년 한국에서 메르스, 즉 중동호흡기증후군이 사회적 문제가 된 적이 있다. 이 바이러스는 한국 사회에 큰 충격을 주었을 뿐만 아니라 우리나라의 감염병 역사도 새로 쓰게 했다. 당시 정부의 부실한 초기 대응이 메르스를 키웠고, 의료기관의 취약한 감염 통제가 이를 전국으로 전파했다. 해외에 파급하여 집단감염을 일으키지는 않았으나 메르스로 인한 한국 내 사회경제적 손실은 심각한 상황을 경험했다. 최근 COVID-19도 감염자에게 중증폐렴을 일으키며

많은 인적·물적 피해를 야기했다.

표 2 보건 인식의 변화[글로벌·국제·공중 보건의 비교]

기준 \ 유형	글로벌 보건 (global health)	국제 보건 (international health)	공중 보건 (public health)
지리적 대상 (geographical reach)	직간접적으로 보건에 영향을 미치나 국경을 초월할 수 있는 이슈에 초점	일국 자신이 아닌 타국(특히 중·하위 소득 국가들)의 보건 이슈에 초점	특정 집단 혹은 국가 내 구성원의 보건에 영향을 미치는 이슈에 초점
협력 수준 (level of cooperation)	해결책의 발전과 수행이 흔히 글로벌 협력을 요함	해결책의 발전과 수행이 항시 양국(인접국)의 협력을 요함	해결책의 발전과 수행이 항시 글로벌 협력을 요하지는 않음
의료 대상 범주 (individuals or populations)	전 구성원에 대한 예방과 개인 진료를 모두 포괄함	전 구성원에 대한 예방과 개인 진료를 모두 포괄함	전 구성원에 대한 예방에 주로 초점을 맞춤
보건 형평성 인식 (access to health)	국가 간 및 모든 사람을 위한 보건 형평성이 주요한 목적임	타 국민을 돕는 것이 주요한 목적임	일국 혹은 집단 내 보건 형평성이 주요한 목적임
학문분과 범주 (range of disciplines)	보건학 내외에서 매우 융복합적인 범주	소수 학문분야를 포괄하나 복합학문을 강조하지 않음	보건학 내 및 사회과학과 연계된 복합적인 접근을 강조함

* 출처: McCracken, Kevin and David R. Phillips. 2017. Global Health: An introduction to current and future trends. London& New York: Routledge. p.7.

국제사회에서 보건 협력의 개념은 **공중보건**(public health), **국제보건**(international health), **글로벌 보건**(global health)의 순으로 진화해 왔다. 국제사회 내 보건 문제에 대한 이해가 협의의 개념인 공중보건에서 진전된 개념인 국제보건으로 나아가 광의의 개념인 글로벌 보건의 개념으로 확장되어온 것이다. 공중보건이 감염병 문제 해결에 있어 **국가주의**(statism)에 근거한 국내적 해법을 지향한다면, 국제보건 나아가 글로벌 보건으로 갈수록 **범세계주의**(globalism)에 기반한 글로벌한 해법을 추구한다.

2. COVID-19와 보건 안보(Health Security)

2021년 글로벌보건안보지수(Global Health Security Index; GHS) 보고서에 의하면, 개별국가의 보건안보 수준이 전세계적으로 아직 취약하고 어떠한 국가도 전염병에 완전히 대처하지 못하는 한계를 드러내고 있다. overall score에 의하면 5개 등급(I = 80.1~100.0; II = 60.1~80.0; III = 40.1~60.0; IV = 20.1~40.0; V = 0.0~20.0) 중 I 등급에 해당하는 국가는 전무하고, II 등급 국가는 19개국, III 등급 국가는 58개국, IV 등급 국가는 110개국, V 등급 국가능 8개국이다. 특히 전염병 예방 부문에 있어서 I 등급 국가는 없고 II 등급 국가만 9개국이며, 전염병 조기 감지 및 보고 부문에 있어서는 I 등급 국가 2개국, II 등급 국가 19개국이다. 또한 전염병 확산 완화 및 즉각 대처 부문에 있어서도 I 등급 국가는 전무하고 II 등급 국가만 12개국이다. 특히 국제보건규범 준수 부문과 관련하여 I 등급 국가는 미국뿐이고 39개국이 II 등급에 해당한다. GHS에 의하면, 여전히 서구국가들(North America 76.3; Europe & Central Asia 44.7)이 여타 국가들(East Asia & Pacific 27.3; Latin America & Caribbean 26.8; Middle East & North Africa 21.8; South Asia 26.6; Sub-Saharan Africa 19.8)에 비해 앞서 있고 한국이 세계 9위, G-20 국가 중 6위의 보건안보 수준을 보인다는 점은 주목할 만하다(이상환, 2020a, 12-13; 이상환·박광기, 2016; 최은경·이종구, 2016).

GHS 지수를 세부적으로 평가하면, 미국은 전반적으로 세계를 선도하는 1위의 국가이나 위험환경 부문에 있어 취약한 모습을 보이고 있다. G-2 강국임에도 불구하고 중국은 전반적으로 보건안보 수준이 낮으며, 특히 국제규범 준수 부문에 있어서는 세계 평균치에도 못미치는 점수로 오늘날 글로벌공중보건 레짐 발전에 어긋나는 양상을 드러내고 있다. 각종 새로운 감염병의 출현 시 중국의 불투명한 태도가 그대로 반영된 것이다. G-20 국가 중 인도와 남아프리카공화국은 2개 부문, 그리고 중국, 인도네시아, 터키, 사우디아라비아, 브라질, 러시아 등은 각각 1개 부문에 있어 세계 평균치를 밑도는 취약성을 드러낸다. 러시아는 정치적 위험 상황 부문에서 보건안보에 한계를 보인다. 중국은 국제적 규범 준수 부문에 있어서 후진성을 보인다(이상환, 2020a, 14).

표 3 G-20의 2021 글로벌보건안보지수(Global Health Security Index)

세계지역	국가명	글로벌보건안보(GHS) 지수(괄호 안은 195개국 중 순위)						
		Overall Score	Prevention	Detection and Reporting	Rapid Response	Health System	Compliance with International Norms	Risk Environment
북미/서구 유럽/오세 아니아 (7개국)	미국	75.9 (1)	79.4 (1)	80.1 (3)	65.7 (3)	75.2 (1)	81.9 (1)	73.3 (31)
	캐나다	69.8 (4)	70.4 (4)	70.8 (10)	49.2 (35)	67.3 (8)	79.2 (2)	81.8 (10)
	독일	65.5 (8)	49.1 (29)	72.4 (8)	56.3 (19)	56.0 (22)	75.0 (5)	83.9 (6)
	영국	67.2 (7)	63.5 (9)	70.8 (10)	64.8 (6)	68.3 (7)	62.5 (32)	73.0 (34)
	프랑스	61.9 (14)	59.4 (11)	45.7 (46)	47.7 (37)	70.4 (4)	65.3 (21)	82.9 (7)
	이태리	51.9 (41)	47.2 (33)	49.7 (40)	43.2 (52)	40.2 (68)	65.3 (21)	65.9 (46)
	호주	71.1 (2)	65.2 (7)	82.2 (2)	61.6 (10)	69.2 (5)	72.2 (7)	76.0 (21)
아시아 (7개국)	한국	65.4 (9)	48.8 (30)	73.8 (6)	65.0 (4)	62.5 (15)	69.4 (9)	73.1 (33)
	일본	60.5 (18)	43.1 (45)	71.1 (9)	59.5 (14)	51.6 (38)	66.7 (17)	70.9 (39)
	중국	47.5 (52)	43.9 (43)	48.5 (42)	38.5 (75)	51.8 (36)	38.9 (140)	63.4 (57)
	인도	42.8 (66)	29.7 (85)	43.5 (51)	30.3 (139)	46.1 (56)	47.2 (92)	60.2 (73)
	인도네시아	50.4 (45)	31.8 (76)	55.4 (28)	50.2 (31)	41.2 (63)	68.9 (12)	55.0 (98)
	터키	50.0 (46)	51.1 (23)	41.4 (55)	36.6 (90)	53.9 (29)	59.7 (41)	57.2 (88)
	사우디 아라비아	44.9 (61)	33.4 (74)	52.1 (35)	32.7 (117)	40.7 (66)	49.5 (81)	61.2 (69)
라틴 아메리카	브라질	51.2 (43)	49.7 (27)	53.6 (31)	56.3 (29)	50.3 (42)	41.7 (126)	55.9 (94)

(3개국)	아르헨티나	54.4 (34)	41.5 (53)	56.7 (26)	43.6 (51)	64.4 (12)	59.7 (49)	60.6 (70)
	멕시코	57.0 (25)	41.9 (50)	54.3 (30)	64.8 (6)	54.7 (26)	68.1 (14)	57.9 (84)
동구유럽/ 중앙아시아 (1개국)	러시아	49.1 (47)	45.5 (37)	43.6 (50)	44.7 (46)	58.9 (19)	51.4 (76)	50.5 (123)
아프리카 (1개국)	남아프리카 공화국	45.8 (56)	32.1 (74)	50.0 (39)	62.0 (9)	29.2 (90)	43.1 (119)	58.5 (81)
195개국 평균		38.9	28.4	32.3	37.6	31.5	47.8	55.8

* 출처: 글로벌보건안보지수(GHS Index) 보고서(https://www.ghsindex.org, 2022).
** The GHS Index scoring system includes five tiers with groupings of scores of 0~20; 0.1~40; 40.1~60; 60.1~80, and 80.1~100.

표 4 G-20의 2019 글로벌보건안보지수(Global Health Security Index)

세계 지역	국가명	글로벌보건안보(GHS) 지수(괄호 안은 195개국 중 순위)						
		Overall Score	Prevention	Detection and Reporting	Rapid Response	Health System	Compliance with International Norms	Risk Environment
북미/서구 유럽/오세 아니아 (7개국)	미국	83.5 (1)	83.1 (1)	98.2 (1)	79.7 (2)	73.8 (1)	85.3 (1)	78.2 (19)
	캐나다	75.3 (5)	70.0 (7)	96.4 (4)	60.7 (17)	67.7 (4)	74.7 (5)	82.7 (10)
	독일	66.0 (14)	66.5 (13)	84.6 (10)	54.8 (28)	48.2 (22)	61.9 (29)	82.3 (11)
	영국	77.9 (2)	68.3 (10)	87.3 (6)	91.9 (1)	59.8 (11)	81.2 (2)	74.7 (26)
	프랑스	68.2 (11)	71.2 (6)	75.3 (21)	62.9 (13)	60.9 (8)	58.6 (44)	83.0 (9)
	이태리	56.2 (31)	47.5 (45)	78.5 (16)	47.5 (51)	36.8 (54)	61.9 (29)	65.5 (55)
	호주	75.5 (4)	68.9 (8)	97.3 (2)	65.9 (10)	63.5 (6)	77.0 (3)	79.4 (18)
아시아 (7개국)	한국	70.2 (9)	57.3 (19)	92.1 (5)	71.5 (6)	58.7 (13)	64.3 (23)	74.1 (27)

	일본	59.8 (21)	49.3 (40)	70.1 (35)	53.6 (31)	46.6 (25)	70.0 (13)	71.7 (34)
	중국	48.2 (51)	45.0 (50)	48.5 (64)	48.6 (47)	45.7 (30)	40.3 (141)	64.4 (58)
	인도	46.5 (57)	34.9 (87)	47.4 (67)	52.4 (32)	42.7 (36)	47.7 (100)	54.4 (103)
	인도네시아	56.6 (30)	50.2 (38)	68.1 (37)	54.3 (30)	39.4 (42)	72.5 (7)	53.7 (106)
	터키	52.4 (40)	56.9 (20)	45.6 (74)	49.0 (46)	45.7 (30)	64.3 (23)	56.5 (92)
	사우디 아라비아	49.3 (47)	34.3 (89)	74.4 (24)	32.6 (114)	44.8 (35)	50.6 (81)	59.7 (71)
라틴 아메리카 (3개국)	브라질	59.7 (22)	59.2 (16)	82.4 (12)	67.1 (9)	45.0 (33)	41.9 (135)	56.2 (94)
	아르헨티나	58.6 (25)	41.4 (66)	74.9 (23)	50.6 (40)	54.9 (18)	68.8 (14)	60.0 (70)
	멕시코	57.6 (28)	45.5 (49)	71.2 (32)	50.8 (39)	46.9 (24)	73.9 (6)	57.0 (89)
동구유럽/ 중앙아시아 (1개국)	러시아	44.3 (63)	42.9 (62)	34.1 (116)	50.1 (43)	37.6 (50)	52.6 (72)	51.4 (113)
아프리카 (1개국)	남아프리카 공화국	54.8 (34)	44.8 (51)	81.5 (13)	57.7 (23)	33.0 (65)	46.3 (107)	61.8 (64)
195개국 평균		40.2	34.8	41.9	38.4	26.4	48.5	55.0

* 출처: 글로벌보건안보지수(GHS Index) 보고서(https://www.ghsindex.org, 2019).
** GHS Index는 IHR 2005 당사국 195개국의 보건안보 및 관련 역량에 관한 포괄적인 평가·기준임. The Nuclear Threat Initiative(NTI), Johns Hopkins Center for Health Security(JHU), The Economic Intelligence Unit(EIU) 등 3개 기관 공동프로젝트 결과물임.

COVID-19 이전의 글로벌 보건안보 상황을 보여주는 2019 GHSI(표4)와 이후의 보건상황을 나타내는 2021 GHSI(표3)를 비교하면 글로벌 보건안보 상황이 최근 전반적으로 악화되었음(40.2 → 38.9)을 드러내나 세부부문 중 보건체계는 팬데믹을 경험하며 개선되어 감(26.4 → 31.5)을 알 수 있다.

그림 4 한국의 2021 글로벌보건안보지수(Global Health Security Index)

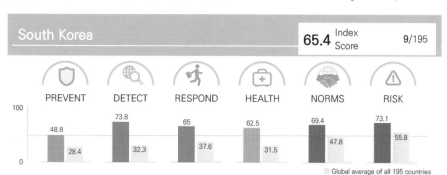

	2019 SCORE	2021 SCORE	2021 GLOBAL AVERAGE
PREVENTION	53.2	48.8	28.4
Antimicrobial resistance (AMR)	75	75	45.3
Zoonotic disease	51.8	55	19.8
Biosecurity	42.7	62.7	18.7
Biosafety	50	50	20.9
Dual-use research and culture of responsible science	0	0	2.6
Immunization	100	50	63.3
DETECTION AND REPORTING	67.5	73.8	32.3
Laboratory systems strength and quality	62.5	62.5	44.9
Laboratory supply chains	50	50	15.9
Real-time surveillance and reporting	87.5	87.5	34.6
Surveillance data accessibility and transparency	80	80	34.7
Case-based investigation	25	62.5	16.9
Epidemiology workforce	100	100	46.5
RAPID RESPONSE	74.9	65	37.6
Emergency preparedness and response planning	83.3	91.7	30.4
Exercising response plans	0	25	21.1
Emergency response operation	100	66.7	27
Linking public health and security authorities	100	100	22.1
Risk communication	83.3	83.3	57.9
Access to communications infrastructure	82.8	88	65.7
Trade and travel restrictions	75	0	39

	2019 SCORE	2021 SCORE	2021 GLOBAL AVERAGE
HEALTH SYSTEM	58.8	62.5	31.5
Health capacity in clinics, hospitals, and community care centers	74.5	75.6	30
Supply chain for health system and healthcare workers	44.4	44.4	28.5
Medical countermeasures and personnel deployment	50	50	10.3
Healthcare access	17.9	17.5	55.2
Communications with healthcare workers during a public health emergency	50	50	10.8
Infection control practices	100	100	40.5
Capacity to test and approve new medical countermeasures	75	100	45.1
COMPLIANCE WITH INTERNATIONAL NORMS	66.7	69.4	47.8
IHR reporting compliance and disaster risk reduction	100	100	58.5
Cross-border agreements on public and health emergency response	50	50	50
International commitments	100	100	56.1
JEE and PVS	25	25	18.7
Financing	58.3	75	35.2
Commitment to sharing of genetic and biological data and specimens	66.7	66.7	68.4
RISK ENVIRONMENT	74.1	73.1	55.8
Political and security risk	66.6	66.4	58.1
Socio-economic resilience	83.9	92.3	60.9
Infrastructure adequacy	83.3	83.3	50.2
Environmental risks	59.4	45.7	54.7
Public health vulnerabilities	77.3	78	55.3

Scores are normalized (0~100, where 100 most favorable)

* 출처: 글로벌보건안보지수(GHS Index) 보고서(https://www.ghsindex.org, 2022).

[그림 4]에 의하면 한국은 조사대상 195개국 중 9위(65.4)로 상대적으로는 세계최고 수준의 보건안보 상황을 보여주나 65.4점은 100점과 거리가 멀어서 갈 길이 멀다고 할 수 있다. 6개 세부부문(Prevention; Detection and Reporting; Rapid Response; Health System; Compliance with International Norms; Risk Environment)에서 한국의 점수는 모두 세계평균치를 웃돌며 앞서 있으나 위험환경 부문(political & security risk; socio-economic resillience; infrastructure adequacy; environmental risks; public health vulnerabilities)에서는 개선이 요망된다.

국제적 감염병 발생 시 국제사회의 대처방식의 변화는 감염병에 대한 인식의 변화에 토대를 둔다. 세계화의 심화로 국내 방역만으로 감염병을 퇴치할 수 없다는 점과 현대 의학으로 해결하지 못하는 변종 바이러스가 있다는 점이 현실적 한계로 부각되면서 국가 간 협력 없이 선진국과 개도국 모두 이러한 감염병으로부터 자유로울 수 없다는 인식에 기초하여 협력의 틀을 다져가고 있다.

COVID-19 사례는 국제사회에 하나의 과제를 제시하고 있다. 강대국이 발병국이고 그 인식과 해법이 보건주권을 강조하며 국가주의적 해법에 무게 중심을 둘 경우에 그 해결이 어려워진다. 약소국이 발병국일 경우 국제사회는 발병국을 봉쇄(blockade)하는 등 즉각적인 대응을 하기에 수월하여 조기 차단이 가능하다. 하지만 이번 사례의 경우 강대국인 중국이 발병 후 WHO에 즉각 보고도 하지 않고 국내적 해결을 모색하다가 실기한 것이 감염병의 확산을 유발했다고 해도 과언이 아니다. 아울러 중국과 이해관계가 있는 국가가 외교관계를 고려한 정치적 판단으로 발병국인 중국에 대한 감염병 봉쇄를 조기에 못해서 문제 해결이 어려워진 측면이 있다. 따라서 향후 IHR 2005의 규범 준수를 강제할 G-20 및 동아시아 지역 차원의 감염병 레짐을 이번 기회에 제도화할 필요가 있다(이상환, 2020a, 16; 이경화, 2015; 이상환·박광기, 2016).

최근 COVID-19로 인해 국제사회는 심각한 인명피해는 물론 많은 정치·경제·사회문화적 피해를 경험해왔다. 과거에 국가들은 월경질병의 확산방지에 대하여 국내적 방역정책으로 충분하다고 생각했다. 하지만 세계화는 국가 간 감염병의 급속한 전파를 야기했다. 세계화 시대에 국내적 제한적인 방역조치는 한계점에 도달하였고 이제 감염병 문제를 해결하기 위해 글로벌리즘에 기반한 보건협력이 요구되고 있다.

향후 국제보건레짐, 나아가 국제감염병레짐의 형성은 참여국에게 이익이 된다는 합리적 계산에 근거한 선택으로 가능한 것이다. 인접국의 도움 없이 국제사회는 보건 문제를 해결할 수 없다. 성공적인 협력을 위해 국제사회는 안보에 대한 인식을 단지 국익을 위한 국가안보에서 인권을 위한 인간안보로 변경해야 한다. 아니면 인간안보를 포함하는 포괄적인 개념으로서 국가안보에 대한 인식을 재정의해야 한다. 국제사회에서 보건레짐은 그 역내 공통적인 안보 인식과 상호주의 원칙에 토대를 두어야 한다(이상환, 2020a, 19; 심영규, 2018; Sell, 2004).

국제보건레짐의 형성과 발전도 선진강국의 리더십에 의존하며 오늘에 이르렀으며 그 주된 이유는 인도주의적인 것이다. 하지만 국제보건레짐의 틀안에서 국제감염병레짐의 형성은 보다 공동체적인 이유에 근거한다고 볼 수 있다. 이는 감염병의 성격에 기인한 것으로 결국 글로벌 협력 없이 월경성 감염병의 확산을 막을 수 없다는 국제사회의 인식에서 비롯된 것이다. 또한 과거의 감염병이 발병국 혹은 상대적으로 저발전국에 한정하여 대처가 가능했다면 세계화 시대의 전염병은 그 확산속도를 가늠할 수 없을 정도로 광범위하게 심각한 상황을 야기할 수 있다(이상환, 2020a, 20; 이신화, 2006).

감염병 확산과 관련한 국제사회의 협력을 강화하기 위해 G-20 국가의 노력이 요구되는 시점이다. 이들 국가는 세계의 선도국으로서 혹은 지역 선도국으로서 감염병 레짐을 이끌어 나갈 주체가 되기에 충분하다. 물론 G-20 국가 간 정치경제적 격차가 심화되어 있는 것도 사실이나 역할 분담을 통해 레짐 형성 및 강화를 주도할 수 있으리라 본다. 경제기술 강국들은 그들의 자본과 기술을 공여하고 지역거점 강국들은 인적 및 물적 자원을 지역 주변국에 제공하면서 공조체제를 유지할 수 있다. 결국 기존의 국제공중보건레짐을 보완할 새로운 감염병레짐의 형성이 요구되는 것이다. 이는 G-20가 중심이 되어야 하며 핵심강국과 지역거점강국이 역할분담을 하며 공조하는 신속한 대응체계 수립이 그 요체라고 할 수 있다(이상환, 2020a, 20-21; 이상환·박광기, 2016; 조한승, 2018).

3. Post COVID-19 시대의 국제사회 변화

냉전의 종식과 함께 1990년대 세계화 시대가 도래했다. 이념 갈등에 따른 국가 간 장벽이 허물어지면서 경제적 실리에 근거한 국제관계가 보편화 되어갔다. 이러한 국제사회의 변화를 후쿠야마(Francis Fukuyama)는 당시에 이데올로기의 종언, 즉 21세기는 자유민주주의와 자본주의가 지배하는 시대가 되리라는 전망을 했었다. 하지만 세계화의 흐름이 심화되리라는 기대는 허물어졌다. 2000년대 반세계주의(anti-globalism)가 휘몰아쳤다. 세계화에 소외된 국가들과 세계화가 초래한 국내외적 부정적인 결과들, 즉 빈부격차의 심화 등을 경험한 세력들이 세계화에 대한 반발을 여실히 드러냈다. 그 결과물이 2008년 글로벌 금융위기와 함께 대두된, 월가의 탐욕스러운 금융자본주의와 경제적 불평등에 분노하면서 시작된 '월스트리트 점령(Occupy Wall Street)' 운동이다(이상환, 2020c; Dreher, 2006; Ekman, 2003).

코로나19 감염병 사태는 미·중 간 새로운 냉전 시대를 연 사건으로 역사에 기록될 것이다. **탈세계화**(deglobalization)와 **디지털화**(digitization)라는 새로운 생활상을 형성하게 한 사건이다. 치료제와 백신 개발이 개선되었으나 유사한 감염병의 발생이 주기적으로 일어날 가능성이 크다 보니 이제 감염병이 일상으로 자리잡을 수도 있다는 점을 부인하기 어려운 상황이다. 이런 가운데 중국에 글로벌 생산망을 가진 다국적기업의 80%가 탈중국을 계획한다는 얘기가 나왔고, 4차 산업혁명과 함께 비대면 경제 확산은 디지털 혁신을 가속화하여 금융서비스산업의 핀테크화와 디지털 화폐 주도권 경쟁을 촉발할 가능성이 크다(이상환, 2020b, 9; 이상환, 2020c).

코로나19는 미·중 패권경쟁 속에서 때를 기다리며 조용히 패권을 추구하던 중국에게 시련을 안겨다 주었다. 지금의 경쟁이 격화되면 그 결과는 둘 중 하나다. 패권전쟁 결과 중국이 미국 질서에 완전히 편입되거나 미국이 패권적 지위에서 밀려나 쇠락의 길을 걷는 것이다. 과학기술 전쟁과 표준전쟁이 뒤섞인 가운데 세계는 신냉전의 늪으로 빠져들는지 모른다. 예를 들어, 미국이 화웨이를 제재하자 중국이 '화웨이 지지국'을 규합하여 미국에 대항했다. 이제 세계 각국이 미국과 중국 중 하나를 선택해야 하는 상황에 직면하고 있다. 차세대 기술과 표준을 누가 선점하느냐가 이 총성 없는 전쟁의 관건이 될 것이다. 세계 각국에 '어느 편이냐'를 묻고 있는 미국과 중국에 대해 세계 각국이 줄 서기에 나서면서 **'디지털 철의 장막(digital iron curtain)'**이 전세계에 드리워질 가능성이 커지고 있다. 이제 미국을 중심으로 서구세력의 선택은 중국식 과학기술혁명을 따르거나 아니면 가치추구가 다른 중국을 국제사회에서 배제하는 것이다. 문제는 그러기에는 중국이 갖고 있는 잠재력이 크고 그 파급효과가 적지 않아서 쉽게 성공할지는 미지수이다.

가치구현 충돌 상황에서 미국이 중국을 견제하는 대표적인 방식은 **'표준전쟁(standard war)'**이다. 각종 표준설정에서 중국의 참여를 배제함으로써 자연스레 시장에서 도태시킨다는 것이다. 미국 트럼프 행정부는 중국이 AI·빅데이터 시대에 감시사회를 구축하고 있다고 비난하고, 지금까지의 중국식 기술혁명을 지식재산권 탈취라는 범죄 행위로 폄훼하면서 중국정부의 민주주의 질서 위협 등을 비판해 왔다. 미국은 홍콩의 반정부 시위를 거론하며 중국에 자유가 주어질 때 어떤 일이 일어나는지 보여주는 좋은 사례라고 지적한 바 있다(이상환, 2020b, 9-10).

탈세계화는 국가 간 상호의존과 통합이 약화되는 과정을 일컫는 개념이다. 국가 간 경제 관계에서 무역과 투자가 감소하고 국가 간 정치 관계에서 통합에 역행하는 현상을 말하는 것으로 세계화의 반대 개념이다. 역사상 탈세계화 현상이 부각된 시기는 대공황을 겪은 1930년대와 글로벌 금융위기 이후 무역 침체기인 2010년대이다. 1930년대와 2010년대의 탈세계화 현상을 가져오기 전에 국제사회는 세계화 규범에 충실하려 했던 시대를 경험했었다. 이는 각각 1850~1914년 시기와 1950~2007년 시기라고 할 수 있다. 이러한 시기를 경험한 후 충격적인 금융위기로 인해 세계화 시대가 쇠락의 길을 맞이한 것이다(이상환, 2020c).

하지만 1930년대의 탈세계화 양상과 2010년대의 탈세계화 양상은 성격상 차이점이 있다. 1930년대에는 민주주의 국가들이 자유무역주의를 지키려 했고 자급자족에 의존하려는 전체주의 독재국가들이 탈세계화 현상을 주도했다. 반면 2010년대 이래 현재 상황은 민주주의 국가들이 이를 주도하고 있다. 미국 트럼프 대통령의 '미국 우선주의(America First)'와 영국의 '브렉시트(Brexit)' 움직임이 국제사회를 탈세계화 과정으로 몰고 간 것이다. 이는 보호무역주의와 경기침체라는 경제적 동인에 의한 것만이 아니라 상이한 가치추구라는 정치적 동인도 작용한 것이다(이상환, 2020c).

세계화 수준을 파악하는 대표적인 지표는 스위스경제연구소(KOF Swiss Economic Institute)가 발표하는 세계화 지수이다. 그 지표에 의하면 세계화 수준은 1990년 이후 글로벌 금융위기 직전인 2007년까지 급속히 증가했고, 2008년 경제대불황 이래 약간만 올랐었다. 1990년 이래 처음으로 2015년에 세계화 수준이 감소했다. 이는 세계화 측면 중 경제적 세계화에 있어서의 쇠퇴에 기인한 것이다. 당해 연도에 정치적 세계화는 오히려 개선되었고 사회적 세계화는 정체 상태였다. 2015년 이후 2022년까지는 세계화 흐름이 상승과 하락을 반복하며 사실상 정체 상태이다.

탈세계화는 경제부문에서 보호무역주의와 함께 간다. 국가 간 상호교류의 감소와 이에 따른 낮은 경제성장은 결국 보호무역주의를 수반한다. 이는 국가 간 협력을 줄이고 갈등의 위험을 증가시키며 비경제적 부문에서도 문제를 초래한다. 이처럼 탈세계화는 정치적 현상으로도 이해할 수 있다. 예를 들어, 미국 부시 행정부와 오바마 행정부가 제도화한 미국산 제품 구매를 독려하기 위한 '미국제품구매 법안(Buy American Act)'이 있다. 또한 유럽연합(EU)의 농산물 분야 보호를 위한 새로운 보조금 지급 정책도 마찬가지 예이다. 이러한 탈세계화 정책은 선진국들이 2008년 글로벌 금융위기로부터 탈피하는 방안이자 정치적 의도가 깔린 행위이다(이상환, 2020c).

최근에 반세계화(anti-globaliztion) 움직임에 있어서 변화가 감지되었다. 반세계화는 이제 선진국들과 보수정치인들 사이에서도 강력한 기반을 갖고 있고, 개도국들 중에서 특히 브릭스(BRICS) 국가들 사이에서 매우 상이한 양상으로 전개되고 있다. 새로운 민족주의 흐름이 그 저변에 존재하고 난민 문제 등 각종 민족·인종 갈등이 국내외 정치지형에 영향을 미치며 새로운 진영 논리 속에 국가들을 편입시키고 있다(이상환, 2020c).

후쿠야마는 2020년 이후 시장 중심 자본주의의 미국과 국가중심 자본주의의 중국이 세계 패권다툼을 벌일 것으로 내다봤다. 이 싸움의 핵심은 민주주의와 인권 등 인류 보편적 가치를 공유하고 있느냐의 문제다. 이 싸움의 전 단계가 기술 경쟁력과 표준 싸움이다. 중국이 **인공지능(AI)** 기술에서 앞서나가고 있는데, 이는 중국이 인권·개인정보 보호 문제를 등한시하기 때문이라는 것이다. 이에 서구국가들은 인권 가치를 공유하지 않는 나라를 빼고 경제 표준을 만드는 '**표준전쟁(standard war)**'으로 대응하고 있다. 지금 국제사회는 새로운 양 진영 (Global North와 Global South)으로 재편되고 있다(이상환, 2020c).

열린 사회 유럽이 난민 문제와 코로나19로 내부 갈등을 경험하면서 닫힌 사회로 이행할는지 모르는 상황이다. 또한 열린 사회의 리더인 미국은 트럼프 대통령 시절에 닫힌 사회로의 이행 조짐을 드러냈다. 멕시코 국경장벽 건설을 둘러싼 인접국과의 갈등과 코로나19에 따른 국내적 인종·계층 갈등 등이 그 예이다. 반면 미·중 통상전쟁은 중국을 열린 사회로 이끌기 위한 닫힌 사회에 대한 경고로 보이기도 한다. 코로나19가 국제사회에 던진 메시지는 국가 간 갈등이 아닌 공동체적 협력만이 국제사회의 '살길'이라는 것이다. 아울러 닫힌 사회가 아닌 열린 사회로의 이행만이 밝은 미래를 보증한다는 것이다(이상환, 2020c).

표 5 세계화 지수(kof globalisation index; 연도별 세계평균치)

1990	43.6	2001	53.3	2012	60.9
1991	43.7	2002	53.4	2013	61.2
1992	44.7	2003	53.4	2014	61.8
1993	45.8	2004	55.5	2015	61.7
1994	46.8	2005	56.4	2016	61.9
1995	48.1	2006	57.5	2017	62.1
1996	48.3	2007	58.8	2018	61.2
1997	49.3	2008	59.3	2019	62.0
1998	50.3	2009	59.6	2020	61.8
1999	51.3	2010	60.1	2021	61.5
2000	52.5	2011	60.5	2022	61.0

* 출처: Eidgenössische Technische Hochschule Zürich; KOF Swiss Economic Institute (https://kof.ethz.ch/en/forecasts-and-indicators/indicators/kof-globalisation-index.html).

4. Post COVID-19 시대와 새로운 국제질서

최근 새로운 냉전의 도래를 우려하는 목소리가 커지고 있다. 제2차 세계대전 후 냉전의 양상은 유럽에서의 동·서독 분단과 동아시아에서의 남·북한 분단이 이를 잘 대변해 준다. 이는 결국 이념대결로 자본주의 대 공산주의, 민주주의 대 전체주의, 그리고 제1세계(북대서양조약기구, 브레튼우즈 체제) 대 제2세계(바르샤바조약기구, 코메콘 체제)로 대별된다. 가치와 이익을 공유하는 진영 내 협력과 가치와 이익을 달리하는 진영 간 갈등이 과거 냉전의 모습이었다. 그 대결 구도에서 살아남는 길은 진영 속에서 힘을 키우는 것밖에 없었다(이상환, 2020c).

그렇다면 최근 논의되고 있는 신냉전은 무엇을 일컫는가. 신냉전은 탈냉전기 패권경쟁의 산물이고 중국의 급부상과 이에 따른 새로운 가치 충돌의 결과라고 할 수 있다. 탈냉전기 도래 이후 세계는 중국의 급부상을 목격해 왔고 중국 위협론과 기회론이라는 상반된 시각에서 이를 전망하게 되었다. 미국을 중심으로 한 서구세력은 급속한 경제발전을 해 나아가는 중국 내에서 정치적 민주화의 불길이 일어나기를 기대했다. 하지만 이는 잘못된 기대가 되었다. 홍콩 민주화운동 사태에 직면한 중국당국의 태도는 서구국가들을 실망시키기에 충분했다. 이는 경제발전이 정치적 민주화를 초래한다는 명제가 중국에서는 적용되지 않음을 보여주는 것이다(이상환, 2020b, 8; 이상환, 2020c).

여기서 미국을 중심으로 한 냉전기 제1세계의 고민은 깊어진다. 중국의 급부상을 기회론이라는 낙관적 사고로 전망했던 사람들도 이제는 위협론이라는 비관적 사고로 전환하고 있다. 중국 정부가 이러한 우려를 낳기에 충분한 행동을 했다고 해도 과언이 아니다. 2018년 중국이 집단지배체제를 일인지배체제로 바꿨을 때 미국을 중심으로 한 서구세력은 중국 정치의 퇴행에 실망했다. 중국을 견제해야 한다는 주장이 미국사회에서 더욱 설득력을 갖게 된 것이다. 사고체계가 다른 힘 있는 중국의 출현은 서구세력의 입장에서 보면 최악의 상황이다. 유럽의 영국에서 북미의 미국으로의 평화로운 세력전이가 가능했던 것은 바로 양국 간 '**가치의 공유**(shared values)'가 그 배경이었다(이상환, 2020b, 8; 이상환, 2020c).

만약 미국과 중국 간 가치의 공유가 미약하다면 평화로운 세력전이가 가능할 것인가. 그 답은 '아니요'일 것이다. 오늘날 국제질서는 가치를 우선하는 국가군과 이익을 우선하는 국가군 간의 대결 구도로 재편되는 조짐이 일고 있다. 하지만 오늘날의 상황은 구 냉전과는 사뭇 다르다. 그 당시는 미·소 간 그리고 제1세계와 제2세계 간 '**이익의 공유**(shared interests)'가 미미했다. 지금은 강대국 간 즉 경쟁국가 간 이익의 공유가 적지 않다. 경제적 상호의존이라는 구조적 제약이 극단적인 선택을 억지하는 상황이다. 가치공유 우선 국가들이 중국의 반인권적·비민주적 행태를 비판하며 사고와 행태의 변화를 요구하고 있음에도 불구하고, 그들은 이익 훼손을 걱정하며 역학 구도의 변화에 주목하기도 한다(이상환, 2020b, 8; 이상환, 2020c).

가치공유 우선과 이익공유 우선이라는 선택의 기로에서 각국은 어떤 길을 가야 할 것인가. 짧게 말하자면, 둘 다 중요하다. 가치공유를 우선하면서 중국을 사고가 다른 위협세력으로 보고 이를 견제하려는 서구강대국과, 일단 먹고 살기 위해 중국의 가치 추구가 어떻든 이익을 극대화하기 위해 중국에 편승하는 아시아와 아프리카의 약소국 간 대결 구도로 국제사회는 이합집산하는 양상이다. 한마디로 말하여, 구 냉전이 가치·이익 공유국가(군)와 이(異)국가(군) 간의 갈등이었다면, 신냉전은 가치공유 우선 국가군과 이익공유 우선 국가군 간 갈등 구조를 형성하고 있다. 국가 간 이해관계가 복잡하다 보니 가치공유에 따른 결속력이 일부 강대국을 제외하면 한계가 있다고 할 수 있다(이상환, 2020b, 9; 이상환, 2020c).

새로운 냉전 시대에 걸맞은 이념대결은 어떠한 구도인가. 경제적인 맥락에서 보면, 미국을 중심으로 한 시장중심 자본주의(시장자율성 우선) 대 중국을 중심으로 한 국가 중심 자본주의(국가개입 우선)가 그것이다. 정치적인 맥락에서 보면, 미국을 축으로 한 민주주의(다당제, 법치주의) 대 중국을 축으로 한 권위주의(일당지배, 인치주의)가 그 핵심이다. 경제적인 측면에서는 과거 냉전과 다른 양상이나 정치적인 측면에서는 그 성격이 유사하다. 서구국가들이 딜레마에 빠지는 이유는 AI, 빅데이터시대에 중국의 기술혁명이 반인권적·반윤리적 문제가 있음에도 불구하고 국가경쟁력을 갖게 된 것 때문이다(이상환, 2020b, 9; 이상환, 2020c).

오늘날의 국제질서를 G20 속의 G2 시대 혹은 다극 속의 양극체제라고 규정한다. 국제사회는 1990년 냉전 종식과 더불어 탈냉전 시대를 맞이하였다. 지난 30년간 우리는 세계화와 정보화의 시대를 경험해 왔고, 2020년 코로나19는 탈세계화와 디지털화라는 새로운 생활상을 강제하고 있다. 이런 가운데 우리나라는 미국과 중국 사이에서 선택을 강요받고 있다. 아직은 미국과 중국 간 불균형적인 양극체제를 형성하고 있으나 2050년에는 보다 균형적인 양극체제로 전환될 수 있다. 만약 이러한 흐름이 사실이라면 우리는 미래를 위해 보다 사려깊은 대비가 필요하다. 미·중 간 균형적인 양극체제가 현실화된다면 우리는 어느 한쪽에 편향된 외교적 스탠스를 가질 수 없다. 하지만 우방을 판단하는 기준은 이익의 공유보다는 가치의 공유가 우선해야 한다. 중국의 정치적 민주화가 진전이 없다면 우리는 지리적으로 멀리 위치한 우방인 미국을 통해 중국을 견제하는 지혜를 구현해야 할 것이다(이상환, 2020b, 10; 이상환, 2020c).

2020년대, 세계질서와 동아시아지역질서의 축이 흔들리고 있다. 과연 21세기 이 시점을 무엇이라 명명해야 할까. 지난 수년간의 상황을 보며 새로운 이념 갈등의 시기, 즉 신냉전 시기로 접어든 것이 아닌가 하는 우려를 하게 된다. 21세기 새로운 냉전기는 미국식 시장자본주의 대 중국식 국가자본주의 혹은 열린 사회 대 닫힌 사회 간의 대결로 볼 수 있다. 자본주의 내 경제발전을 위한 추동체(推動體)로 주로 시장이 기능해야 하느냐 아니면 국가가 역할을 해야 하느냐가 그 핵심 쟁점이다. 21세기 중국의 급부상은 중국식 국가자본주의의 위상을 높여 왔고, 미국을 비롯한 서구국가들은 중국식 국가자본주의의 한계를 비판하면서도 아이러니하게 국가개입주의적 경제정책을 확대해 왔다. 최근 미국을 포함한 서구국가들의 일부 민중주의 양상은 이를 잘 보여준다. 이런 가운데 민주주의 가치 논쟁이 이에 더해지면서 결국 중국이 그러한 가치를 공유할 수 있는 국가냐 하는 의구심이 증폭되는 것이다. 여기에 우리의 전략적 딜레마가 존재하는 것이다(이상환, 2020b, 10; 이상환, 2020c).

1. 국제정치경제 관계의 행위자와 행위기제에 대한 설명으로 가장 적절한 것은?

① 국제정치경제 관계를 설명하는 행위기제는 힘, 제도, 역사이다.
② 오늘날 국제정치경제 관계의 행위자로 비국가 행위자의 중요성은 감소하고 있다.
③ 오늘날 국가 행위자는 국제정치경제 관계를 이해함에 있어 고려 대상이 되지 못한다.
④ 국제정치경제 관계를 이해함에 있어 국가 행위자와 비국가 행위자의 역할을 모두 고려해야 한다.
⑤ 세계화의 흐름 속에서 국제정치경제 관계를 지배하는 행위기제로 부각되는 것은 제도라기보다는 힘이다.

해설 국제관계를 설명함에 있어 국가 및 비국가 행위자를 모두 연구대상으로 해야 하며 관계의 성격에 따라 그 중요성은 다양하게 평가된다.   **정답** ④

2. 국제정치경제 관계의 행위기제와 관련한 시각에 대한 설명으로 가장 적절한 것은?

① 힘을 강조하는 시각은 제도주의이다.
② 제도를 강조하는 시각은 현실주의이다.
③ 구조를 강조하는 시각은 자유주의이다.
④ 종속론은 구조를 강조하는 중상주의 이론에 해당한다.
⑤ 상호의존론은 제도를 강조하는 자유주의 이론에 해당한다.

해설 상호의존론은 제도를 통한 국가 간 협력을 강조하며 자유주의 혹은 제도주의 이론에 해당한다.   **정답** ⑤

3. 제2차 대전 후 국제질서 및 국제정치경제 관계를 설명한 것으로 적절하지 <u>않은</u> 것은?

① 냉전기, 브레튼우즈 체제 시기에 국제관계를 지배한 행위기제는 힘 즉 국력이다.

② 양극구조에서 다극구조로 갈수록 제도보다는 힘의 논리가 압도적으로 작동된다.

③ 제2차 대전 후 국제정치경제체제의 변화를 살펴보면 브레튼우즈 체제 시기와 그 이후 시기로 구분할 수 있다.

④ 제2차 대전 후 국제안보체제의 변화를 살펴보면 냉전기, 긴장완화기, 신냉전기, 탈냉전기, 네오냉전기로 구분할 수 있다.

⑤ 제2차 대전 후 국제질서의 변화를 강대국의 수를 기준으로 살펴보면 양극구조, 이완된 양극구조, 복원된 양극구조, 다극구조(다극 속의 단극, 다극 속의 양극)로 전개된다.

해설 양극구조에서 다극구조로 갈수록 힘보다는 제도(규범)의 논리가 작동할 가능성이 커진다고 할 수 있다.   정답 ②

✍️ 정리하기

1. 국제정치경제 관계의 행위자와 행위기제란?

국가 및 비국가 행위자들(state & non-state actors) 간의 국제관계를 설명하는 세 가지 행위기제(instruments)로 힘(power), 제도(institution), 구조(structure)가 있다.

2. 국제정치경제 관계의 행위기제와 관련한 시각이란?

각 기제를 강조하는 거시적인 시각을 언급하면 **현실주의**(realism), **자유주의 혹은 제도주의**(liberalism 혹은 institutionalism), **구조주의**(structuralism) 등을 들 수 있다. 국제정치경제 영역인 전 세계적 부와 빈곤의 문제에는 그 시각으로 **국가주의**(statist) 이론, **상호의존**(interdependence) 이론, **종속**(dependence) 이론 등이 있다.

3. 제2차 대전 후 국제질서 및 국제정치경제 관계의 변화란?

제2차 대전 이후 국제정치질서는 양극 구조 → 이완된 양극 구조 → 복원된 양극 구조 → **다극 구조**(다극 속의 단극 구조, 다극 속의 양극 구조 등)로 변화해 왔다. 현존 국제정치질서를 **오극 구조**(미국, 중국, EU, 일본, 러시아)로 보거나 미국 중심의 **일극 구조**(Pax-Americana)로 보거나 미국과 중국의 **양극 구조**(G2)로 보기도 한다. 행위자 수가 어떻게 변하든 중요한 사실은 패권적 **국가**(군)의 **힘** (power)에 의해 국제정치질서는 주도된다는 견해와 그러한 **국가**(군) 없이도 **제도**(institution), 즉 **국제레짐**(international regime)에 의해 국제질서가 관리된다는 견해가 존재한다는 것이다. 같은 맥락에서 국제정치경제질서는 **브레튼우즈 체제 시기 → 포스트 브레튼우즈 체제**(I, II) 시기로 변화해 왔다.

2부

국제정치경제 시각 1: 신자유주의/상호의존 시각

📝 사전 학습(핵심 용어 정리)

용어	뜻
제도	행태적 역할을 규정하고 행동을 제한하며 기대를 형성하는 지속성을 갖는 일단의 공식적–비공식적 규범들을 말함. 규범적 측면에서 보면 공식적 규범(formal rules)과 비공식적 규범(informal rules), 즉 관행 등 모두를 일컬음.
제도주의	국제제도가 국가 간의 경제거래에서 발생하는 비용을 줄여 줌으로써 국가 간의 협력을 증진시킬 수 있다는 기본 논리를 갖고 있음. 국제제도는 국가 간의 거래에서 발생하는 협상비용, 감시비용, 집행비용, 정보비용을 포함하는 거래비용을 줄여 줌. 국제제도가 비협력적인 국가행위에 제재를 가하고 협력적인 국가행위에 혜택을 주는 선택적 자극을 가함으로써 집단행위 딜레마를 해결할 수 있음. 즉, 비협력적 게임의 상황을 협력적 상황으로 전환시켜 줌.
상호의존	거래의 상호적 득실과 체계적 연관성을 강조하는 공동의 의존을 의미함. 코헤인과 나이는 세계정치현실은 복잡한 상호의존으로서 묘사될 수 있다고 주장함. 그 개념은 세 가지 특징을 토대로 함. 첫째, 관계의 다양한 채널이 존재한다는 것으로, 이는 정부·비정부 엘리트와 국가 간 기구들 사이의 비공식적 연결과 국가·정부 간의 공식적 연결 등을 포함함. 둘째, 다양한 이슈가 유연하게 존재한다는 것으로, 국내·대외 정책의 구별이 덜 명확해지며, 군사·안보문제의 중요성이 감퇴함. 셋째, 정책수단으로서 군사력의 역할이 약화된다는 것으로, 군사적 수단을 가지고 통상 분쟁을 해결할 수도 없고 하지도 않음. 비록 복잡한 상호의존의 의미가 상호작용에 근거할지라도, 상호의존은 항시 참여의 비용과 관련함. 가장 뚜렷한 비용은 감소된 자율성(autonomy)에 있음.

학습 목표 및 목차

○ 주제

국제정치경제 관계에서 '제도(institution)'는 어떻게 작동할까요?
상호의존 시각(interdependence perspective)이란?
오늘날의 국제정치경제 관계 및 선진국 간의 정치경제적 관계에 적용해 볼까요?

○ 학습 목표

1. 국제정치경제 관계에서 '제도(institution)'의 역할에 대해 이해할 수 있다.
2. 국제협력 달성을 위한 기제로서 제도를 강조하는 상호의존 시각에 대해 파악할 수 있다.

○ 학습 목차

1. 국제정치경제 관계에서 '제도(institution)'의 역할에 대한 기본적 소개
2. **상호의존 시각(interdependence perspective)**에 대한 소개

학습하기

Ⅰ. 국제정치경제 관계에서 '제도(institution)'의 역할에 대한 기본적 소개

1. 제도(institution)

제도란 행태적 역할을 규정하고 행동을 제한하며 기대를 형성하는 지속성을 갖는 일단의 공식적-비공식적 규범들을 말한다. 규범적 측면에서 보면 **공식적 규범**(formal rules)과 **비공식적 규범**(informal rules), 즉 관행 등 모두를 일컫는다. 이러한 제도 형성을 통해 협력 달성이 가능한 것이다. 제도를 통한 협력의 달성은 다음 의문점을 해결해야 한다. 즉, 어떻게 협력자와 배반자가 구분될 수 있도록 행위를 감시할 것인가? 어떻게 협력자에게는 보상을, 배반자에게는 보복을 가할 것인가? 어떻게 이슈들을 생산적인 방법으로 연계시킬 것인가? 특히 미래에 대한 고려는 협력의 조건이 된다.

2. 자유주의 혹은 제도주의(liberalism 혹은 institutionalism)

(1) 신자유주의적 제도주의(합리적 선택 제도주의라고 할 수 있음)

고전적 자유주의는 도덕심에 호소하여 제도 준수를 강조하나 신자유주의는 합리적 선택에 기초하여 제도 준수를 도모한다. 무정부상태에서 국가 간 협력은 어떤 조건하에서 일어날 수 있는가? 협력의 결과로서 국제제도는 어떤 방식으로 형성되며 국가 간의 협력에 어떤 영향을 미치는가?

코헤인(Robert Keohane)에 의하면 **과두협력이론**(small group cooperation)은 패권국가가 없어도 소수 강대국들 사이의 과두협력을 통해 국제정치경제 질서의 안정이 이루어질 수 있다고 한다. 소수 강대국들로 이루어지는 집단이 다수 국가들로 구성되는 집단보다 국가 간의 협력을 더 잘 이루어낼 수 있다는 논지로, 다수국가 집단 내에서도 반복적인 게임을 통해 상호신뢰를 기반으로 협력을 성공적으로 달성할 수 있다는 것을 강조한다.

기능주의 이론(functional theory of international regimes)은 국제제도가 국가 간의 경제거래에서 발생하는 비용을 줄여 줌으로써 국가 간의 협력을 증진할 수 있다는 기본 논리를 갖고 있다. 국제제도는 국가 간의 거래에서 발생하는 협상비용, 감시비용, 집행비용, 정보비용을 포함하는 거래비용을 줄인다. 국제제도가 비협력적인 국가 행위에 제재를 가하고 협력적인 국가 행위에 혜택을 주는 선택적 자극을 가함으로써 집단행위 딜레마를 해결할 수 있다는 것이다. 즉, 비협력적 게임의 상황을 협력적 상황으로 전환해 준다는 것이다.

(2) 새로운 자유주의 이론

① 서로 다른 국내적 요인이 서로 다른 국가 행위를 낳는 경우에 각 국가의 선호이익을 조정하고 협상하는 과정을 분석하여 국제제도의 변화를 설명한다.

② 각 행위자 자체의 변화, 즉 국가 내부의 변화가 국가 간의 상호조정을 통해 국제구조 혹은 국제제도를 변화시키는 것에 연구의 초점을 맞춘다.

③ 국제협력 혹은 국제제도의 형성과 변화가 주요한 관심사이다. 두 단계의 과정을 거친다. 즉, 첫 번째는 국가의 선호이익이 국내적으로 결정되는 과정이며, 두 번째는 국가이익의 갈등을 조정과 협상을 통해 협력을 달성하여 국제제도를 형성하거나 변화시키는 과정이다.

④ 새로운 자유주의 이론은 신자유주의와 구성주의의 대안 이론으로서 합리적 선택과 이념이라는 분석개념들을 그리고 국제 수준과 국내 수준을 분석적으로 통합한다.

⑤ 단점: 구성주의 이론이 주장하듯이 국가이익이 국제구조, 즉 국제제도로부터 형성되는 측면을 간과하며, 합리적 선택 제도주의가 주장하듯이 국제제도가 기존의 국가이익을 제한하는 측면을 배제한다. 새로운 자유주의 이론은 국가들이 자신들의 선호이익을 조정하고 협상할 때 국내 경제력을 바탕으로 하는 국가 능력의 차이가 협상을 통한 교섭에 영향을 미치는 것을 분석해내지 못한다.

II. 상호의존 시각(interdependence perspective)에 대한 소개

1. 개요

(1) 성격

서구선진자본주의 국가 간의 관계를 설명하고 국제정치경제 관계에서 제도를 강조하는 **상호의존이론**(interdependence theory)은 국제정치경제의 자유주의적 경제적 주장으로, 스미스(Adam Smith)의 '**보이지 않는 손**(invisible hand)'에 기초한 정치와 경제의 분리 그리고 중상주의적 경제정책에 대한 반발을 기초로 한다. 이는 독립경제주체 간의 자발적인 협력 관계를 강조하며, 모든 참여국의 적정한 경제성장과 혜택을 토대로 수요공급 원칙에 따른 개방경제체제에 근거한 자유무역을 옹호한다. 월러리(Dan Walleri)에 의하면 자유주의 세계는 자유방임적 자본주의, 재산권, 제한된 정부, 그리고 사회적 진화론을 강조하며, 완벽한 경쟁하에서 시장은 최대의 경제성장, 발전, 그리고 일반복지를 창출하는 것이다. 또한 모오스(Edward Morse)도 자유시장에서의 개인자유체제는 중상주의하에서보다 고수준의 물질적 이익을 가져다준다고 강조한다.

(2) 주요 내용

이 이론의 가정은 다음과 같다. 첫째, 개인은 가장 창조적인 존재로 합리적이며 이익의 극대화를 도모한다는 것이다. 이는 인간 본성에 대한 낙관적인 견해이다. 둘째, 사회는 자기조절적이라서 전혀 간섭할 필요가 없다는 것이다. 보이지 않는 손에 의해서 적절히 움직여진다는 것을 의미한다. 셋째, 정부는 비효율적인 집단이라는 것이다. 정부는 완전경쟁을 위해 불완전한 시장에 개입해야 하나, 그 이상은 아니라는 것이다. 넷째, 경제적 거래의 성격은 조화롭고 상호주의적이다. 다섯째, 경제적 거래는 **양의 합 게임**(positive sum game)에 근거한다. 이 이론이 다루는 국제관계의 주요 행위자는 개인 **기업주들**(자본가들), 기업들(주로 다국적기업들), 그리고 **국제기구들**(IMF, GATT 등)이다. 이들이 **국제레짐**

(international regime)을 구성한다. 여기서, 레짐이란 "국제정치경제의 **특정한 영역**(무역, 재정, 통신, 환율 등)을 **지배하는**(규칙제정, 행위·규칙 증진, 통제유지 등) 관련 행위자들의 연결구조"를 의미한다. 자유주의적 시각에서 보면, 레짐은 국제관계의 모든 분야에 존재하며, 국제관계의 모든 행위자는 그들 행위를 구속하는 각종 원칙, 규범 및 규정에 의해 영향받게 된다.

상호의존이론에 의하면, 국가 간 거래의 동기는 한마디로 상호이익, 즉 돈, 이익, 부에 있고, 그 주된 주장은 증가된 경제관계가 모든 참여국을 위해 이롭다는 것이다. 즉, 국가 간 거래는 하면 할수록 보다 더 많은 이득을 가져오고, 이러한 관계의 확산이 지구촌을 형성한다는 것이다. 개발도상국은 그 과정에서 발전한다. 선진국으로부터 개발도상국으로의 자연적인 자본, 기술, 관리적 노하우의 이전이 가능하다는 것이다. 이러한 이론의 문제점은 내적인 모순인 사회가 자기조절적인가 하는 데서 오는 것과 실제 세계의 문제인 거래의 동기는 이익 극대화인데, 참여하는 모든 국가가 이득을 보아야 한다는 것이 사실인가 하는 것이다. 또한, 정치와 경제를 분리하고, 경제를 우선하고 정치는 그 다음으로 하는데 둘을 진정으로 분리할 수 있는가 하는 데서 오는 의문이다.

하나의 분석적 개념으로서 상호의존은 거래의 상호적 득실과 체계적 연관성을 강조하는 공동의 의존을 의미한다. 코헤인과 나이(Keohane & Nye, 1977)는 세계정치현실은 복잡한 상호의존으로서 묘사될 수 있다고 주장한다. 그 개념은 세 가지 특징을 토대로 한다. 첫째, 관계의 다양한 채널이 존재한다는 것이다. 이는 정부·비정부 엘리트와 국가 간 기구들 사이의 비공식적 연결과 국가·정부 간의 공식적 연결 등을 포함한다. 둘째, 다양한 이슈가 유연하게 존재한다는 것이다. 국내·대외 정책의 구별이 덜 명확해지며, 군사·안보문제의 중요성이 감퇴한다. 셋째, 정책수단으로서 군사력의 약화된 역할을 내포한다. 예를 들어, 군사적 수단을 가지고 통상 분쟁을 해결할 수도 없고 하지도 않는다. 비록 복잡한 상호의존의 의미가 상호작용에 근거할지라도, 상호의존은 항시 참여의 비용과 관련한다. 가장 뚜렷한 비용은 감소된 **자율성**(autonomy)에 있다. 일국은 자신의 행위의 자율성에 대한 제한을 대가로 특정한 경제적 이익을 얻으려 할는지 모른다는 것이다.

결론적으로 상호의존이론은 최소한의 정치적 개입을 가진 상품의 자유로운 이동으로 상징되는 개방무역체제가 가장 효율적인 경제체제를 가져온다고 주장한다. 다시 말하면, 이러한 개방체제가 무역참여국 및 전체 세계를 위해 최대한의 경제적 복지를 낳는다는 것이다. 상호의존이론은 국제통상관계가 비교우위의 경제적 인식에 의해 행해지며 자유무역체제하에서 각국은 최대한의 경제적 성장과 혜택을 얻을 수 있다고 설명한다.

표 6 **상호의존 시각 요약**

상호의존 시각	
지적인 토대	신자유주의
강조점	경제적-외적 요소
주요한 행위자	다국적기업/국제기구
구조	국제레짐
이익 수혜자	호혜(쌍방적)
적용가능한 체제	북-북(North-North) 체제
미래에 대한 전망	낙관적 전망/지구촌 형성

2. 상호의존 시각에서 본 국제정치경제 관계

(1) 국제통상(Trade) 문제를 국제정치경제 시각으로 살펴볼까요? 그 사례로 한-미 자유무역협정 체결과 관련한 논의를 살펴봅시다!

① 미국의 입장에서 본 한-미 FTA의 필요성: 한국은 규모가 큰 선진경제를 가지고 있고 미국의 주요 교역 대상국이다. 또한 한국은 미국의 중요한 동맹국이며 동북아지역 내 핵심적인 전략적 파트너이다. 한-미 FTA는 태평양 연안국의 결속을 튼튼히 하고 지역경제가 균형을 이루는 데 도움이 된다. 아울러 미국이 한국의 경제 지도자들이 추가 시장개방과 경제정책 개혁을 통해 지속적으로 한국경제를 강화하는 데 한-미 FTA가 도움이 되기를 바라기 때문이다.

② 한국의 입장에서 본 한-미 FTA의 필요성: 한국의 경제 개혁 및 성장 확대에 도움이 된다. 세계 최대의 선진 경제인 미국 경제에 한국 경제를 보다 긴밀히 결속시키는 것과 같이 무형의 인프라에 투자하는 것이 가능하다. 미국과 경쟁하면서 선진 경제로 성장하기 위한 기회를 마련할 수 있다.

③ 한-미 FTA에 대한 의견(상호의존 시각)

▶ 긍정적 해석: 농업과 일부 서비스업을 빼면 미국의 산업은 한국과 상호보완적이어서 일본이나 중국과의 FTA보다 개방에 따른 피해 위험이 적을 것이다. 양국은 그동안 반도체·철강·쇠고기 등 다양한 통상 분야에서 분쟁을 겪으며 협상을 해왔기 때문에 서로의 강점과 약점을 비교적 잘 알고 있다. 중국과 인도 등의 추격으로 한국의 입지는 더욱 좁아지고 있다. 한국은 개방의 파고를 이겨내고 더 강해진 경험이 많다. 한국에 새로운 성장 동력을 제공할 것이다(서비스 산업 육성, 외국인 직접투자 증가, 기업 하기 좋은 환경 조성 등). 지금까지 한국과 FTA를 체결하는 것에 미온적이었던 국가들과의 협상이 속도가 붙을 수 있다. NAFTA의 경우 그 결과는 성공적으로 미국·캐나다·멕시코 3국 모두 수출 규모가 엄청나게 늘었고 그 덕분에 일자리도 늘었다. NAFTA로 인해 멕시코가 미국의 속국이 되었다고 생각하기 어렵다.

▶ 찬성론: 미국이라는 세계 최대의 시장을 확보하고 우리 산업의 고도화를 마련하는 기회가 될 것이다. 우리나라의 대외신인도를 제고하는 계기가 된다. 미국의 각종 규범 및 제도에 내재된 글로벌 스탠다드를 우리나라의 경제 및 사회 전반에 확산시켜 경제구조를 선진화하는 계기가 될 것이다.

(2) 국제금융(Finance) 문제를 국제정치경제 시각으로 살펴볼까요? 그 사례로 1990년대 말 동아시아 금융위기(Financial Crisis)와 관련한 논의를 살펴봅시다!

① 원인에 대한 인식: 무리한 경제성장 일변도 정책에 따른 경제의 거품현상의 발생, 환율과 금융정책에 대한 정부의 **부적절한 대응**(관치금융), 기업들의 무리한 차입경영과 기업회계의 불투명성으로 인한 국제신인도의 저하, 국제투기성자본의 공격에 대한 방어장치의 부재 등으로 인해 금융위기가 발생한 것이

다. 당시 동아시아 외환위기에 대한 설명은 크게 크루그만(Paul Krugman) 등이 주장한 내부요인론과 삭스(Jeffrey Sachs) 등을 중심으로 한 외부요인론으로 나눌 수 있다. 내부요인론에 따르면 동아시아 금융위기는 도덕적 해이 문제로 인해 기업 및 금융기관들이 과다차입한 데서 비롯되었다고 보는 반면, 외부요인론은 동아시아 경제 자체는 건실했으나 몇 가지 악재가 겹쳐 **패닉**(panic) 현상을 일으키면서 위기가 발생하였다고 본다.

② 해결책: 내부적 요인 해결을 위한 정책으로는 금융부문이 효율적이고 건전해질 수 있도록 경쟁원리를 도입하고 건실한 영업활동을 유도하는 방향으로 규제 및 감독을 강화하는 것이다. 투명한 회계, 자기자본비율 확보, 단기외채에 상응하는 유동외화자산 확보 등은 물론 장기적으로 시장원리에 따라 내부규제 및 감독이 강화될 수 있도록 유도하는 것이 필요하다. 외부적 요인 해결을 위한 정책으로는 **핫머니**(hot-money) 등 급격한 자본이동의 폐해를 방지하기 위해 칠레 등 일부 국가들이 취하고 있는 규제방식의 도입을 고려함과 아울러 파생상품 등을 통한 규제회피에도 대비해야 한다.

③ 동아시아 금융위기에 대한 의견(상호의존 시각; 내인론)

▶ 원인진단: 동아시아 금융위기는 동아시아 국가들이 안고 있는 내부적 문제에 기인한 것이다. 정실자본주의론이 이에 해당하며, 그 기본적인 주장은 정경유착, 부패, 비효율 등 동아시아 국가가 겪고 있는 내적인 문제점이 금융위기로 이어졌다고 본다. 상호의존 시각이 토대를 두고 있는 신자유주의적 맥락에서 살펴보면, 동아시아 국가 내에 퍼져있는 도덕적 해이가 동아시아 금융위기를 유발한 것이다.

▶ 해법: 국가주도 발전전략에 따른 정경유착과 도덕적 해이가 금융위기의 원인이므로 시장주의에 기초한 경제적 효율성의 제고와 부패척결 등 사회적 투명성 제고가 그 주요한 해결책이다.

(3) 국제환경(Environment) 문제를 국제정치경제 시각으로 살펴볼까요? 그 사례로 기후변화(Climate Change) 레짐의 미래에 대한 전망을 살펴봅시다!

① 기후변화 레짐에 대한 이해: 기후변화 레짐은 지구온난화를 야기하는 온실

가스 배출을 감축하기 위해 1992년 6월 브라질 리우 유엔환경정상회의에서 채택되고 1994년 3월 발효되었다. 180여 개 국가가 참여하고 있고, 우리나라는 1993년 12월 47번째로 가입하였다. 기후변화 레짐은 전문과 26개 조항 및 2개의 부속서로 구성되어 있으며, 대기 중의 온실가스 농도 안정화를 그 목적으로 규정하고 이를 위한 구체적인 온실가스 배출을 부속 의정서에서 규정하였다. 온실가스 배출 감축의 의무를 규정한 교토의정서와 관련하여 한국은 2002년 10월 국회 본회의에서 기후변화 레짐에 관한 동 의정서를 비준하고 11월 8일 코피 아난 유엔 사무총장에게 기탁함으로써 교토의정서 비준국으로 온실가스 배출량을 줄이려는 국제적 노력에 동참하게 됐다. 하지만 이러한 **기후변화 레짐**의 성공에 걸림돌이 되어 온 것은 미국의 불참이라고 할 수 있다. 2021년 친환경 및 신재생에너지산업을 강조하는 미국 바이든(**Joe Biden**) 행정부의 출범은 낙관적인 전망을 가능하게 했고, 그 이전 트럼프(Donald Trump) 행정부와는 다른 정책을 추진해 왔다.

② 미국의 교토의정서 비준 거부 및 향후 전망에 대한 의견(상호의존 시각)

미국의 교토의정서 비준 거부는 일시적으로 가능하나 결국 미국은 복귀할 수밖에 없을 것이다. 유럽과 여타 국가의 압박으로 미국의 자율규제안은 설득력을 발휘하지 못할 것이다. 미국의 비준거부는 국제사회의 다른 이슈 영역에서 미국의 지도력을 훼손할 뿐이다. 상호의존된 국제사회에서 이슈연계에 따른 압박으로 미국의 기후변화협약 레짐으로의 복귀는 당연한 것이다.

(4) 국제노동(Labor) 문제를 국제정치경제 시각으로 살펴볼까요? 그 사례로 노동의 세계화와 관련한 논의를 살펴봅시다!

① 국가 간 소득불균형의 원인(**노동-자본 세계화의 한계**): 세계화 시대에 있어 고려해야 할 소득불균형은 국가 간 소득불균형이다. 선진국을 중심으로 하는 세계화 주도국가와 세계화의 흐름에 동참하지 못한 이른바 한계 국가 간의 소득수준 격차가 더욱 확대되어 왔음은 주지의 사실이다. 세계화 시대 이래 국제기구회의가 있을 때마다 **비정부기구(NGO)**들이 주도하는 격렬한 시위가 빠지지 않는 것은 한 국가 내의 소외된 계층뿐 아니라 소외된 국가의 입장을 대변

하는 것으로 볼 수 있다. 경제이론에 따르면 경제성장과 함께 자본은 값싼 노동력을 찾아 부국에서 빈국으로 이동하게 되는 반면, 노동력은 임금수준이 상대적으로 낮은 빈국에서부터 임금수준이 높은 부국으로 이동하게 된다. 그 과정에서 **노동비용**(임금)과 **자본비용**(금리)은 부국과 빈국에서 일정한 수준으로 수렴하게 되는 바 이는 바꾸어 말하면 소득수준이 서로 수렴함을 의미하는 것이다.

② 노동의 국제적 이동 제약: 제2차 대전을 전후하여 대부분의 선진국들은 정도의 차이는 있지만 외국으로부터 자국시장으로의 노동력 유입을 제약하는 조치를 취해 왔다. 특히 보다 나은 직업을 추구하는 미숙련노동의 국가 간 이동은 자유롭게 이루어지고 있지 못한 것이 현실이다. 미국의 경우 외국으로부터 유입되는 이민이 지속되는 추세에 있는 것이 사실이지만 이민을 원하는 많은 사람이 직접적이고도 다양한 제약에 직면하고 있다. 그러나 이것이 정치적으로 정당화될 수 있는 조치임에도 불구하고 시장경제와 상품 및 요소의 자유로운 이동을 주장하고 있는 서구 선진국들 스스로가 바로 그 원리의 핵심인 노동의 자유로운 이동을 제한하고 있다는 사실이 개도국의 반발을 야기하는 원인이 되고 있다.

③ 자본의 국제적 이동 제약: 일부 선진국의 경제학자 혹은 정책담당자들은 선진국의 이민 장벽에도 불구하고 이것이 빈국에 미치는 영향이 크지 않다고 주장한다. 그것은 이민에 대한 제약 효과가 자본의 국제적 흐름에 의해 상당한 정도 상쇄될 수 있다는 논리에 입각하고 있다. 말하자면 개도국의 입장에서 보면 노동력이 선진국으로 이동하는 대신 선진국의 자본이 개도국으로 이동함으로써 비슷한 효과를 달성할 수 있다는 것이다. 그러나 이러한 논리에도 문제가 있다. 즉, 오늘날의 현실이 보여주는 것은 직접투자의 흐름이 경제이론이 제시하듯이 값싼 노동력을 찾아 개도국으로 흐르지 않는다는 것이다.

④ 이상에서 설명한 국가 간 소득격차를 가져오는 두 측면, 즉 자본과 노동의 국제적인 흐름에 대한 자연적·인위적 제약은 독립적인 문제가 아니라 상호 연관되어 있다. 특히 선진국에 의한 이민 장벽은 정치적 성격의 문제이며 이로 인한 노동이동성의 제약은 외국인투자자금의 이탈과 결부되어 개도국 빈곤문

제의 심각성을 높이고 있다. 정책적으로 선진국의 이민장벽 완화를 기대할 수 없는 상황에서 생산요소의 자유로운 이동을 전제로 하는 신자유주의적 세계화가 완전한 정당성을 가질 수는 없다. 따라서 한편에서는 세계화의 주체인 선진국들에 의한 신자유주의적 정책의 불완전성을 이해하려는 노력과 동시에 다른 한편에서는 이러한 불완전성을 극복하기 위한 개도국들의 개발전략 수정 노력이 필요하다.

⑤ 노동의 세계화에 대한 의견(상호의존 시각)

자본의 세계화가 이뤄지면 선진국의 자본은 자연스럽게 개도국에 흘러들어가서 투자를 하게 되고 고용을 창출하게 되므로 개도국의 경제발전에 기여하게 된다. 결국 자본의 세계화가 개도국의 경제발전으로 이어지므로 노동의 세계화를 인위적으로 실현한다기보다 시장에 맡기는 것이 필요하다. 노동의 세계화는 자본의 세계화에 대한 개도국의 정치적 슬로건일 뿐이다.

(5) 국제부패(Corruption) 문제를 국제정치경제 시각으로 살펴볼까요? 그 사례로 뇌물과 떡값(선물)을 비교해 봅시다!

① 우리는 다른 사람들로부터 얼마든지 선물을 받을 수 있다. 그런데 공무원이 다른 사람들로부터 선물을 받았을 때 이것이 그의 직무와 관련되어 있다면 선물이 아니라 뇌물이 된다. 양자를 구별하기란 사실상 쉽지 않다. 여기서 문제는 문화상대주의를 인정할 것이냐 말 것이냐 하는 것에 있다. 호의를 베풀어준 분에 대한 감사 표시가 선물로 인정되는 문화와 그분이 이해당사자라면 뇌물로 봐야 한다는 문화 사이에 수렴이 가능한 것인가. 부패 척결을 위한 글로벌 스탠다드의 합의가 가능하며 실효성이 있는가.

② 뇌물과 떡값의 구별을 주장하는 문화상대주의에 대한 의견(상호의존 시각)

뇌물과 선물은 구별하기 어려우므로 이해당사자에 대한 선물은 뇌물로 봐야 한다. 문화적 차이로 인해 뇌물을 떡값의 명목으로 용인하는 것은 결국 부패를 허용하는 것과 같다. 국제적 부패 척결을 위한 시점에서 문화상대주의는 인정할 수 없다.

(6) 국제인권(Human Rights) 문제를 국제정치경제 시각으로 살펴볼까요?
    그 사례로 북한 인권문제를 살펴봅시다!

① 냉전 종식 후 국제사회에서는 인권문제가 주요한 논의의 대상으로 자리
잡고 있는 바 1990년대 이후 유엔을 중심으로 북한의 인권문제가 심도 있게 거
론되고 있다. **국제사면기구**(Amnesty International), **인권감시기구**(Human Rights
Watch) 등 인권 관련 비정부기구들은 이미 1980년대 후반 이래 북한 내 정치범
문제와 정치적 자유권의 제한, 러시아 벌목공 문제 등을 제기하여 왔으며, 유엔
인권소위원회는 1992년 이래 이들 비정부기구로부터 탄원을 접수한 바 있다.
유엔 인권소위원회는 1998년에도 북한의 인권 상황을 파악하기 위한 정확한
정보를 취득하는 것이 극도의 어려움에 봉착하고 있다고 확인하고, 약식 처형
과 계속적인 실종의 보고, 수천의 정치범들에 대한 동일한 형태의 인권 유린
보고들에 우려를 표명하며 대북인권 관련 결의문을 채택해왔다. 이후 유엔 인
권위원회 및 인권소위원회, 북한인권조사위원회에서 정부 대표 및 비정부기구
들에 의하여 북한인권 관련 문제의 제기 및 논의가 진행되어 왔다.

② 북한에서의 인권 개념은 인류보편적 가치의 개념과는 현격한 차이를 보
이고 있는 바 이러한 근본적인 개념의 차별성으로부터 북한 인권문제에 대한
국제사회의 접근과 북한의 대응은 커다란 괴리를 보이고 있다. 북한은 국제적
인 인권 규범을 거부하고 소위 '자주적' 인권 개념을 내세우고 있는데, 이는 개
인의 권리를 부정하고 나라와 민족 중심의 집단적 인권 개념에 기반하여 계급
적 성격에 따라 국가가 시혜하는 것으로 규정되어 있다. 이러한 배경하에 북한
에서 인권이라는 것은 결코 국경을 넘어선 보편적 가치가 될 수 없는 바 국제
사회에서 북한 인권문제를 제기·비판하는 것은 내정간섭 혹은 주권침해의 사
항이라는 논리를 전개하고 있다.

③ 북한 인권문제 해결을 위한 국제사회의 개입에 대한 의견(상호의존 시각)

인권은 주권에 우선하며 일국의 인권침해 상황에 대해 국제사회는 개선을
위해 개입해야 한다. 개선을 위한 수단은 경제제재 등이 효과적이다. 테러와의
전쟁 등 국제사회의 협력 없이 인권침해 문제는 해결할 수 없다. 인권 개념의
보편성을 강조한다. 국제사회의 인도주의적 개입은 인정되어야 한다.

✏️ 평가하기

1. 고전적 자유주의와 신자유주의가 말하는 제도 형성을 위한 동인(협력 이유)은 각각 무엇인가?

    ① 국력, 이념
    ② 이념, 국력
    ③ 문화, 관행
    ④ 도덕심, 합리적 선택
    ⑤ 합리적 선택, 도덕심

해설 고전적 자유주의는 도덕심에 호소(이상주의)하여 현실감이 떨어지나 신자유주의는 합리적 선택에 기초(반복적 거래를 통해 상호신뢰를 구축하고 협력의 이득을 학습)하여 현실감이 더 있다.   정답 ④

2. 상호의존 시각이 제안하는 바람직한 개도국의 발전전략은 무엇인가?

    ① 선진국과의 경제관계 회피
    ② 국제경제관계에의 적극적 참여
    ③ 개도국 간 종속적 경제협력관계 유지
    ④ 선진국과의 비대칭적인 경제관계 모색
    ⑤ 국력을 토대로 한 국제정치경제관계 지향

해설 국제경제관계에 적극 참여하여 국익을 도모하며 특히 선진국과의 경제적 상호의존을 통해 자연스런 부의 재편을 모색한다.   정답 ②

1. 국제정치경제 관계에서 제도(institution)란?

　제도란 행태적 역할을 규정하고 행동을 제한하며 기대를 형성하는 지속성을 갖는 일단의 공식적–비공식적 규범들을 말한다. 규범적 측면에서 보면 **공식적 규범**(formal rules)과 **비공식적 규범**(informal rules), 즉 관행 등 모두를 일컫는다. 이러한 제도 형성을 통해 협력 달성이 가능한 것이다.

2. 상호의존 시각(interdependence perspective)이란?

　상호의존이론에 의하면, 증가된 경제관계가 모든 참여국을 위해 이롭다. 즉, 국가 간 거래는 하면 할수록 보다 많은 이득을 가져오고, 이러한 관계의 확산이 지구촌을 형성한다는 것이다. 개발도상국은 그 과정에서 발전된다. 이러한 주장의 한계는 내적인 모순을 안고 있는 사회가 자기조절적인가 하는 것과 실제 세계의 문제인 거래의 동기는 이익극대화인데, 참여하는 모든 국가가 이득을 보아야 한다는 것이 현실적인가 하는 것이다.

국제정치경제 시각 2: 신마르크스주의/종속 시각

📝 사전 학습(핵심 용어 정리)

용어	뜻
구조	국제사회에서 행위자들은 구조적 제약 속에 놓여 있음. 이러한 구조적 제약에 의해 약소국은 강대국에 비해 영향을 많이 받게 됨. 강대국들은 자국에 이로운 국제질서라는 구조를 만들려고 서로 협력과 경쟁을 하게 되고, 약소국들은 이러한 제약으로부터 벗어나고자 서로 연대하거나 강대국에 편승하여 안주하기도 함. 국제관계를 이해함에 있어서 제도와 힘이라는 기제가 가장 주요한 것은 사실이나 이들 기제의 외연인 구조 역시 중요한 기제로서 고려의 대상이 됨.
구조주의	국제관계를 이해함에 있어 힘을 강조하는 현실주의 중 이러한 구조의 중요성을 인식하는 구조적 현실주의, 즉 신현실주의가 부각되고 있으며, 구성주의는 구조적 틀 속에서 행위자와 구조 간 제도와 힘이 작동하는 상호 교호적인 현상을 강조하고 있음. 이처럼 구조는 국가 간의 관계를 규율하는 외적 조건이 되는 것임.
종속	"국가들 사이의 불평등한 거래를 강조하는 비대칭적 관계" 혹은 "일국이 다른 국가에 의해 통제되는 상황"을 의미함. 북-북 체제의 상호의존 관계가 대칭관계라면, 남-북 체제의 종속관계는 비대칭관계임.

◎ 주제

국제정치경제 관계에서 '**구조**(structure)'는 어떻게 작동할까요?

종속 시각(dependence perspective)이란?

오늘날의 국제정치경제 관계 및 선진국과 개도국 간의 정치경제적 관계에 적용해 볼까요?

◎ 학습 목표

1. 국제정치경제 관계에서 '**구조**(structure)'의 역할에 대해 이해할 수 있다.
2. 개도국의 저발전 원인으로서 구조를 강조하는 종속 시각에 대해 파악할 수 있다.

◎ 학습 목차

1. 국제정치경제 관계에서 '**구조**(structure)'의 역할에 대한 기본적 소개
2. **종속 시각**(dependence perspective)에 대한 소개

Ⅰ. 국제정치경제 관계에서 '구조(structure)'의 역할에 대한 기본적 소개

1. 구조(structure)

구조는 제도와 힘을 매개로 하여 행위자에게 영향력을 행사한다. 국제사회에서 행위자들은 구조적 제약 속에 놓여 있다. 이러한 구조적 제약에 의해 약소국은 강대국에 비해 영향을 많이 받게 된다. 강대국들은 자국에 이로운 국제질서라는 구조를 만들려고 서로 협력과 경쟁을 하게 되고, 약소국들은 이러한 제약으로부터 벗어나고자 서로 연대하거나 강대국에 편승하여 안주하기도 한다. 국제관계를 이해함에 있어서 제도와 힘이라는 기제가 가장 주요한 것은 사실이나 이들 기제의 외연인 구조 역시 중요한 기제로서 고려의 대상이 된다.

2. 구조주의(structuralism)

국제관계를 이해함에 있어 힘을 강조하는 현실주의 중 이러한 구조의 중요성을 인식하는 구조적 현실주의 즉 신현실주의가 부각되고 있으며, 구성주의는 구조적 틀 속에서 행위자와 구조 간 제도와 힘이 작동하는 상호교호적인 현상을 강조하고 있다. 이처럼 구조는 국가 간의 관계를 규율하는 외적 조건이 되는 것이다.

(1) 고전적 제국주의론

제국주의는 사회계급 간 관계와 모순의 산물이며, 그 해결책은 그러한 사회관계 체제를 혁명으로 분쇄하는 것이다. 제국주의 국가는 식민지를 제국주의 국가의 시장으로 투자출구로 저가의 식량과 원료물질의 공급원으로 종속시켜 자본주의 생명을 일시적으로 연장하려 한다. 이러한 과정에서 생산과 자본의 집중화, 금융자본과 금융과두제의 출현, 자본수출, 독립자본가 연합의 결성, 열강의 세계분할 등이 발생한다.

생산과 자본의 집중화란 생산이 독점화되어 특정상품의 수요와 공급이 일치하는 독점자본주의가 성립한다는 것이다. 금융자본과 금융과두제의 출현이란 힐퍼딩(Rudolf Hiferding)에 의하면 제국주의는 금융자본이 국내시장에서 국가의 보호에 의존하여 독점적 지위를 차지하고 이런 지위를 이용하여 대외적 팽창을 야기하는 현상을 말한다.

자본수출이란 국가의 비호아래 금융자본은 독점 이윤율의 안정적 보전을 추구하고, 제국주의적 팽창이 상업의 요구가 아닌 금융의 요구, 즉 잉여생산물보다는 잉여자본의 투자출구를 확보할 필요에 의해 자본출구 확보경쟁이 전쟁을 일으키게 된다는 점을 말한다. 독립자본가 연합의 결성이란 독점자본은 우선 국내시장을 분할한 후 타국과의 거래, 식민지와의 거래, 세력권의 설정 등을 통하여 세계적 독점 카르텔로 변신한다는 것이다. 열강의 세계분할이란 **독점자본에 의한 세계분할(경제분할), 국가에 의한 세계분할(영토분할)**, 자본출구의 확보경쟁이 제국주의 전쟁과, 제국주의 전쟁이 사회주의 혁명과 필수적 인과관계를 가진다는 것이다.

(2) 냉전기의 제국주의론

고전적 제국주의론의 주장은 현실적인 오류를 노정하게 되고, 마르크스주의자들은 수정의 압력을 받게 되었다. 복지국가가 출현하고, 거대한 규모의 다국적기업들이 금융자본 대신 지배적 위치에 올라서게 된 것이다.

신식민주의론에 의하면, 제2차 대전 이후 강대국이 간접적 지배, 즉 주로 무역 및 투자를 통해 식민지 없이도 제국주의를 지속하는 현상이 발생해 왔다. 경제적 독립이 수반되지 않는다면 정치적 독립은 불완전한 것이다. 경제 및 안보측면에서 사실상 예속되어있는 다양한 종속국가를 주목하면서, 신식민주의는 자본주의 세계정치경제질서에서 주변부를 중심부에 간접적으로 종속시키는 체제를 일컫는다.

다국적기업은 국가의 지원을 요청하게 되고 서로 국적이 다른 다국적기업들 사이에 경쟁적 이해관계가 존재하는 한, 각국은 대외적 영향력을 확대하기 위해서도 자국의 다국적기업을 지원하지 않을 수 없는 것이다. 대외원조, 무역정책, 관세정책, 정치적 압력, 외교적 압력 등을 통해 강대국의 정부는 자국의 다국적기업을 지원한다.

냉전기 마르크스주의의 제국주의론에 의하면, 금융자본 대신 다국적기업을 제국주의의 지배적 행위자로 간주하고, 선진국으로부터 후진국으로의 자본수출 대신 후진국으로부터 선진국으로의 경제잉여 유출을 중시하며, 제국주의의 영향은 후진국의 발전이 아닌 저발전의 심화만을 가져온다고 한다.

(3) 탈냉전기의 제국주의론

공산권의 붕괴 이후 마르크스주의의 변화가 있었다. 제국주의론자들은 구소련의 몰락을 자본주의의 승리 및 마르크스주의의 종언과 동일시하는 경향에 대해 반대한다. 지배계급의 부패, 관료화, 노동의 소외, 산업의 사회화가 아닌 국유화로 특징지어지는 구소련의 붕괴는 마르크스주의를 왜곡한 사회체제가 붕괴했다는 것을 의미할 뿐이라는 것이다. 공산권의 몰락은 사회주의가 실현될 수 없음을 의미하는 것이 아니라 진정한 사회주의만이 성공할 수 있다는 점을 의미하는 것이다. 제국주의 수익 분배를 둘러싸고 노동자계급 중 상당수가 기회주의에 물들어 계급투쟁을 포기하게 될 가능성을 걱정했던 레닌(Lenin)의 우려가 기우가 아닌 사실로 드러나게 되었다.

문화의 세계화, 자급자족적 공산국가들의 쇠락, 미디어를 통한 문화의 세계적 확산, 인종·문화 간의 충돌 등, 신세계질서에서의 이러한 변화로 말미암아 문화의 정치에 대한 상대적 중요성이 증가하여 계급정치의 중요성이 체감한 결과이다. 마르크스주의자들은 세계화에도 불구하고 국가가 위축되지 않았다고 주장한다. 신세계질서는 과거와 다름없이 국경과 관할권을 유지한 채 자본의 이동에 관여하는 국민국가로 구성된 세계로 자본가 계급의 이익에만 봉사하는 것이다. 세계화는 자본주의의 보편화라고 할 수 있으며, 세계화는 모든 경제행위자가 자본주의 논리에 따라 행동하는 세계체제에서 자본의 요구에 부응하는 정책을 선택하는 것을 말한다. 세계적 불평등을 심화시키고 과거보다 더 소수의 국가에 부가 집중되는 현상을 수반한다는 것이다.

금융자본의 투기자본화로 금융자본이 인간의 욕구 충족을 위한 생산을 지원하기보다는 자기팽창적 투기자본이 되고 있으며, 이러한 변화가 신세계질서를 이해하는 관건이 된다고 한다. 투기자본이 성장하여 국가경제와 세계경제를 지배하고 있는 것이 탈냉전기 제국주의의 현실이라는 것이다. 탈냉전기의 제국주의를 지배하는 금융자본은 산업자본과 결합한 것이 아니라 오히려 그것과 결별하고 투기자본과 결합한 것이기 때문이다.

II. 종속 시각(dependence perspective)에 대한 소개

1. 개요

(1) 성격

종속이론(dependence theory)의 주관심사인 제3세계의 경제발전문제는 부유한 국가와 빈곤한 국가 사이의 관계에 관한 논의에 초점이 모아진다. 전 세계적인 부와 빈곤의 문제는 상대적으로 저발전에 허덕이고 있는 제3세계 국가들이 그들의 빈곤의 원인으로 선진국에 의한 경제적 착취를 강조하고 있다는 데에 있다. 제2차 대전 후 정치적 독립과 경제적 부를 얻기 위해 신생국은 민주적 정치체제와 자유주의적 기업체제를 채택하였으며, 1950년대의 발전이론은 신생국의 내적 변화의 중요성을 강조하였다. 신생국의 빈곤은 외국원조를 필요로 하게끔 하였고 이는 경제적 종속이라는 현상을 낳았으며, 아울러 민주주의의 준비 부족으로 인한 반민주적 정권의 등장은 국가의 경제적 발전과 더불어 정치적 독립의 필요성을 대두시켰다. 결국 서구적 민주주의는 경제적 부를 필요로 하는 것이었고, 경제적 곤경이 비민주주의를 심화시켜 대부분의 제3세계 국가들은 비민주주의적이 되어버렸다.

이러한 시대적 흐름 속에서 남미를 중심으로 한 제3세계 학자들에 의해서 주장된 것이 종속이론이며, 이를 살펴보면 다음과 같다. 선진국의 경제발전은 저개발 국가의 착취에 근거하며, 부유국은 빈곤국을 더욱 궁핍하게 만듦으로써 부유해진다는 것이다. 남북체제는 선진공업국과 아시아, 아프리카, 그리고 라틴 아메리카의 개도국 간에 이루어지고 있는 경제관계를 말하는 것으로서, 북-북 관계가 비교적 동등한 수준의 국가 간에 이루어지는 평등관계라면, 남-북 관계 는 경제발달의 수준 및 규범에 있어 현격한 차이가 나는 국가 간의 불평등 관 계라 할 수 있다. 그리고 이러한 불평등 관계의 가장 큰 문제점은 종속현상의 발생인 것이다. 북-북 관계에 있어서의 경제적 상호의존성은 높은 수준의 상호 거래와 상호민감성을 띠게 되는 데 반하여, 종속관계는 일방적 의존현상을 초 래하여 불평등한 거래와 일방적 민감성을 야기하게 된다. 다시 말해서 북-북 체제의 상호의존 관계가 대칭관계라면, 남-북 경제관계는 비대칭관계라 할 수 있다. 이러한 비대칭관계에 의한 종속현상은 무역종속, 투자종속, 통화종속, 원 조종속 등이고, 최근에 이르러 종속현상은 더욱 확대되어 기술종속과 경영종속 의 문제까지 야기되고 있다. 따라서 남북문제에 있어서의 주요 연구대상은 이 러한 각종 종속관계와 이를 탈피하고자 제3세계가 주장하는 신국제경제질서와 남북경제관계에 가장 큰 역할을 담당하고 있는 다국적기업의 활동 등의 문제 라 할 수 있다.

(2) 주요 내용

① 상호의존이론은 현 국제경제질서를 경제적 부가 점차 발전된 중심지로 부터 저발전의 주변지로 확산되고 있는 시혜적 관계로 보고 있는 반면, 종속이 론은 경제적 부가 오히려 주변국으로부터 선진국으로 역류되는 수탈적 관계로 보고 있다. 따라서 종속이론의 핵심적 주장은 종속관계가 심화되면 종속국가의 정치·사회체제를 왜곡시켜 자국의 대중보다는 강대국의 엘리트와 이해관계를 같이하는 종속국가의 권력엘리트가 탄생되어 이들이 결정하는 정책은 자연히 강대국이 원하는 방향으로 될 수밖에 없다는 것이다.

② 가정: 종속이론에서 말하는 종속은 **"국가들 사이의 불평등한 거래를 강조 하는 비대칭적 관계"** 혹은 **"일국이 다른 국가에 의해 통제되는 상황"**을 의미한다. 종속이론은 저발전이 제국주의 혹은 신제국주의의 산물이라 주장하며, 개발도

상국의 저발전 문제를 다룬다. 이 이론은 선진국의 저개발국에 대한 착취를 강조하며 개발도상국의 저발전의 원인과 결과를 설명함에 있어 그 대외적 요인에 중점을 둔 경제적 설명이다. 지적 배경은 신마르크스사상 학파에 속하며, 침투의 국제경제적 힘에 대한 강조와 **발전의 정치적 힘**(정부의 통제력)을 등한시한다. 그 이론의 가정은, 첫째, 국가 간의 관계는 갈등적·경쟁적이라는 것, 둘째, 국제사회는 성격상 제로섬 사회라는 것, 셋째, 국제경제체제는 자본주의 원칙에 의해 지배된다는 것, 넷째, 세계정치경제체제는 자본주의 국가들 사이의 경제적으로 종속된 상황이라는 것, 다섯째, 국제경제체제는 제한된 한 있는 자원에 기초한다는 것, 마지막으로 국제정치경제체제의 구조는 각기 다른 수준의 발전 단계에 있는 국가들로 구성된 **핵심-반주변-주변국 구조**(core-semiperipheral-peripheral structure)라는 것이다.

③ 주요 이론가: 종속이론가들을 살펴보면, 종속이론의 견지에서 선진국과 라틴아메리카 제국 간의 불평등한 거래를 살펴보고 국가의 자기통제하의 발전이 외국의 영향하의 발전보다 바람직함을 강조하는 카르도소와 팔레토(Fernando Cardoso and Enzo Faletto), 세계경제를 **핵심-반주변-주변**(core-semiperiphery-periphery) 국가로 나누고 세계자본주의 경제체제에서 중심국은 그들의 국익을 위해 국가들 사이의 무역을 조작·통제한다고 주장하는 월러스틴(Immauel Wallerstein), 세 가지 관점에서 국가발전의 문제를 언급하면서, 즉 사회적 분화로서의 발전, 가치의 제정으로서의 발전, 종속으로부터의 해방으로서의 발전을 말하며, 발전이란 외적 통제와 그것을 증진시키는 불평등의 내적 구조로부터의 자유로 구성된다고 주장하는 포르테스(Alejandro Portes), 국가 내의 사회변화는 국제적 수준에서의 사회변화를 고려함이 없이 적절히 이해될 수 없다고 주장하면서 **폐쇄발전**(closed development)은 자본주의 세계체제로부터의 철회를 의미하며 자율적이고 그러므로 자본주의 세계체제에 덜 종속적인 균형된 경제발전을 위한 값비싼 노력을 의미하고 개발도상국이 종속의 위험을 탈피하기 위해 폐쇄발전의 양식을 따라야 하느냐 하는 것을 고려해 볼 가치가 있다고 말하는 셔로우(Daniel Chirot), 브라질의 경제성장과 그 권위주의적 정치가 국내 사기업, 다국적기업, 그리고 정부 관리자 사이의 복잡한 교섭의 함수관계에 있다고 말

하면서 그들의 이해관계의 합치가 **3각 동맹**(tripod alliance)의 협력을 초래했다는 에반스(Peter Evans), 종속접근법이 근대화 시각보다 근본적인 이점을 갖는다고 주장하는 발렌주엘라(Samuel Valenzuela와 Arturo Valenzuela) 등이 있다.

④ 전-후기 주장: 종속이론은 1970년대를 중심으로 전후기로 구분되는데, 전기의 주장은 다음과 같다. 첫째, 종속관계는 단지 저발전을 가져온다는 것이다. 반주변국·주변국에 대한 중심국의 착취로 중심국만이 이득을 보며 주변국은 손해를 본다는 것이다. 둘째, 종속관계에 의해 만들어진 경제구조는 발전을 위한 장애요인이 된다는 것이다. 이러한 구조가 선진국에 의한 시장과 가격 통제에 매우 취약하다는 것이다. 셋째, 국가자율성의 억제문제인데, 선진 외국자본의 침투로 인해 균형발전을 위한 주변국의 국민 의지를 억압하여 외국의 영향이 그 국가의 이익추구를 위한 주변국 정부의 의지를 해친다는 것이다. 즉, 불균형 저발전과 소득불균형을 생산한다. 후기의 주장은 종속된 몇몇 국가들의 경제성장에 대한 종속이론의 타당성 비판에 대항한 반론으로, 반주변국을 설명하면서 종속관계는 특정 국가에 약간의 발전을 가져올는지 모르나 그럼에도 불구하고 이러한 현상은 보편적이 아니며 예외적인 경우라는 것이다. 물론 종속발전을 인정할지라도 그 부정적 결과를 간과하지 말아야 한다는 것이다. 즉, 주변국의 종속경제 심화, 외채와 그 상환 증가, 소득불균형, 그리고 **권위주의적 정권**(반민주주의적 정권)의 출현 등이다.

⑤ 문제점: 이러한 종속이론의 한계는 첫째, 국제관계의 갈등적·경쟁적·제로섬적인 측면을 지나치게 강조하고 있다는 것이다. 즉, 국제관계의 상호의존적·상호협력적·상호이익적인 면을 간과하고 있다는 것이다. 둘째, 자본주의 국가 사이의 경제적 종속관계만을 다룬다는 것으로 공산주의 국가사이의 종속관계를 무시한다는 것이다. 셋째, 국가 경제발전단계의 세 가지 수준에서 세계 경제체제를 분석함에 있어 발전의 정치적인 힘·요소 등을 등한시한다는 것이다. 넷째, 발전의 외적·국제적 요인을 지나치게 강조하여 정치적·역사적·문화적 결정 요소들을 고려함이 없이 경제적 요소에만 중점을 둔다는 것이다. 마지막으로, 방법론적으로 역사를 고찰한 후 그 이론의 타당성을 주장하지 않고 그 이론에 합당한 역사적 사실만을 제시하면서 타당성을 주장함으로써 경험적 방

법론을 통한 분석이 빈약하다는 것이다.

⑥ 결어: 결론적으로 종속이론은 세계무역체제는 선진국과 개발도상국 사이의 상품의 불균등한 교환으로 특징지어진다고 주장한다. 즉, 선진국과 개도국 사이의 통상관계는 선진국만 경제적 이익을 가져다준다는 것이다. 종속경제는 선진국 경제의 발전과 확장에 의해 통제·조절된다는 것이다. 선진국의 경제적 조건과 상황이 통상관계의 성격과 양을 지배한다는 것이다. 선진국의 경제상황의 변화가 개도국의 대 선진국 수입침투에 직접 관련되어 있다는 것이다.

표 7 종속 시각 요약

종속 시각	
지적인 토대	신마르크스주의
강조점	경제적-외적 요소
주요한 행위자	다국적 기업
구조	핵심국-반주변국-주변국(Core-Semiperipheral-Peripheral)
이익 수혜자	일방
적용가능한 체제	남-북(North-South) 체제
미래에 대한 전망	비관적 전망/착취구조 고착

2. 종속 시각에서 본 국제정치경제 관계

(1) 3장에서 논의한 국제통상(Trade) 문제를 종속 시각으로 살펴볼까요? 한-미 자유무역협정 체결과 관련한 논의를 살펴봅시다!

▶ 부정적 해석(체결 당시): 이해당사자 간 갈등만 심화시킨다. 미국의 경제 및 사회 시스템이 여과 없이 국내에 들어오면서 사회 전반에 갈등이 심해질 수 있다. 예를 들어, 투기자본이 한국 정부의 규제 때문에 이익이 침해됐다며 손해배상을 청구할 수 있다(Investor-State Dispute; ISD 문제 등). 농업에 종사하는 인구가 감소하면서 농산물 가격이 비싸질 수 있다. 미국의 관세율이 이미 낮아 한

국의 대미 수출이 크게 늘지 않을 것이다.

▶ 반대론: 한-미 FTA 체결은 미국 제국으로의 실질적 합병이다. 이는 대한민국 주권을 미국에 실질적으로 할양 양도하고자 하는 주권반환협정을 의미한다.

(2) 3장에서 논의한 국제금융(Finance) 문제를 종속 시각으로 살펴볼까요? 1990년대 말 동아시아 금융위기(Financial Crisis)와 관련한 논의를 살펴봅시다!

▶ 원인진단(외인론): 동아시아 금융위기는 금융시장이 취약한 동아시아 국가를 대상으로 선진국의 투기자본이 수익을 창출하기 위해서 부도덕하게 경제적 침탈을 감행한 결과이다. 외국자본이 산업자본이 아닌 투기자본으로서 개도국의 경제발전과 무관하게 돈놀이를 한 결과라는 것이다. 개도국 내적인 문제보다 선진국의 부도덕한 투기성 자본의 폐해가 심각하다. 경제적 어려움을 겪게 된 일본 등 선진국 자본이 동아시아로부터 급속히 자본회수를 하자 발생한 것이다. 이는 선진국과 개도국 간 금융종속 현상을 여실히 보여준 사례이다.

▶ 해법: 단기수익을 노린 선진국의 투기성 자본을 규제 감독할 제도적 장치를 마련해야 한다. 아울러 금융종속이 심화하지 않도록 외국자본의 유입을 관리해야 한다.

(3) 3장에서 논의한 국제환경(Environment) 문제를 종속 시각으로 살펴볼까요? 기후변화(Climate Change) 레짐의 미래에 대한 전망을 살펴봅시다!

▶ 미국의 교토의정서 비준 거부는 강대국과 약소국 간 종속관계를 보여주는 좋은 예이다. 세계 최대의 이산화탄소 배출국인 미국의 참여 없이 **기후변화 레짐**은 실효를 거두기 힘든 상황이며, 미국의 비준 거부는 사실상 **기후변화 레짐**의 작동을 무력화시킬 것이다. 미국은 자국의 의사가 관철되지 않을 경우 복귀하지 않을 것이며 결국 자국에 유리한 방향으로 새로운 의정서를 만들어낼 것이다. 여타 국가들도 미국의 이러한 입장을 바꾸지 못할 것이다.

(4) 3장에서 논의한 국제노동(Labor) 문제를 종속 시각으로 살펴볼까요? 노동의 세계화와 관련한 논의를 살펴봅시다!

▸ 선진국의 세계화 논리대로 선진국과 개도국 간 부가 수렴되기 위해서는 자본의 세계화와 더불어 노동의 세계화가 이뤄져야 하나 현실 세계는 이것이 불가능한 상황이다. 선진국이 자국에게 유리한 자본의 국제적 이동은 실현하면서도 불리한 노동의 국제적 이동은 소극적인 것이 현실이다. 개도국의 입장에서는 노동의 세계화는 반드시 실현해야 할 것이며, 이를 통해 경제발전은 가능한 것이다.

(5) 3장에서 논의한 국제부패(Corruption) 문제를 종속 시각으로 살펴볼까요? 뇌물과 떡값을 비교해 봅시다!

▸ 미풍양속인 떡값 문화를 서구적 잣대로 부인하는 것은 문화제국주의에 불과하다. 각국이 향유해 온 문화적 풍속을 국제적 기준으로 침해하는 것은 엄연한 주권 침해 행위이다. 국제적 반부패 논의에서 문화상대주의는 지켜져야 한다. 국제 투명성 제고를 위한 글로벌 스탠다드의 설정은 불가능하며 해서는 안 된다.

(6) 3장에서 논의한 국제인권(Human Rights) 문제를 종속 시각으로 살펴볼까요? 북한 인권문제를 살펴봅시다!

▸ 주권이 인권에 우선하며 일국의 인권침해 상황에 대해 국제사회가 개입하는 것은 제국주의적 음모라고 할 수 있다. 인권 개선은 표방하는 슬로건일 뿐 강대국의 영향력 확장을 위한 명목에 불과하다. 인권 개념의 특수성을 강조한다. 인권은 국민이기에 보장받을 수 있는 권리이며 문화상대주의에 의해 달리 규정될 수 있다.

1. 신현실주의가 강조하는 국제관계를 규율하는 두 가지 주요한 기제는 무엇인가?

　① 힘, 제도
　② 힘, 구조
　③ 제도, 구조

해설 국제관계를 이해함에 있어 힘을 강조하는 현실주의 중 이러한 구조의 중요성을 인식하는 구조적 현실주의, 즉 신현실주의가 부각되고 있다.　　　　　　　　　　정답 ②

2. 탈냉전기 제국주의론은 금융자본이 무슨 자본과 결합하여 제국주의화한다고 주장하는가?

　① 산업자본
　② 투기자본
　③ 상업자본
　④ 민간자본
　⑤ 매판자본

해설 금융자본의 투기자본화로 금융자본이 인간의 욕구충족을 위한 생산을 지원하기보다는 자기팽창적 투기자본이 되고 있다고 한다. 투기자본이 성장하여 국가경제와 세계경제를 지배하고 있는 것이 탈냉전기 제국주의의 현실이라는 것이다. 탈냉전기의 제국주의를 지배하는 금융자본은 산업자본과 결합한 것이 아니라 오히려 그것과 결별하고 투기자본과 결합한 것이다.　　　　　　　　　　정답 ②

✎ 정리하기

1. 국제정치경제 관계에서 구조(structure)란?

구조는 제도와 힘을 매개로 하여 행위자에게 영향력을 행사한다. 국제사회에서 행위자들은 구조적 제약 속에 놓여있다. 이러한 구조적 제약에 의해 약소국은 강대국에 비해 영향을 많이 받게 된다. 국제관계를 이해함에 있어서 제도와 힘이라는 기제가 가장 중요한 것은 사실이나 이들 기제의 외연인 구조 역시 중요한 기제로서 고려의 대상이 된다.

2. 종속 시각(dependence perspective)이란?

국제정치경제 관계에서 '구조'를 강조하는 종속 시각에 의하면 경제적 부가 주변국으로부터 선진국으로 역류되는 수탈적 관계를 지적하고 있다. 종속이론의 핵심적 주장은 종속관계가 심화되면 종속국가의 정치·사회체제를 왜곡시켜 자국의 대중보다는 강대국의 엘리트와 이해관계를 같이하는 종속국가의 권력 엘리트가 탄생되어 이들이 결정하는 정책은 자연히 강대국이 원하는 방향으로 될 수밖에 없다는 것이다. 결국 종속이론은 세계무역체제가 선진국과 개발도상국 사이의 상품의 불균등한 교환으로 특징지어진다고 주장한다. 즉, 선진국과 개도국 사이의 통상관계는 선진국만 경제적 이익을 가져다준다는 것이다. 종속경제는 선진국경제의 발전과 확장에 의해 통제·조절된다는 것이다.

국제정치경제 시각 3: 신중상주의/국가주의 시각

사전 학습(핵심 용어 정리)

용어	뜻
힘(국력)	군사력, 경제력 등을 포함한 국가의 능력 혹은 영향력을 말하며, 국제 관계를 이해함에 있어서 국력에 기초한 국가이익은 중요함. 이러한 인식은 국가 간의 경제관계를 국가의 관장사항으로 취급함으로써 경제에 정치가 개입하는 것을 자연스러운 것으로 보고 있음.
패권안정론	패권국가가 존재해야만 국제경제질서는 안정적·개방적이 되며 자유무역이 왕성해질 수 있다는 것임. 반면, 패권국가의 쇠퇴는 국제경제질서를 불안정적·폐쇄적으로 만들며 보호무역이 횡행하게 된다는 것임.
신중상주의론	각국은 그 자신의 이익을 반영한 경제정책을 추구한다는 것임. 일국은 그 자신의 이익추구가 다른 국가의 희생에 기인하든 안 하든 간에 그 자신의 이익극대화를 위해 부와 권력의 정책을 추구함. 증가된 경제관계는 필연적으로 '지구촌(global village)'을 초래하는 것이 아니라 국가 간의 경제적 갈등을 증폭시킬지 모른다는 것임.

○ 주제

국제정치경제 관계에서 '힘(power)'은 어떻게 작동할까요?

국가주의 시각(statist perspective)이란?

오늘날의 국제정치경제 관계 및 선진국 간의/선진국과 개도국 간의 정치경제적 관계에 적용해 볼까요?

○ 학습 목표

1. 국제정치경제 관계에서 '힘(power)'의 역할에 대해 이해할 수 있다.
2. 국제경제관계에 영향을 미치는 요인으로서 국력을 강조하는 국가주의 시각에 대해 파악할 수 있다.

○ 학습 목차

1. 국제정치경제 관계에서 '힘(power)'의 역할에 대한 기본적 소개
2. **국가주의 시각**(statist perspective)에 대한 소개

Ⅰ. 국제정치경제 관계에서 '힘(power)'의 역할에 대한 기본적 소개

1. 힘 혹은 국력(national power)

국제관계를 이해함에 있어서 국력에 기초한 국가이익은 중요하며 끊임없는 갈등과 전쟁의 위협을 상정하고 이러한 상충하는 이해관계 간의 적응과 조정을 국제정치로 볼 수 있다. 국제경제의 통합이 확대된다고 해서 경제적 번영이 저절로 이루어지는 것으로 보지 않는다. 이러한 인식은 국가 간의 경제관계를 국가의 관장 사항으로 취급함으로써 경제에 정치가 개입하는 것을 자연스러운 것으로 보고 있다.

2. (신)현실주의에 기반한 (신)중상주의(neo-mercantilism)

(1) 개요

초기 중상주의 시대는 민족국가를 중심으로, 한 국가의 이익은 다른 국가의 손실로 이해되던 제로섬 사고가 만연하였다. 이러한 중상주의는 18세기에 스미스(Adam Smith)와 리카르도(David Ricardo)에 의해 발전된 자유주의 경제 사고에 의해 쇠퇴기에 접어들게 되었다. 경제적 민족주의 사고는 18세기 후반기부터 19세기 중엽까지 미국과 독일 등 후발공업국에서 계속 인기를 누렸고, 19세기 후반 제국주의 열풍으로 제국주의도 기본적으로 경제적 민족주의에 그 사고를 두었다. 생산력을 향상시키기 위해서는 국가의 개입이 필요하고, 단순한 국부의 축적이 중요한 것이 아니라 국가의 생산력이 더욱 중요한 것이다. 국가는 자국의 이익을 극대화하기 위해 경제를 조정하고 통제할 수 있다고 한다.

신중상주의에 의하면 더 정교해진 무역, 통화, 투자정책 등이 필요하고, 많은 국가들이 자국의 안보이해를 국내산업의 보호와 연관시키게 되었다. 이에 따라 더 교묘해진 보호무역 조치들이 양산되기 시작, 일본은 통상산업성의 주도하에 일본경제를 전략적으로 이끌어가며 신중상주의 모습을 띠게 되었다. 선택된 산업의 경쟁력을 위해 보조금 등 여러 형태의 국가적 지원이 주어진 것이다. 국가주의란 국가가 시장에 어느 정도의 영향력을 행사해 자국민에게 의도된 부와 복지를 제공하고자 하는 체제이다.

(2) 패권안정론(hegemonic stability theory)

미국의 상대적 국력 약화와 국제경제질서 간의 상관관계를 독립변인인 권력개념과 종속변인인 시장개념을 연결하여 분석하고 있다. 패권국가가 존재해야만 국제경제질서는 안정적·개방적이 되며 자유무역이 왕성해질 수 있다는 것이다. 반면, 패권국가의 쇠퇴는 국제경제질서를 불안정적·폐쇄적으로 만들며 보호무역이 횡행하게 된다는 것이다. 국제체제 내에서의 권력의 분산, 즉 권력구조의 중요성에 초점을 맞추고 있다.

패권국의 필요성에 대해서 두 가지 이론이 있다. 이는 **패권국의 경제력에 중점을 둔 경우**(패권국이 다른 국가에게도 유익한 공공재를 공급)와 **패권국의 강제력(coercion)에 중점을 두는 경우**(패권국이 자신의 이익을 위해 질서를 유지)이다.

킨들버거(Charles Kindleberger)는 『The World in Depression 1929~39』에서 1930년대 세계공황은 패권국의 부재에 기인한 것으로, 영국은 의사는 있으나 능력이 부족했고 미국은 능력은 있으나 의사가 없었기 때문이라고 주장한다. 패권국의 의사와 능력을 국제체제의 안정과 협력에 관련지음으로써 패권국의 지배적인 경제력을 강조하였다. **은혜적 헤게모니 관점**(benign view of hegemon ↔ 악의적 malign view of hegemon)에서 패권국은 국제체제로부터 이익을 얻기 때문에 국제 공공재를 기꺼이 제공한다는 것이다. 국제체제의 안정은 모든 국가에 이익을 가져다주며 대국보다 소국이 더 많은 이득을 챙길 수 있다고 본다.

길핀(Robert Gilpin)은 『The Political Economy of International Relations』에서 많은 국가들의 일반적 이익이 아닌 패권국가 자신의 이익을 강조하였다. 패권국가의 행위가 필연적으로 공공재의 공급과 연결되어 있는 것은 아니며, 패권국이 자국의 이익을 위해 국제레짐의 규칙을 제재하기도 하며 또한 이러한 국제레짐을 유지하기 위해 작은 국가들로부터 대가의 지불을 강제하기도 한다는 것이다. 패권체제 내에서 유지되는 국제레짐을 패권국가의 경제적 능력의 국제적 배분이 아닌 패권국가의 정치적·군사적 힘의 배분의 결과로 본다. 패권국이 타국을 강제할 수 있는 강제적 능력 즉 패권국의 지배적으로 월등한 힘 때문에 타국이 복종한다는 것(강제적 헤게모니 관점)이다.

(3) 자유주의와의 비교

현실주의는 국제체계에는 구조가 없어 공동체 의식이 존재하지 않거나 존재하더라도 매우 취약하고 협력보다는 갈등이 보편적이며 대화보다는 폭력이 앞선다고 한다. 반면, 자유주의는 국제사회에는 일정한 공동이익과 공통된 가치들이 있으며 이를 인식한 국가들이 스스로 공통의 규칙·규범·원칙을 정하고 이를 고수하며, 자발적으로 제도에 참여한다는 것이다. 무정부적 세계에서 구조가 없다고 해도 규범이 있을 수 있다는 것을 강조한다.

현실주의는 안보에 기초한 국가이익을 강조하고 권력 개념이 주요한 기제로 인식된다. 반면, 자유주의는 국제사회가 국가의 정책결정 맥락을 결정하는 요소 중 하나로 상대적으로 권력 개념을 덜 강조한다.

현실주의는 권력의 대체성을 인정하여 총체적 권력의 합계를 강조한다. 반면, 자유주의는 권력의 대체성을 부정하고 이슈영역 개념을 통한 분석으로 국제체제를 무역·금융·해양 등 몇 개의 이슈영역으로 구분해 볼 때에 이러한 이슈 간에는 갈등구조가 다르기에 동원되는 권력 자원도 다르므로 권력은 대체성이 없다고 보는 것이다. 이슈영역들이 서로 연결되어 있지만 다른 작동원리에 의해 움직이기 때문에 동원될 수 있는 자원이 다르다는 것이다.

Ⅱ. 국가주의 시각(statist perspective)에 대한 소개

1. 주요 내용

국제정치경제 관계에서 힘을 강조하는 **국가주의**(statism) 혹은 **신중상주의**(neo-mercantilism)는 경제적 요소보다 정치적 요소를 강조한다. 중상주의는 특별한 타입의 현실주의이다. 이 시각에 의하면 국가가 국제정치경제의 중심 행위자이며, 특정한 이익·목적을 가진다는 것이다. 이 이론은 결집된 이론적 주장이라기보다는 국제관계의 규범적 정책·처방의 집합이다. 길핀은 국제경제 관계가 사실상 정치적 관계라고 주장하며 신중상주의는 각국이 자신의 이익극대화를 위해 경제적 계약을 조정하는 정부의 시도를 의미한다고 한다.

국가주의 이론 혹은 신중상주의 이론의 가정은 다음과 같다. 우선 부는 국력증가를 위한 절대적으로 근본적인 수단이며 국력은 부의 유지 혹은 획득을 위한 수단으로서 근본적이며 가치 있는 것이다. 부와 국력의 증가는 국가가 추구하는 궁극적인 목적인 것이다. 이 이론에 의하면 국가는 국제경제 관계에서 지배적이며 단일한 행위자이다. 군사력으로 대변되는 국력은 정책의 가장 효과적이며 유용한 수단인 것이다. 국력의 수준이 정책에 대한 각국의 입장을 결정한다. 즉, 얼마나 많은 국력을 보유하느냐가 그 국가의 정책적 입장에 영향을 끼친다는 것이다.

신중상주의 이론에 의하면 각국은 그 자신의 이익을 반영한 경제정책을 추구한다는 것이다. 일국은 그 자신의 이익추구가 다른 국가의 희생에 기인하든 안 하든 간에 그 자신의 이익극대화를 위해 부와 권력의 정책을 추구한다. 국가는 부의 극대화, 상품과 서비스의 소비 극대화, 생산과 소비의 극대화, 가격의 급격한 상승 통제, 외국시장에의 도달 및 외국상품의 국내침투 보호를 통해 통상관계에 관여한다. 결국, 증가된 경제관계는 필연적으로 '**지구촌**(global village)'을 초래하는 것이 아니라 국가 간에 경제적 갈등을 증폭시킬는지 모른다는 것이다. 신중상주의 이론이 설명하는 국제정치경제적 구조는 미국의 안보·경제 이익을 증진하는 미국의 패권구조라고 할 수 있다. 그 근본적 의제의 하나는 미국의 패권체제 후 무엇이 다음에 오느냐 하는 것이다.

암스텐(Alice Amsden)에 의하면 한국의 경제성장은 다음과 같은 특징을 가지고 있다. 국가가 기업가, 은행가, 산업 구조의 조정자로서 역할을 하였고, 보조금, 보호조치, 가격 통제, 금융과 직접투자의 흐름에 대한 규제 등을 행사하였으며 이러한 과정에서 소수의 대기업에 의해 경제발전이 주도되어 왔다는 것이다. 그러나 국가는 이들 기업에게 보조금과 다른 지원 수단을 무조건 제공하는 것이 아니라 성공에 대한 지원과 실패에 대한 제재를 통해서 선별적으로 사용했다는 것이다. 암스텐의 이와 같은 해석은 신자유주의적 시각에서 크게 벗어나 개발도상국의 경제적 특성과 후진성에 대한 독특한 극복 수단을 인정한 것이다. 특히 경제발전 과정에서 국가에 의한 원칙을 통한 개입의 비중을 크게 부각시켰다(이상환, 1998c; 이상환, 2002).

동아시아 발전모델이란 개념은 1970년대 이래 동아시아 국가들이 다른 지역과 전혀 다른 특이한 방식으로 지속적인 초고속 성장을 보여 세계의 주목을 받으면서 등장하였다. 동아시아 발전모델이란 유교 문화를 사회적·정신적 바탕으로 하여, 먼저 발전 주도 체제로서의 개발독재형 권위주의 정치체제를 확립하여 경제발전에 필요한 여건을 확보한 다음, 국가주도형 수출지향적 산업화 전략을 추진하여 고속 성장을 통해 경제를 발전시키고, 경제를 성장시킨 다음에는 개발독재로 유보되었던 민주화를 실현해 나아가는 발전 형태를 말한다. 이런 관점에서 볼 때 동아시아 모델의 내용은 사회문화적 요소인 이데올로기로서의 유교주의, 정치적 요소인 리더십으로서의 개발독재 체제, 경제적 요소인 발전전략으로서의 국가주도형 수출지향 산업화 등으로 구성된다(이상환, 1998c; 이상환, 2002).

표 8 **국가주의 시각 요약**

국가주의 시각	
지적인 토대	신중상주의
강조점	정치적 및 내적 요소
주요한 행위자	국가
구조	패권(Hegemonic)

이익 수혜자	상호(Mutual) 혹은 일방(Unilateral)
적용가능한 체제	북-북(North-North) 혹은 남-북(North-South) 체제
미래에 대한 전망	동(同) 진영 내 낙관(Optimistic) 및 안정(Stability) 유지/ 이(異) 진영 간 비관(Pessimistic) 및 갈등(Conflict) 유발

2. 국가주의 시각에서 본 국제정치경제 관계

(1) 3, 4장에서 논의한 국제통상(trade) 문제를 국가주의 시각으로 살펴볼
까요? 한-미 자유무역협정 체결과 관련한 논의를 살펴봅시다!

▶ 양비론적 해석(체결 당시): 한-미 FTA의 성패는 하느냐 마느냐의 문제가
아니라 어떻게 하느냐의 문제이다. 맹목적인 찬성론과 반대론은 문제가 있다.
경제적 측면에서 보면 상호보완적인 측면이 긍정적인 효과를 낼 수 있도록 조
정해야 하며 부정적인 결과는 최소화해야 한다. 한-미 FTA는 1953년 한미 군
사동맹 체결 후 양국 관계를 한 단계 진전시키는 중대한 계기가 될 수 있다.
양국 모두에게 중요한 정치적·경제적 전략적 이득을 가져다줄 것이다. 한-미
FTA에 대한 국내적 논의가 FTA 자체에 대한 찬반이 되서는 안되며, 어떻게
하면 피해 집단의 피해를 최소화하느냐가 되어야 한다.

▶ 중간입장: 한-미 FTA는 한미 간 동맹관계의 강화, 이를 통해 동아시아
에 영향력을 행사하려는 미국의 노력, 한국의 중국 경제권 편입을 사전 차단하
려는 미국의 견제 등의 의미를 지닌다.

(2) 3, 4장에서 논의한 국제금융(Finance) 문제를 국가주의 시각으로 살펴
볼까요? 1990년대 말 동아시아 금융위기(Financial Crisis)와 관련한
논의를 살펴봅시다!

▶ 원인진단(내인론+외인론): 동아시아 금융위기는 개도국 내외의 악재가 겹
쳐 발생한 사건이다. 정경유착 등 사회적 병폐와 부도덕한 선진국 자본 침투의
결과이다. 이와 더불어 동아시아 지역에 대한 중국의 영향력을 견제하려는 미
국 등 선진국 자본의 정치적 음모로 해석하는 견해도 있다. 화교자본에 대한

서구자본의 견제로 보기도 한다.

▶ 해법: 동아시아 발전모델의 한계를 보여준 사건이나 그렇다고 신자유주의 발전모델을 그대로 수용할 필요는 없다. 국가주도적 발전 모델을 기초로 하되 국가개입의 축소와 시장자율성의 확대를 도모해야 할 것이다. 구조조정을 통해 비효율은 없애야 하나 국가의 건전성 개입을 늘려 투기성 자본은 통제해야 한다.

(3) 3, 4장에서 논의한 국제환경(Environment) 문제를 국가주의 시각으로 살펴볼까요? 기후변화(Climate Change) 레짐의 미래에 대한 전망을 살펴봅시다!

▶ 미국의 교토의정서 비준 거부는 교토의정서에 따른 온실가스 감축의무가 미국이 감내하기 힘든 수준이었기 때문이다. 미국도 내심 교토의정서에 참여할 수밖에 없음을 인식하고 있으나 지나친 감축의무가 미국의 세계 패권 전략에 반하는 관계로 그 조정을 요구하는 것이다. 21세기 세계패권은 에너지 패권이라고 할 정도로 자원패권은 세계지도국이 되는 데 절대적이다. 이러한 자원패권을 유지하는 데 교토의정서 비준에 따른 온실가스 감축의무가 악영향을 미치지 않는 범위 내에서 미국은 교토의정서를 수정하여 복귀할 것이다. 사실상 2015년 파리 당사국총회 이래 그러한 방향으로 **기후변화 레짐**이 변모하고 있다.

(4) 3, 4장에서 논의한 국제노동(Labor) 문제를 국가주의 시각으로 살펴볼까요? 노동의 세계화와 관련한 논의를 살펴봅시다!

▶ 노동의 세계화가 개도국의 경제발전을 보증하지 못하며 자본의 세계화 속에서도 자국의 경쟁력을 살리는 것이 중요하다. 개도국 경제발전 과정에서 선진국 자본의 역할은 잘 활용하면 약이 되고 잘못 활용하면 독이 되는 것이다. 개도국 정부의 역량에 따라서 경제발전의 여지는 남아 있다.

(5) 3, 4장에서 논의한 국제부패(Corruption) 문제를 국가주의 시각으로 살펴볼까요? 뇌물과 떡값을 비교해 봅시다!

▸ 뇌물과 선물은 구별하기 어려우나 그렇다고 이해당사자에 대한 선물을 모두 뇌물로 보는 것은 적절하지 않다. 떡값의 명목을 용인하는 문화적 특수성은 인정해야 한다. 국제적 부패 척결을 위한 노력은 인정하나 문화상대주의는 인정해야 한다. 국제투명성 제고를 위한 글로벌 스탠다드의 설정은 가능하나 제한적일 수밖에 없다.

(6) 3, 4장에서 논의한 국제인권(Human Rights) 문제를 국가주의 시각으로 살펴볼까요? 북한 인권문제를 살펴봅시다!

▸ 주권이 인권에 우선하며 일국의 인권침해 상황에 대해 국제사회는 주권을 침해하면서까지 개선을 요구해서는 안 된다. 이는 인권 개선을 위한 또다른 인권침해를 유발할 것이다. 인권 개념의 특수성을 강조한다. 다만 대량학살 금지 등 핵심 인권기준은 설정 가능하며 지켜져야 한다. 국제사회의 인도주의적 개입은 그 합법성과 정당성을 전제로 하여 용인될 수 있다.

1. 국제경제관계에 있어서 패권국의 중요성에 대한 두 가지 이론이 있는데, 킨들버거가 주장하는 패권국의 체제유지 기제와 길핀이 주장하는 패권국의 체제유지 기제를 각각 언급하면 무엇인가?

① 강제력, 경제력　　　　　② 경제력, 강제력
③ 군사력, 경제력　　　　　④ 경제력, 외교력
⑤ 외교력, 군사력

해설 이는 패권국의 경제력에 중점을 둔 경우(패권국이 다른 국가에게도 유익한 공공재를 공급)와 패권국의 강제력에 중점을 두는 경우(패권국이 자신의 이익을 위해 질서를 유지)이다.　　　　　　　　　　　　　　　　　　　　　　　　　　　정답 ②

2. 국가주의 이론이 바라보는 국제정치경제질서의 구조는 무엇인가?

① 레짐 구조　　　　　　② 패권구조
③ 다극 구조　　　　　　④ 비위계적 구조
⑤ 핵심국-주변국 구조

해설 부는 국력증가를 위해 절대적으로 근본적인 수단이며 국력은 부의 유지 혹은 획득을 위한 수단으로서 근본적이고 가치 있는 것이다. 군사력으로 대변되는 국력은 정책의 가장 효과적이며 유용한 수단인 것이다. 국력의 수준이 정책에 대한 각국의 입장을 결정한다. 즉, 얼마나 많은 국력을 보유하느냐가 그 국가의 정책적 입장에 영향을 끼친다는 패권구조인 것이다.　　　　　　　　　　　　　　　　　　　　　　　　　　　정답 ②

✏️ 정리하기

1. 국제정치경제 관계에서 힘 혹은 국력(national power)의 역할이란?

국제관계를 이해함에 있어서 국력에 기초한 국가이익은 중요하며 끊임없는 갈등과 전쟁의 위협을 상정하고 이러한 상충하는 이해관계 간의 적응과 조정을 국제정치로 볼 수 있다. 국제경제의 통합이 확대된다고 해서 경제적 번영이 저절로 이루어지는 것으로 보지 않는다. 이러한 인식은 국가 간의 경제관계를 국가의 관장 사항으로 취급함으로써 경제에 정치가 개입하는 것을 자연스러운 것으로 보고 있다.

2. 국가주의 시각(statist perspective)이란?

국제정치경제 관계에서 '힘'을 강조하는 국가주의 시각에 의하면 부는 국력 증가를 위해 절대적으로 근본적인 수단이며 국력은 부의 유지 혹은 획득을 위한 수단으로서 근본적이고 가치 있는 것이다. 부와 국력의 증가는 국가가 추구하는 궁극적인 목적인 것이다. 이 이론에 의하면 국력의 수준이 국제사회에서 각국의 입장을 결정한다. 즉, 얼마나 많은 국력을 보유하느냐가 그 국가의 정책적 입장에 영향을 끼친다는 것이다. 국가주의 시각이 설명하는 국제정치경제적 구조는 미국 중심의 패권구조라고 할 수 있으며, 그 근본적 의제의 하나는 미국의 패권체제 후 무엇이 다음에 오느냐 하는 것이다.

국제정치경제 시각 종합:
상호의존-종속-국가주의 시각

📝 사전 학습(핵심 용어 정리)

용어	뜻
안보무역연계 이론	냉전적 양극체제하의 동맹 내 국가들 사이에서 자유무역의 실현은 보다 가능하며 탈냉전적 다극체제하의 이질적인 동맹 사이에서 보호무역이 있음직하다는 점에서 국가 간의 안보적 상호의존도의 견지에서 국제통상분쟁을 분석함. 즉, 국가 간 쌍무적인 정치·군사적인 협력과 갈등이 양자 간 통상관계와 관련되어 있다고 주장함.
선거주기 이론	전반적 경제상황이 정치적 선거와 맞추어 순환한다는 것으로, 미국의 경우 현직 소유자는 재임 동안 일련의 예상할 만한 정책패턴을 유지하는데 이는 초기 재임 동안 비교적 검약한 재정을 유지하고 선거에 임박하여 비교적 후한 정부지출을 한다는 것임. 따라서 그는 국민적 지지 획득의 차원에서 선거 당해에 보다 보호적인 통상정책을 취할 가능성이 있음.
수입침투 이론	통상분쟁은 증가된 수입침투로 인한 악화된 무역수지적자에 의해 야기된 보호주의적인 국내적 요구에 근거한다는 것임. 증가하는 일국의 무역수지 적자가 상대국에 대한 수입제한조치를 취하게 하고 이에 따라 경제적 갈등이 발생함.

✎ 학습 목표 및 목차

◎ 주제

세 가지 국제정치경제 시각을 비교해 볼까요?
국제정치경제 시각을 사례연구에 적용해 볼까요?

◎ 학습 목표

1. 세 가지 국제정치경제 시각의 유사점과 상이점에 대해 이해할 수 있다.
2. 국제정치경제 시각을 실제 사례에 적용함으로써 시각에 대해 파악할 수 있다.

◎ 학습 목차

1. 국제정치경제 시각에 대한 비교
2. 국제정치경제 시각의 사례연구에 대한 소개

Ⅰ. 국제정치경제 시각에 대한 비교

3장, 4장 및 5장에서 다룬 국제정치경제 시각을 종합하여 정리하면 [표 9]와 같다. 이는 세 가지 국제정치경제 시각을 7가지(지적 기반, 강조점, 국제사회의 주요한 행위자, 국가 간 관계구조, 관계 시 이익배분, 설명가능한 국제체제, 미래에 대한 전망) 기준에 따라 비교분석한 것이다.

표 9 국제정치경제의 주요 시각

Summary of Theoretical Perspectives in International Political Economy		
시각 구분 기준	국가주의적 시각 (Statist)	상호의존적 시각 (Interdependence)	종속적 시각 (Dependence)
지적 기반 (Intellectual Foundation)	신중상주의 (Neo-Mercantilism)	신자유주의 (Neo-Liberalism)	신마르크스주의 (Neo-Marxism)
강조점 (Emphasis)	정치적/내적 요인 (Political/Internal Factors)	경제적/외적 요인 (Economic/External Factors)	경제적/외적 요인 (Economic/External Factors)
국제사회의 주요한 행위자 (Major Actor)	국가(State)	다국적 기업/ 국제기구(Multi-National Corporations/ International Organizations)	다국적 기업 (Multi-National Corporations)
국가 간 관계구조 (Structure)	패권구조 (Hegemonic)	국제레짐구조 (International Regime)	핵심-주변국 구조 (Core-Peripheral)

관계 시 이익 배분 (Whose Benefit)	상호적/일방적 이익 (Mutual/Unilateral) (self-interested)	상호적 이익(Mutual)	일방적 이익 (Unilateral)
설명 가능한 국제체제 (System Explained)	북-북 체제 (North-North) /남-북 체제 (North-South)	북-북 체제 (North-North)	남-북 체제 (North-South)
미래에 대한 전망 (Future)	동(同) 진영 내 낙관적 전망 및 안정유지 (Optimistic/Stability)/ 이(異) 진영 간 비관적 전망 및 갈등유발 (Pessimistic/Conflict)	낙관적 전망/지구촌 (Optimistic/Global Village)	비관적 전망/착취관계 (Pessimistic/ Exploitation)

II. 국제정치경제 시각의 사례연구에 대한 소개 1

1. 한국과 미국 간의 통상관계: 안보-경제 관계의 연계성

한·미 통상관계에 적용되는 국제무역에 관한 두 가지 주요한 이론적 시각은 정치적 시각인 **패권안정이론**(Krasner, Gilpin, Hirschman), **안보무역연계이론**(Gowa, Pollins, Snyder), **선거주기이론**(Nordhaus, Golden·Poterba, Tufte), 그리고 경제적 시각인 **잉여능력이론**(Strange), **경기순환이론**(Destler, McKeown), **수입침투이론**(Cline, Krugman) 등이라 할 수 있다.

(1) 정치(안보)적 시각에서 본 한-미 통상관계

① **패권안정이론**(Krasner, 1976, 1985; Gilpin, 1975; 1987; Hirschman, 1980)은 세계경제는 자유국제무역체제를 유지하기 위하여 그 중심부에 패권국을 요한다고 주장한다. 여기서 패권국은 그 체제 내의 질서를 보존할 의사와 능력을 갖추고 있다. 길핀(Gilpin), 후에 크래스너(Krasner)를 통하여 발전된 패권 모델에 의하면,

패권국의 정치적 그리고 경제적 감퇴는 필수불가결하게 자유무역질서의 붕괴를 가져오는 것이다. 예를 들어, 자유무역체제는 미국의 능력이 부족하다면 미국에 의해서 유지될 수 없는 것이다. 이러한 견지에서, 한국과 미국은 그 무역관계에 대한 미국의 지배 혹은 영향력에 의해 설명될 수 있는 것이다. 그러므로, 증가하는 한-미 무역갈등은 한국에 대한 미국의 상대적 힘의 위치와 함수관계에 있다고 이해될 수 있다. 한국에 대한 미국의 지배가, 비록 주로 그 정치적 그리고 군사적 힘에 바탕을 두고 지역적 패권을 유지해 왔을지라도, 1970년대 이래로 비교적 감소되어 왔던 것은 사실인 것이다. 패권안정의 시각에서 무역관계에 있어 미국의 약화되어 가는 지위는 심각해지는 한-미 무역마찰과 관련되어 있을는지 모른다. 단순히 말하여, 한국에 대한 미국의 영향력의 정도는 한국과 미국 간의 무역갈등 정도를 결정하는 것이다.

② **안보무역연계이론**(Gowa, 1989; Pollins, 1989; Snyder, 1984)은 냉전적 양극체제하의 동맹 내 국가들 사이에서 자유무역의 실현은 보다 가능하며 탈냉전적 다극체제하의 이질적인 동맹 사이에서 보호무역이 있음직하다는 점에서 국가 간의 안보적 상호의존도의 견지에서 국제무역분쟁을 분석한다. 즉, 국가 간 쌍무적인 정치·군사적인 협력과 갈등이 양자 간 통상관계와 관련되어 있다고 주장한다. 이러한 관점에서, 한-미 관계는 양극체제하의 냉전적 긴장의 시기에 정치적 그리고 군사적으로 더 협력적이다. 미국은 냉전적 양극체제하에서 그 우방들에게 보호주의적인 무역정책을 취함으로써 우방들의 경제를 위협하지 않을 것이다. 즉, 증대하는 양극적·냉전적 긴장이 한-미 간의 정치적 군사적 협력을 강화시키며, 이러한 시기에 미국은 경제적 이익보다는 정치적 이익에 보다 강조점을 두게 되는 것이다. 이러한 견해로부터, 냉전적 양극체제하에서 한반도에 있어 동서긴장에 토대를 둔 강력한 한-미 정치·군사협력은 한-미 통상갈등을 완화함으로써 그들의 경제적 관계를 협력적으로 유지하게 하며, 탈냉전적 다극체제로의 전환은 이완된 한-미 정치·군사협력관계로 인해 한-미 통상갈등을 증폭시킬 수 있다.

③ **선거주기이론**(Golden·Poterba, 1980; Nordhaus, 1975; Tufte, 1978)은 전반적 경제상황이 정치적 선거와 맞추어 순환한다는 것으로, 미국의 경우 현직 소유

자는 재임 동안 일련의 예상할 만한 정책패턴을 유지하는데 이는 초기 재임동 안 비교적 검약한 재정을 유지하고 선거에 임박하여 비교적 후한 정부지출을 한다는 것이다. 따라서 그는 국민적 지지 획득의 차원에서 선거 당해연도에 더 보호적인 통상정책을 취할 가능성이 있으며, 이러한 견지에서 피해를 당한 산 업은 선거에 임박하여, 특히 대통령 선거에 즈음하여 보호주의적 정책을 정부 에 요구하려는 경향이 있다. 한마디로, 한-미 통상분쟁은 대통령선거주기에 근 거한 국내정치적 요구에 영향을 받는다는 것이다. 특히 미-일 간의 통상분쟁은 이러한 관점에서 적절히 설명된다.

지금까지 언급한 패권안정이론, 안보무역연계이론, 그리고 선거주기이론을 종합하여 보면, 한-미 통상관계는 미국의 패권적 지위의 약화와 탈냉전적 다극 체제의 이행과 함께 보다 갈등적인 국면으로 전환되어 왔고, 그러면서도 지속 되어 온 우방국으로서의 상호의존적인 협력관계는 통상관계의 갈등적인 면을 억제하는 요인이 되어 왔다. 또한, 국내정치적으로는 선거주기에 따른 미국의 보호무역의 국내적 요구는 미국의 대한국 통상관계 및 미-일 통상관계를 주기 적으로 갈등 국면으로 치닫게 하였다.

(2) 경제적 시각에서 본 한-미 통상관계

① 정치적 시각과는 달리, 경제적 시각인 **잉여능력이론**(Strange, 1979; 1981; 1985; 1987)은 잉여생산능력이 세계무역에 있어 보호주의적 추세를 가속화해왔 다고 주장한다. 잉여능력의 상황이란 막대한 양의 잉여생산능력으로부터 파생 되는 문제를 일컫는다. 스트레인지(Strange, 1981, 13)는 잉여능력을 "**수요가 모든 기업에게 고용과 수익을 유지케 할 정도로 충분히 높은 가격으로 생산을 적절히 흡수하지 못하는 상황**"이라 정의한다. 잉여능력이론에 의하면 잉여능력이 자유 국제무역을 약화시키며, 개별국가는 잉여생산에 의한 경제불황의 시기에 보호 무역 정책을 취하고, 경제호황의 시기에 무역자유화로 나가려는 경향이 있다. 이것은 통상정책결정의 단순한 경제적 설명인 것이다.

② 같은 맥락에서 **경기순환이론**(Destler, 1986; 1987; 1992; McKeown, 1983)은 보호무역주의의 중요 결정요인으로서 국내외적 경제상황을 지적한다. 맥키온(McKeown)

은 불경기하에서 기업은 보호무역정책을 정부에 요구하고 정부는 이에 보호주의적 무역정책을 취하게 되고, 호경기하에서 정부는 보다 자유로운 무역정책을 취한다고 말한다. 이 이론에 의하면, 실업률과 GNP성장률로 대변되는 일국의 거시적 경제상황이 무역상대국에 대한 정책에 영향을 끼친다는 것이다. 즉, 일국의 실업률이 상승하면 산업으로부터의 보호주의적 정책요구는 증대되고 정부는 이에 보호적 조치를 취하려는 경향이 있다는 것이고, 경제성장률이 정체 혹은 퇴보하는 시기에 수입제한을 위한 국내적 요구는 강화된다는 것이다.

③ **수입침투이론**(Cline, 1982; Krugman, 1986)은 통상분쟁은 증가된 수입침투로 인한 악화된 무역수지적자에 의해 야기된 보호주의적인 국내적 요구에 근거한다는 것이다. 이 이론은 증가하는 일국의 무역수지 적자가 상대국에 대한 수입제한조치를 취하게 하고 이에 따라 경제적 갈등이 발생한다고 설명한다. 오델(Odell, 1985, 272-273)이 주장하듯이, 일국의 시장으로의 수입침투가 증가하면 할수록 상대국과의 시장개방과 관련한 통상분쟁의 기회는 증가된다. 전통적인 무역이론이 강조하는 기본적인 가정은 무역수지균형의 유지이고, 무역수지 적자의 지나친 적체는 무역규제의 압력을 증폭시킨다는 것이다. 이처럼 무역수지적자의 확대는 국가로 하여금 무역수지의 균형을 하기 위한 수입제한을 이끄는지 모른다.

이러한 경제적 시각에 근거하여, 한-미 통상관계는 잉여능력, 경기순환, 수입침투로 설명되는 미국의 전반적인 경제상황과 상호작용할는지 모른다. 즉 미국은 호경기하에서 한국의 경제적 침투를 관리하고 인내할 능력과 의사를 가지고 있으므로 보다 자유로운 무역정책을 취할 것이며, 불경기하에서는 정반대일 것이다. 이러한 시각은 통상마찰의 주요 결정요인으로서 과잉생산 및 과잉수입침투 문제를 강조하고, 그 문제는 밀접히 악화되어 가는 전체 경제상황과 관련되어 있다고 말한다. 즉, 세계무역에 있어 자유주의적 혹은 보호주의적 추세는 전 세계적인 경제상황에 달려 있는 것이다. 이러한 경제적 이론은 한-미 통상관계를 주로 경제적 요소로서 설명하는 것이다. 잉여능력, 실업률, GNP 성장률, 그리고 수입침투 등으로 대변되는 미국의 전반적인 경제상황이 한-미 통상관계에 직접적인 영향을 끼치는 것이다. 따라서 미국은 경제적 어려움에 처하여 한-미 통상갈등을 초래하는 보다 보호주의적인 정책을 취하게 되는 것이다. 결론적으로, 이러한 경제적 시각은 한-미 통상분쟁을 미국의 전반적인 경제 악화의 견지에서 설명하고자 한다.

(3) 정치(안보)·경제의 상호보완적인 시각에서 본 한-미 통상관계

국제통상관계에 관한 두 가지 시각 중 하나를 고른다면 경제적 시각을 선호할 수 있다. 그러나 국가 간의 통상마찰을 가져오는 원인은 정치적 요인과 경제적 요인 모두에 있는 것으로, 정치적 시각과 경제적 시각은 상호보완적인 것이다. 한-미 통상분쟁을 설명함에 있어 미국의 전반적인 경제상황은 한국에 대한 미국의 정치·군사적 관계와 상호작용하면서 그 분쟁을 결정하는 것이다. 명백히 말하여, 한-미 통상관계를 다룸에 있어, 우리는 정치적 그리고 경제적 시각이라는 두 가지 요소를 함께 고려할 필요가 있는 것이다.

표 10 국제정치경제 시각에서 본 미국의 통상정책과 한-미 통상분쟁(1950~80년대)

한-미 정치·군사적 관계 (패권안정·안보무역연계)	미국의 경제상황(잉여능력·경기순환·수입침투)	
	적정생산공급·호경기· 적정수입침투	과잉생산공급·불경기· 과잉수입침투
강력한 미국의 영향력· 경직된 양극체제	ⓐ 　　　　　　　　　　자유주의 자유무역정책/통상분쟁해소 자유주의	ⓑ 　　　　　　　　　　보호주의 통상분쟁경향 자유주의
허약한 미국의 영향력· 이완된 양극체제	ⓒ 　　　　　　　　　　자유주의 통상분쟁경향 보호주의	ⓓ 　　　　　　　　　　보호주의 보호무역정책/통상분쟁심화 보호주의

[표 10]에서, ⓐ는 비갈등적인 한-미 통상관계를 초래하는 자유주의적 미국의 통상정책의 조건을 보여주며, ⓓ는 갈등적인 한-미 통상관계를 파생시키는

보호주의적 미국의 통상정책의 조건을 나타낸다. 즉, 비갈등적인 관계는 한-미 통상관계에 있어 미국의 패권 증대 혹은 유지, 경직된 양극체제와 미국 경제의 성장에 근거하며, 갈등적인 관계는 미국의 패권약화, 이완된 양극체제와 악화된 경제상황에 기초하는 것이다. 단순히 말하여, ⓐ는 1950·60년대의 한-미 통상관계를 적절히 설명해 주며, ⓓ는 1970·80년대의 한-미 통상관계를 대변해 준다.

2. 한-미 안보관계와 통상관계의 이해

한-미 통상관계는 정치적인 시각과 경제적인 시각을 모두 고려하여야만 설명이 가능하다. 경제적인 시각만을 고려할 경우 이는 **죄수딜레마**(Prisoner's Dilemma) 게임에서 말하는 갈등 관계만을 나타내나, 정치·경제 상호보완적인 시각에서 접근할 경우 **사슴사냥**(Stag Hunt) 게임에서 말하는 협력관계를 보여준다. 냉전체제 하의 동맹국들인 한-미 통상관계는 국제정치경제 시각을 고려한 Stag Hunt 게임으로 설명함이 타당하다. 더욱이 1950년대 이후 한-미 통상관계의 변화를 분석함에 적절한 틀을 제공한다. 1950·60년대의 비갈등적인 한-미 통상관계는 미국경제의 강화와 경직된 냉전적 양극체제 및 한국에 대한 강력한 미국의 영향력에 기초하며, 1970·80년대의 갈등적인 한-미 통상관계는 미국경제의 약화와 이완된 냉전적 양극체제 및 한국에 대한 약화된 미국의 영향력에 근거한다. 아울러, 1950·60년대의 비갈등적인 한-미 통상관계에서 미국의 이익은 경제적인 측면보다 정치군사적인 측면이 강하며, 한국의 이익은 정치군사적인 측면보다는 경제적인 측면이 강하다는 것을 이해할 수 있다. 1970·80년대의 갈등적인 한-미 통상관계는 양국 모두 경제적 이익의 측면 강화로 인하여 야기되는 것으로 볼 수 있는 것이다. 물론 앞으로 양국의 경제 및 신뢰 향상에 따라 다시 비갈등적인 관계로 전환될 수도 있는 것이다.

냉전적 양극체제하의 동서긴장이 한-미 간의 정치적 군사적 협력을 강화하며, 이러한 시기에 미국은 경제적 이익보다는 정치적 이익에 보다 강조점을 두게 되는 것이다. 이러한 견해로부터, 냉전적 양극체제하에서 강력한 한-미 정치·군사협력은 한-미 통상관계를 협력적으로 유지하게 하며, 탈냉전적 다극체제로의 전환은 단기적으로 이완된 한-미 정치·군사 협력관계로 인해 한-미 통상갈등을 증폭시킬 위험이 있다. 통상관계의 안보외부효과는 군사동맹 내의 국가들 사이에서 강할 것 같다. 전후 서구시장의 개방은 **다극체제에서 양극체제로의 전환(패권안정 나아가 과두안정)**과 맥을 같이한다. 제1·2차 세계대전 사이의 자유무역의 붕괴는 부분적으로 다극안보딜레마의 존재로 인한 것이다. 결론적으로, 자유무역의 문제를 죄수딜레마 게임으로 간주하는 것은 국제체제에서 존재하는 안보외부효과를 간과하는 것이다. 한-미 통상관계를 설명함에 있어 **정치(안보)적 요인**의 배제는 심각한 오류를 범할 수 있다.

III. 국제정치경제 시각의 사례연구에 대한 소개 2

1. 1970~80년대 한-미 통상관계에 대한 이해

여기서 주된 의문은 "1970년대와 1980년대의 한국과 미국 간의 통상관계를 이해함에 있어 국제정치경제의 주요 이론들인 상호의존, 종속, 신중상주의 시각들 중 어느 이론이 보다 타당한가?"하는 것이다. 다른 말로 하면, 1970~89년 기간 동안 한-미 통상관계를 결정하는 요인들이 무엇이냐 하는 것이다. 따라서 한-미 통상관계를 분석·이해함에 있어 상호의존이론, 종속이론 및 신중상주의 이론의 적용가능성을 검증하며 아울러 한-미 통상관계의 주요 결정요인들을 파악하는 것이 이 논의의 주요한 목적이 되는 것이다.

제2차 세계대전 이래 한-미 통상관계는 여러 변화의 시대를 거쳐 왔다. 첫 번째 시기인 1950년대 동안 미국은 자유민주주의의 수호자로서 냉전체제의 최첨단에 위치한 한국의 전후 복구를 위해 일방적인 원조를 행하였고 한-미 간의 수직적인 경제관계 속에서 통상거래는 미약한 수준에 불과하였다. 두 번째 시기인 1960년대 동안 한-미 관계는 보다 공고화된 군사안보적 관계와 함께 경제관계에 있어서도 그 수직적인 성격을 유지해 왔다. 한국은 미국의 군사안보적 보호하에서 경제발전을 도모하였고 한-미 간의 통상관계를 보면 한국의 미국에 대한 무역의존도에 비해 미국의 한국에 대한 무역의존도는 미약한 것이었고 안보 논리의 강조 속에서 경제 논리는 양국 간에 커다란 영향을 끼치지 못하였다. 세 번째 시기인 1970년대부터 1980년대까지의 후기 냉전시대 동안 한국은 지속적인 경제발전을 이루었고 한국은 미국의 10대 무역상대국으로 성장하였다. 이 시기에 한-미 간의 경제관계는 그 이전의 수직적인 성격에서 보다 수평적인 방향으로 전환되었고 통상관계도 안보 논리와 경제 논리의 균형 속에서 그 이전보다 갈등적인 면을 보였다. 마지막 시기인 탈냉전의 1990년대에 접어들면서 한-미 통상관계는 경제 논리의 우선 속에서 보다 갈등적인 양상을 보이고 있고 이와 더불어 상호협력적인 **범세계주의(Globalism)**의 흐름 속에서 그 관계를 재정립하는 전환점에 놓이게 된 것이다.

이러한 시대적 구분에 의하여 한-미 통상관계를 단순화하여 일반적으로 정리하면 제2차 세계대전 후 냉전초기의 비대칭적인 안보 논리 우선의 관계에서 탈냉전기의 보다 대칭적인 경제 논리 우선의 관계로 변모한 것이다. 이를 국제정치경제 이론적 시각에서 다시 말하면 보다 종속적인 통상관계에서 보다 상호의존적인 관계로 발전하여 온 것이다. 오늘날 보다 대칭적인 경제 논리 우선의 양자 간 관계가 한-미 통상관계를 보다 갈등적인 방향으로 몰고 갈 것인지 아니면 새로운 동반자적 협력관계로의 전환을 가져올 것인지를 예측하기는 쉽지 않다. 이 논의는 위의 시대적 구분 중 세 번째 시기에 해당하는 1970년에서 1989년 사이의 기간을 그 주된 분석대상으로 하며, 그 중심된 과제는 그 기간 동안 한국과 미국 간의 쌍무적인 통상관계를 국제정치경제이론을 토대로 고찰하는 데 있다.

한-미 통상 분쟁은 1970년 이래로 현저히 증가되어 왔는데, 그 발생 건수는 1970년에 최저치 0건에서 1986년 최고치 11건으로 10배 이상 상승하였다. 통계자료에 의하면, 1970년에 한국과 미국의 GNP 비율은 1:118이었는데 1989년에 이 비율은 1:28로 축소되었고, 군사예산에 있어서도 1970년 한국과 미국의 비율은 1:240에서 1989년 1:36으로 그 격차가 크게 축소되었다. 한국의 미국에 대한 수입침투비율을 살펴보면, 한국은 1970년에 최저치로 0.93% 그리고 1988년에 최고치로 4.56%를 기록하였고, 이와 더불어 한국의 대미 무역수지는 1980년 4.3억 달러 적자에서 1987년 88.9억 달러 흑자로 그 연구대상 기간 동안 등락을 거듭하였다. 통계수치에 의하면, 1970~89년 기간 동안 한-미 통상관계는 한국의 미국에 대한 수입침투와 관련되어 있고 이에 따른 미국의 심화된 무역적자는 그 갈등을 가속화시킨 것이다. 이와 같이, 한국은 1970~89년 기간 동안 상대적인 대미 경제적 능력을 개선함으로써 미국과의 관계에 있어 그 자율성을 증가시켜 왔고 그럼에도 불구하고 그 안보를 위해 미국의 군사력에 의존하지 않을 수 없었다.

미국의 통상정책을 살펴보면, 제2차 세계대전 이후 1960년대까지는 무역자유화를 적극적으로 추구하였으나 1970년대 이후에는 보호주의적 경향이 우세하였다고 볼 수 있다. 미국의 통상정책은 제2차 세계대전 이후 현재까지 3단계로 구분하여 그 정책변화를 이해할 수 있는데, **제1기(1945~70년)**의 미국 통상정책은 자유무역을 기조로 전개되었고, **제2기(1971~84년)**의 대략 15년간은 보호무역정책이 강화된 시기였다. 미국의 통상정책은 제3기인 1980년대 후반에 접어들어 그 내용 면에서 큰 변화를 가져왔는데, 그 첫 번째 변화는 1974년 통상법 301조의 적극적 운용에 의해서 자국의 수출이 증대되도록 한다는 점으로 1970년대의 유럽·일본 등 무역상대국에 대하여 수출자율규제를 요구하는 수입보호주의에서 1980년대 후반의 301조에 기초한 보다 공격적인 수출보호주의의 방향으로 변모한 것이다. 그 두 번째 변화는 경제적 지역통합의 추진으로 미국은 1966년 미국·캐나다 자동차협정을 시발로 지역경제협력에 참가하였으며, 그후 1985년 미·이스라엘 자유무역협정, 1988년 미·캐나다 자유무역협정을 체결하였고, 1991년에 이르러 미국·캐나다·멕시코가 참가하는 **북미자유무역협정(NAFTA)**을 체결함으로써 지역적 경제통합의 의지를 표명하였다. 이러한 미국의 301조식 접근방법과 지역주의 접근방식은 미국의 새로운 보호무역주의적인 양상을 보여주었다.

한국과 미국 간의 통상관계도 이러한 미국의 통상정책의 변화에 따라 제2기와 제3기의 초기에 해당하는 1970·80년대에 보다 갈등적인 면을 보였다. 한국에 대한 미국 영향력의 상대적 감소와 탈냉전체제로의 변화가 한-미 통상관계를 보다 경쟁적인 그리고 갈등적인 양상으로 이끌어간 것이다. 한-미 통상관계는 그 내용적 측면에서도 과거의 수입보호적 방어적인 미국의 보호무역정책으로부터 수출보호적 공격적인 미국의 보호무역정책으로 인하여 보다 첨예한 대립양상을 보였다. 즉, 반덤핑제소를 중심으로 한 수입규제에 치중했던 미국의 대한 통상정책이 통상법 301조의 발동을 중심으로 한 한국의 시장개방 확대로 그 목적이 변모한 것이다. 그러면서도 더 상호의존적이 된 한-미 통상관계는 양자 간의 심화된 정치적·경제적 이해관계로 인하여 타협·유지된 것이다.

국제정치경제에 관한 세 가지 주요한 이론적 시각은 상호의존이론, 종속이론, 그리고 신중상주의 이론이라 할 수 있다. 이들 이론을 토대로, 이 논의의 중심된 과제는 한국과 미국 간의 통상관계의 결정요인을 파악하는 데 있다. 이들 이론의 경험적 모델이 그 이론적 배경으로부터 추론되며, 그들의 이론적 타당성을 평가하기 위해서 한-미 통상관계에 경험적으로 검증되는 것이다. 더욱이, 이 논의는 경험적 결과에 근거하여 한-미 통상관계를 보는 실증적 시각을 정립하고자 한다.

2. 1970~80년대 한-미 통상관계에 대한 국제정치경제 시각 적용

(1) 상호의존이론과 한-미 통상관계

자유주의적인 상호의존이론에 근거하여, 한-미 통상관계는 양국 상품의 비교우위 여부와 상호작용할는지 모른다. 즉, 한국의 산품이 미국시장에서 비교우위에 있을 경우 한국산품의 미국으로의 수입침투는 증가할 것이며 반면 미국의 산품이 비교우위에 있을 경우 한국산품의 수입침투는 감소할 것이다. 상호의존론자는 통상관계의 주요 결정요인으로서 비교우위 문제를 강조하며, 이러한 경제적 이론은 한-미 통상관계를 주로 경제적 관점에서만 설명하는 것이다. 따라서 이 시각은 한-미 통상관계를, 보다 구체적으로 한국의 대미 수입침투를 미국시장에서 한국 산품의 비교우위 여부의 견지에서 설명하고자 한다.

상호의존적 가설은 '보이지 않는 손'이 가장 효율적인 자원배분을 가져오는 식으로 시장을 조절한다는 가정에 기초한다. 이러한 가정하에 통상관계는 비교우위의 경제원리에 의해 지배된다는 것이다. 만약 일국이 한 특정 상품에 비교우위를 가지고 있다면 그 국가가 그 특정 상품을 상대적으로 경쟁력이 없는 다른 국가들에게 수출한다는 것이다. 무역의 이러한 흐름은 정치적인 개입과 간섭 없이 순수히 경제적인 차원에서 수행된다는 것이다. 간략히 말하면, 한국 상품의 대미 수출의 증감은 그 상품의 비교우위 유무에 달려 있다는 것으로 한-미 통상관계는 자유주의적인 시각에서 분석될 수 있다. 경험적 연구 결과에 의하면 1970·80년대의 한-미 통상관계가 상호의존적 시각에서 분석되기 어려움을 보여준다.

(2) 종속이론과 한-미 통상관계

종속이론에 근거하여, 한-미 통상관계는 그 종속적 관계로 인하여 미국의 경제상황과 상호작용할는지 모른다. 즉, 미국의 경제상황이 호경기일 경우 한국산품의 미국으로의 수입침투는 증가할 것이며 반면 미국의 경제상황이 불경기일 경우 한국산품의 수입침투는 감소할 것이다. 종속 시각은 한-미 통상관계의 주요 결정요인으로서 미국의 경제상황과 달러환율 문제를 강조하며, 이러한 경제적 이론은 상호의존이론과 마찬가지로 한-미 통상관계를 주로 경제적 관점에서만 설명하는 것이다.

종속이론은 경제관계는 근본적으로 갈등적이라는 전제로부터 출발한다. 핵심부, 반주변부, 그리고 주변부로 구성되는 제로섬 국제체제에 있어 경제적 거래는 이익의 논리에 의해서 움직여진다는 것이다. 개도국은 선진국에 의해 지배되는 국제경제체제와의 관련에 의해 통제된다는 것이다. 보다 구체적으로 선진국의 경제적 상황과 행위가 통상관계의 성격과 양을 결정한다. 선진국의 개선된 경제적 조건은 개도국의 경제적 행위와 직접 관련되는 것이다. 만약 미국과 같은 핵심국이 재정적·산업적 발전을 경험한다면, 한국 또한 미국과의 통상관계하에서 발전을 경험할 것이다. 역으로, 만약 핵심국이 쇠퇴하는 경제상황을 경험하면, 한국은 동시에 감소하는 통상관계에 직면하게 된다. 다른 말로 하면 핵심부의 개선된 경제상황이 한국의 무역행위에 긍정적인 영향을 미칠 것이며, 악화된 상황은 한국의 무역행위에 있어서의 부정적 결과를 초래할 것이다. 간략히 말하면, 한국 상품의 대미 수출의 증감은 미국의 경제상황에 달려 있다는 것으로 한-미 통상관계는 종속 시각에서 분석될 수 있다는 것이다. 경험적 연구 결과는 1970·80년대의 한-미 통상관계가 종속 시각에서 분석되기 어려움을 보여준다.

(3) 국가주의 이론과 한-미 통상관계

신중상주의적 견지에서, 한-미 통상관계는 그 통상관계에 대한 양국의 힘의 역학 관계에 의해 설명될 수 있는 것이다. 신중상주의 이론은 국제통상관계는 사실상 정치관계라고 주장한다. 미국은 우선 한국과의 통상관계에 있어 미국의 안보이익을 극대화하기 위해 그 관계를 조절한다. 만약 미국이 한국과 중요한 안보이익을 가진다면 미국은 그 자신의 국가안보 이익을 유지·극대화하기 위해서 한국으로부터의 수입침투를 허용할 것이다. 미국의 대한 안보 이익의 유무가 한국의 미국시장에 대한 수입침투 수준에 영향을 미칠 것이다. 아울러 보다 보호적인 미국의 수입정책은 한국의 수입침투를 삭감할 것이며 보다 자유로운 수입정책은 그러한 수입침투를 증가시킬 것이다. 반대로 한국의 수출정책은 수입침투에 영향을 끼칠 것이다. 만약 한국정부가 강력한 수출주도정책을 추진한다면 증가된 대미 수입침투가 가능하며, 허약한 수출정책은 감소된 대미 수입침투를 야기할 것이다. 따라서 미국의 대한 안보이익·수입정책 및 한국의 수출정책과 한국의 대미 수입침투 간에는 양의 관계가 가능할 것이다.

중상주의적 가설은 정치적 요소가 국제경제관계의 주요한 결정요소라는 가정에 기초한다. 그 가설은 한-미 통상관계의 세 가지 결정요소에 초점을 맞춘다. 이들은 한국과 미국 사이의 국가안보이익의 증감, 보호주의적·자유주의적 미국의 수입정책, 그리고 한국의 대미 수출정책의 강약 등이다. 한국의 대미 수입침투는 미국의 대한 안보이익, 미국의 대한 수입정책, 그리고 한국의 대미 수출정책과의 함수관계라는 것이다. 경험적 연구결과에 의하면 변수들 중 단지 미국의 대한 안보이익만이 한국의 대미 수입침투와 통계적으로 의미 있는 관계를 나타내고 있다. 이는 1970·80년대의 한-미 통상관계가 국가주의적 시각에서 분석될 수 있음을 보여준다.

(4) 국가주의, 상호의존, 종속 이론에 대한 비교 평가

국제통상관계에 있어 경제적 요소의 중요성을 강조하는 상호의존 및 종속 모델은 국제통상의 경제적 설명이고, 정치적 요소의 중요성을 강조하는 신중상주의 모델은 국제통상의 정치적 설명이다. 1970·80년대의 한-미 통상관계를 설명하는 이론으로 **국가주의(신중상주의)** 시각이 가장 타당하며 종속 그리고 상호의존 시각은 그 적용에 한계가 있어 보인다. 앞에서 언급한대로 한-미 통상관계는 네 단계의 시대를 거쳐 왔다. 이를 다시 세 시대로 구분하면 냉전 전반기인 1950·60년대와 후반기인 1970·80년대, 그리고 탈냉전기인 1990년대 이후로 나눌 수 있다. 따라서 이 논의의 결과에 비추어 유추 해석하면 1950·60년대의 한-미 통상 관계는 종속 시각에서 해석이 가능하며, 1970·80년대의 한-미 통상관계는 신중상주의 시각에서, 그리고 1990년대 이후의 한-미 통상관계는 상대적으로 상호의존 시각에서 해석이 가능하다. 즉, 한-미 경제관계에 있어 냉전초기의 비대칭적·수직적 관계로부터 탈냉전기의 대칭적·수평적 관계로의 발전이 한-미 통상관계를 종속적 상황에서 보다 상호의존적 상황으로 변모시킨 것이다.

1. 냉전적 양극체제하의 동맹 내 국가들 사이에서 자유무역의 실현은 보다 가능하며 탈냉전적 다극체제하의 이질적인 동맹 사이에서 보호무역이 있음직하다는 점에서 국가 간의 안보적 상호의존도의 견지에서 국제통상분쟁을 분석하는 이론은 무엇인가?

① 잉여능력이론   ② 선거주기이론
③ 경기순환이론   ④ 수입침투이론
⑤ 안보무역연계이론

해설 이 이론은 국가 간 쌍무적인 정치·군사적인 협력과 갈등이 양자 간 통상관계와 관련되어 있다고 주장한다. 이러한 관점에서, 한·미 관계는 양극체제하의 냉전적 긴장의 시기에 정치적 그리고 군사적으로 더 협력적이다.   정답 ⑤

2. 불경기하에서 기업은 보호무역정책을 정부에 요구하고 정부는 이에 보호주의적 무역정책을 취하게 되고, 호경기하에서 정부는 더 자유로운 무역정책을 취한다고 말하는 국제통상 이론은 무엇인가?

① 잉여능력이론   ② 선거주기이론
③ 경기순환이론   ④ 수입침투이론
⑤ 안보무역연계이론

해설 이 이론에 의하면, 실업률과 GNP성장률로 대변되는 일국의 거시적 경제상황이 무역상대국에 대한 정책에 영향을 끼친다는 것이다. 즉, 일국의 실업률이 상승하면 산업으로부터의 보호주의적 정책요구는 증대되고 정부는 이에 보호적 조치를 취하려는 경향이 있다는 것이고, 경제성장률이 정체 혹은 퇴보하는 시기에 수입제한을 위한 국내적 요구는 강화된다는 것이다.   정답 ③

3. 국제통상관계를 설명하는 이론으로서 정치적 시각과 경제적 시각을 평가하면 그 설명력을 어떻게 평가할 수 있는가?

① 정치적 시각만이 설명력이 있다.
② 경제적 시각만이 설명력이 있다.
③ 두 가지 시각 모두 상호보완적인 설명력이 있다.

해설 국제통상관계에 관한 두 가지 시각 중 하나를 고른다면 경제적 시각을 선호할 수 있다. 그러나 국가 간의 통상마찰을 가져오는 원인은 정치적 요인과 경제적 요인 모두에 있는 것으로, 정치적 시각과 경제적 시각은 상호보완적인 것이다. **정답** ③

4. 1950·60년대의 한-미 통상관계를 이해함에 있어 상대적으로 가장 적실성이 있는 국제정치경제 시각은 무엇인가?

① 종속 시각
② 상호의존 시각
③ 국가주의 시각

해설 이 시기의 한-미 통상관계는 역학구도 상 비대칭적이며 냉전기적 요소가 잔존하여 안보 논리도 작동함으로써 상호의존으로 설명하기에는 무리가 있다. **정답** ①

5. 1970·80년대의 한-미 통상관계가 국가주의적 시각에서 분석될 수 있는가?

① 예
② 아니오

해설 1970·80년대의 한-미 통상관계는 역학 구도상 비대칭적이나 종속적 상황만으로 설명하기에는 무리가 있고 안보 논리와 연계하여 정치적인 설명이 가능하다고 할 수 있다. **정답** ①

1. 한-미 통상관계를 설명함에 있어 정치적 시각과 경제적 시각 중 어느 시각이 적실성이 있는가?

한-미 통상관계는 정치적인 시각과 경제적인 시각을 모두 고려해야만 설명이 가능하다. 냉전적 양극체제하의 동서긴장이 한-미 간의 정치적·군사적 협력을 강화하며, 이러한 시기에 미국은 경제적 이익보다는 정치적 이익에 보다 강조점을 두게 되는 것이다. 이러한 견해로부터, 냉전적 양극체제하에서 강력한 한-미 정치·군사협력은 한-미 통상관계를 협력적으로 유지하게 하며, 탈냉전적 다극체제로의 전환은 단기적으로 이완된 한-미 정치·군사 협력관계로 인해 한-미 통상갈등을 증폭시킬 위험이 있다. 통상관계의 안보외부효과는 군사동맹 내의 국가들 사이에서 강할 것 같다. 전후 서구시장의 개방은 다극체제에서 양극체제로의 전환과 맥을 같이한다. 결론적으로, 자유무역의 문제를 **죄수딜레마**(Prisoner's Dilemma) 게임으로 간주하는 것은 국제체제에서 존재하는 안보외부효과를 간과하는 것이다. 한-미 통상관계를 설명함에 있어 **정치**(안보)적 요인의 배제는 심각한 오류를 범할 수 있다.

2. 1970년대와 1980년대의 한국과 미국 간의 통상관계를 이해함에 있어 국제정치경제 시각 중 어느 시각이 적실성이 있는가?

경험적 연구 결과에 의하면 한국 상품의 대미 수출의 증감은 그 상품의 비교우위 유무에 달려 있다는 상호의존 시각의 가설이 1970·80년대의 한-미 통상관계에 적용되지 않았다. 즉, 1970년대와 1980년대의 한국과 미국 간의 통상관계를 이해함에 있어 상호의존 시각의 적실성은 낮은 수준이다. 한편, 핵심부의 개선된 경제상황이 한국의 무역행위에 긍정적인 영향을 미칠 것이며, 악화된 상황은 한국의 무역행위에 있어서의 부정적 결과를 초래할 것이다. 예를 들어, 한국 상품의 대미 수출의 증감은 미국의 경제상황에 달려 있다는 것으로 한-미 통상관계는 종속 시각에서 분석될 수 있다는 것이다. 하지만 그 연구 결과에 의하면 1970·80년대의 한-미 통상관계를 종속 시각으로 분석하기에는 뚜렷한 한계가 있다. 결론적으로 1970·80년대의 한-미 통상관계는 국가주의 시각에서 분석될 수 있음을 알 수 있다. 1950·60년대의 한-미 통상관계는 상대적으로 종속 시각에서 해석이 가능할 것이며, 1990년대 이후의 한-미 통상관계는 상대적으로 상호의존 시각에서 해석이 가능할 것 같다. 즉, 한-미 경제관계에 있어 냉전 초기의 비대칭적·수직적 관계로부터 탈냉전기의 대칭적·수평적 관계로의 발전이 한-미 통상관계를 종속적 상황에서 보다 상호의존적 상황으로 변모시킨 것이다.

3부

국제정치경제 이슈 1: 국제 통상

 ## 사전 학습(핵심 용어 정리)

용어	뜻
FTA (Free Trade Agreement)	국가 간 상호 무역증진을 위해 물자나 서비스 이동을 자유화시키는 협정으로, 국가 간 제반 무역장벽을 완화하거나 철폐하여 무역자유화를 실현하기 위해 양국 간 또는 지역 사이에 체결하는 무역협정임.
NAFTA (North American Free Trade Agreement)/ USMCA	미국·캐나다·멕시코 3국이 관세와 무역장벽을 폐지하고 자유무역지대를 형성한 협정. 1992년 12월 미국·캐나다·멕시코 정부가 조인하여, 1994년 1월부터 발효됨. 역내 인구 4억 9천만 명(2018)의 거대자유무역시장을 형성하는 협정으로, 유럽연합(EU)과 함께 양대 경제권임. 2018년 NAFTA를 개정한 USMCA에는 중국과의 FTA협정을 금지한다는 조항이 명시적으로 삽입됨. 26여년 간 북미 3국간 무역의 길잡이 역할을 수행해 온 NAFTA는 역사 속으로 사라짐. NAFTA는 단계적인 관세 철폐를 통해 3국간 무역규모를 3배 증가시켰으며, 자동차제조업 등의 북미 공급망 통합, 외국인 투자 및 서비스 무역 장벽 제거에 기여함. USMCA는 NAFTA와 전반적으로 크게 다르지 않음.
EU (European Union)	유럽의 정치·경제 통합을 실현하기 위하여 1993년 11월 1일 발효된 마스트리히트조약에 따라 유럽 12개국이 참가하여 출범한 연합기구임. 원래 EEC(European Economic Community: 유럽경제공동체) 회원국은 벨기에·프랑스·서독·이탈리아·룩셈부르크·네덜란드였으며, 1995년에 오스트리아·핀란드·스웨덴 등 EFTA(European Free Trade Association: 유럽자유무역연합) 회원국이 모두 가입. 2007년 불가리아·루마니아가 새로 가입함으로써 가맹국 수가 총 27개국(독일, 프랑스, 아일랜드, 벨기에, 네덜란드, 룩셈부르크, 덴마크, 스웨덴, 핀란드, 오스트리아, 이탈리아, 스페인, 포르투갈, 그리스, 체코, 헝가리, 폴란드, 슬로바키아, 리투아니아, 라트비아, 에스토니아, 슬로베니아, 키프로스, 몰타, 불가리아, 루마니아, 크로아티아 등)으로 늘어남.

주제

국제통상(trade) 문제를 국제정치경제 시각으로 살펴볼까요?
UR과 NR이란?
미·중 통상 패권경쟁 문제를 살펴봅시다!
한국의 자유무역협정 체결 노력을 살펴봅시다!

학습 목표

1. 국제통상의 현안 의제를 파악할 수 있다.
2. 우리나라가 당면한 국제통상 관련 의제를 이해할 수 있다.

학습 목차

1. **국제경제통합**(International Economic Integration) 및 UR/NR에 대한 이해
2. 미·중 통상 패권경쟁 및 한국의 자유무역협정 체결에 대한 논의
3. 신냉전의 흐름과 경제안보(economic security)에 대한 논의

✎ 학습하기

Ⅰ. 국제경제통합(International Economic Integration) 및 UR/NR에 대한 이해

1. 국제경제통합의 의의

지리적으로 인접한 다수의 국가가 동맹을 결성하여 상호 간에 무역의 자유화를 꾀하며 역외국에 대해서는 공동으로 무역제한을 가하는 형태의 국가 간 결합을 의미한다. 역내 무역 자유화와 요소이동, 그리고 재정·금융 등 전반에 걸친 상호협력 도모를 그 내용으로 한다. 이를 위한 전제조건은 지리적 인접성, 유사한 경제발전 수준, 동질적인 사회문화 구조, 각종 대외정책의 유사성, 인종 및 혈통의 유사성 등이다.

2. 국제경제통합 유형

(1) 자유무역지대(free trade area)

역내 상품의 자유무역 보장, 역외 상품에 대한 독자적인 관세정책 및 무역제한조치 실행을 주요 내용으로 한다. 자유무역협정에 참여한 국가 간에 관세 및 수량제한을 없애며, 참여하지 않은 국가에 대해서는 독자적인 관세정책을 유지하는 것을 말한다. 유럽자유무역연합(EFTA), 북미자유무역협정(NAFTA), 중남미자유무역연합(LAFTA) 등이 이에 해당한다.

(2) 관세동맹(customs union)

역외 상품에 대한 공동(수입)관세 부과, 역내 상품의 자유무역 보장을 주요 내용으로 한다. 참여한 국가 간에 상품의 이동에 대한 차별을 철폐하며, 관세를 폐지하거나 경감한다. 참여하지 않은 국가로부터 수입할 때에는 각국이 공통의 수입관세를 부과한다. 이것이 자유무역지역과 다른 점이다. 관세동맹의 예로는 벨기에·네덜란드·룩셈부르크 3국이 결성한 베네룩스 관세동맹 등이 있다.

(3) 공동시장(common market)

역내 재화뿐만 아니라 노동·자본과 같은 생산요소의 자유로운 이동 보장, 역외 각국에 대한 공동의 관세제도 설정을 주요 내용으로 한다. 관세동맹보다 진전된 형태의 경제통합으로, 경제적인 국경을 철폐하고 국가 간 무역량 확대와 사회적·경제적 발전을 이루기 위해 무역제한뿐만 아니라 생산요소(노동·자본 등) 이동에 대한 제약을 철폐하는 단계이다. 이를 통해 회원국 간 노동, 자본, 기술 등 생산요소의 자유로운 이동이 가능해진다. 그 예로는 유럽경제공동체(EEC), 중미공동시장(CACM), 안데스 공동체(ANCOM) 등이 있다.

(4) 경제연합(economic union)

공동시장의 내용에 더하여 회원국 간 경제정책의 조정과 협력을 강화하기 위해 공동 경제정책을 실시하는 것을 주요 내용으로 한다. 경제연합은 공동시장에서 실시하는 상품과 요소 이동에 대한 제약을 억제하고 참여국의 경제정책으로 발생되는 격차를 해소하기 위하여 재정·금융·노동 등의 대내 경제정책, 대외 무역정책 등 대외 경제정책을 조정한다. 주요 사례로는 베네룩스 경제동맹, 프랑스와 이탈리아가 참여한 경제동맹인 프리탈룩스(Fritalux) 등이 있다.

(5) 완전경제통합(complete economic integration)

회원국 상호 간에 초국가적 기구를 설치하여 그 기구로 하여금 각 회원국의 모든 사회경제정책을 조정·통합·관리하는 형태의 통합을 말한다. 참여국들은 통화·재정·사회 등 경제사회정책의 통합을 전제로, 참여국들을 하나로 묶을 수 있는 초국가적 기구를 설치한다. 경제연합과의 가장 큰 차이는 통화와 경제정책의 통일이며, 이에 근접한 대표 사례는 1993년 출범한 유럽연합(EU)이다. EU는 유럽연방은행(ECB)이 EU 각국의 통화정책을 담당하며, 2002년부터 유로화를 사용하고 있다.

3. 국제경제통합 사례

(1) 지역경제통합기구

유럽지역-유럽연합(EU), 북미지역-북미자유무역지대(NAFTA), 중남미지역-남미공동시장(MERCOSUR), 동남아 지역-동남아국가연합(ASEAN) 및 아시아자유무역지대(AFTA), 아·태지역-아시아태평양경제협력체(APEC) 및 포괄적·점진적 환태평양경제동반자협정(CPTPP), 동아시아 지역-역내포괄적경제동반자협정(RCEP) 등이 있다.

(2) 현안 사례 1(북미+중남미)

① 중남미 경제통합 진전과 미주 자유무역지대(FTAA)의 출범 전망: 미주의 경제통합은 1990년대 이후 빠르게 진전되었고, 1990년대 중반 이후 북미와 남미 33개국을 하나의 시장으로 통합하는 미주자유무역지대 협상이 진전되었다. 하지만 2003년 트리니다드 토바고에서 열린 미주 자유무역지대 **무역협상위원회**(CNC) 회의가 결렬된 바 있고, 이어 2005년 아르헨티나 및 2009년 트리니다드 토바고에서 열린 미주 정상회담도 별다른 성과 없이 끝났다.

② 미주지역에서 자유무역지대의 결성이 구체화되고 있는 배경 요인: 1990년대 이래 빠르게 진행된 미주지역의 **지역통합운동의 흐름**(NAFTA, MERCOSUR)이 있었고, 1990년대 이후의 국제적 환경의 변화는 냉전질서의 종식으로 인해 국제관계에서 안보나 이념적 대립이 줄어들고 경제관계의 상대적 중요성이 증가하였기 때문이다. 아울러 유럽통합의 빠른 진전과 WTO 협상이 지연되면서 미국은 당시 지역주의를 다자주의에 대한 보완 전략으로 채택하기 시작하였다. 특히 라틴아메리카 지역은 스페인어와 포르투갈어를 공통으로 사용하는 언어적 통일성과 문화적·종교적 동질성, 그리고 독립 직후의 범미주통합운동의 전통 등 공통의 정체성을 위한 좋은 조건을 가졌다.

(3) 현안 사례 2(동아시아+태평양연안)

① 동아시아무역지대: 아세안 국가와 **한국, 중국, 일본**(ASEAN Plus Three)을 포

함하는 동아시아 지역경제통합이 미국에 대해서 차별적이지만 않으면 미국이 용인할 것이라는 전망이며, 중국이 역내 각국을 위협하지 않나 하는 중국 위협론이 중요한 걸림돌이다.

② 오늘날 중국은 동아시아 지역경제통합에 적극적으로 참여하고 있다. 1997년 이후 중국 자신이 동아시아에서의 지역경제통합, FTA 창설에 적극적으로 나섰다. 중국은 브루나이, 말레이시아, 인도네시아, 필리핀, 싱가포르, 태국 등 6개 선발회원국과는 2010년까지, 캄보디아, 라오스, 미얀마, 베트남 등 4개 후발회원국과는 2015년까지 FTA를 추진하였다. 이는 중국이 동아시아에서 EU 및 NAFTA와 같은 거대 경제블록을 탄생시켜 미국의 일극체제에 대항하겠다는 의지를 드러낸 것이다. RCEP(Regional Comprehensive Economic Partnership; 역내포괄적경제동반자협정)은 **동남아시아국가연합(ASEAN)** 10개국과 한·중·일, 호주, 뉴질랜드, 인도(최종 비참여) 등 16개국의 역내 무역자유화를 위한 협정으로 **다자간 자유무역협정(FTA)**이다. 2012년 11월 20일 16개국 정상이 협상 개시를 선언했으며 첫 RCEP 회담이 2017년 11월 필리핀 마닐라에서 열렸다. 2019년 11월 4일 RCEP 정상회의에서 인도를 뺀 15개국이 협정문에 가서명을 하였고, 2020년 11월 15일 출범했다. RCEP 회원국의 인구는 22억 6천만 명(전 세계 인구 중 29.9%), 명목 **국내총생산(GDP)**은 26조 3천억 달러(전 세계 GDP 중 30%), 무역규모는 5조 4천억 달러(전 세계 무역규모 중 28.7%)이다.

이에 경쟁적인 지역경제블록으로는 미국의 탈퇴로 존재감이 떨어진 CPTPP(포괄적·점진적 환태평양경제동반자협정)가 있다. 이는 2018년 체결되었으며 일본, 호주, 뉴질랜드, 말레이시아, 싱가포르, 브루나이, 베트남, 캐나다, 멕시코, 페루, 칠레를 포함한 11개국이 그 회원국이고 인구는 5억 1천만 명(전 세계 인구 중 6.7%), GDP는 11조 3천억 달러(전 세계 GDP 중 12.9%), 무역규모는 2조 9천억 달러(전 세계 무역규모 중 15.3%)이다. RCEP과 CPTPP에 모두 가입한 나라는 일본, 호주, 뉴질랜드, 말레이시아, 싱가포르, 브루나이, 베트남 등 7개국이며, 일본과 호주는 안보협력체인 **쿼드(Quadrilateral Security Dialogue; Quad)** 멤버이기도 하다. 인도의 경우 대중 무역적자 확대를 우려해 RCEP에 불참했다.

4. 국제경제협력 논의

국제경제통합은 국가 간 경제협력을 전제로 한다. 이러한 경제협력은 외교안보적 고려를 기초로 이뤄진다. 국제협력의 전제조건은 상호이해 증진을 위한 교류이다. 여러 계층 간의 광범위한 문화교류, 전문가 간의 공동연구 및 학술자료교류, 상호유학촉진 혹은 정부 차원의 장학금, 스포츠교류, 관광교류 등이 이에 해당된다. 국제협력은 범세계주의와 지구촌을 지향하고 지역주의와 경쟁의 심화를 완화하기 위해 필요하다.

국제경제협력은 참여국 수에 따라 **양자(국) 간 협력**[공여국과 수원국/자본·재화·용역 등의 무상원조, 차관, 직접투자방식/구속대부(공여국의 재화수출과 결부되는 자금공여/불리한 조건으로 물자구입, 경제발전에 자주성 상실 우려)]과 **다자(국) 간 협력**[국제협력기구를 통하여 이루어지는 경제협력/IBRD·IMF·ADB/결정방향이 일정한 국제적인 기준에 의하여 수행 비교적 공평성/국제기관의 자주적인 판단에 의하여 결정/구속성 대부성 없음/피공여국의 자유재량성 부여/경제개발에 자주성]으로 나뉜다. 또한 그 성격에 따라서는 정부 간 협력과 민간 협력으로 구분된다. 정부 간 협력은 자금의 원천이 정부이고 그 자금은 개발도상국에 대한 지원, **공적개발지원(경제개발 또는 복지향상 목적)** 및 기타 공적자금으로 활용된다. 민간 협력은 민간자금으로 대부분 상업적인 이윤동기에 근거한다. 한편 대상을 기준으로는 **자본협력(투자자본의 부족을 메꾸어주는 협력)**과 **기술협력(기술의 부족을 메꾸어주는 협력)**으로 구분한다. 조건에 따라서는 유상협력과 무상협력이 있는데, 유상협력은 원조국 측에 혹은 국제기구에 일정기간이 경과한 뒤 상환하는 것을 전제로 자금을 공급하는 경제협력이며, 무상협력은 자금의 상환을 요구하지 않는 경제협력이다. 마지막으로 사업성격을 기준으로 계획사업원조는 개도국의 개발을 위한 구체적인 사업을 지정하고 이에 필요한 자금을 공여하는 경제협력이다. 이에 비해 비계획사업원조는 개도국 경제 전체의 개발 또는 안정에 기여하는 것을 주목적으로 하여 공여하는 경제협력이다.

공적개발원조(Official Development Assistance; ODA)는 국제개발협력 활동 중 일부로, 중앙 및 지방정부를 포함한 공공기관이나 그 기관의 집행기관이 개도국의 경제개발과 복리증진을 위하여 개도국과 국제기구에 양허적 성격으로 제공하는 자금을 말한다. 공여국이 ODA를 제공하는 이유는 인도주의적 이유, 경제적 이유, 정치적 이유 등 국가마다 다르다. 한국전쟁 이후 최빈국이었던 우리나라는 국제사회의 도움을 받아 아주 빠르게 경제성장을 이루었다. 2010년 선진국 모임인 OECD DAC(개발원조위원회) 가입 이후 우리나라는 지속적인 ODA 예산 확대를 통해 2022년에는 28.1억 달러를 지원하였고, ODA/GNI 규모는 역대 최고치인 0.17%를 기록하였다. 2022년 기준 우리나라의 양자 간 및 다자 간 원조는 각각 79%, 21%의 비율이다. 양자 간 원조의 경우 유상원조는 31%, 무상원조는 69%의 비율이다. 분야별로는 사회 인프라 및 서비스 분야(47%, 2018~22)를 중점적으로 지원하고 있으며, 지역별로는 아시아(46%, 2018~21)와 아프리카(28%, 2018~21) 지역을 중점적으로 지원하고 있다. 2022년에는 러시아-우크라이나 전쟁으로 우크라이나에 대한 지원이 급증하여 유럽지역에 대한 지원 비중이 일시적으로 증가하였다.

5. UR(Uruguay Round)과 WTO

(1) UR협상의 성격과 의의

① 광범위한 협상의제 채택: 제8차 다자 간 통상협상인 **우루과이라운드(UR)** 협상은 선진국과 개도국의 관심사항을 모두 포괄하는 광범위한 의제를 채택했다. 미국을 비롯한 선진국들은 그들이 경쟁력을 가지고 있는 서비스, 지적재산권, 국제투자 등 새로운 분야를 협상의제에 포함시켰고, 개도국은 섬유 쿼터제도, 각종 회색지대조치 등 보호무역장벽의 완화 또는 폐지를 추구했다.

② 규범의 정비 및 강화: GATT는 GATT 체제의 실효성 확보를 위하여 GATT 규정을 대폭 정비 강화하는 노력을 병행했다. 그 예로 반덤핑, 긴급수입제한, 분쟁해결절차, 보조금 및 상계관세제도 등이 모두 의제에 포함되었다.

(2) UR협상의 전개과정

1단계는 1986년 9월의 UR출범으로부터 1988년 12월의 몬트리올 중간평가

시기까지의 시기이고, 2단계는 중간평가 이후 UR협상 타결의 최초 목표시점이었던 1990년 12월의 브뤼셀 각료회의까지의 시기이다. 브뤼셀 각료회의 실패 이후 미국과 EC 사이에 농산물 협상에 대한 최초의 타협이 이루어졌던 1992년 11월의 블레어하우스 협정 때까지가 3단계에 해당된다. 블레어하우스 협정 이후 1993년 12월 15일 협정 타결 시점까지가 마지막 단계이다.

(3) UR협정의 주요내용

UR의 결과 GATT 체제를 대체할 세계무역기구(WTO) 체제가 수립되었다. 그 주요 내용은 관세[관세에 관한 협상에서는 철강, 건설장비, 농업기계, 의료기기, 가구, 의약품, 맥주, 증류수 등 8개 분야의 75개 품목에 대하여는 무관세로 하고, 화학제품 등 196개 품목의 관세를 일률적으로 0~6.5%로 인하함], 반덤핑[우리나라를 비롯한 개도국은 가능한 한 반덤핑관세의 부과를 억제하는 방향으로 개편하자는 것임/덤핑마진 산정 방법의 개선과 구성가격 산정 시 실제 판매비 및 실제 이윤을 산입하도록 의무화함/미국, EU 등에서는 판매비나 이윤이 일정 수준 이하이면 자의적으로 판매비(원가의 10%), 이윤(원가 및 비용의 8%)을 정하여 덤핑마진을 산정함으로써 덤핑이 아닌 경우도 덤핑으로 인정될 수 있었음/현지생산판매 등 우회덤핑에 대한 반덤핑관세의 부과를 합법화함], 보조금 및 상계관세[무역을 왜곡시키는 정부의 보조금을 규제하고 선진국이 자국의 산업을 보호하기 위한 수단으로 활용하고 있는 상계관세 규제제도를 개선하여 공정무역을 실현한다는 데 협상의 목표를 둠], 긴급수입제한조치[GATT의 기본정신과 상충되는 것이므로 이를 발동할 수 있는 예외적인 상황이 엄격하게 규정되어야 함/긴급수입제한조치에 관하여 무차별원칙을 준수하되 예외적으로 사실상의 선별적용을 인정함/나아가 수출자율규제협정, 시장질서유지협정 혹은 기타 유사한 회색조치의 적용을 금지시킴] 등 관련 협정에 잘 반영되어 있다.

이와 함께, 섬유 부문에서는 다자 간 섬유협정(MFA)에 의한 쿼터규제를 받아온 섬유교역을 10년간에 걸쳐 완전 자유화하는 동시에 단계별 규제철폐방법을 채택했다. 서비스 부문에서는 서비스무역에 관한 일반협정(General Agreement on Trade in Services; GATS)을 채택했고, 모든 형태의 서비스교역을 협상대상으로 서비스 자체의 교역뿐만 아니라 서비스제공을 위한 인력이동과 회사설립까지

협상의제에 포함시켰다. 아울러 모든 서비스분야에서 타회원국을 동등하게 대우하여야 한다는 최혜국대우의 원칙을 채택했다. 지적재산권 부문에서는 **무역관련 지적재산권 협정**(Agreement concerning Trade Related Aspects of Intellectual Property Rights; TRIPs)을 채택하였다. 또한 무역 관련 투자 부문에서는 내국민대우 및 수량제한의 금지원칙에 저촉되는 신규 및 기존의 투자제한조치를 금지하고, 국산품이나 국내에서 조달된 제품의 사용이나 구매를 강요하는 국산품 사용의무 제도를 금지하며, 국제수지를 이유로 한 기업활동 제한, 판매시장 지정, 외환통제 등을 금지했다. 논란이 많았던 농산물 부문에서는 농산물에 대한 모든 비관세장벽을 철폐하고 관세율을 감축하며, 국내보조금, 수출보조금을 연차적으로 감축하고, 최소시장접근 및 현행시장접근을 인정하기로 했다. 다만 특별세이프가드가 인정되었다.

무역관련 규범에 있어서는 원산지규정의 적용범위를 구체화하여, GATT상의 최혜국대우, 반덤핑, 상계관세, 세이프가드조치, 원산지 표시요건, 각종 수량규제 및 관세쿼터, 정부조달 및 무력통계에 적용하도록 하는 원산지규정을 두었다. 한편 기존의 정부조달협정은 중앙정부기관만을 대상으로 삼았으나, 정부조달 확장협상에서는 중앙정부기관, 지방정부기관 및 정부투자기관 등을 포함시켰다. 협정의 적용범위를 확대하여, 기존의 정부조달협정은 물품만을 적용대상으로 하였으나, 정부조달 확장협상에서는 물품뿐만 아니라 서비스 및 건설도 포함시켰다.

WTO 협정의 가장 큰 성과는 실효성 있는 분쟁해결제도를 갖추었다는 점이다. **분쟁해결기구**(Dispute Settlement Body; DSB)를 설치하여 이 기구가 패널의 설치, 패널 및 상소보고서의 채택, 결정 및 권고의 이행에 대한 감시, 양허 및 기타 의무의 정지에 대한 승인 등의 권한을 보유한다. 이러한 분쟁해결제도의 특징은 분쟁해결 절차규정의 단일화, **분쟁해결기구**(DSB)의 신설, 상소제도의 도입 등이다. 한마디로 말하여, 분쟁해결기구는 패널을 설치하고 패널 및 상소기구보고서를 채택하며 권고사항 및 판정의 이행상태를 감독하고 대상협정상의 양허 및 기타의무의 정지를 허가하는 권한을 행사한다.

1995년 출범한 WTO 체제로 인해 우리나라는 WTO 체제하의 각종 협상의 규정에 일치하지 않는 우리나라의 각종 보조금, 산업지원정책, 수량제한조치 등에 대한 제소가 증가할 것을 대비하여 우리나라의 무역 및 산업지원제도 등에 대한 각종 제도의 과감한 개선이 이루어졌다. 분쟁해결과정에서 제3국으로서의 역할 및 참여기회가 증대된 점을 고려하여 앞으로 분쟁발생 시 공동이해 관계국과의 공동 보조 및 협력을 통해 우리의 입장이 충분히 반영될 수 있도록 다각적인 외교채널을 구축해 나아가야 할 것이다. 아울러 우리나라가 관련된 분쟁의 제소발생 시 우리의 입장을 충분히 반영시킬 수 있도록 WTO 전문가를 양성해야 할 것이다.

6. DDA 협상(도하개발어젠다협상; New Round)

(1) 뉴라운드 논의의 배경

UR의 결과로 WTO가 탄생하고 다자체제가 확립되었으나 이는 미완성의 타결이었다. 양허협상의 개시는 각료회의에서 선언되는 것이 관행이었으나 이를 위한 각료회의 개최가 상당한 시일을 요하고 당시 합의가 어려웠다. 농업과 서비스라는 민감하고 광범위한 협상이 개최되면서도 전통적인 공산품 관세인하, 또한 지난 몇 년간의 WTO 협정 이행과정에서 제기된 문제들을 동시에 다루지 않는다는 것은 비현실적인 것이었다. DDA 협상은 2001년 11월 공식적으로 출범한 후, 2005년 1월 1일까지 3년의 기간 동안 최종협상안을 타결시키기 위한 본격적인 협상국면에 돌입하게 되었다. DDA협상은 UR협상에 이어 제2차 세계대전 이후 시작된 제9차 다자 간 무역협상이며, WTO 출범 이후 첫 번째 다자 간 무역협상이었다. 2001년 협상을 출범시킬 당시 계획은 2005년 이전에 협상을 일괄타결방식으로 종료한다는 것이었으나 농산물에 대한 수입국과 수출국의 대립, 공산품 시장개방에 대한 선진국과 개도국의 대립 등으로 인해 DDA 협상은 진전이 거의 없는 상황이다.

(2) 주요 의제와 내용

농산물의 경우, 농산물 관세의 추가인하, 농산물에 대한 수출보조금의 추가 감축 또는 폐지를 목표로 했다. 서비스의 경우도 서비스 시장의 추가자유화, GATS(서비스협정)의 개정을 추구했다. 반덤핑 의제는 우회덤핑방지규범의 제정, 반덤핑조치의 남용 규제를, 공산품 의제는 추가적인 공산품관세 인하, 비관세장벽에 대한 투명성 제고를, 그리고 투자 의제는 투자자 보호를 위한 다자간 투자규범의 마련을 목적으로 논의되었다. **경쟁정책**(반경쟁적 기업관행에 대한 규제, 회원국 간 경쟁법 및 정책의 조화), **환경**(환경보호를 위한 무역보복조치의 허용여부, 환경부과금 부과) 및 **전자상거래**(전자상거래로 거래되는 상품의 무관세조치, 인터넷으로 전송되는 전송물의 정의 및 범위)도 유사한 맥락에서 그 타결을 모색한 것이었다.

(3) 뉴라운드 협상 당시의 한국 내 거시적 파급효과

금융서비스 분야에서의 자유화는 세계적인 금융서비스 공급자를 유치하는데 도움을 주고, 이는 다시 우리나라가 e-business 관련 기술의 투자지로서 매력을 높이는 효과를 갖게 되고 컴퓨터 관련 서비스의 새로운 장과 수요를 창출하는 효과를 가지게 된다. 또한 향후 서비스협상에서 통신서비스의 개방확대 요구는 필연적이며, 통신과 전력 모두 외국인투자 지분제한을 완화하라는 요구가 커지고 있다. 우리나라는 라디오 및 TV 방송은 외국업체의 진입이 금지되어 있고, 케이블 TV와 위성방송은 부분적으로 개방되어 있으며, 영화상영분야에 있어서 스크린쿼터 제도가 존재한다. 향후 협상에서는 케이블 TV 및 위성방송의 개방확대와 아울러 스크린쿼터 제도의 철폐 요구가 있을 것으로 예상된다. 법률서비스의 경우, 외국로펌이 한국에 사무소를 설립하고 국내로펌과 동업을 하며 국내 변호사도 고용할 수 있게 되면 외국로펌의 선진적인 노하우나 경영기법의 전수, 업무 및 정보체계의 네트워크화, 업무영역의 다양화 및 전문화 등의 긍정적 효과를 가져올 것이다. 교육서비스의 경우, 대학 이상의 교육서비스는 향후 WTO 서비스협상에서 개방요구가 있을 것이다.

7. WTO와 미·중 갈등

다자무역체제가 흔들리고 있다. WTO의 주요 기능인 분쟁해결절차가 무력화된 상황이다. 2001년 출범시킨 다자간 통상협상인 도하라운드는 아직도 존재하나, 2015년 12월 케냐 나이로비에서 개최된 WTO 통상장관회의에서 미국 무역대표부 대표는 도하라운드의 공식 폐기를 주장했다. 제2차 세계대전 후 세계무역 질서를 이끌어온 GATT 및 WTO 다자무역체제의 리더 격인 미국이 판을 깨려 하니 WTO 체제의 붕괴는 가시적이 된 것이다. 미국은 세계 최대 통상대국으로 부상한 중국이 개도국 대우를 누린다는 것은 말도 되지 않는다며 불만을 쏟아냈다.

WTO 체제의 위기가 쉽게 회복하기 어려운 이유는 세계 최대 경제대국인 미국과 최대 통상대국인 중국이 본격적인 전략 경쟁을 하고 있기 때문이다. 2001년 WTO 가입 후 다자무역체제의 최대 수혜자로 부상한 중국은 미국을 포함한 서구국가의 기대와는 달리 시장경제체제로 이행되지 않았다. 경제에 대한 중국 정부의 통제는 강화되고 WTO 체제는 중국식 경제체제가 초래하는 문제를 다루기엔 역부족이다. 중국식 경제체제가 야기하는 문제는 두 가지이다. 하나는 국영기업과 보조금을 앞세운 중국식 국가(관료)자본주의 경제가 야기하는 문제이고, 다른 하나는 디지털경제에서 우위에 있는 중국식 기술굴기 문제다. 국영기업을 내세워 자국시장을 독점하고 압도적인 공급력을 무기로 세계시장에서 시장점유율을 높여가는 중국을 서구 시장경제체제는 감당하기 쉽지 않다. 한편 5G, 인공지능(AI), 빅데이터, 안면인식 기술 분야에서 중국은 세계 최고 수준이며, 문제는 중국의 이런 기술이 중국 정부의 권위주의적 통제를 강화하는 수단으로 활용되어 자유민주주의를 위협하고 있다는 점이다.

다자체제의 위기는 통상 중심의 한국경제 위기와 일맥상통한다. WTO 시장경제지위 인정 관련 논란 속에서, WTO 가입 이후 15년이 지나면 자동적으로 시장경제로 인정받을 수 있다고 생각한 중국으로서는 미국과 EU의 이의제기로 갈등을 겪고 있다. 이 때문에 중국은 지난 2016년 12월 미국이 아닌 EU에 대해서 시장경제지위 인정 소송을 제기했다. 미국의 입장은 중국이 WTO 가입

20년이 지난 시점에도 비시장적이고 국가주도적인 경제 정책을 계속 추구한다는 것이다. 그 결과 중국 국영기업들이 최대 수혜를 입었다는 평가이다. 또한 중국은 개발도상국임을 주장하며 자유무역정책 요구를 거부하는 동시에 회원국 시장에 대한 개방적이고 비차별적인 접근 보장 등 WTO 회원국의 혜택을 누렸다. 이와 관련, 미국과 서구국가는 향후 국제기구 또는 조약에서 중국을 개발도상국으로 간주하지 말자는 움직임도 일고 있다.

II. 미·중 통상 패권경쟁 및 한국의 자유무역협정 체결에 대한 논의

1. 국제통상 논의 1: 미·중 통상 패권경쟁

(1) Post COVID-19 국제정치질서의 변화와 한국의 대응방안

코로나19(COVID-19)로 인해 국제질서는 재편되고 있다. 새로운 냉전의 도래를 우려하는 목소리가 커지고 있다. 새로운 냉전 시대에 걸맞은 이념대결은 경제적인 맥락에서 보면 미국을 중심으로 한 **시장중심 자본주의**(시장자율성 우선) 대 중국을 중심으로 한 **국가중심 자본주의**(국가개입 우선)이다. 정치적인 맥락에서 보면, 미국을 축으로 한 **민주주의**(다당제, 법치주의) 대 중국을 축으로 한 **권위주의**(일당지배, 인치주의)가 그 핵심이다. 경제적인 측면에서는 과거 냉전과 다른 양상이나 정치적인 측면에서는 그 성격이 유사하다. 서구국가들이 딜레마에 빠지는 이유는 AI, 빅데이터 시대에 중국의 기술혁명이 반인권적·반윤리적 문제가 있음에도 불구하고 국가경쟁력을 갖게 된 것 때문이다.

이제 미국을 중심으로 서구세력의 선택은 중국식 과학기술혁명을 따르거나 아니면 가치추구가 다른 중국을 국제사회에서 배제하는 것이다. 문제는 그러기에는 중국이 갖고 있는 잠재력이 크고 그 파급효과가 적지 않아서 쉽게 성공할지 미지수라는 것이다. 가치구현 충돌 상황에서 미국이 중국을 견제하는 대표적인 방식은 '**표준전쟁**(standard war)'이다. 각종 표준설정에서 중국의 참여를 배제함으로써 자연스레 시장에서 도태시킨다는 것이다. 미국 트럼프 행정부는 중국이 AI·빅데이터 시대에 감시사회를 구축하고 있다고 비난하고, 지금까지의 중국식 기술혁명을 지식재산권 탈취라는 범죄 행위로 폄훼하면서 중국정부의 민주주의 질서 위협 등을 비판해 왔다. 미국은 홍콩의 반정부 시위를 거론하며 중국에 자유가 주어질 때 어떤 일이 일어나는지 보여주는 좋은 사례라고 지적한 바 있다.

21세기에 재편된 신냉전 체제의 도래와 함께 미국과 중국은 한편 과학기술전쟁을 통해 국가경쟁력 다툼을 경주하고 있고, 다른 한편 표준전쟁을 통해 국가이념 경쟁을 하고 있다. 문제는 경제적 상호의존이 심화된 국제경제 관계 속에서 피아구분이 어렵고 진영구분이 애매하다 보니 가치공유 우선이냐 이익공유 우선이냐 하는 경쟁구도도 희석되는 점이 있다는 것이다. 결국 미국과 중국 간 패권경쟁은 미국의 인도-태평양 전략과 중국의 일대일로 전략의 충돌로 요약될 수 있다. 해양세력인 미국과 대륙세력인 중국이 경쟁을 해나가며 누가 패권국가가 되느냐가 그 관건인 것이다.

코로나19를 계기로 미국은 중국을 압박할 수 있는 기회를 잡았다. 지금 '**코로나 책임론**'을 이유로 미국은 중국을 세계에서 고립시키기 위한 가치전쟁을 벌이고 있다. 트럼프 대통령이 언급한 '**경제번영 네트워크**(Economic Prosperity Network; EPN)'는 친미 경제블록 구상이고 동맹을 중심으로 글로벌 공급망을 재편해 중국 생산기지를 무력화하며 중국과의 첨단산업 경쟁에서 중국의 '**기술굴기**'를 차단하고자 하는 구상이다.

코로나19 감염병 사태는 미·중 간 새로운 냉전 시대를 연 사건으로 역사에 기록될 것이다. **탈세계화**(deglobalization)와 **디지털화**(digitization)라는 새로운 생활상을 형성하게 한 사건이다. 치료제와 백신이 언제 개발될지 모르고 유사한 감염병의 발생이 주기적으로 일어날 가능성이 크다 보니 이제 감염병이 일상으로 자리잡을 수도 있다는 점을 부인하기 어려운 상황이다. 이런 가운데 중국에 글로벌 생산망을 가진 다국적기업의 80%가 탈중국을 계획한다는 얘기가 나오고 있고, 4차 산업혁명과 함께 비대면 경제 확산은 디지털 혁신을 가속화하여 금융서비스산업의 핀테크화와 디지털 화폐 주도권 경쟁을 촉발할 가능성이 크다.

코로나19는 미·중 패권경쟁 속에서 때를 기다리며 조용히 패권을 추구하던 중국에게 시련을 안겨다 주었다. 지금의 경쟁이 격화되면 그 결과는 둘 중 하나다. 패권전쟁 결과 중국이 미국 질서에 완전히 편입되거나 미국이 패권적 지위에서 밀려나 쇠락의 길을 걷는 것이다. 과학기술 전쟁과 표준 전쟁이 뒤섞인 가운데 세계는 신냉전의 늪으로 빠져들고 있다. 예를 들어, 미국이 화웨이를 제재하자 중국이 '**화웨이 지지국**'을 규합하여 미국에 대항하고 있다. 이제 세계 각국이 미국과 중국 중 하나를 선택해야 하는 상황에 직면하고 있다. 차세대 기술과 표준을 누가 선점하느냐가 이 총성 없는 전쟁의 관건이 될 것이다. 세계 각국에 '**어느 편이냐**'를 묻고 있는 미국과 중국에 대해 세계 각국이 줄 서기에 나서면서 구 냉전기의 '**철의 장막**'에 버금가는 '**디지털 철의 장막(digital iron curtain)**'이 전 세계에 드리워질 가능성이 커지고 있다.

오늘날의 국제질서를 G20 속의 G2 시대 혹은 다극 속의 양극체제라고 규정한다. 국제사회는 1990년 냉전 종식과 더불어 탈냉전 시대를 맞이하였다. 지난 30여 년간 우리는 세계화와 정보화의 시대를 경험해 왔고, 2020년 코로나19는 탈세계화와 디지털화라는 새로운 생활상을 강제하고 있다. 이런 가운데 우리나라는 미국과 중국 사이에서 선택을 강요받고 있다. 아직은 미국과 중국 간 불균형적인 양극체제를 형성하고 있으나 2050년에는 보다 균형적인 양극체제로 전환될 수 있다. 만약 이러한 흐름이 사실이라면 우리는 미래를 위해 보다 사려깊은 대비가 필요하다. 미·중 간 균형적인 양극체제가 현실화된다면 우리는 어느 한쪽에 편향된 외교적 스탠스를 가질 수 없다. 하지만 우방을 판단하는 기준은 이익의 공유보다는 가치의 공유가 우선해야 한다. 중국의 정치적 민주화가 진전이 없다면 우리는 지리적으로 멀리 위치한 우방인 미국을 통해 중국을 견제하는 지혜를 구현해야 할 것이다.

(2) 미·중 통상 패권경쟁의 현황과 전망

2018년 12월 중국 개혁 개방 40주년 경축 연설에서 시진핑 주석은 "중국은 영원히 패권을 추구하지 않을 것"이라고 강조하며, "중국은 결코 타국의 이익을 희생시켜 자국의 발전을 도모하지 않겠지만 자국의 정당한 이익은 절대 포기하지 않을 것"이라고 말했다. 오늘날 미·중 관계의 미래를 비관적으로만 볼 필요는 없으며, 미·중 양국 정부는 다양한 이해관계를 조정해 나갈 수 있는 역량을 보유한 것으로 평가된다. 향후 미·중 관계는 상당 기간 갈등 관계가 지속할 것으로 보이지만, 미·중 양국은 타협해 가면서 아시아 지역의 평화와 번영을 위해 노력할 것으로 전망된다.

미어샤이머(John Mearsheimer)는 미·중 관계의 전망에 대해 "패권국이 되려는 의지를 가진 국가가 출현하는 경우 그곳이 유럽이든 아시아든 심각한 안보 경쟁을 완화할 도리가 없다. 중국이 궁극적으로 패권적 지위를 추구할 것으로 생각할 수 있는 근거는 충분하다"고 강조했다. 한편 키신저(Henry Kissinger) 전 미국무장관은 자신의 저서에서 "미·중 관계를 반드시 제로섬 관계로만 볼 필요는 없으며 현 국제질서에서 핵심 문제는 본질적으로 'global'하다면서 핵심 의제에서 합의를 도출하는 것이 쉽지 않지만 대결하는 것은 모두의 패배를 의미한다"고 주장했다.

그림 5 │ 미국의 대 중국 무역 상황

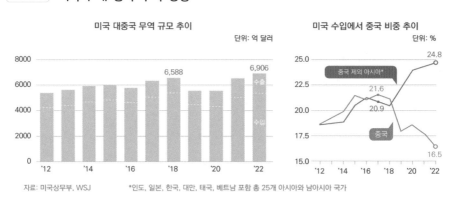

[그림 5]에 의하면, 미국의 대 중국 무역수지적자는 지난 10년간 지속적으로 증가하고 누적되어 양국 통상마찰의 주요한 원인이 되어 왔다. 하지만 미국 수입에서 중국이 차지하는 비중은 COVID-19 이후 감소하는 추세이다. 또한 양국 간 무역전쟁의 양상은 트럼프(Donald Trump) 행정부와 2021년 출범한 미국 바이든(Joe Biden) 행정부 하에서 대 중국 통상압박을 하고 있어서 단기적으로 미·중 통상관계가 회복될 여지는 크지 않다고 볼 수 있다. [표 11]은 이를 잘

보여주고 있다.

표 11 미·중 통상관계

미 · 중 무역전쟁 일지

미국	일시	중국
트럼프, 500억 달러 규모 중국산 제품에 관세부과, 중국의 대미 투자 제한 등을 담은 행정명령 서명	2018년 3월 22일	–
–	4월 2일	미국산 돈육 등 8개 품목에 25%, 120개 제품에 15% 관세 부과
통신장비 등 25% 관세 대상 500억 달러 규모 품목 발표	4월 3일	–
–	4월 4일	미국산 대두, 자동차 등 106개 품목에 25% 관세 부과 방침 발표
재무부, 중국을 환율 조작국으로 지정	2019년 8월 5일	–
1,120억 달러 규모 중국산 제품에 15% 관세 부과	9월 1일	750억 달러 규모 미국산 제품에 5~15% 보복 관세
미국 무역협상 1단계 합의 발표	10월 11일	–
트럼프 1단계 무역합의안 승인	12월 12일	미국산 농산물 대폭 구매, 지식재산권 보호와 금융서비스 시장 개방 등 약속
재무부, 중국에 대한 환율 조작국 지정 해제	2020년 1월 13일	–
미·중 1단계 합의안 서명	1월 15일	–
중국 화웨이 겨냥 반도체 부품 수출 금지 조치	5월 16일	–
1단계 합의안 파기 선언	6월 22일	–
미·중 1단계 합의 이행 선언	8월 25일	–
–	9월 15일	세계무역기구 분쟁조정기구(DSB)가 미국의 대중국 보복 관세 조치가 무

		역 규정에 불합치된다는 판단 발표, 다자무역체제 유지를 위한 실질적 조치 요구
바이든, 투자금지 중국 기업 59개로 확대	2021년 6월 3일	-
상무부, 중국기관 33곳 수출 통제 대상 지정	2022년 2월 7일	-
-	2023년 7월 4일	중국, 9월부터 갈륨 · 게르마늄 수출 제한 발표중국, 9월부터 갈륨 · 게르마늄 수출 제한 발표

* 출처: 전자신문(https://v.daum.net/v/GLKmlOHRQK?f=p).

　　2020년 8월 17일 트럼프 행정부는 **수출관리규정**(Export Administration Regulations; EAR) 재개정을 통해 화웨이 반도체에 대한 규제를 강화하였다. 이러한 조치의 목적은 화웨이가 사실상 모든 종류의 반도체를 공급받지 못하도록 하는 것이다. 사실상 모든 반도체 생산이 미국의 반도체 설계 소프트웨어나 제조장비에 의존하고 있는 상황에서, 미국의 허가 없이 화웨이에 반도체를 수출한다면 **미국의 제재**(secondary sanction)를 받게 될 수 있다. 화웨이에 반도체를 공급하고 있는 한국기업의 경우 EAR 개정으로 직접적인 영향을 받게 된다. 하지만 미국의 제재조치가 화웨이만을 대상으로 하고 있다는 점에서 중국의 첨단산업 전반에 미치는 영향은 제한적일 것이며, 오히려 중국이 이번 경험을 통해 반도체 국산화에 더 박차를 가할 것으로 전망된다.

　　4차 산업혁명을 대표하는 5G, AI, 빅데이터, 로봇, 항공우주 등 첨단기술과 관련된 중국의 급부상은 최근 미국 및 서구국가의 경계심을 높이고 있다. 중국은 과학기술 혁신강국 건설 3단계 목표 아래 2020년까지 혁신형 국가대열에 진입하고, 2030년까지 혁신형 국가 선두에 서며, 2050년까지 글로벌 과학기술 혁신 강국으로 도약하겠다는 전략을 추진 중이다. 이와 함께 중국은 글로벌 산업을 주도하는 '제조강국'으로 거듭나기 위해 '**중국제조 2025**'를 추진 중이다. 현재 중국의 기술혁신 생산성은 5G, 슈퍼컴퓨터, AI 분야에서 미국과 패권경쟁

중이다. 이에 따라 미국은 '**수출통제개혁법(ECRA)**', '2019 국방수권법 제889조', '**외국인투자위험심사현대화법(FIRRMA)**' 등을 제정하고 중국에 대한 통상규제를 강화하고 있다.

미·중 간 통상갈등이 심화될수록 우리나라는 양국으로부터 양자택일의 압력을 받을 가능성이 높아지고 있다. 특히 미국이 '**가치의 진영화**'를 추구한 트럼프 행정부로부터 '**진영 내 네트워크화**'를 추진하고자 하는 바이든 행정부로 이행하면서 더욱 상황이 악화되고 있다. 향후 세계 패권은 과학기술력에 달려 있다고 해도 과언이 아니다. 우리나라와 같은 중견국의 위상도 그러한 기술혁신 역량에 의존하는 것이다.

아태지역에서 미국과 중국 간의 통상패권 경쟁은 CPTPP(Comprehensive and Progressive Agreement for Trans-Pacific Partnership; 포괄적·점진적 환태평양경제동반자협정)와 RCEP(Regional Comprehensive Economic Partnership; 역내포괄적 경제동반자협정)의 추이를 지켜보면 알 수 있다. **인도-태평양 경제프레임워크**(Indo-Pacific Economic Framework; IPEF) 출범과 함께 미국의 복귀가 불확실한 CPTPP는 일본, 호주, 뉴질랜드, 말레이시아, 싱가포르, 브루나이, 베트남, 캐나다, 멕시코, 페루, 칠레를 포함한 11개국이 그 회원국이고, RCEP은 **동남아시아국가연합**(ASEAN) 10개국과 한·중·일, 호주, 뉴질랜드 등 15개국을 회원국으로 한다. CPTPP와 RCEP에 모두 가입한 나라는 일본, 호주, 뉴질랜드, 말레이시아, 싱가포르, 브루나이, 베트남 등 7개국이고, 일본과 호주는 중국 견제를 위한 안보협력체인 **쿼드**(Quadrilateral Security Dialogue; Quad) 회원국이라는 점은 주목할 만하다. 쿼드 멤버인 인도는 대중 무역적자 확대를 우려해 RCEP에 불참한 상황이다.

2. 국제통상 논의 2: 한국의 자유무역협정 체결

(1) 한국의 자유무역협정 체결 노력

우리나라가 FTA를 추진한 이유의 하나는 기존 수출시장을 유지하고 새로운 시장에 진출하기 위함이고, 다른 하나는 능동적인 시장개방과 자유화를 통해 국가 전반의 시스템을 선진화하고 경제체질을 강화하기 위함이다. 우리나라는 2024년 기준 칠레, EFTA, 아세안, EU, 미국, 중국 등 59개국과 21건의 FTA를 발효하였다. 2004년 우리나라의 첫 번째 FTA(한·칠레)가 발효된 이래 동시다발적 FTA 추진으로 비교적 단기간에 미국, EU, 아세안, 중국 등 주요 거대경제권과 FTA를 체결한 상황이다. 한·칠레 FTA 체결은 20년이 지났고, 한·중 FTA(2015), 한·미 FTA(2012), 한·EU FTA(2011), 한·아세안 FTA(2007) 등 주요 경제권과의 FTA가 발효된 지도 10년 이상이 되었다.

FTA가 당초 목표를 달성하였는지를 FTA 네트워크 구축 성과, 상품시장 개방 성과, 해외직접투자 성과, 제도적 성과라는 네 가지 측면에서 살펴보면 다음과 같다. 첫째, 네트워크 구축 측면에서 보면, FTA 체결국과의 교역비중이 지속적으로 높아지기는 했으나, 최근 주요 경쟁국들의 FTA 네트워크가 확대되면서 FTA 허브 국가로서의 위상은 다소 약화되는 모습을 보이고 있다. 둘째, FTA는 우리나라 교역 및 교역 품목수를 증가시켜 왔다. 셋째, FTA는 우리나라의 **해외직접투자(FDI)** 유출입에 긍정적인 기여를 해 왔다. FTA는 선진국과 개도국에 대한 **해외직접투자(OFDI)**를 모두 증가시켰으나, **외국인직접투자(IFDI)**의 경우 선진국으로부터의 유입만 증가시킨 것으로 나타났다. 마지막으로, FTA를 통해 국내제도 간소화와 지식재산권 보호수준 강화 등의 제도적 성과를 달성했다. 공정거래법과 상표법 등이 개정되어 개선된 모습을 보였다. FTA의 발전과 성공적인 결과를 위해서 개도국과의 신규 FTA 체결 및 개선협상 추진, 다양한 경로를 통한 기업애로사항의 효율적인 반영, 상호 간의 경제협력을 강화하는 신무역협정 로드맵 마련, 중소기업 국제화를 통한 품목다변화 추진, 소비자들의 FTA 체감도 제고, 포용적 통상을 위한 정책 강화 등이 요구된다.

(2) 한-미 FTA 체결의 긍정적 및 부정적 요인

한국과 미국의 경제적·안보적 이해관계가 한-미 FTA를 가능하게 한 것이다. 경제적인 측면에서 농업과 일부 서비스업을 빼면 미국의 산업은 한국과 상호보완적이어서 일본이나 중국과의 FTA보다 개방에 따른 피해 위험이 적었다. 또한, 양국은 반도체·철강·쇠고기 등 다양한 통상 분야에서 분쟁을 겪으며 협상을 해왔기 때문에 타협의 가능성이 큰 상황이었다. 한국은 미국이라는 세계 최대의 시장을 확보할 수 있고, 우리 산업의 고도화를 마련하는 기회가 될 수 있었다. 우리나라의 대외신인도를 제고하는 계기가 될 수 있으며, 미국의 각종 규범 및 제도에 내재된 글로벌 스탠다드를 우리나라의 경제 및 사회 전반에 확산시켜 경제구조를 선진화하는 계기가 될 수 있었다. 안보적인 측면에서 한-미 FTA는 1953년 한-미 군사동맹 체결 후 양국 관계를 한 단계 진전시키는 중대한 계기가 될 수 있었다. 한-미 동맹의 강화를 통해 동아시아에 영향력을 행사하려는 미국의 노력에 부합하며, 한국의 중국 경제권 편입을 사전 차단하려는 미국의 목적에도 부합한다.

반면에 한-미 FTA 체결을 어렵게 한 대표적인 요인의 하나는 ISD(투자자·국가 간 소송제)라는 FTA 조항 때문이었다. ISD는 외국에 투자한 기업이 현지에서 정부 정책에 의해 불이익을 당했을 때 해당 정부를 상대로 소송할 수 있는 제도이다. 이는 1965년 설립된 **국제투자분쟁해결기구(ICSID)**가 재판소 역할을 한다. 전 세계 2천여 개 협정에 ISD가 들어가 있을 정도로 국제사회의 표준이 되었으나, 당시 한-미 FTA 반대진영에서 '경제 주권을 포기한 행위'라고 맹비난하는 등 독소조항이라는 여론이 커서 한-미 FTA 체결을 가로막는 원인이 되었다. 통상교섭본부 자료에 따르면 당시 우리나라는 총 81개국과 ISD를 통해 투자분쟁을 해결하기로 합의를 해놓은 상태였다. 전문가들은 한-미 FTA에 담긴 ISD는 공공 분야에 대한 예외를 많이 두고, 소송절차와 정보를 공개하도록 의무화한 데다, 양국이 추가 협상까지 합의해 이전의 다른 협정보다 우리에게 유리하다고 평가했지만 잘 받아들여지지 않았다. 더욱이 1967년 ISD를 관장하는 **국제투자분쟁해결기구(ICSOD)**에 가입한 이후 당시까지 한 번도 제소를 당한 적이 없었다. 결국 한-미 FTA의 체결 여부는 하느냐 마느냐의 문제가 아니라 어떻게 하느냐의 문제였다. 맹목적인 찬성론과 반대론은 문제가 있다는 것이다.

III. 신냉전의 흐름과 경제안보(Economic Security)에 대한 논의

'경제안보'란 국가의 권력과 부를 유지하기 위하여 국가적 자원 및 시장에 충분히 접근하고 활용할 수 있는 상황을 의미한다. 이는 국가의 군사·외교적 역량을 확보하기 위하여 경제적 번영은 필수적이라는 인식에 근거하고 있다. 국제정치의 관점에서 경제와 안보의 관계는 경제가 안보에 귀속되고, 국가안보라는 궁극적인 목적을 위해 경제적 수단을 활용하는 것을 말한다. 따라서 기존의 군사 안보에 주로 집중되었던 국가안보의 영역은 점차 경제안보 등 새로운 영역으로 확대되고 있다(이효영, 2022).

1990년대 탈냉전기 이래 경제-안보 관계는 자유주의적 논의가 주도하고, 경제안보의 개념은 개별국가의 경제력이 해당 국가의 군사력을 확보하기 위한 필수적 전제조건이며, 경제적 이해관계에 따라 **친소(親疏)** 관계가 형성되고 국가 간 갈등과 전쟁 가능성은 경제협력 및 통합 수준에 달려 있는 것으로 '안보'보다는 '경제'를 강조한다. 즉, 경제안보 관점에서 무역적자는 외국의 경제 위협에 취약해지는 것을 의미하고, 경제적 상호의존성은 개별국가의 주권이 약화하는 것을 의미한다. 더욱이 거대한 시장을 갖춘 강대국들은 자국의 시장 또는 자원을 활용한 경제적 압박 수단을 통해 경쟁국의 경제적 부상을 저지하면서 자국의 경쟁력 제고 및 패권 유지를 추구한다. 특히 자유주의 다자무역체제의 혜택 속에서 불공정한 무역관행을 통해 경제성장을 이룬 강대국(중국)은 패권국(미국)의 경제적 지위를 위협하고 있다. 이로 인해 **'안보를 위한 경제(economy for security)'** 논의가 경제안보 개념의 변화를 초래한 것이다(이효영, 2022).

미국 진영의 안보 네트워크화는 유럽의 **나토(NATO; 북대서양조약기구)**와 아시아의 **퀴드(QUAD; 4개국 대화)**로 대변된다. 유럽에서 구소련의 위협을 봉쇄하기 위해 형성된 나토가 구냉전기 집단방위기구에서 탈냉전기 집단안보기구로 성격 변화를 거쳤다면, 퀴드는 오늘날 아시아에서 급부상한 중국의 위협을 견제하기 위해 형성된 것으로 미국, 일본, 호주, 인도 4개국 안보 대화를 일컫는다. 2024년 7월 미국 워싱턴 D.C.에서 열린 나토 정상회의는 나토 회원국 32개국 외에 인도태평양의 한국, 일본, 호주, 뉴질랜드와 EU 및 우크라이나가 참석했다. 유럽과 인도태평양의 연결은 러시아와 중국을 안보적으로 견제하는 안보동맹이 구축됨을 의미한다. 한편 이러한 안보 동맹은 정치적 민주주의 국가 동맹인 D-10(한국 포함)과 정보동맹인 Five Eyes를 확대한 Seven Eyes(한국 포함) 논의와 연계된다. 결국 한국은 지난해에 이어 나토 정상회의에 참석함으로써 자유진영의 안보동맹에 편입됨을 공고히 하고 있다. 한·미·일 삼각동맹의 복원과 나토와의 공조 합의는 이를 잘 보여준다(이상환, 2022a; 이상환, 2022b).

COVID-19 이후 미국은 '코로나19 책임론'을 이유로 중국을 세계에서 고립시키기 위한 가치전쟁을 벌이고 있다. 트럼프 대통령이 언급한 경제번영네트워크(Economic Prosperity Network; EPN)는 친미 경제블록 구상이고 동맹을 중심으로 글로벌 공급망을 재편해 중국 생산기지를 무력화하며 중국과의 첨단산업경쟁에서 중국의 '기술굴기'를 차단하고자 하는 구상이다. 그 결과 애플사 등 중국에 간 미국 기업들이 리쇼어링(reshoring, 본국회귀)을 단행하려 하고 안되면 니어쇼어링(near-shoring, 인접국가로 이전)이라도 해야 한다는 얘기가 나온다. 이러한 미국 기업의 '탈중국' 움직임에 대해 중국은 자본의 회수라는 '탈월가'로 대응하고 있다. 미국 경제와 통상을 책임지는 '투톱'인 레이몬도(Gina Raimondo) 상무장관과 타이(Katherine Tai) 무역대표부(USTR) 대표는 'Indo-Pacific Economic Framework' 구상을 언급하고 IPEF를 공식 출범했다. 이에 우리나라는 개방적 지역주의(open regionalism)의 기본원칙을 견지하면서 동아시아 지역 차원에서 자유무역질서를 강화하기 위한 외교적 노력을 지속해 왔다(이상환, 2022a; 이상환, 2022b).

2020년대 미·중 패권경쟁 상황에서 글로벌 공급망, 군사협력 등에서 미국 편에 서라는 미국의 대 한국 압박은 더욱 거세지고 있고, 한편 한·중 수교 30주년을 지난 한·중 관계에서 한국의 신정부 출범 이후 미·중 전략적 경쟁의 주요 현안과 관련해 중국으로부터의 요구와 압박이 점차 강해지고 있다. 미국이 주도하는 탈중국 및 일부 첨단산업에서의 중국 배제 상황하에서 향후 우리나라는 중국과의 경제협력을 모색해야 하는 시기에 직면하고 있다. COVID-19 발발과 기후변화 위기를 계기로 경제와 안보에 핵심적인 품목의 과도한 중국 의존도를 자각한 미국은 최근 탈중국화를 위한 공급망 재편에 사활을 걸고 있다. 미국의 국제사회 리더로의 복귀와 동맹 복원을 기치로 내건 바이든 대통령의 집권을 계기로 공급망 재편을 위한 우방과의 공조 협력에도 속도가 붙기 시작했다. 특히 미국의 공급망 강화 4대 핵심 품목 중 희토류를 제외한 3개 품목에서 협력이 가능한 유일한 나라인 한국은 미국의 긴요한 협력 파트너로 부상하고 있다. 윤석열 정부는 바이든 미 정부와 협력하며 한-미동맹을 한 차원 높게 강화하고 있다. 미국에 대한 편승 전략이 중국을 자극하여 위협을 증가시킬 수도 있으나 우방의 전제조건이 이익공유보다는 가치공유라는 점에서 보면 당연한 귀결이다.

오늘날 신냉전의 국제질서는 가치의 진영화를 특징으로 하며 진영 내 네트워크화와 진영 간 대결로 점철된다. 미국 중심 네트워크 대 중국 중심 네트워크의 대결 구도가 자리를 잡아가고 있다. 여기서 미국의 진영 내 네트워크화란 가치공유를 전제로 한 이익공유를 의미하고, 이는 이익공유를 우선하며 가치공유를 등한시하는 중국의 진영 내 네트워크화와 상충된다. 미국연대는 자유롭고 개방된 인도·태평양(FOIP) 전략, 4국 안보대화(QUAD), 인도·태평양 경제프레임워크(IPEF)를 기반으로 하고, 중국연대는 일대일로(BRI) 전략, 상하이협력기구(SCO), 아시아인프라투자은행(AIIB), 역내포괄적경제동반자협정(RCEP)에 기초하고 있다(이상환, 2022a; 이상환, 2022b).

탈세계화와 디지털화는 오늘날 국제사회의 현상을 대표한다. 1990년대 이래 세계화·탈냉전의 30년은 끝나가고 2020년대에 국제사회는 탈세계화·신냉전의 시대에 접어들고 있다. 세계화가 가치의 '보편화'를 추구한다면, 탈세계화는 가치의 '진영화'를 지향한다. 따라서 탈세계화는 '진영 내 결속(네트워크화)'과 '진영 간 대결(경쟁·갈등)'을 특징으로 한다. 여기서 탈세계화는 신냉전을 초래하는 현상이다. 또한 2020년대에 세계는 제4차 산업혁명의 시대를 가속화하고 있다. 문제는 기술혁명의 고도화에 따라 새로운 가치논쟁이 일고 있다는 점이다. 핵심은 기술혁명이 국가경쟁력의 원동력일지라도 이러한 기술혁명이 휴머니즘에 부합해야 하느냐 하는 것이다. 기술가치동맹 즉 가치공유가 되는 나라와만 핵심기술 협력을 하는 국제관계의 변화 나아가 국제질서의 개편이 벌어지는 것이 오늘날 국제사회의 모습이다.

2020년대에 세계는 제4차 산업혁명의 시대를 가속화하고 있다. 18세기 이후의 시기를 모두 산업혁명의 시대로 규정하면, 제1차 산업혁명(18세기)은 18세기 중반에 시작되었고 이는 '기계 혁명'으로 불린다. 제2차 산업혁명(19~20세기 초중반)은 전기의 발명과 더불어 '에너지 혁명'으로 대량생산체제가 가능해진다. 제3차 산업혁명(1970년대 이후)은 정보통신기술(ICT)의 발전으로 인한 '디지털혁명'을 일컬으며 이를 통해 정보화·자동화 시스템이 마련되었다. 제4차 산업혁명(2010년대 후반 이후)은 '초연결(hyper-connected; 인터넷 플랫폼, 스마트 디바이스로 인해 상호 간 네트워킹 강화, 인터넷과 연결된 사물의 수가 증가), 초지능화(hyper-intelligent; 인공지능과 빅데이터의 연계 및 융합으로 인해 기술 및 산업구조가 고도화, 딥러닝 등) 및 융복합 혁명(개별 단일 기술이 아닌 다양한 기술의 혁신과 융합에서 촉발)을 통칭한다(이상환, 2022a; 이상환, 2022b).

문제는 기술혁명의 고도화에 따라 새로운 가치논쟁이 일고 있다. 핵심 논쟁은 기술혁명이 국가경쟁력의 원동력일지라도 이러한 기술혁명이 휴머니즘에 부합해야 하느냐 하는 것이다. 오늘날의 기술혁명이 기술가치혁명이라고 불리는 것도 이 때문이다. 예를 들어, 안면인식기술의 발전은 편리함을 추구하는 현대인을 위한 문명의 이기이나 이를 감시 도구로 활용하면 문명의 흉기가 된다. 따라서 기술혁명은 인간 중심의 인본주의(humanism)에 기초해야 하는 것이다. 하지만 국제사회에는 국가경쟁력 제고를 위해 국가윤리를 등한시하는 국가가 존재하고 만약 그 국가가 패권국가라면 인류의 발전을 위협하는 상황을 조성할 수 있다. 그러다 보니 기술가치동맹, 즉 가치공유가 되는 나라와만 핵심기술 협력을 하는 국제관계의 변화 나아가 국제질서의 개편이 벌어지는 것이 오늘날 국제사회의 모습이다.

이제 미국을 중심으로 한 서구세력의 선택은 중국식 과학기술혁명을 따르거나 아니면 가치추구가 다른 중국을 국제사회에서 배제하는 것이다. 문제는 그러기에는 중국이 갖고 있는 잠재력이 크고 그 파급효과가 적지 않아서 쉽게 성공할지는 미지수이다. 가치구현 충돌상황에서 미국이 중국을 견제하는 대표적인 방식은 '표준전쟁(standard war)'이다. 각종 표준설정에서 중국의 참여를 배제함으로써 자연스레 시장에서 도태시킨다는 것이다. 미국은 중국이 AI·빅데이터 시대에 감시사회를 구축하고 있다고 비난하고, 지금까지의 중국식 기술혁명을 지식재산권 탈취라는 범죄행위로 폄훼하면서 중국정부의 민주주의 질서 위협 등을 비판한다. 중국이 인공지능(AI) 기술에서 앞서 나가고 있는데, 이는 중국이 인권·개인정보보호 문제를 등한시하기 때문이다. 이에 서구국가들은 인권 가치를 공유하지 않는 나라를 빼고 경제표준을 만드는 '표준전쟁'으로 대응하고 있다. 지금 국제사회는 새로운 양 진영(Global North와 Global South)으로 재편되고 있다(이상환, 2022a; 이상환, 2022b).

한국의 교육시장 개방

WTO 서비스 협상과 교육시장 개방

▸ **개방 범위:** 초중등 교육은 제외하고 고등교육과 성인교육 분야 중 일부를 개방하였다. 고등교육 분야에서는 대학 등 기관설립은 비영리 학교법인제도를 그대로 유지하고 보건·의료 관련 대학과 교육대, 사범대, 방송통신대, 원격대학은 제외하기로 하였다. 수도권에는 설립이 엄격히 제한되고 지방에 대학을 설립하더라도 정원을 제한할 수 있도록 하였다.

▸ **국내에 미치는 영향:** 개방 초기에는 제한조건이 많아서 크게 영향을 미치지 못할 것이라 판단되었다. 외국대학들은 수도권 지역에는 대학을 설립할 수 없고 의료·보건 등 인기 분야의 대학을 설립할 수 없다. 성인교육 분야는 이미 개방되어 있어 큰 변화가 없어 보였다. 중장기적으로 보면 우리 대학의 경쟁력이 개선되지 않을 경우 외국대학 및 외국대학 국내분교로 학생 유출이 가속화될 우려가 있다. 교육시장 개방으로 국내 대학의 경쟁력 제고 노력과 대학 간 경쟁은 치열해질 것이다. 긍정적인 영향은 국내 대학 간 치열한 우수교수 확보전, 교육의 질(해외유명교수 초청, 교수당 학생비율 축소) 개선, 낡은 이미지를 바꾸기 위한 대학이미지(University Identity; UI) 개발 등 우리나라 대학의 경쟁력 제고이다.

▸ **당시 상황:** 초중고생을 포함한 10만 명의 유학생들이 미국에서 공부하고 있었다. 미국 내 국가별로 보면 1위이다. 2006년 기준으로 유학 및 연수 등으로 발생한 적자규모는 4조 2천억 원이다. 2006년의 수출 32조 원, 수입 30조 원으로 무역흑자가 2조 원인 것을 감안하면 유학으로 인한 외화유출이 얼마나 심각한지 알 수 있다. 미국은 2006년 유학생들로부터 145억 달러를 벌어들였다. 우리나라의 전체 유학생 수는 2011년부터 정체된 상황으로 2007년 32,557명, 2011년 89,537명, 2013년 85,923명, 2014년 84,891명 수준이다. 당시 많은 유학생들이 외국으로 나가는 것은 여타 산업의 발전 속도를 대학이 쫓아가지 못하고 있기 때문이었다. 교육산업의 낙후성(기러기 아빠, 교육망국론)을 극복하고 수출산업으로 발전시키기 위해서는 국산화(우리대학 경쟁력 제고)를 통한 수입 대체(해외유학생 축소 및 외국인유학생 유치 확대)가 시급하다. 우리대학 경쟁력 제고를 위해 외국대학 분교를 허용하고 학위를 동시에 수여하는 공동학위제를 도입해야 한다는 요구가 증대하고 있다.

교육시장 개방에 대한 의견

▶ 상호의존 시각

- **긍정적 해석:** 우리대학의 경쟁력 제고와 교육 관련 국제수지 개선에 기여할 것이라는 전망이다. 우선 외국대학의 국내분교 허용으로 외국대학의 선진 시스템과 우수 해외교수가 유입되면 교육의 양적·질적 개선에 도움이 될 것이다. 국내대학의 교육서비스 향상에 기여할 것이다. 이러한 개선으로 인해 해외로 나가려는 내국인 유학생의 수가 줄어들 것이며, 아울러 우리 대학의 국제화에 따른 영어강의 확대로 국내로 들어오는 외국인 유학생의 수가 증가하여 교육 관련 국제수지 흑자가 가능할 것이다. 또한 해외에서 활동 중인 우수한 한국인 학자의 유입에도 도움이 될 것이다.
- **찬성론:** 세계화에 따른 각종 통상장벽의 철폐는 단기적으로 경쟁관계의 심화를 유발하나 중장기적으로 보면 해당 분야의 개선에 도움이 될 것이다. 교육시장도 단계적으로 개방해 나아간다면 개방의 충격을 최소화시키면서 우리교육시장의 업그레이드에 도움이 될 것이다. 선진국과의 교육시장 상호의존의 심화는 우리사회의 지식산업의 성장에 기여하는 바가 클 것이다.

▶ 종속 시각

- **부정적 해석:** 우리대학의 경쟁력 제고와 교육 관련 국제수지 개선에 기여할 것이라는 전망은 잘못된 것이다. 외국대학의 분교 설립은 선진 고등교육 서비스가 우리나라에 유입되는 것이 아니라 외국 교육산업의 한국 진출에 불과한 것이다. 단지 한국 고등교육시장의 재편만 있을 것이다. 즉, 외국 유명대학의 브랜드만 들어오는 것이지 양질의 교육서비스가 들어오는 것은 아니다. 즉, 유명대학의 브랜드만 유입되고 해당 대학의 한국 분교에서 가르치는 교수와 각종 서비스 인력은 한국에서 채용할 것이다. 따라서 국내 대학교수들의 이동만 있을 뿐이지 우수한 외국교수가 들어오는 비중은 크지 않을 것이다. 외국 교육산업의 수익창출만 도와줄 뿐이다. 이로 인해 해외 유학생의 수가 크게 줄어들 가능성은 적으며 오히려 경쟁력이 약한 국내 대학의 퇴출만 초래할 것이다. 아울러 한국으로 유입되는 외국인 유학생의 수가 획기적으로 증가할 가능성은 없다. 외국인 유학생이 한국에 오지 않는 이유가 영어 강의가 많지 않기 때문이 아니라 한국의 학문적 수준이 아직 높지 않다고 보기 때문이다. 학문적 수준이 높다고 판단되면 한국어를 배워서라도 유학을 올 것이다. 최근 우수한 아시아 학생들이 한국으로 유학 오는 학문분야를 보면 주로 이공계통이다. 고등교육시장이라 하더라도 국가적 정체성이 없는 교육의 보편화가 가속화되면 국적 없는 교육이 될 가능성이 크다.
- **반대론:** 섣부른 개방은 교육 종속을 가져올 것이다. 초중등교육시장 개방은 아니나 고등교육시장 개방은 결국 대학입시위주의 교육에 치중해 온

한국 사회에 미치는 영향이 클 것이다. 이는 외국 교육산업의 수익창출만 도울 것이며 국내대학의 기반을 흔들어 놓을 것이다.

▶ **국가주의 시각**

- **양비론적 해석**: 교육시장 개방은 대세이나 충격을 완화하기 위해 단계적인 접근이 필요하다. 일단 고등교육 및 성인교육 시장개방을 일부 진행하면서 추가개방을 논의해야 할 것이다. 개방의 조건을 적절히 부과하는 운영의 묘가 요구된다. 지나친 제한조건은 외국대학의 유입을 사실상 어렵게 할 것이고 제한조건 없는 개방은 국내 고등 교육 시장을 왜곡할 가능성이 있으므로 우리의 경쟁력 개선에 따른 단계적 개방이 필요하다. 예를 들어, 설립요건에 우수한 외국인 교수의 유입, 교수 대 학생의 비율, 수익 자금의 재투자 등 일정한 요구조건을 담는다면 좋을 것이다.

- **중간 입장**: 개방의 효과를 극대화하는 방향으로의 교육시장 개방이 이뤄져야 할 것이다. 개방의 목적은 우수한 해외 인적자원의 유입과 외국인 유학생의 유입에 있고 이를 위해 국내대학의 경쟁력 제고가 이뤄져야 한다. 결과적으로 교육수지 흑자로의 전환이 달성되어야 한다. 유입되는 외국 고등교육 기관에 대한 정부의 적절한 관리 정책이 요망된다.

1. 국제경제통합 유형 중 자유무역지대(free trade area)를 설명한 것으로 가장 적절한 것은?

① 역외 상품에 대한 공동(수입)관세 부과, 역내 상품의 자유무역 보장을 주요 내용으로 한다.

② 역내 상품의 자유무역 보장, 역외 상품에 대한 독자적인 관세정책 및 무역제한조치 실행을 주요 내용으로 한다.

③ 공동시장의 내용에 더하여 회원국 간 경제정책의 조정과 협력을 강화하기 위해 공동 경제정책을 실시하는 것을 주요 내용으로 한다.

④ 역내 재화뿐만 아니라 노동·자본과 같은 생산요소의 자유로운 이동 보장, 역외 각국에 대한 공동의 관세제도 설정을 주요 내용으로 한다.

⑤ 회원국 상호간에 초국가적 기구를 설치하여 그 기구로 하여금 각 회원국의 모든 사회 경제정책을 조정·통합·관리하는 형태의 통합을 말한다.

해설 국제경제통합 단계별 유형[자유무역지대(free trade area) → 관세동맹(customs union) → 공동시장(common market) → 경제연합(economic union) → 완전경제통합(complete economic integration)] 중 1단계인 자유무역지대 설정에 해당되는 것이다. **정답 ②**

2. 국제경제통합 유형 중 경제연합(economic union)을 설명한 것으로 가장 적절한 것은?

① 역외 상품에 대한 공동(수입)관세 부과, 역내 상품의 자유무역 보장을 주요 내용으로 한다.
② 역내 상품의 자유무역 보장, 역외 상품에 대한 독자적인 관세정책 및 무역제한조치 실행을 주요 내용으로 한다.
③ 공동시장의 내용에 더하여 회원국 간 경제정책의 조정과 협력을 강화하기 위해 공동 경제정책을 실시하는 것을 주요 내용으로 한다.
④ 역내 재화뿐만 아니라 노동·자본과 같은 생산요소의 자유로운 이동 보장, 역외 각국에 대한 공동의 관세제도 설정을 주요 내용으로 한다.
⑤ 회원국 상호 간에 초국가적 기구를 설치하여 그 기구로 하여금 각 회원국의 모든 사회 경제정책을 조정·통합·관리하는 형태의 통합을 말한다.

해설 국제경제통합 단계별 유형[자유무역지대(free trade area) → 관세동맹(customs union) → 공동시장(common market) → 경제연합(economic union) → 완전경제통합(complete economic integration)] 중 4단계인 자유무역지대 설정에 해당되는 것이다.　　　　　정답 ③

3. 한-미 FTA 체결과 한국의 고등교육시장 개방을 가장 부정적으로 보는 시각은 무엇인가?

① 종속 시각
② 상호의존 시각
③ 국가주의 시각

해설 경제종속과 교육종속을 우려하는 종속 시각은 선진국과의 관계에 있어 부정적 입장을 가지고 있다.　　　　　정답 ①

정리하기

1. 국제경제통합(International Economic Integration)이란?

지리적으로 인접한 다수의 국가가 동맹을 결성하여 상호 간의 무역 자유화를 꾀하며 역외국에 대해서는 공동으로 무역제한을 가하는 형태의 국가 간 결합을 의미한다. 역내 무역자유화와 요소이동, 그리고 재정·금융 등 전반에 걸친 상호협력 도모를 그 내용으로 한다. 이를 위한 전제 조건은 지리적 인접성, 유사한 경제발전 수준, 동질적인 사회문화 구조, 각종 대외정책의 유사성, 인종 및 혈통의 유사성 등이다. 그 유형으로는 통합 수준에 따라 **자유무역지대**(free trade area), **관세동맹**(customs union), **공동시장**(common market), **경제연합**(economic union), **완전경제통합**(complete economic integration) 등이 있다.

2. WTO 협정의 가장 큰 성과의 하나인 분쟁해결제도는 어떠한가?

WTO 협정은 **분쟁해결기구**(Dispute Settlement Body; DSB)를 설립하여 이 기구가 패널을 설치하고 패널 및 상소기구보고서를 채택하며 권고사항 및 판정의 이행상태를 감독하고 대상협정상의 양허 및 기타의무의 정지를 허가하는 권한을 행사한다.

3. CPTPP와 RCEP의 회원국은 어떠한가?

2020년을 기준으로 CPTPP는 일본, 호주, 뉴질랜드, 말레이시아, 싱가포르, 브루나이, 베트남, 캐나다, 멕시코, 페루, 칠레를 포함한 11개국이 그 회원국이고, RCEP는 **동남아시아국가연합**(ASEAN) 10개국과 한·중·일, 호주, 뉴질랜드를 포함한 15개국을 그 회원국으로 한다. CPTPP와 RCEP에 모두 가입한 나라는 일본, 호주, 뉴질랜드, 말레이시아, 싱가포르, 브루나이, 베트남 등 7개국이다.

국제정치경제 이슈 2: 국제 금융

 ## 사전 학습(핵심 용어 정리)

용어	뜻
외채	한 국가(또는 거주자)가 다른 국가(또는 비거주자)에 대하여 이행하여야 하는 채무계약. 한 국가의 정부 또는 민간부문에서 다른 국가의 정부 또는 민간부문에 대하여 갚아야 하는 빚.
단일통화 통화통합 (Monetary Union)	공동의 중앙은행이 존재해서 통화통합에 참여하는 국가들의 공통물가 상승률과 개별국가 실업률의 합이 최소화되도록 정책을 운용함.
달러라이제이션 (Dollarization)	미국 달러를 자국 내의 유일한 법정통화로 설정하거나 자국화폐와 함께 법정통화로서 동시에 인정하는 것으로, 자국 화폐는 계산의 단위나 잔돈의 형태로만 남을 수 있으며 중앙은행의 기능은 거의 소멸됨.

주제

국제금융(finance) 문제를 국제정치경제 시각으로 살펴볼까요?
FR이란?
미·중 통화 패권경쟁 문제를 살펴봅시다!
유로화 출범과 달러라이제이션을 살펴봅시다!
개도국 외채 문제와 글로벌 금융위기를 살펴봅시다!

학습 목표

1. 국제금융의 현안 의제를 파악할 수 있다.
2. 우리나라가 당면한 국제금융 관련 의제를 이해할 수 있다.

학습 목차

1. **국제금융구조**(International Financial Structure) 및 FR에 대한 이해
2. 미·중 통화 패권경쟁 및 글로벌 금융·통화 문제에 대한 논의

✏️ 학습하기

Ⅰ. 국제금융구조(International Financial Structure) 및 FR에 대한 이해

1. 세계자본시장(global capital market)의 등장과 금융라운드(Finance Round; FR)

(1) 환율제도의 변화

1800년대의 금본위제도를 시작으로 1980년대 후반의 루브르협정까지 국제통화제도는 다음과 같은 여러 가지 환율제도를 기반으로 하여 운영되었다.

- 고정환율제도: 금본위제도(the Gold Standard, 1821~1914) → (불안정한 변동환율제도/양차대전 사이) → 브레튼우즈 체제=금·외환본위제도(the Gold Exchange Standard=좁은 변동폭의 고정환율제도 Fixed Rates with Narrow Bands, 1944~71) → 스미소니언체제(넓은 변동폭의 고정환율제도 = Fixed Rates with Wide Bands, 1971~73)

- 변동환율제도: 자유변동환율제도(Free or Clean Float, 1973. 3.) → 킹스턴체제(1976. 1., 관리변동환율제도 managed float) → 플라자협정(1985. 8., 관리변동환율제도하의 조율 시도) → 루브르협정(1987. 2., 관리변동환율제도하에서 이루어진 합의)

---

① 양차대전사이(1925~39): 불안정한 변동환율제도

제1차 세계대전(1919~23)은 세계경제의 거의 모든 부분을 분란시켰다. 미국을 제외한 대부분의 국가들이 재정지출을 늘리기 위해 금본위제도하에서의 태환성을 버렸고 화폐발행을 통한 재정지출의 증가는 각국에서 인플레를 가져와 금본위제도하에서의 약속된 화폐의 태환성이 유지될 수 없게 되었다. 제1차 세계대전 후 금본위제도로의 복귀를 시도했으나 실패했다. 전쟁을 수행하는 과정

에서 나타난 인플레는 전쟁 전의 환율로 다시 돌아가는 것을 불가능하게 했다.

1925년 영국을 중심으로 다시 금본위제도로 돌아가려는 움직임이 있었다. 처칠 수상이 전쟁 전의 금과 파운드화 간의 교환비율을 고집하여 전쟁으로 인한 인플레이션으로 파운드화가 크게 과대평가되는 문제가 나타나게 되었다. 교환비율을 유지하기 위해서 영국은 국내적으로 긴축정책을 필요로 했다. 이로 인해 성장이 저하되고 실업이 급증하여 영국노동자들의 고통이 심화되었다.

미국과 영국의 상대적 경제력이 전쟁 이전과 크게 달라졌다. 미국 달러가 국제무역과 국제금융에서 막강한 존재로 부각되었다. 이러한 미국 달러의 부각은 과거의 금본위제도로의 복귀를 무의미하게 만들었다. 1931년을 시작으로 한 **대공황**(Great Depression; 1929~39)은 짧은 기간이나마 부활했던 금본위제도를 다시 무너지게 했다. 국가들은 하나둘씩 자국 화폐의 태환성을 버리기 시작했고 각국이 경쟁적으로 자국화폐의 재평가인하, 관세 인상, 외환과 자본이동 통제, 국제 무역과 금융에 역행하는 국제경제정책 등을 추진하여 국제통화제도를 통한 협조를 불가능하게 했다. 이러한 국제통화제도의 붕괴에 의해 가속화된 세계경기의 침체는 제2차 세계대전을 발발하게 하는 촉진제 역할을 한 것이다.

② 브레튼우즈 체제와 금-외환본위제도(1944~71)

제2차 세계대전 후 미국 달러화가 기축화폐가 되었다. 미국 달러화만이 금 태환성을 갖추었다. 미국의 주임무는 금 1온스가 $35로 태환되도록 보장하는 것이었다. 이러한 조건을 수행하기 위하여 미국은 다른 국가의 중앙은행들이 요구하면 즉시 금을 사주거나 팖으로써 금과 달러 간의 교환비율을 유지해야 했다. 이는 조절가능한 고정환율제도 혹은 변동 폭이 좁은 고정환율제도이다. 금-외환 본위제도를 만들게 된 배경은 이러한 방식을 통하여 대공황 당시에 경험한 환율의 경쟁적인 재평가인하를 피할 수 있고 IMF를 통한 협조체제의 구축이 가능하리라고 믿었기 때문이다.

하지만 이러한 브레튼우즈 체제는 예견된 문제점을 안고 출범했다. 미국은 자신의 금보유고 이상 통화량 발행이 불가능했다. 동시에 다른 국가들은 국가 간 거래를 위해 많은 달러가 필요했다. 자국 통화의 가치를 유지하기 위한 외환시장 개입을 위해서도 많은 유동성이 필요한 것이었다. 미국 입장에서는 달러의 공급을 제한하여야 하는 필요성과 달러의 공급을 충분히 해주어야 하는 당위성이 상호모순되게 공존했다. 브레튼우즈 체제하에서 미국은 이 두 가지 목표를 동시에 달성하는 것이 주요 관건이었다.

브레튼우즈 초기에는 유럽국가들이 경제재건을 위하여 자본재를 수입해야 했기 때문에 많은 달러를 필요로 했다. 달러의 수요가 공급을 초과하여 달러부족시대가 도래한 것이다. 미국이 국내경기 활성화 정책을 통해 국내경기가 호전되고 대유럽 수출이 줄고 수입이 늘어남으로써 달러의 공급초과 현상이 심화되기 시작했다. 외국의 중앙은행들이 자신들의 금고에 달러가 자꾸만 쌓여가는 것을 목격했다. 미국의 통화팽창정책은 인플레이션과 국제수지적자를 유발하고 결과적으로 달러화 가치를 추락시켰다. 타국들은 환율을 유지하기 위해 외환시장에 개입하여 달러를 매입했고 결국 자국의 통화량은 증가했다. 미국으로 인해 덮어쓰는 인플레 압박은 타국의 불만을 야기했다. 특히 역사적으로 인플레이션을 혐오해 온 독일에서의 불만은 커졌다.

1960년대에 들어 브레튼우즈 체제의 붕괴 조짐이 보이기 시작했다. 1960년대 초에 이르러 결국 미국 달러가 외국으로 나간 양이 미국의 금보유고를 훨씬 초과했다. 미국 달러화의 금태환 가능성에 대한 의심이 커지기 시작했다. 외국 중앙은행들은 미국 달러의 재평가 인하를 예측하고 앞다투어 자국 보유 달러를 금으로 교환하려 했다. 미국 금의 대량 외국 유출 사태가 벌어지자 1971년 8월 15일 미국의 **닉슨 대통령(37대 1969~74년)**은 달러의 금태환성을 포기했다. 이는 1960년대 이후 나타난 미국 경제력의 전반적인 약화를 반영한 것이었다.

③ 브레튼우즈 체제, 그 이후

자유로운 변동환율제도의 수용 준비가 안된 상태에서 과도기적으로 완화된 **고정환율제도(a fixed rates with wider bands)**가 시행되었다. 1971년 12월 18일 10 **개국 그룹**(벨기에, 캐나다, 프랑스, 독일, 이태리, 일본, 네덜란드, 스웨덴, 영국, 미국)이 미국 워싱턴 D.C. **스미소니언재단(Smithonian Institution)**에 모여 합의를 도출했다. 이는 **스미소니언 협정**(넓은 변동폭을 허용하는 고정환율제도)으로 미국은 1934년 이후 유지되어 온 금의 공정가격을 1온스에 $35로부터 $38로 인상했다. 당시 미국은 달러의 금태환성을 수용하지 않았다. 여타 국가들은 미국 달러의 과

대평가를 시정하기 위해 환율을 재조정하여 자국 화폐의 가격이 달러에 대하여 높아지도록 했다. 환율이 기존의 좁은 변동폭인 1%에서 ±2.25%의 범위 내에서 변동할 수 있도록 허용한 것이었다.

스미소니언 협정은 실질적으로 브레튼우즈 체제의 결함을 전혀 수정하지 못했다. 1973년 2월 미국은 금의 가격을 1온스당 42.22달러로 인상했고 달러의 금태환성을 수용하지 않았다. 1973년 3월 전 세계의 대부분의 주요 화폐들은 새로운 변동환율제도로 갔다. 이는 **관리변동환율제도**(managed floating)라 불리운다. 외환시장에서 환율이 화폐에 대한 수요와 공급에 의해 결정되지만 어느 정도 중앙은행들이 외환시장에 개입하는 방식의 환율제도를 말한다.

브레튼우즈 체제를 대체한 변동환율제도가 합법적으로 제도화된 것은 1976년 1월 자메이카의 수도 킹스턴에서 개최된 회의에서였다. 금에 대한 공정가격 폐지, 금의 비통화화를 위해 IMF 회원국들로 하여금 금 확보에 대한 의무를 없앤 것이다. 킹스턴 협정의 가장 중요한 내용은 각국이 스스로 원하는 환율제도를 채택할 수 있도록 허용한 것이다. 고정환율제도 또는 변동환율제도가 똑같이 대우를 받게 된 것이다. 각국은 국내 경제정책의 안정성을 강화함으로써 국제금융체제의 안정성에 도움이 되도록 하고자 했다. 각국은 세계시장에서 자국 상품의 가격 경쟁력을 높이기 위한 경쟁적인 환율의 평가절하를 자제할 것을 요구받았다.

1980년대 국제통화제도는 또다시 조정의 필요성에 직면했다. 1985년 9월 22일 미국, 일본, 서독, 영국, 프랑스 재무장관이 미국 뉴욕의 플라자호텔에 모였다. 과대평가된 달러화에 대한 개입에 합의했다. 당시 달러화의 가격이 높아진 것은 미국 재정적자의 누적으로 인한 높은 금리가 주된 원인이었다. 달러화의 강세는 미국의 무역수지적자를 확대하고 나아가 세계경제 전반의 침체를 낳았다. 따라서 이들 국가는 미국 달러의 가격을 인하하여 전 세계적으로 나타난 무역불균형과 그로 인한 보호무역주의를 해소하고자 하는 조치를 취하게 되었다.

1986년 미국과 일본은 달러화가 충분히 하락하였다는 데 합의했고, 이제 문제는 달러화의 하락을 더 이상 허용하지 않는 것이었다. 어떠한 조치에 대한 합의 없이 달러화의 하락은 지속되었고, 미국과 일본 간 및 미국과 서독 간 갈등이 심화되었다. 미국은 일본과 서독의 긴축재정정책이 달러화의 지속적인 하락의 원인이라고 인식하고 일본과 서독이 자국 경제의 부양을 위한 정책을 시행해야 한다고 주장했다. 아울러 일본과 서독이 미국으로부터의 수입을 늘리지 않는다면 달러화의 하락은 지속될 수밖에 없다고 경고했다. 일본과 서독은 달러화의 하락으로 자국 수출의 감소를 경험하면서도 국내 인플레이션을 자극하지 않는 범위 내에서 국내 경기부양을 위해 최선을 다하고 있음을 주장했다. 이들 국가는 근본적 문제의 원인이 되었던 미국의 국내 재정적자 감축 약속을 이행해야 한다고 강조했다.

1987년 2월 Group of Five에 캐나다와 이태리를 추가하여 프랑스 파리 루브르 궁에서 모임을 가졌다. 당시의 **달러화 가격(153엔 또는 1.82도이취마르크)**이 적정한 수준이라 합의가 이뤄졌다. 미국 베이커(James Baker) 재무장관은 달러화 가격인하를 중단하고 미국정부의 재정적자를 감축하는 것이 환율의 안정에 중요하다는 것을 인정했다. 그 후 1987년 6월 이태리의 베니스에서 루브르협정을 확인하고, 일본은 350억 달러의 재정지출 증가 및 조세감축을 통한 자국 경기부양을 추가로 약속했다. 이로 인하여 국가 간 공조를 통한 국제통화제도의 발전과 관리변동환율제도의 운용이라는 플라자협정의 기본정신이 다시 살아나게 되었다.

(2) 세계금융 시장의 등장과 그 배경요인

1980년대에 냉전체제의 와해와 함께 금융에 관해서도 국가 간 지리적 장벽이 붕괴되고 세계금융시장이 등장했다. 1990년대에 들어서서 이에 따른 여러 가지 조정의 문제로 어려움을 겪게 되었는데, 1997년 동아시아 금융위기도 1980년대 국제금융시장의 완전자유화와 개방화에 따른 부적응의 여파였다. 이전 **국제금융(international finance)**이 **세계금융(global finance)**으로 변화했다.

그 배경요인은 다음과 같다. 첫째, 세계경제의 구조적 변화이다. 유럽과 일본 및 중국 경제의 부상, 신흥공업국들의 성장, **석유수출국 기구(OPEC)**의 역할 강화 등으로 인해 유로-달러시장과 동남아의 위안화-엔화권이 형성되고, 석유가의 획기적 인상으로 인한 석유달러의 집중화로 이의 재순환의 문제가 국제 금융시장의 성격과 구조를 근본적으로 변화시켰다. 둘째, 국제정치경제의 자유 주의적 접근의 강조이다. 1980년대 초에 이르러 전후 국가규제하에 운영되었던 국가중심 금융체제로부터 고전적 자유주의의 자유방임주의에 기초한 시장중심 금융체제로의 전환이 모색되었다. 영국 대처(Margaret Thatcher) 수상과 미국 레이 건(Ronald Reagan) 대통령은 국내금융시장은 물론 국제금융시장의 규제를 본격적 으로 완화하기 시작했다. 국제금융시장이 시장원리에 의해 운영되기 시작했다. 셋째, 기술혁명이다. 세계금융체제의 등장은 기술혁명이 가능하게 했다. 장거리 무선통신과 컴퓨터의 발달은 지구촌 곳곳의 금융거래를 실시간으로 가능하게 했고, 세계를 하나의 금융시장으로 통합시켰다. 이는 화폐이동의 전자화, 정보 화의 진전 등을 그 내용으로 한다.

결국 금융시장이 국가의 기능보다 시장기능에 의해 운영되도록 한 것이다. 세계금융시장의 민간기능이 확대되면서 금융의 자유개방화는 국가 간 정책조 정과 협력을 더욱 필요로 해왔다. 국제부채문제가 국가 간의 중요한 국제정치 경제 문제로 등장한 것이다.

(3) 1990년대 이후 국제 통화·금융 체제의 양상

기축통화로서 여전히 미국 달러가 중요한 역할을 담당하고 있지만 다른 화 폐들 특히 중국 위안화와 일본 엔화의 역할이 증가했다. 특히 유로의 등장은 국제금융체제를 일극체제에서 양극체제로 전환시켰다. 미국-유럽 간 갈등협력 관계가 유지되는 상황이다. 국제금융시장에서의 거래규모가 기하급수적으로 증가하고, 이에 따라 안정화를 위한 정부개입의 효과를 기대하기 어려운 상태 이다.

한편 국제금융체제의 지역화 현상이 나타났다. 1978년에 유럽금융체제가 성립되면서 시작되어 외채위기 해소과정에서 더욱 공고해지는 모습을 보였다. 1980년대 후반기에는 엔화의 강세에 따른 아시아 금융 지역화 현상이 나타났 다. 1990년대에 들어서면서 유럽의 경우 마스트리히트 조약의 화폐통합에 합의 하고, 1999년 유럽 단일화폐인 유로가 탄생했다. 이후 2010년대 중국의 위안화

급부상은 새로운 아시아 금융 지역화 현상을 야기했다. 이는 단기적으로 지역 내 국가 간 갈등, 지역 간 국가 갈등을 초래했다.

아울러 금융의 네트워크화 현상이 나타났다. 각국의 금융시장들이 상호 밀접한 관계 속에서 연결되어, 은행, 기업 및 금융시장 같은 민간부문에 의해서 빠르게 진행되었다. 금융네트워크는 주로 민간부문에 의해서 만들어지고, 금융 시스템은 IMF와 같은 국제기구, 정부 및 정책에 의해 주도되어 왔다.

최근 국제통화제도의 변화를 요구하는 배경요인으로 우선 금융의 글로벌화 현상에 따른 시장중심체제의 강화를 들 수 있다. 이제 국제통화제도는 자유방임으로 움직일 수 없으며 집합적인 행동이 필요하고, 1980년대 중반 이후 사용되어 온 즉흥적인 협조방식은 한계에 이르고 있다. 변화에 적응하기 위한 새롭게 강화된 국제통화제도의 원칙을 마련하여야 한다는 것이다. 그 목적은 각국의 중앙은행들이 자국화폐의 질적인 향상을 위해 서로 경쟁하고 환율의 단기적인 불안정성을 해소하며 국내물가의 안정성을 도모하는 데에 있다.

2. 국제 통화통합의 흐름

(1) 유로화(EURO)

① **유럽 통화통합**(EMU)의 목적은 다음과 같다. 경제적 측면에서 단일통화의 실현은 환율변동으로 인한 투자 및 교역 환경의 불안정성과 통화 교환 과정에서 불가피하게 발생하는 거래비용을 제거하고 인플레이션을 억제한다. EMU는 경제적 관점에서 본다면 독일이 원하는 바가 아니며, 이를 수용한 것은 통일을 위한 정치적 선택이었다. 독일의 주관심사는 유로화가 독일의마르크화만큼이나 안정성이 있고 새로이 설립된 유럽중앙은행이 독일연방은행만큼이나 자율성을 갖도록 하는 것이다. 독일은 유럽에 독일식 통화질서를 이식하고자 한 것이었다. 프랑스를 비롯한 여타 EU 회원국은 **유럽통화체제**(EMS)하에서 유럽의 경제가 독일의 패권적 지배하에 놓일 수밖에 없었기 때문에 독일의 지배력을 약화시키기 위한 수단으로써 EMU를 추진한 것이다. 독일 주도하의 EMS 체제하에서는 경기부양과 실업률 감소를 위한 팽창적 재정정책이 불가능하였기 때

문이다. EMU 체제하에서는 경제 및 통화정책이 초국가적 기구에 의해 결정되며, 더욱이 정책결정은 단순다수결로 행해진다. 이러한 제도적 장치하에서 독일의 입지는 약화되고 프랑스를 비롯한 다른 나라들의 영향력은 EMS에서보다는 상대적으로 강화되어 힘의 대칭성이 이루어지게 되었다. 프랑스를 비롯한 여러 EU 회원국들의 EMU 추진 목표는 EMS의 강화가 아니라 오히려 이를 '**연화**'시키는 것이다.

② 위안화와 유로화 부상에 따른 부정적 영향은 다음과 같다. 이는 역외 국가들에게는 수입 장벽을 강화할 우려를 낳고, 기축통화에 대한 주도권을 둘러싼 대립과 갈등이 미국과 중국 혹은 유럽 사이에 통화전쟁으로 격화되면 양측은 결국 보수주의적 성격을 강화시키게 되어 세계경제에 악영향을 미칠 가능성이 있다. 결국 세계경제는 달러화, 위안화, 유로화의 3대 통화가 주도할 것이다. 중장기적으로 볼 때 위안화나 유로화가 달러화에 필적할 만한 주요 통화로 부상하게 된다면 대부분의 국가들이 달러보유를 감소시킴으로써 균형을 맞추어 외환을 보유하려 할 것이다. 한국 등 아시아 국가들은 위안화의 부상과 유로화의 확장으로 절대적인 달러의존 관계를 벗어나 현재의 외환 관리체제를 개선시킬 수 있는 계기를 만들 수 있다.

③ 유럽 화폐통합의 잠재적 문제점은 가시성의 증폭과 민주성의 결핍으로 특징지어진다. 가시성의 증폭이란 유럽통합의 사안이 분배적 파급효과를 내포하고 있고 그 파급효과의 인과성이 일반 대중들의 인식수준에서 감지될 경우 정치쟁점으로 **가시화**(잃는 자의 불만 표출)될 우려가 있다. 민주성의 결핍이란 회원국에 대한 EU법의 직접 효력성, 가중다수결에 의한 의사결정, 각료이사회와 집행위원회 운영의 불투명성 등을 말한다.

(2) 달러라이제이션(Dollarization)

① 유형: 첫째, 공식적 달러라이제이션은 미국 달러를 자국 내의 유일한 법정통화로 설정하고, 자국 화폐는 계산의 단위나 잔돈의 형태로만 남을 수 있으며 중앙은행의 기능은 거의 소멸되는 것을 말한다(파나마, 에콰도르, 엘살바도르). 둘째, 준공식적 달러라이제이션은 자국화폐와 함께 미국 달러가 법정통화로서

동시에 인정되고, 은행예금의 대부분은 달러로 이루어지며 임금이나 세금 지불 그리고 일상의 상거래에 있어서 달러가 국내통화의 보조적 역할을 수행하는 것을 말한다. 중앙은행이나 다른 통화당국의 기능이 유지되며, 일정부분 자신의 통화정책을 펼칠 수 있는 여지가 주어진다(바하마, 아이티). 셋째, 비공식적 달러라이제이션은 미국 달러가 비록 법정통화는 아니지만 자국 통화 이외에 가치척도, 계약이나 거래의 수단, 또는 가치 저장의 수단으로써 널리 사용되는 것을 일컫는다(아르헨티나, 볼리비아, 페루, 우루과이, 코스타리카, 니카라과).

금융의 국제화는 라틴아메리카 경제를 달러화의 지배하에 깊숙이 빠져들게 했다. 금융의 국제화는 80년대 초에 발생하여 80년대 말까지 장기간 지속된 외채위기로부터 탈피하기 위한 중요한 방편이었다. 라틴아메리카 주식 총액의 42%가 미국시장에 상장되었고, 외국인 직접투자가 획기적으로 증가했다. 국내 금융시장에 외국은행들이 대거 진출하고, 내부거래에 있어 달러화가 점진적으로 국내화폐를 대체했다. 라틴아메리카에서 자유변동환율제와 달러라이제이션이라는 양 극단으로 나아가는 양극화 추세가 진행되고 있으며, 달러라이제이션은 안정을 우선하는 극단적 대안으로 제시되고 있다.

② 달러라이제이션 주장의 근거는 이들 국가의 안정을 위한 최적이 아닌 불가피한 선택이었다. 달러라이제이션이 투명하고 합리적인 거시경제 운영을 촉구하여 재정균형과 국제수지균형의 합리화에 도움이 된다는 것이다. 인플레이션의 악순환을 유발하는 평가절하가 대안이 아니므로 달러라이제이션 선택은 불가피한 것이다. 달러라이제이션으로 인해 기대되는 미국과의 무역과 금융통합의 심화 그리고 규제와 감독의 강화에 따른 재정과 금융부문의 투명성과 효율성의 증대와 같은 효과는 장기적으로 라틴아메리카 경제개혁에 보다 중요한 결과를 가져올 것이다.

③ 달러라이제이션에 대해 미국은 신중한 입장을 가지고 있다. 미국으로 달러라이제이션 국가의 화폐발행차익이 이전되는 효과가 있고, 달러라이제이션을 채택한 국가가 그로 인해 보다 많은 미국의 투자를 유입함으로써 경제를 보다 건전하게 만든다면 그것은 미국 생산품의 시장확대를 의미하는 것이며 평가절하의 위험이 사라짐으로써 달러라이제이션 국가에 대한 수출은 보다 안정

적으로 증대될 수 있다. 미국이 달러라이제이션 국가에 대한 다양한 직간접적 영향력을 보다 용이하게 행사할 수 있게 된다. 라틴아메리카의 달러라이제이션에 대한 미국의 입장은 그에 따른 비용이나 책임을 떠맡지 않는 범위 내에서 조심스러운 지지를 하는 것이다. 라틴아메리카의 달러라이제이션은 합리적인 장기적 발전전략으로서의 선택이라기보다는 위기에 처한 정부의 정치적 구원이자 안정을 통해 보다 큰 이익을 누리는 세력들을 위해 구조조정을 가속화하고 **신자유주의의 뿌리를 확고히 하는**(누가 통치해도 정책의 변화를 가져올 수 없는) 경제의 탈정치화를 추구하는 강력한 정치적 목적을 가진 선택이다.

(3) 유럽의 통화통합과 라틴아메리카의 통화대체(달러라이제이션) 간 차이

유럽의 통화통합은 재정정책을 중심으로 다국적인 거시경제 정책의 일치를 위한 복잡하고 장기적인 과정을 거치고, 나아가 노동을 포함한 생산요소의 자유로운 이동을 보장하는 가운데 이루어졌다. 유럽연합에 소속된 각 국가들은 유럽 중앙은행에 파견된 각국의 대표를 통해 정책결정에서의 민주적 참여가 가능하기 때문에 각국은 비록 화폐 발행 주권은 포기했지만 보다 큰 범위 내에서 지역적 화폐 발행 주권을 획득했다고 볼 수 있다. 라틴아메리카의 달러라이제이션은 미국과의 협의 없이 일방적 형태로 채택되었기 때문에 달러라이제이션을 채택한 라틴아메리카의 국가들은 유럽연합의 개별국가가 누리는 그러한 권리를 가지지 못한다. 달러와 같은 특정국가의 통화를 일방적으로 자국의 법정통화로 대체하는 **비대칭적 통화통합**(예: 달러라이제이션, 엔블록, 위안화블록 등)과 EMU의 경우처럼 유로라는 새로운 통화를 기반으로 하는 **단일통화 통화통합**(예: 유로화, 아시아단일통화 등)이 통화통합의 두 가지 유형이다.

(4) 동아시아 통화통합 논의

가능한 유형은 세 가지가 있다. 첫째, ACU **페그(peg)**는 동아시아국가들의 통화로만 구성된 통화바스켓으로, 아시아국가들이 자국의 통화를 ACU에 페그함으로써 상호고정된 환율을 유지하는 것이다(예: 유럽의 EMS-독일 마르크화가 실질적인 기축통화역할을 담당하고 여타 회원국들은 자국통화가치를 마르크화에 고정시키는 효과). 둘째, 위안화 혹은 엔화 통용 통화통합이다. 중국의 통화인 위안화와 일본의 통화인 엔화를 자국의 법정통화로 통용하는 제도이다. 자국의 물가상승률은 기축통화국인 중국 혹은 일본의 물가상승률과 일치시키고 국제수지는 기축통화국의 통화발행에 따라 결정된다. 중국과 일본의 동아시아 패권경쟁 속에서 현실적으로 가능성이 매우 작다. 셋째, **단일통화 통화통합**(통화동맹, Monetary Union)은 공동의 중앙은행이 존재해서 통화통합에 참여하는 국가들의 공통물가상승률과 개별국가의 실업률의 합이 최소화되도록 정책을 운용하는 것이다. 단기적으로 아시아 개도국들의 이해와 중국과 일본의 이해를 동시에 고려할 때 유럽의 EMS와 같은 형태의 ACU 페그가 가장 현실성이 높은 대안이 될 수 있을 것이다. 장기적으로는 아시아의 경제통합이 진전됨에 따라 단일통화 통화통합의 실현가능성은 점차 높아질 것으로 전망된다.

3. 개도국의 외채문제

(1) 개도국 외채문제에 대한 이해

외채란 한 **국가**(또는 거주자)가 **다른 국가**(또는 비거주자)에 대하여 이행하여야 하는 채무계약이다. 한 국가의 정부 또는 민간부문에서 다른 국가의 정부 또는 민간부문에 대하여 갚아야 하는 빚으로 외국인이 소유한 국내의 건물, 공장, 그리고 그 밖의 부동산 등도 모두 외채이다. 외채는 반드시 외국의 은행이나 IMF나 세계은행 같은 공적기관으로부터의 대출만을 의미하는 것은 아니다. "외국인이 소유한 국내 자산의 합"을 말한다. 단기 외채는 1년 또는 1년 미만의 만기일을 갖는 외채이다. 장기 외채는 오랜기간 동안 외채의 원금을 상환하지 않아도 되고 단지 이자만이 단기에 지급되면 되는 외채이다. 해당 외채의 이자를 상환하기에 충분한 수익을 가져오는 경우, 외채의 상환기일이 사업의 투자회수기간과 일치하는 경우, 외채가 상환될 때까지 예기치 않은 상황에 대한 충분한 고려 등이 있는 경우에는 외채문제가 발생하지 않는다.

(2) 1997년 동아시아 금융위기 시 한국의 외채문제 사례

동아시아 금융위기 시 한국의 외채구조를 살펴보면 다음과 같다. GDP중 외채의 비중과 총외채 중 **장단기 외채의 비중**은 금융·외환위기를 진단하는 가늠자이다. GDP 중 외채의 비율이 30%가 넘고 총외채 중 단기 외채의 비율이 50%가 넘어가면, 이는 경고등이 켜진 것이다. 1994년과 1996년 통계치는 1997년 한국의 금융·외환위기를 예고하고 있다. 1997년 이후 통계치가 호전된 것은 **모라토리움**(Moratorium; 지불유예) 이후 IMF가 개입한 결과가 반영된 것이기 때문이다.

총외채 중 장단기 외채의 비중(장기/단기, 단위 10억 달러, 괄호 안은 비중)

1982년 24.7(66.6)/12.4(33.4) → 1984년 31.6(73.3)/11.4(26.5) →
1990년 17.4(54.9)/14.3(45.1) → 1994년 43.3(44.7)/53.6(55.3) →
1996년 71.4(43.4)/93.0(56.6) → 1997년 94.9(60.0)/63.2(40.0) →
1998년 118.9(78.5)/32.6(21.5)

GDP 중 외채의 비중

1985년 51.4% → 1990년 12.6% → 1994년 19.2% → 1995년 21.8% →
1996년 27.6% → 1997년 32.8% → 1998년 52.1%

외환위기를 발생시키는 요인은 환율의 과대평가, 큰 폭의 경상수지 적자, 지나친 외화차입자금 의존, 금융시스템의 심각한 문제로 증폭되는 깊은 불황 등이다. 당시 한국의 외환위기 원인은 기업부문의 과잉투자와 금융부문의 취약성에 있었다. 자본금을 초과하는 해외차입과 과도한 단기차입이 그 주된 문제였다. 즉, 외환보유고나 경상수지에 비해 과도한 외채 및 높은 단기외채 비중이 문제였던 것이다. 외환위기 당시 일본, 독일, 프랑스의 3개국 채권은 전체의 43.12%를 차지했고, 미국과 영국을 포함한 상위 5개국 비중이 58.61%를 차지했다. 선진국이 일부 자금을 회수하게 되면 한국경제는 큰 충격을 받게 되고, 한국경제는 자본이동의 양떼현상으로 인해 큰 타격을 입을 수밖에 없는 상황이었다. 한국의 외환위기는 일본이 단기자금의 상환을 요구함으로써 외환 유동성

부족으로 급속하게 진전되었다.

낮은 수준의 가용외환보유고가 한국의 외환위기를 발생시킨 주요한 원인이었는데, 총외채에서 단기외채 비중이 높을수록 외환위기 가능성이 높아진다. 단기외채를 장기외채로 전환하면 외환위기 가능성이 크게 감소하여 외채 만기 연장을 이용하고자 했다. 따라서 각 국가가 적정외환보유고를 확보하는 것이 외환위기를 방지하는 데 중요하다.

표 12 1997년 당시 한국의 국가신용등급의 변화

	S&P's		Moody's		Fitch IBCA		구 분
투자 적격 범위	AAA AA+ AA AA-	 97.10.23.(전)	Aaa Aa1 Aa2 Aa3		AAA AA+ AA AA-	 97.11.25.(전)	우량
	A+ A A-	97.10.24. 97.11.25.	A1 A2 A3	97.11.27.(전) 97.11.28.	A+ A A-	 97.11.26.	양호
	BBB+ BBB BBB-	 97.12.11.	Baa1 Baa2 Baa3	 97.12.11.	BBB+ BBB BBB-	 97.12.11.	잠재적 불안정
	BB+ BB BB-	<u>98.2.17.(현재)</u>	Ba1 Ba2 Ba3	<u>97.12.21.(현재)</u>	BB+ BB BB-	<u>98.2.2.(현재)</u>	투자부적격 ○
	B+ B B-	97.12.23.	B1 B2 B3		B+ B B-	 97.12.23.	투자부적격 ●
	CCC+ ： D		Caa ： C		CCC+ ： C-		지급 불능

주) ○는 지급 불능 가능성 낮으나 상황 따라 가능 / ●는 지급 불능 가능성 매우 높음

외국자본 차입 시 국제신용평가기관의 국가신용등급이 중요하다. **스탠다드 앤푸어스(S&P)** 사의 경우 국가신용등급 평가의 주요 항목은 크게 정치적 위험

도, 소득 및 경제구조, 경제성장 전망, 재정의 유연성, 공공부채 부담, 물가안정도, 국제수지의 유연성, 외채 및 외환유동성 등이다. **스탠다드앤푸어스(S&P)** 사와 **무디스(Moody's)** 사는 국가신용도 평가에 있어서 대상국가의 현재 정치·경제 상황 및 위험도에 초점을 두기보다는 미래지향적 분석을 통해 등급평가를 하고 있다. 따라서 평가의 성격은 다소 주관적인 요인이 많이 작용하며, 평가대상국에 대한 새로운 정보가 그 국가의 정치·경제에 대한 기존 시각에 큰 변화를 줄 경우에만 변동한다. 따라서 당시 한국과 같이 일단 국가신용등급이 투자부적격 수준으로 크게 하향조정된 경우에 대외신인도를 회복하는 데 많은 어려움이 있다고 볼 수 있다. 그러나 국제신용평가기관의 신용평가가 미래지향적이라기보다는 이미 공공에게 알려진 정보를 추후에 반영하는 식의 수동적 성격을 지니고 있어, **초기 경보장치(early warning system)**로서의 기능이 미흡하다는 비판도 있다.

(3) 중남미 외채문제 사례

1980년대 초 라틴아메리카 외채위기는 1970년대 미국의 대외정책의 산물이었다. 1970년대 미국의 라틴아메리카 정책은 1960년대의 진보를 위한 동맹이라는 공식원조의 방식보다 민간자본의 진출이라는 전통적인 방법으로의 회귀를 목적으로 하게 되었다. 다국적 기업의 직접투자와 다국적 은행의 자본진출이 그 주요한 방식이었다. 닉슨의 정책 수단이 다국적 은행이 된 이유는 1960년대 라틴아메리카로 진출한 다국적 기업에 대해 브라질이나 멕시코와 같은 이 지역 선두 공업국가들의 비판이 제기되고 있는 가운데 미국으로서는 표면적으로 드러난 다국적 기업의 활동보다는 보다 내부적으로 진행될 수 있는 금융자본의 진출이 이 지역의 민족주의를 덜 자극하는 방법이었기 때문이다. 다국적 은행의 자본진출이라는 새로운 방식을 통해 근본적으로 변함없는 지배-종속 관계를 유지하려 했던 것이다. 라틴아메리카 국가들의 경제정책 실패가 가중될수록 은행들의 불안도 커져갔지만 사고가 발생한다 하더라도 실책의 대가를 지불하는 것은 은행이 아니라 그 국가의 국민이 될 것이라는 확신이 있었다. 미국은 막대한 자국의 경제적 이익이 라틴아메리카에 걸려 있었으므로 외채의존적 산업화를 통해 종속으로부터의 탈피를 꾀하고 있던 라틴아메리카를 계속 종속적 위치로 묶어두는 방법이 필요했고 이것은 다국적 은행이라는 새로운 자본의 진출로서 가능해진 것이다.

석유가격의 상승으로 경제성장에 타격을 받은 라틴아메리카가 '**제3세계 민족주의**'를 공유해 왔던 OPEC와 거리를 두게 됨으로써 미국은 제3세계 국가 간의 연계를 저지하며 그들로부터의 도전을 막아낼 수 있었다. 1979년에 들어서 미국은 긴축통화정책으로 선회하고, 긴축통화정책이 세계의 유동성을 고갈시켜 달러의 가치와 세계의 금리를 급등시켰다. 이미 누적되어 가던 라틴아메리카의 부채 문제를 악화시킨 것이다. 내부적으로 정통성의 결여라는 한계를 띠고 있던 '브라질형' 국가들은 경제정책의 성공이 정권유지의 가장 중요한 수단이었다. 외형적으로 지속적 성장을 보이기 위해서는 외국자본에 의존하는 이른바 '**외채산업화**'를 취할 수밖에 없었다. 이는 결국 외국자본이 라틴아메리카의 주요 산업국으로 흘러들어오는 계기가 되었다. 그 주체는 다국적 은행들이었고, 당시의 라틴아메리카 국가들에게는 다국적 은행의 차관이야말로 채권국의 정치적 간섭 없이 성장할 수 있는 최대의 기회로 간주되었다.

부채의 상환불능(debt default; moratorium) 상황이 발생하는 이유는 1970·80년대에 경제개발에 따른 자본수요를 충당하고자 선진국의 민간·공공차관을 도입했으나, 경제발전은 예상을 밑돌고 부채의 원리금 상환이 어려워졌기 때문이었다. 예를 들어, 멕시코와 베네수엘라는 국제석유가의 급격한 하락으로 국가의 수출소득이 대폭 감소되어 계획했던 부채 상환이 어려워진 경우이다. 당시 GNP대비 총외채 비율은, 멕시코의 경우 1985년(55.5%), 1990년(41.1%), 1994년(34.3%), 1995년(60.8%), 1996년(48.9%)이고, 브라질의 경우 각각 49.8%, 28.1%, 27.7%, 23.6%, 24.5%, 아르헨티나의 경우 각각 61.1%, 46.0%, 27.8%, 30.1%, 32.3%, 개도국 평균치는 각각 36.5%, 35.5%, 40.3%, 38.9%, 36.0%이었다. 수출소득에 국가의 경제성장을 전적으로 의지했던 많은 저발전 국가들은 선진공업국들의 잇단 보호무역주의 장벽에 직면하여 예정했던 수출소득을 올리지 못하고 국제수지 균형은 어려워졌다. 한편 제3세계의 정치적 부패는 발전을 위해 도입한 외채를 효율적으로 관리하지 못하고 낭비하였고, 결국 경제는 침체하고 부채는 증가했다.

II. 미·중 통화 패권경쟁 및 글로벌 금융·통화 문제에 대한 논의

1. 국제금융 논의 1: 미·중 통화 패권경쟁

(1) IMF에서 중국의 부상과 국제금융통화질서 전망

2015년에 **국제통화기금**(International Monetary Fund; IMF)에서 상당한 변화가 일어났는데 그것은 **중국 위안화**(Renminbi 또는 Yuan)가 IMF **특별인출권**(Special Drawing Rights; SDR) 바스켓에 포함된 것이다. IMF가 관리하는 SDR 바스켓에 중국 위안화의 포함은 비서구 개도국 통화로서는 1970년대 중반 이후 40년 만에 처음이다. 한편, 당해 12월에는 세계가 그리 주목하지는 않았으나 중국 위안화의 SDR 바스켓 포함에 못지않게 중요한 또 하나의 변화가 있었는데 그것은 2010년에 합의된 IMF거버넌스 개혁안이 최종 발효조건을 충족하여 IMF에서 중국이 영향력을 발휘할 수 있는 교두보가 마련된 것이었다. 이는 2010년 G20 서울 정상회의에서 세계 경제력 분포의 변화, 즉 개도국의 경제력 증가를 반영하여 중국을 포함하는 개도국이 IMF에서 더 많은 발언권을 갖도록 하는 **거버넌스(지배구조)** 개혁이 합의되었는데, 그것이 5년 만에 발효하게 된 것이다. 2010년 합의 당시에 IMF 거버넌스 개혁안은 IMF 역사에서 가장 원대한 변화로 일컬어졌는데 중국은 그의 최대 수혜국이었다.

중국 위안화의 SDR 바스켓 편입과 발언권 강화는 IMF 내에서 중국의 부상을 의미하는데, 그에 주목해야 하는 이유는 IMF가 국제금융 통화 관리에서 핵심적인 국제기구이고 그 자체로서 현존하는 국제금융통화질서를 상징하기 때문이다. 기축통화는 패권적 국제질서의 구성요소이기 때문에 기축통화의 변화는 국제질서의 변화로 볼 수 있다. 중국 경제가 성장을 지속하고 SDR 바스켓 편입으로 위안화의 국제적 신뢰도가 상승하면 위안화가 기축통화의 하나로 자리 잡을 가능성이 있고, 이는 미국 주도의 국제질서가 다극화됨을 의미한다. 그리고 IMF는 미국이 수립한 국제금융통화질서를 관리하는 기구였기 때문에

IMF 거버넌스 변화는 IMF에서 미국 영향력의 감소 및 국제금융통화질서 주도권을 둘러싼 미국과 중국의 경쟁 가능성을 예고한다. 하지만 위안화가 IMF SDR 바스켓에 편입되고 중국의 발언권이 강화되었다고 하여 국제금융통화질서가 당장 변화하는 것은 아니다. 그러나 IMF에서의 부상으로 중국은 **실제**(de facto)뿐만 아니라 **법적**(de jure)으로도 국제금융통화에 영향력을 행사할 수 있게 된 것이라고 볼 수 있다.

(2) 위안화의 SDR 바스켓 편입

IMF의 SDR은 1969년에 국가들의 미국 달러 중심의 외환보유고를 보충하여 국제 무역 및 금융거래에서 유동성을 향상시킬 목적으로 도입된 인위적인 **국제준비자산**(synthetic international reserve asset)이다. SDR은 실제로 사용되는 **통화**(currency)가 아니고, IMF에 대한 **요구**(claim)도 아니다. SDR은 **민간**(private) 사용이 허용되지 않고 중앙은행과 같은 준비자산을 다루는 **공적**(official) 금융기관만이 보유할 수 있다. IMF 회원국은 다른 회원국과의 자발적인 합의를 통해서 SDR을 자유로이 거래되는 실제 통화로 교환할 수 있다. IMF는 회원국의 쿼터에 비례하여 SDR을 배분하는데, 2015년 9월까지 배분된 SDR의 총 규모는 2,041억 SDR(2,800억 달러)이고, 11.3조 달러에 달하는 세계 총 외환보유고에서 SDR이 차지하는 비중은 약 2.5%에 불과하다.

SDR이 처음 발행되었을 때 1 SDR=미국 \$1=금 0.888671g의 관계에 있었으나, 1971년에 미국 달러화의 금태환성이 중지되면서 SDR은 통화 바스켓으로 전환되고, 1974년에 16개(1974년 SDR 바스켓 구성 16개 통화: 미국 달러화, 독일 마르크화, 일본 엔화, 프랑스 프랑화, 영국 파운드화, 이탈리아 리라화, 네덜란드 길더화, 캐나다 달러화, 벨기에 프랑화, 사우디아라비아 리얄화, 스웨덴 크로나화, 이란 리알화, 호주 달러화, 스페인 페세타화, 노르웨이 크론화, 오스트리아 쉴링화, 각각의 비중은 33, 12.5, 7.5, 7.5, 7.5, 5.0, 5.0, 5.0, 4.0, 3.0, 2.0, 2.0, 1.5, 1.5, 1.5, 1.5%), 1980년에 5개(독일 마르크화, 미국 달러화, 영국 파운드화, 일본 엔화, 프랑스 프랑화), 2000년부터 4개 통화(미국 달러화, 영국 파운드화, 유럽 유로화, 일본 엔화)로 구성된다. SDR 바스켓은 세계 무역과 금융체제에서 통화들의 상대적 중요성을 반영하기 위해 5년 주기로 구성 통화 및 통화별 비중을 검토한다. 2015년 11월 30일에 IMF **집행이사회**(Executive Board)는 중국 위안화를 SDR 바스켓에 포함하고, 이 새로운 SDR 바스켓을 2016년 10월 1일부터 발효시키기로 결정했다. 당시 IMF는 위안화를 SDR 편입기준으로 '**광범위한 사용**(widely used)', '**자유로운 사용**(freely usable)'에 대해서 검토하고, 모두 충족한다는 결론을 내렸다.

SDR 편입기준은 통화가 국제 무역과 금융 거래에서 중심적인 역할을 하는 것을 의미한다. 통화의 '**광범위한 사용**'은 상품과 서비스의 최대 수출국의 통화를, '**자유로운 사용**'은 국제 거래의 지불과 주요 외환시장에서 광범위하게 사용되는 통화를 의미한다. '**자유로운 사용**' 기준은 외환보유고 내 통화의 비중, 해당 통화로 표시된 외화자산·채권 등의 비중 및 외환시장에서의 거래 규모 등으로 평가될 수 있다. 중국은 상품과 서비스를 결합한 무역총액에서 세계 2위이므로 위안화는 '**광범위한 사용**' 기준을 쉽게 충족하나, '**자유로운 사용**' 기준에서는 논란이 있었다. 중국의 자본시장은 여전히 정부의 통제하에 있으며 그것이 국제금융시장에서 위안화의 광범위한 사용을 저해하기 때문이다. SDR 바스켓에서 위안화의 비중은 당시 10.92%로 달러화, 유로화에 이어 세 번째로 높게 배정되었으며, 2016년 10월 1일부터 발효되었다.

(3) IMF 내 3대 쿼터와 투표권

IMF의 거버넌스는 회원국의 쿼터에 기반을 두므로 쿼터 개혁은 거버넌스 개혁과 동일하다. IMF는 국가들의 회원 가입 시에 세계 경제에서의 상대적 중요성에 기초하여 쿼터를 배정하는데, 회원국의 쿼터는 비례적으로 **의사결정 투표권**(voting rights), 집행이사회 이사국 지위, SDR 배분 및 경제위기 시 IMF로부터 지원받을 수 있는 **금융지원**(facility) 규모를 결정하는 등 다기능적이다.

2008년 금융위기를 겪으면서 중국은 외환 변동으로부터 중국 경제를 보호할 필요를 인식하였고, 그것을 위안화의 국제화, 즉 미국 달러화 사용을 줄이고 위안화를 국제결제에 사용하여 해결하려고 했다. 위안화가 국제화되면 중국은 환율 리스크, 무역과 투자에서 외환거래 비용, 해외 자금 조달 비용을 줄일 수 있다. 그리하여 중국은 미국 달러화로 표시된 막대한 자산을 외환보유고에 보유할 필요가 없어졌고 위안화의 SDR 바스켓 편입은 이러한 위안화의 국제화를 촉진할 수 있었다.

중국은 미국 달러화의 기축통화 지위가 군사와 경제에서 미국의 패권적 지위를 떠받쳐주고 있으므로, 중국도 국제정치적 목적에서 위안화를 기축통화 지위로 상승시킬 필요를 인식했다. 중국은 경제와 정치 분야에서 강대국 지위에 걸맞게 위안화가 기축통화 지위를 획득해야 하고, SDR 바스켓 편입이 이를 촉진할 것으로 봤다. 위안화가 기축통화로 사용되면 기축통화로서 미국 달러화의 사용이 감소하고 동시에 국제금융통화질서도 개혁되는 것이다.

미국이 위안화의 SDR 바스켓 편입을 지지한 것은 미국이 IMF에서 직면한 단기 현실적 제약과 대중국 장기 전략의 양면을 갖고 있다. 단기 현실적 제약으로는 우선 미국이 2010년에 합의된 IMF 거버넌스 개혁안이 의회의 비협조로 5년간 지연되고 있는 것에 대해 부담을 안고 있었기 때문이다. G20 정상회의에서 미국은 IMF 개혁 지연에 대해 반복적으로 비판받았고, 중국의 불만은 **아시아인프라투자은행**(Asian Infrastructure Investment Bank; AIIB) 등과 같은 금융통화기구의 창설을 자극하였다. 다음으로, 전통적으로 IMF 내에서 미국과 유사한 입장이었던 독일, 영국, 이탈리아, 프랑스가 중국 위안화의 SDR 바스켓 편입을 지지하였기 때문이다. 이들 국가는 미국의 반대에도 불구하고 중국이 추진하는 AIIB에도 가입하여 미국을 당혹스럽게 하였다. 마지막으로 IMF 규정상 SDR 바스켓은 전체 투표권의 70%로 변화될 수 있는데, 미국은 17.7%의 투표권으로 거부권을 행사하는 것이 가능하지 않았다.

중국 위안화의 SDR 바스켓 편입과 IMF에서의 발언권 강화는 장단기적으로 국제금융통화에 다음과 같은 영향을 가질 것으로 보인다. 우선 기축통화로서 위안화의 완만한 부상을 예견할 수 있다. 중국 위안화의 SDR 바스켓 편입은 위안화의 신뢰도에 긍정적 영향을 미칠 것이나, 각국 중앙은행의 외환보유고와 민간의 금융투자 배분에 급격한 재분배가 일어나지는 않을 것이고, 위안화의 기축통화 지위 획득은 점진적으로 진행될 것으로 보인다. 위안화의 SDR 바스켓 편입으로 각국 중앙은행 및 국부펀드들은 외환보유고의 효율적 운용과 환율 리스크 다변화 차원에서, 그리고 중국이 2017년에 **구매력(PPP)** 기준 GDP

로 세계 최대경제국으로 성장하여 무역과 투자에서 민간의 위안화 사용의 증가에 대비하여 위안화 표시 자산을 보유할 인센티브가 증가할 것이다. 그럼에도 불구하고 위안화의 기축통화 지위 획득은 완만하게 진행될 것으로 보인다. 현재 세계 외환보유고에서 위안화가 차지하는 비중이 작고, 중국이 세계 1위 경제대국이 된다고 하더라도 중앙은행들이 외환보유고 구성 통화를 변화시키는 속도가 빠르지 않을 것이기 때문이다. 중국 위안화와 글로벌 외환보유고 **비중(%, 추정치)**을 살펴보면, 0.3%(실제 2015. 3), 2.9%(2015. 12), 6.9%(2020), 10.4%(2025), 12.5%(2030) 등이다. 이는 세계 외환보유고에서 미국 달러화와 유럽 유로화의 비중(2015. 10. 기준)인 63.98%, 20.34%와 대비된다.

(4) 미·중 통화 패권경쟁 전망

미·중 통화패권 경쟁 관련 쟁점은 다음과 같다(이상환, 2021b). 첫째는 환율 문제이다. 미국의 입장에서는 급속히 증가하는 대중국 무역적자와 그에 따른 고용감소에 대해 가만히 있을 수 없었다. 환율 관련 최대 입법은 2016년 2월에 제정된 **무역촉진집행법**(Trade Facilitation and Trade Enforcement Act; TFTEA)으로, TFTEA는 교역국의 환율제도에 대한 조사를 규정하고 환율조작 기준[당시 대미 무역 흑자 200억 달러 초과/경상수지 흑자가 GDP 대비 2% 초과/외환 시장 개입(외환 순매수) 규모가 GDP 대비 2% 초과]에 기초하여 실행될 정책의 요건들을 담았다. 트럼프 대통령은 2016년 대통령 선거 당시 중국의 환율조작을 자주 언급했고, 2018년 중국과 통상전쟁을 시작하면서 중국과의 통상협상이 정체되자 2019년 8월 중국을 **환율조작국**(currency manipulator)으로 지정했다. 당시 환율조작국 지정은 중국이 TFTEA의 환율조작 평가 기준에 해당하지 않았기에 '**종합무역법**(Omnibus Foreign Trade and Competitiveness Act of 1988)'에 근거한 것이었다. 그러나 2020년 1월 미국은 중국에 대한 환율조작국 지정을 해제하고 관찰대상국에 포함했다[2021년 4월 기준, 중국은 대미 무역흑자 200억 달러 초과(3,108억 달러), 경상수지 흑자 GDP 대비 2% 미만(1.9%), 외환 순매수 규모가 GDP 대비 2% 미만(1.2%)]. 이는 양국 협상과정에서 중국이 경쟁적 절하를 삼가고 환율을 경쟁의 목적으로 삼지 않는다는 약속을 했기 때문이며, 아울러 중국이 환율과 관련한 정보들을 공개하는 데 동의했기 때문이다. 미 재무부는 2024년 상반기 환율보고서에서 중국과 일본, 대만, 말레이시아, 싱가포르, 베트남, 독일 등 7개국이 관찰대상국에 올랐다고 밝혔다. 이번에 포함된 일본을 제외한 6개국은 작년 11월 발간된 이전 보고서에서도 관찰대상국에 이름을 올렸었다. 2016년 4월부터 매번 관찰대상국 목록에 포함됐던 한국은 이전 보고서에서 관찰대상국에서 제외된 바 있다. 한국이 미국 재무부의 환율 관찰대상국 목록에서 두 번 연속으로 제외됐다. 미 재무부는 일본을 새로 관찰대상국에 추가했다. 미 재무부의 환율보고서는 무역 관계에서 이익을 얻기 위해 외환시장에 적극적으로 개입하는 국가를 모니터링한다. 이번에 재무부의 세 가지 평가 기준은 상품과 서비스 등 150억 달러 이상의 대미 무역 흑자, 국내총생산(GDP)의 3%를 초과하는 경상수지 흑자, 12개월 중 8개월간 GDP의 2%를 초과하는 달러 순매수 등이다. 이 세 가지 기준에 모두 해당하면 심층분석 대상이 되며, 두 가지만 해당하면 관찰대상국이 된다. 한국은 이전 보고서에 이어 이번에도 대미 무역 흑자(410억 달러) 한 가지만 기준을 넘어섰다. 일본은 대미 무역 흑자(620억 달러)와 경상수지 흑자(GDP의 3.6%) 기준을 초과했다.

둘째는 위안화의 국제화 문제이다. 2008년 금융위기를 겪으면서 중국은 외환 변동으로부터 중국 경제를 보호하기 위해 위안화의 국제화 필요성을 인식하게 된다. 이후 중국은 위안화 국제화에 필요한 환경을 조성하기 위해 위안화 환율이 시장기능에 의해 결정되게 하고, 자본시장을 점진적으로 개방하고 있다. 중국은 미국 주도의 통화·금융질서의 다극화를 위해서 IMF 거버넌스 개혁을 통해 미국, 일본에 이어 3위의 쿼터와 투표권을 확보하고 있다. 중국은 IMF SDR을 기축통화로 사용하는 것을 실현하지는 못했지만 대신 2016년 10월부터 위안화를 10.9% 비중으로 SDR 통화 바스켓에 편입시키는 데에 성공했다. 2008년 이후 중국은 예방적 금융안정조치인 위안화 통화스와프협정을 30여개 국가와 체결했다. 이는 협정국의 외환위기 시에 중국이 위안화 제공을 약속하는 것이므로, 중국이 최종대부자 역할을 하려는 시도로 볼 수 있다. **국제통화기금(IMF)**이 **특별인출권(SDR)**을 구성하는 5종의 통화 중 달러와 위안 비율을 높이고 나머지 유로, 엔, 파운드 비중을 내린다. 위안화의 위상이 높아진 것이란 분석이 나온다. SDR은 IMF 회원국이 출자 비율에 따라 보유하는 권리다. 외화 유동성이 부족할 때 이를 달러 등 주요 통화로 교환할 수 있다. 2022년에 IMF는 SDR 통화 바스켓에서 달러 비중을 기존 41.73%에서 43.38%로, 위안은 10.92%에서 12.28%로 조정했다. 유로(30.93%→29.31%), 엔(8.33%→7.59%), 파운드(8.09%→7.44%) 비중은 각각 하향한다. 다음 조정 시기는 2027년이다. 또한 중국은 2015년에 미국 주도의 'SWIFT(Society for Worldwide Interbank Financial Telecommunication)'에 대응하여 '중국 국제 결제체제(China Cross-border Inter-bank Payment System; CIPS)'를 설립했다.

셋째는 페트로위안(Petroyuan) 도입 문제이다. 중국은 2018년 3월 위안화로 표시된 원유 선물(oil futures)을 거래하는 상해국제에너지교환시장(Shanghai International Energy Exchange; INE)을 개장했다. 원유는 세계에서 가장 큰 원자재 시장이고 그동안 원유 거래에는 미국 달러가 독점적으로 사용되었다. 중국이 위안화 원유 거래를 시작하는 것은 원유시장의 탈달러화(de-dollarization)를 자극하고 결국 미국 달러화 패권에 대한 도전으로 해석된다. 아직 런던브렌트유(Brent) 선물시장과 뉴욕 서부텍사스중질유(West Texas Intermediate; WTI) 선물시장과 비교할 바는 아니나, 중국이 세계 최대 원유수입국이고 일부 양자 원유 거래(러시아, 이란, 이라크, 베네수엘라, 인도네시아)에 위안화를 사용하고 있으므로 위안화가 미국 달러화에 경쟁이 될 수 있는 것이다. 만약 원유수출국들이 중국과의 원유 거래에서 받은 위안화를 중국 금융시장에 순환시키면(Petroyuan), 이는 위안화의 국제화에 기여할 것이다.

마지막으로, 중국 중앙은행의 '디지털화폐(Central Bank Digital Currency; CBDC)' 도입은 미국 달러화 패권에 도전하는 수단이 될 수 있다. CBDC는 현금을 대체해 일반 결제, 은행 간 청산, 초국경 결제 편의를 높이고자 하는 것이다. 중국 CBDC는 초기에는 중국 내에서만 사용되지만 해외 송금과 결제로 확대 가능한 것이다. CBDC는 위안화의 국제화에 도움을 줄 것으로 보이며, 미국에 대해 중국의 통화주권을 지킨다는 의미도 있다. 중국의 글로벌 기업인 알리바바, 텐센트 등의 거래 네트워크를 활용하여 디지털 위안화 거래를 전지구적으로 급속도로 확장시킬 수 있다면 미국 주도 결제 시스템의 대안이 될 수 있으며 중국에 가해질 수 있는 어떠한 금융제재와 위협을 해소할 수 있는 기제가 될 수 있다.

지난 10여 년간 중국의 부상으로 세계통화질서가 달러 중심의 단극 구조에서 달러·유로·위안의 삼극 구조로 바뀌고 있다. 중국 금융의 영향력은 최소한 아시아 금융시장에서 더 빠르게 확대되고 있다. 물론 중국의 영향력은 아직 미국의 영향력에 미치지는 못하고 있다. 하지만 일본의 영향력을 능가할 수준으로 커졌다는 점은 부인할 수 없다. 중국이 일대일로 구상(AIIB, RCEP 등)을 통해 지역 경제협력의 주도권을 발휘할 경우 아시아의 중국화는 가시화될 것이다. 그럼에도 불구하고 위안화가 달러화를 대체하기까지는 수십 년이 더 걸릴 수도 있다. 특히 위안화의 국제화와 금융 자유화가 진전되지 않는 한 중국의 영향력은 더 확대될 수 없을 것이다(이왕휘, 2017). 중국이 위안화의 국제화를 진정으로 달성하기 위해서 통화·금융정책의 자유화가 필수적인데, 실제로는 위안화의 국제화를 저해하는 거시경제정책에 의존하고 있다. 통화·금융에서 3개의 거시경제 목표, 즉 통화정책의 독립성, 환율 안정, 그리고 자본의 국제적 자유 이동 가운데 두 개만 달성가능하고 하나는 포기될 수밖에 없는 상황이다(강선주, 2019; Pass, 2020).

국제정치경제적 관점에서 국제 통화·금융 체제의 핵심 쟁점은 향후 포스트브레튼우즈 체제의 존속 여부, 즉 기축통화로서 달러화의 위상과 통화 패권국으로서 미국의 영향력 변화이다. '새로운 국제통화질서'로의 변화가 일어났는가. 포스트브레튼우즈 체제의 성격이 크게 변하지 않았다는 것이 중론이다. 그 이유는 우선 달러화의 중심통화로서의 위상이 흔들리지 않았고, 미국의 연준이 최종대부자로서 위기 수습의 중심적 역할을 하기 때문이다. 또한 금융규제는 시장을 위축시킬 것을 우려하여 시장의 위험을 방지하기 위한 수준의 기준을 설정하고 자율성은 최대한 보장하는 친시장적 성격이 유지되고 있다. 글로벌 금융위기를 지나고 나서도 국제통화·금융질서는 포스트브레튼우즈 체제의 성격을 그대로 유지하고 있다. 한마디로 말하여, 포스트브레튼우즈 체제는 유지되고 있으나 그 변화의 흐름도 병존하고 있다. 그 변화의 결실이 언제 발현할지는 아직은 알 수 없다(김진영, 2018).

미국의 무역적자 누적과 중국의 흑자 누적은 각각 미국의 쇠퇴와 중국의 부상을 보여주는 대표적인 현상이다. 버블의 붕괴와 함께 시작된 신용경색과 극심한 소비 및 투자 부진에 대응하여 미국 정부는 천문학적인 재정을 직접 투입하여 위기의 근본 원인인 부실채권을 매입하고 가계의 부채를 탕감하는 한편, 더 나아가 가계와 기업의 가처분소득 증대까지 끌어내는 급진적인 적자 재정 정책을 시행했다. 통화당국이 전례 없는 양적 완화 조치를 통해 정부의 부채증가를 뒷받침한 가운데, 그로 인해 유발된 달러 가치에 대한 하방압력을 관리하는 부담은 중국당국이 떠맡게 되었다. 결국, 달러와 미국 자산 가치를 지탱하여 미국 정부의 정책 자율성을 보장해주는 동안 중국 당국 자신은 사실상 '악성 버블'을 미국에서 중국으로 이전한 것과 다름없었다. 이는 거시경제 불균형의 조정 비용을 다른 국가에 떠넘길 수 있는 국제통화·금융체제에 내재한 미국의 권능, 즉 구조적인 통화패권이 실현된 사례라고 할 수 있다(이규철, 2019; Vermeiren & Dierckx, 2012).

미·중 통화 갈등의 핵심은 미국 중심의 통화 질서에 도전하는 중국의 전략과 이에 대응하는 미국의 전략 간의 충돌로 파악할 수 있다. 위에서 미국 달러화 패권에 도전하는 중국의 주요 수단으로 위안화 환율 문제, 위안화의 국제화 문제, **페트로위안**(Petroyuan) 도입 문제, 중국 중앙은행의 디지털화폐 도입 문제를 다루었다. 이제 이에 대한 미국의 견제 수단을 언급하고자 한다(강선주, 2019; 이용욱, 2021; Fox, 2014).

첫째, 통상규제 등 경제적 압박이다. 이는 중국 수출품에 대한 관세 부과, 중국 투자와 기술 이전 제한, **리쇼어링**(reshoring) 혹은 **니어쇼어링**(near-shoring) 등 글로벌 생산네트워크의 재편을 일컫는다. 둘째, 위안화 국제화에 대한 견제이다. 미국은 강달러 정책으로 위안화 가치 하락을 유도하여 국제자본시장에서 위안화 관련 투자를 철회하게 할 수 있다. 물론 강달러 정책은 단기적으로 미국 경상수지 적자의 확대라는 비용을 가져오나 달러 가치의 하락은 중국의 달러 투자의 손실과 연결되는 비용이 수반된다. 셋째, 미국 금융기업의 중국 금융시장 투자제한이나 투자철회를 통한 중국 금융시장의 무력화이다. 2023년 10월 기준 증권거래소별 시가총액은 다음과 같다. 1위 New York Stock Exchange는 25.0조 달러, 2위 NASDAQ은 21.71조 달러, 3위 Euronext는 7.2조 달러, 4위

Shanghai Stock Exchange는 6.7조 달러, 5위 Japan Exchange Group 5.9조 달러, 6위 Shenzhen Stock Exchange는 4.5조, 7위 Hong Kong Exchange는 4.2조 달러, 8위 National Stock Exchange of India 3.5조 달러, 15위 Korea Exchange는 1.9조 달러이다. 넷째, 미국은 동맹 네트워크를 통해 위안화 거래 자제를 요청할 수 있다. 이에 중국은 투자와 경제지원을 통해 미국 동맹 네트워크의 약화를 꾀할 수 있다. 마지막으로, 최후의 수단은 군사안보적 견제이다. 미국은 인도-태평양 전략에 근거하여 쿼드 등 핵심 군사동맹을 통해 중국의 남중국해, 동중국해, 말래카해협, 인도양 등 항행의 자유를 확보하고 중국의 영향력 확대를 견제하는 방안을 강구할 수 있다.

달러가 여전히 기축통화의 역할을 수행하고 있고 미국의 경제력도 회복되고 있다는 점에서 기존 통화·금융질서의 급격한 변화는 발생하지 않을 것이다. 특히 중국이 기존 달러체제에 대해 높은 의존도를 보여서 그 영향력 확대는 제한적이라고 할 수 있다. 중국이 2027년까지 위안화를 동아시아 기축통화로 구축하고 이후 2038년까지 달러 체제를 넘어서겠다는 구상을 계획대로 진행한다면 앞으로 10년이 국제기축통화의 향방을 결정할 것이다(이용욱, 2021). 현재와 같이 중국이 위안화의 국제화를 지속적으로 추진하고 새로운 국제금융기구 설립 등 영향력 확대를 위한 노력을 강화한다면, 미국이 중국견제를 위해 중국금융시장 자유화 등 압박을 가할 것이고 이는 양국 간 통화·금융 갈등을 가속화하여 국제통화질서의 불안정성을 증폭시킬 것이다(김관옥, 2015).

미국과 중국 간 보복 관세를 주고받는 통상 분쟁이 통화·금융 분쟁으로 확대되어 국제정치경제 질서를 불안정하게 만들고 있다. G2 양대 강국이 통상 전쟁에 이어 통화·금융 전쟁까지 심화시킬 경우 세계경제는 큰 충격을 받을 수밖에 없다. 통상 분쟁은 결국 환율 분쟁으로 이어진다는 것이 일반론이다. 1980년대 엄청난 대일 무역적자에 시달리던 미국은 일본과 통상갈등을 벌이다 결국 1985년 엔화를 대폭 평가절상하는 '플라자 합의'를 통해 갈등 관계를 끝냈다. 이후 일본은 엔화 가치가 두 배 이상 폭등하면서 거품 경제의 형성과 붕괴를 경험하며 잃어버린 20년을 보냈다. 중국이 미국과의 통화·금융 갈등에서 물러설 뜻을 보이지 않는 것도 이러한 일본의 사례를 목격했기 때문이다. 미·중

간 통상·통화금융 갈등에는 경제 논리 외에 안보 논리도 개입해 있으므로 그 향방을 점치기는 쉽지 않다.

코로나19 팬데믹 상황에서 집권한 바이든 대통령은 동맹과의 협력, 다자주의, 글로벌리더십 회복 등에 기초한 외교정책을 천명했다. 2021년 G7 정상회의에서 G7은 반중국은 아니나 중국에 대한 비판적 입장을 견지했다. G7 정상회의 공동선언문에 의하면, 대만해협의 평화와 안정, 남중국해에서 항행의 자유, 코로나19의 기원에 대한 2단계 조사, '중·영 합동 선언과 기본법(Sino-British Joint Declaration and the Basic Law)'에 따른 홍콩의 자율권 보장, 무슬림과 다른 소수민족의 인권과 기본적인 자유 존중, 그리고 5G 제품 공급망의 다양성 등이 중국을 견제한 합의에 해당된다. 하지만 G7은 중국을 압박하는 정도에 대해서는 입장차를 보였다. 미국은 중국과의 패권 경쟁 때문에 G7이 중국에 대해 단일 강경한 입장을 취하길 원했으나 캐나다와 영국만 미국과 동일한 입장을 보였다. 독일, 이탈리아, 일본, EU는 중국과 협력할 수 있는 분야를 고려하여 보다 외교적 접근을 선호했다. 프랑스는 중국에 대한 단호한 조치를 지지한다는 입장을 취하면서도 대결을 피하려는 태도를 보였다. G7의 정상회의 합의 이행에 대한 우려는 G7의 경제력이 과거보다 약화되었다는 사실에서 나온다. G7 각국은 코로나19 팬데믹 대응 과정에서 정부 부채의 급격한 증가 등 국내 경제적 어려움을 겪고 있다(강선주, 2021; Herrero, 2019).

위안화의 국제화는 진행 중이나 아직은 세계경제에서 차지하는 위안화의 위상이 달러화에 비해 현저히 미약하다. 향후 단기간에 위안화가 달러화에 필적할 만한 기축통화가 되리라 예상하지 않으나 달러패권을 뒷받침하는 미국의 안보·경제적 조건이 급속히 약화될 경우 알 수 없는 일이다. 지금의 추세라면 2020년대는 미국과 중국의 기축통화 경쟁이 양국 간 본격화되는 시기이고, 2030년대에는 그 경쟁이 양 진영 간 정점에 이르게 될 것이며, 이러한 갈등과 경쟁 후 2045년 전후에 국제통화질서는 안정화가 되리라 본다. 그 결과를 실현 가능성을 기준으로 세 가지로 나열하면, 달러화-위안화 혹은 달러화-위안화-유로화 과두체제의 도래, 기존 달러화 패권체제의 유지, 그리고 위안화 패권체제의 출현 순이라고 말할 수 있다. 여기서 과두체제하의 위안화는 중국 경제의 세계자본주의 체제로의 진정한 편입(금융자유화, 시장자본주의, 민주주의 추진 등)을 전제로 한다. 우리는 미-중 통화 패권경쟁 추이를 내다보며 미래를 대비할 시점에 놓여 있다.

2. 국제금융 논의 2: 1997년 동아시아 금융위기

(1) 동아시아 금융위기의 원인

1980년대 중반 이후 일본경제의 호황이 실제가치보다 높게 평가된 증권과 부동산 가격의 거품현상을 창출했다. 1990년대 중반 거품현상의 붕괴와 더불어 증권과 부동산 가격의 폭락사태가 벌어지고 증권과 부동산을 담보로 잡고 있던 은행들이 부실대출의 충격으로 도산하기 시작했다. 일본경제의 어려움은 엔화권으로 지배적 영향력을 미치고 있던 동남아 경제권 특히 필리핀, 태국, 인도네시아, 말레이시아의 금융위기를 초래했다. 동남아지역에서도 고도의 경제성장 동안 실제가치보다 높은 부동산 가격과 증권가격의 상승이 경제의 거품현상을 초래하여 일본경제의 침체는 이들에게 위기를 조성했다. 1997년 일본이 국내금융위기 수습을 위해 아시아지역에 투자했던 자본을 회수하며 국제 투기성자본의 태국 바트화 공격과 함께 금융위기가 본격화되었다.

동아시아 외환·금융 위기가 1990년대에 자본시장 자유화의 과정에서 대규모 외국자본이 유입되면서 환율이 달러에 대하여 평가절상되고, 수출경쟁력이 막대한 타격을 받으며, 경상수지 적자가 확대되는 과정에서, 도입된 외자는 부동산 등 비생산적인 부문에 투자되었기 때문이다. 제조업 투자의 경우도 수익성 낮은 산업에 과다한 투자로 기업의 과잉 생산설비와 부실화를 초래하고 재무구조를 악화하며, 금융부문도 취약해지게 되었다. 적절한 건전성 규제와 감독이 따르지 않은 금융자유화는 위험에 대한 적절한 평가를 하지 않은 금융 거래 및 투자를 용이하게 하여 결국 파산을 하게 했다.

1980·90년대 **라틴아메리카**(멕시코, 브라질 등)의 외환·금융 위기는 과다한 재정적자, 경상수지적자 증가, 외채누적에 따른 국가신용등급 하락, 외채조달의 한계에서 비롯된 것이었다. 특히 외국인들이 국내에서 발행된 정부채권에 투자

하고 있던 자금을 회수함으로써 발생한 것이고, 내국인의 자본도 상당한 정도 유출되어 일어난 것이다. 반면에 1990년대 동아시아 외환·금융 위기는 주식과 부동산 등 자산 가치에 거품이 형성되고 그 후 거품이 꺼지면서 외환위기가 발생한 것이었다. 라틴아메리카의 외채위기는 **공공부문**(대부분 **정부나 공기업의 부채**)에서 비롯된 것이고, 동아시아는 **민간부문**(대부분 **금융기관과 기업의 부채**)에서 비롯된 것이다.

동아시아 금융위기의 원인을 진단하면, 무리한 경제성장 일변도 정책에 따른 경제의 거품현상의 발생, 환율과 금융정책에 대한 **정부의 부적절한 대응**(**관치금융**), 기업들의 무리한 차입경영과 기업회계의 불투명성으로 인한 국제신인도의 저하, 국제투기성자본의 공격에 대한 방어장치의 부재 등으로 요약될 수 있다. 동아시아 외환위기에 대한 설명은 크게 크루그만(Paul Krugman) 등이 주장한 내부요인론과 삭스(Jeffrey Sachs) 등을 중심으로 한 외부요인론으로 나눌 수 있다. 내부요인론에 의하면 동아시아 외환위기는 도덕적 해이 문제로 인해 기업 및 금융기관들이 과다 차입한 데서 비롯되었다고 보는 반면에 외부요인론은 동아시아 경제 자체는 건실했으나 몇 가지 악재가 겹쳐 **패닉**(panic) 현상을 일으키면서 위기가 발생했다고 본다. 하지만 동아시아 외환위기는 여러 가지 요인이 복합적으로 작용하여 발생한 것으로 볼 수 있으므로 내부적 원인과 외부적 원인을 동시에 고려해야 한다.

(2) 동아시아 금융위기의 해법

당시 미시적 해결책으로는 미야자와플랜에 따른 **일본의 자금지원**(한국 83.5억 달러, 태국 18.5억 달러, 인도네시아 24억 달러, 말레이시아 22억 달러, 필리핀 30억 달러)이 있었고, 거시적 해결책으로는 **아시아 통화기금**(AMF) 설립, **단일통화안 논의**(예: 유럽식 통화통합=유로화 혹은 미주식 통화대체=달러라이제이션) 등이 있었다.

내부적 요인 해결을 위한 정책은 금융부문이 효율적이고 건전해질 수 있도록 경쟁원리를 도입하고 건실한 영업활동을 유도하는 방향으로 규제 및 감독을 강화하는 것이다. 투명한 회계, 자기자본비율 확보, 단기외채에 상응하는 유동외화자산 확보 등은 물론 장기적으로 시장원리에 따라 내부규제 및 감독이 강화될 수 있도록 유도하는 것이 요구된다. 외부적 요인 해결을 위한 정책은 핫머니(hot-money) 등 급격한 자본이동의 폐해를 방지하기 위해 칠레 등 일부 국가들이 취하고 있는 규제방식의 도입을 고려함과 아울러 파생상품 등을 통한 규제회피에도 대비하는 것이다.

동아시아 금융위기는 개도국 내외의 악재가 겹쳐 발생한 사건이다. 정경유착 등 사회적 병폐와 부도덕한 선진국 자본 침투의 결과이다. 이와 더불어 동아시아 지역에 대한 중국의 영향력을 견제하려는 미국 등 선진국 자본의 정치적 음모로 해석하는 견해도 있다. 이는 동아시아 발전모델의 한계를 보여준 사건이나 그렇다고 신자유주의 발전모델을 그대로 수용할 필요는 없다. 국가주도적 발전모델을 개선하기 위해 국가개입의 축소와 시장자율성의 확대를 도모해야 하는 것이다. 구조조정을 통해 비효율은 없애야 하나 국가의 건전성 개입을 늘려 투기성 자본은 통제해야 할 것이다.

3. 국제금융 논의 3: 2008년 글로벌 금융위기

(1) 글로벌 금융위기에 대한 이해

2008년 미국 금융위기는 냉전 종식 이후 미국이 주도하던 국제정치 구도를 뒤흔드는 충격적 사건이었다. 미국 의회가 금융기관이 안고 있는 부실채권을 인수하기 위해 지출 승인한 7천억 달러는 이라크 전쟁 비용에 필적하는 액수였다. 미국 정부가 국민세금으로 민간 금융기관을 지원함으로써 시장자유주의 이념이 퇴색하고, 대중의 복지지원 요구가 증가했다. 월가 금융기관의 몰락은 사유화, 규제혁파, 세계화 등 신자유주의 정책 전반의 권위를 훼손하면서 사회복지와 소수자 보호에 대한 국내적 요구를 증폭시켰다.

글로벌 금융위기의 확산은 미국 금융위기의 확산에서 비롯된 것인데, 그 경로는 유동성 위기 → 신용 위기 → 신뢰 위기 순으로 단계적 전개였다. 주택가격 하락과 금융기관 손실에서 비롯된 유동성 악화가 파산 가능성에 대한 시장의 우려를 증폭시켜 신용위기로 연결되었고, 신용위기는 기업과 금융기관의 자금조달난을 가중시켜 유동성 위기를 더욱 심화시키고 결국 총체적인 신뢰위기를 유발한 것이다.

미국 금융위기의 확산 양상을 언급하면, 10월 초 미국 의회가 7천억 달러 구제금융법안을 통과시켰음에도 불구하고 전 세계 주가가 폭락하는 등 심리적 공포가 글로벌 금융시장을 지배했다. 유동성위기가 증폭되면서 정상적인 자금중개기능이 위축되는 가운데 기업도산도 증가하였고, 글로벌 금융위기가 확산되면서 투자은행들을 인수했던 미국 상업은행들의 자산 건전성의 취약성이 드러났다. 이어진 신뢰위기가 지속되면서 금융시스템이 붕괴되어 주택시장 침체가 더욱 깊어지고 가계 및 기업의 부실이 확대 재생산되었던 것이다. 아울러 서브프라임 모기지 부실 사태로 인한 금융부문 부실이 실물경제로 전이되어 저성장·고물가의 스태그플레이션에 대한 우려가 고조된 바 있다.

당시 한국도 금융위기의 재발 가능성을 우려했다. 환율급등과 주가폭락, 외국인 투자자금 이탈(2008년 10월 기준 코스피지수 1,049.71, 원달러환율 1,408.00원) 등이 지속되면서 1997년 말의 외환위기가 재발할 가능성이 있다는 우려가 확산되었다. 당시 경제상황을 보면 국내외 여건(미국발 서브프라임 모기지 부실화 사태가 국제금융기관의 파산과 글로벌 신용경색으로 발전함)이 불안하다는 점, 단기외채의 증가(2005년 말 659.1억 달러에서 2008년 6월 말 1,765.5억 달러로 2.7배 증가함, 2007년 경상GNI 대비 총외채비율은 39.3%임)와 경상수지 적자 등은 1997년 외환위기 당시(1997년 6월 단기외채 규모는 836.8억 달러로 1994년 말의 384.5억 달러에 비해 2년 반 사이 2.2배 증가함, 총외채비율은 33.9%임)와 유사한 양상이었다. 하지만 외환보유고 확충 등으로 외채상환능력(당시 9월 2,396.7억 달러로 세계 6위의 보유 규모임)이 1997년(당시 6월 333억 달러)보다는 큰 폭으로 개선되고 기업 및 금융 부문의 건전성 및 경쟁력(2008년 1/4분기 기업의 부채비율은 92.5%로 1997년 말의 424.6%를 크게 하회함, 은행 BIS자기자본비율은 1997년 말 7%에서 2008년 3월 말 11.0%로 상승함)이 크게 개선되어 대외발 경제충격에 대한 내성이 높아진 상태였다.

(2) 글로벌 금융위기의 원인과 대응

글로벌 금융위기의 원인은 우선 글로벌 금융불안에 따른 증권투자자금 유출을 들 수 있다. 글로벌 금융불안 장기화로 안전자산 선호경향이 확산되면서 전 세계적으로 증권시장에서 **자금이 유출**(2008년 1분기에 전 세계 증권시장에서 **260억 달러의 자금 유출**)되었고, 한국의 경우도 2008년 들어 7월까지 외국인 증권 투자자금이 128억 달러 유출됨으로써 주가하락과 환율상승 압력으로 작용했다. 또한 위기설이 금융불안을 증폭한 점을 들 수 있다. 위기설로 인해 달러화에 대한 가수요가 발생하면서 환율상승 압력이 더욱 높아지고 주가하락이 가속화되었다. 9월 위기설은 넘겼으나 위기설을 이용한 투자행태가 확산되고 투기적 성격의 자금들이 한국에 주목하기 시작하면서 외국인투자자들을 중심으로 **공매도**(short-selling)가 크게 증가해 주가하락이 심화되었다.

이에 직면하여 한국, 중국, 일본은 1997년 실패했던 **아시아 통화기금(AMF)** 설립에 협조하면서 미국의 IMF 주도권을 벗어나 국제자본의 적대적 행위에 대비하는 독자적 경제질서를 구축하려 했다. 냉전 종식 이후 미국 정부 및 국제금융 지도자들이 '**민주주의와 시장경제**'의 확산을 내세워 동아시아식 자본주의를 일종의 '**정실자본주의**(Crony Capitalism)'로 매도해 왔으나 미국정부가 월가의 금융기업에 대규모 공적자금을 투여하면서 동아시아식 자본주의가 부활할 기회를 제공했다. 오늘날 한국과 일본은 정치제도적으로 자유민주주의를 실천하지만 문화적으로는 전통적 집단주의를 유지하고 있으며, 중국은 정치제도적으로도 아직 공산당 독재 체제를 유지하고 있다. 한국과 일본은 자유민주주의 이념적으로 미국 및 서방과 동질성을 보유하면서도 중국의 권위주의 질서와도 공존하는 길을 모색해야 할 상황이다.

금융불안은 한국만이 아니라 전 세계적으로 나타나고 있는 공통된 현상이다. 위기설이 과거 외환위기 상황을 연상하게 하면서 더욱 빠른 속도로 확산되는 상황이 전개되지 않도록 정부는 위기관리 능력을 보여줌으로써 시장의 신뢰를 회복해야 한다. 시장에 정확하고 신속하게 정보를 제공함으로써 시장의 심리적 불안을 제거하고 합리적 의사결정을 할 수 있도록 유도해야 한다. 아울러 위기설이 국내경제의 취약부문으로 전이되는 것을 차단해야 한다.

(3) 글로벌 금융위기와 G20의 부상

G7 혹은 G8의 약화는 내부 결속도의 약화와 경제적 비중의 저하에서 그 원인을 찾을 수 있다. 내부 결속도의 약화는 냉전이 종식됨에 따라 공동안보 요구가 약화되고 미국의 리더십이 약화된 것에 기인한다. 경제적 비중의 저하는 중국, 인도, 브라질 등 세계경제의 지형 변화를 초래하는 신흥국들이 세계경제에 새로이 편입되기 시작함에 따라 경제적 비중이 상대적으로 약화되고 경제협의체로서의 역할이 위축되면서 비롯된 것이다. 또한 조직역량의 취약성에서 그 원인을 찾을 수 있는데, G7에 상대적 경제력이 약한 러시아를 새로이 가입시켰다가 우크라이나 사태로 러시아를 배제하면서 미국과 여타 국가 간의 불협화음이 그 조직역량을 약화시킨 것이다. 그럼에도 불구하고 G7이 지속되는 이유는 기존 국제경제 체제를 대체할 수 있는 대안이 부재하고, 국제금융을 운영하고 관리하는 제반 기구와 제도들이 G7 국가들의 의사를 중심으로 결정되어 왔고, 유지되어 왔기 때문이다.

이런 가운데 글로벌 금융위기 이후 G20의 역할 강화 요구는 G20가 갖고있는 성격에 근거한다. 우선 G20는 기존의 G7보다 월등히 폭넓은 대표성을 지니고 있다. **세계 총생산의 80%(G8만으로는 60%)**를 상회하는 국가들로 구성된다. 또한, G20 재무장관 회의의 경험, 즉 10년 넘게 운영되어 온 G20 재무장관 회의의 경험은 중요한 자산인 것이다. 나아가 대부분의 주요 이슈들의 해결방안을 모색해 나아가는 데에는 주요 국가들인 G20의 참여가 필수적이라는 점이다. 반면, 그 약점은 미국의 리더십 없이 작동하기가 용이하지 않다는 점과, 다양한 정치이념과 경제체제를 가진 국가들의 모임에서 의견 조정이 더욱 어려워질 수 있다는 점이다. 게다가 다양한 이슈들이 현재 여러 층위를 가지는 다양한 경로로 다루어지고 있어 종합적이고도 유효한 접근을 해 나아가기가 용이하지 않다는 점도 문제가 될 수 있다.

이러한 우려에도 불구하고 지난 수년간 G20는 국제사회의 주요한 리더그룹으로서 상당한 역할을 해 왔다. 그동안 G7이 동질성에 기반을 두어 나름대로 합의 여건을 조성해 온 데 비해, G20은 이질성을 여하히 극복해 나아가야 하는가의 어려운 과제를 아직 안고 있다. 단기적으로 G7/8은 안보영역을, G20은 경제영역을 중심으로 상호보완적인 관계를 유지해 나아갈 수 있을 것으로 보인다. G20 국가 중 비G7 국가들(BRICS, MIKTA)을 G7의 활동에 더욱 유기적으로 연관 지을 수 있는 방안 등을 모색할 필요가 있다.

생각해 봅시다!

개도국의 외채문제

외채에 대한 이해

▸ **의미**: 한 국가(또는 거주자)가 다른 국가(또는 비거주자)에 대하여 이행하여야 하는 채무계약이다. 한 국가의 정부 또는 민간부문에서 다른 국가의 정부 또는 민간부문에 대하여 갚아야 하는 빚으로 외국인이 소유한 국내의 건물, 공장, 그리고 그 밖의 부동산 등도 모두 외채이다. 외채는 반드시 외국의 은행이나 IMF나 세계은행 같은 공적기관으로부터의 대출만을 의미하는 것은 아니다. "외국인이 소유한 국내 자산의 합"을 말하며 미국이 세계 제1의 채무국이라는 것도 바로 이런 의미이다.

▸ **구분**: 단기 외채는 1년 또는 1년 미만의 만기일을 갖는 외채이다. 장기 외채는 오랜 기간 동안 외채의 원금을 상환하지 않아도 되고 단지 이자만이 단기에 지급되면 되는 외채이다. 한편, 민간 부채는 개인들과 기업들의 부채로 정부가 보증하지 않는 외채이며, 공공 부채는 정부의 부채로 정부가 보증하는 외채이다. 개도국 외채 중 대부분은 장기외채(80%)이고, 장기외채의 90%가 공공부채이다.

▸ **진단 방법**: 다음의 세 가지 조건을 모두 만족시킬 경우 외채문제가 발생하지 않는다. 해당 외채의 이자를 상환하기에 충분한 수익을 가져오는 경우, 외채의 상환기일이 사업의 투자회수 기간과 일치하는 경우, 외채가 상환될 때까지 예기치 않은 상황에 대한 충분한 고려 등이 이루어진 경우이다.

▸ **부채의 상환불능(debt default; moratorium) 상황이 발생하는 이유**: 1970·80년대에 경제개발에 따른 자본수요를 충당하고자 선진국의 민간·공공차관을 도입했으나, 경제발전은 예상을 밑돌고 부채의 원리금 상환은 큰 재정 부담이 되었다. 예를 들어, 멕시코와 베네수엘라는 국제석유가의 급격한 하락으로 국가의 수출소득이 대폭 감소되어 계획했던 부채 상환이 어려워진 경우이다. 수출소득에 국가의 경제성장을 전적으로 의지했던 많은 저발전 국가들은 선진공업국들의 잇단 보호무역주의 장벽에 직면하여 예정했던 수출소득을 올리지 못하고 국제수지 균형은 어려워졌다. 한편 제3세계의 정치적 부패는 발전을 위해 도입한 외채를 효율적으로 관리하지 못하고 낭비하였

고, 결국 경제는 침체하고 부채는 증가했다.

▸ **외채위기에 대한 대응:** 베이커플랜(Baker Plan, 1985년 미 재무장관)은 외채의 상환일정 조정에 필요한 공적 자금지원이 그 주요한 내용이다. 외채 탕감은 아니며 IMF와 세계은행이 필요한 재원을 제공한다. 채무국들로 하여금 경제정책을 수정하도록 하고, IMF와 합의한 채무국들은 구조개혁과 경제정책의 수정을 통하여 장기적으로 외채를 상환할 수 있도록 한다. 외채의 상환 불능상태를 진정해주고 채무국들이 경제개혁을 하도록 압력을 행사한다. 브래디플랜(Brady Plan, 1989년 미 재무장관)은 베이커플랜에 외채 감면(relief), 삭감(reduction), 또는 탕감(forgiveness)이라는 새로운 제안을 포함한다. 국제금융시장에서 개도국들의 외채상환 가능성을 대단히 낮게 보고 있다. 현존하는 개도국들의 외채규모가 너무 커서 이들 국가가 부채를 상환할 수 있을 정도의 경제성장은 전혀 불가능하다는 의견을 내놓고 있다. 외채문제는 채무국만의 문제는 아니며 지불불능사태는 채권국의 경제에도 타격을 준다.

개도국의 외채문제에 대한 의견

▸ **상호의존 시각**
- **외국자본에 대한 이해:** 개도국의 경제발전을 위해 외국자본은 필요하다. 오늘날 개도국의 외채문제의 원인은 개도국 정부의 부패와 비효율에 근거한 것이다. 외국자본을 잘못 활용한 개도국의 외채문제를 선진국에 전가하는 것은 옳지 못하다. 20세기 후반 경제발전을 이룬 개도국은 외국자본을 잘 활용한 국가이다.
- **해법:** 개도국의 내적인 문제로 발생한 외채위기 상황을 선진국이 해결해 줄 의무는 없다. 외채상환 연기는 상황에 따라 가능하나 외채 탕감은 소수의 극빈 개도국 외에는 생각할 수 없다.

▸ **종속 시각**
- **외국자본에 대한 이해:** 외국자본은 개도국의 경제를 마비시키는 마약과 같다. 당장 활용하기 쉬우나 결국은 빚쟁이만 될 뿐이다. 선진국 자본의 돈놀이에 불과하다. 수익을 낼 수 있는 이상으로 외국자본에 이자를 지불해야 한다. 금융종속만 심화시킬 것이다. 외채로 인해 선진국에 정치적·경제적 영향력을 받지 않도록 외국자본의 유입을 가능한 막아야 한다. 예를 들어, 미국은 막대한 자국의 경제적 이익이 라틴아메리카에 걸려 있었으므로 외채 의존적 산업화를 통해 종속으로부터의 탈피를 꾀하고 있던 라틴아메리카를 계속 종속적 위치로 묶어 두는 방법이 필요했고 이것은 다국적 은행이라는 새로운 자본의 진출로써 가능했다.
- **해법:** 오늘날 개도국의 외채문제는 선진국의 부도덕한 이자놀이의 결과이므로 모두 탕감을 해주어야 한다. 선진국의 경제발전은 개도국 착취의 산물이므로 선진국은 그 대가를 개도국에게 지불해야 한다. 외채의 단계적

탕감이 선진국의 의무이다. 개도국의 경제발전을 위한 선진국 자본의 무상공여가 요구된다.

▶ 국가주의 시각

- **외국자본에 대한 이해**: 외국자본에 대한 평가는 어떻게 활용하느냐에 달려 있다. 잘 활용하면 약이 되고 잘못 활용하면 독이 된다. 제2차 세계대전 후 개도국의 경제발전 성패는 외국자본의 활용 적부에 달려 있다. 자본이 취약한 개도국이 초기 경제발전 단계에서 외국자본을 활용하는 것은 불가피하다.

- **해법**: 개도국에 대한 선진국의 자본 공여는 개도국의 경제적 자립을 돕는 방향으로 이루어져야 한다. 자본과 함께 경제발전 경험과 노하우를 전수하여 외국자본이 개도국의 경제발전으로 이어지도록 해야 한다. 현 외채문제는 개도국의 경제 상황에 맞게 그 상환 일정과 상환액을 조정해야 한다.

✎ 평가하기

1. 달러라이제이션 유형 중 공식적 달러라이제이션을 설명한 것으로 가장 적절한 것은?

  ① 미국 달러를 자국 내의 유일한 법정통화로 설정함
  ② 자국화폐와 함께 미국 달러가 법정통화로서 동시에 인정됨
  ③ 중앙은행이나 다른 통화당국의 기능이 유지되며, 일정 부분 자신의 통화정책을 펼칠 수 있는 여지가 주어짐
  ④ 미국 달러가 비록 법정통화는 아니지만 자국 통화 이외에 가치척도, 계약이나 거래의 수단, 또는 가치저장의 수단으로서 널리 사용됨
  ⑤ 은행예금의 대부분은 달러로 이루어지고 임금이나 세금 지불 그리고 일상의 상거래에 있어서 달러가 국내통화의 보조적 역할을 수행함

해설 미국 달러를 자국 내의 유일한 법정통화로 설정하고, 자국 화폐는 계산의 단위나 잔돈의 형태로만 남을 수 있으며 중앙은행의 기능은 거의 소멸되는 유형의 달러라이제이션이다.
정답 ①

2. 외채 위기에 대한 해법으로 베이커플랜(Baker Plan)과 거리가 먼 것은?

  ① 외채 탕감을 핵심으로 한다.
  ② 외채의 상환불능상태를 진정하고자 한다.
  ③ 채무국들로 하여금 경제정책을 수정하도록 요구한다.
  ④ 외채의 상환일정 조정에 필요한 공적 자금지원을 그 주요한 내용으로 한다.
  ⑤ IMF와 합의한 채무국들은 구조개혁과 경제정책의 수정을 통하여 장기적으로 외채를 상환할 수 있도록 한다.

해설 외채 탕감을 핵심으로 하는 것은 브래디플랜(Brady Plan)이다.
정답 ①

3. 개도국의 외채문제의 원인으로서 선진국의 자본을 지목하고 이에 대해 가장 부정적인 입장을 취하는 국제정치경제의 시각은 무엇인가?

① 종속 시각
② 상호의존 시각
③ 국가주의 시각

해설 금융종속을 우려하는 종속 시각은 선진국과의 금융 관계에 있어 가장 부정적 입장을 가지고 있다.

정답 ①

정리하기

1. 유럽통화통합(EMU)의 목적은?

경제적인 측면에서 단일통화의 실현은 환율변동으로 인한 투자 및 교역 환경의 불안정성과 통화교환의 과정에서 불가피하게 발생하는 거래비용을 제거하고 인플레이션을 억제할 수 있다. 정치적인 측면에서 독일이 유럽 통화통합을 수용한 것은 통일을 위한 정치적 선택이다. 또한 프랑스를 비롯한 여타 EU 회원국의 입장에서 보면 **유럽통화체제(EMS)**하에서 유럽의 경제가 독일의 패권적 지배하에 놓일 수밖에 없었기 때문에 독일의 지배력을 약화시키기 위한 수단으로써 EMU를 추진한 것이다. EMU 체제하에서는 경제 및 통화정책이 초국가적 기구에 의해 결정되며, 더욱이 정책결정은 단순다수결로 행해진다. 이러한 제도적 장치하에서 독일의 입지는 약화되고 프랑스를 비롯한 다른 나라들의 영향력은 EMS에서 보다 상대적으로 강화되어 힘의 대칭성이 이루어지게 되는 것이다.

2. 동아시아 금융위기에 대한 설명으로 내부요인론과 외부요인론은?

내부요인론에 따르면 아시아 위기는 도덕적 해이 문제로 인해 기업 및 금융기관들이 과다 차입한 데서 비롯된 것이라고 보는 반면, 외부요인론은 동아시아 경제 자체는 건실했으나 몇 가지 악재가 겹쳐 **패닉**(panic) 현상을 일으키면서 위기가 발생하였다고 본다. 동아시아 금융위기는 여러 가지 요인이 복합적으로 작용하여 발생한 것으로 볼 수 있으므로 내부적 원인과 외부적 원인을 동시에 고려해야 한다.

3. 전 세계적인 외채 위기에 대한 해법으로 베이커플랜과 브래디플랜은?

　베이커플랜(Baker Plan, 1985년 미 재무장관)은 외채의 상환일정 조정에 필요한 공적 자금 지원을 그 주요한 내용으로 하며, IMF와 세계은행이 필요한 재원을 제공하고 채무국들로 하여금 구조개혁과 경제정책의 수정을 하게 함으로써 장기적으로 외채를 상환할 수 있게 하는 것이다. 브래디플랜(Brady Plan, 1989년 미 재무장관)은 베이커플랜에 외채 **감면**(relief), **삭감**(reduction), 또는 **탕감**(forgiveness)이라는 새로운 제안을 포함한 것이다.

국제정치경제 이슈 3: 국제 환경

 사전 학습(핵심 용어 정리)

용어	뜻
그린라운드 (Green Round)	지구 환경문제를 국제 통상거래와 연계하여 각국이 환경규제기준을 마련하고 이를 위반한 제품에 대해 수입을 금하고, 국제 환경협약을 이행하지 않은 경우 통상규제를 가하는 것을 골자로 하는 다자 간 국제환경협상.
지속불가능한 개발방식 (Unsustainable Mode of Development)	선진국이 개도국의 환경파괴적인 개발방식을 비난할 때 사용하는 용어로 오늘날 국제환경문제는 개도국의 무분별한 개발방식에 연유한 것이라는 주장을 뒷받침함.
지속불가능한 생활양식 (Unsustainable Way of Life)	개도국이 선진국의 환경파괴적인 생활방식을 비난할 때 사용하는 용어로 오늘날 국제환경문제는 선진국의 자원낭비적인 생활방식에 연유한 것이라는 주장을 뒷받침함.

○ 주제

국제환경(environment) 문제를 국제정치경제 시각으로 살펴볼까요?

GR이란?

기후변화 레짐 문제를 살펴봅시다!

글로벌 환경갈등과 동북아 환경갈등 문제를 살펴봅시다!

○ 학습 목표

1. 국제환경의 현안 의제를 파악할 수 있다.
2. 우리나라가 당면한 국제환경 관련 의제를 이해할 수 있다.

○ 학습 목차

1. GR 및 기후변화 레짐 문제에 대한 이해
2. 글로벌 환경갈등 및 동북아 환경갈등 문제에 대한 논의

학습하기

Ⅰ. 그린라운드(Green Round) 및 기후변화 레짐 문제에 대한 이해

1. 환경문제의 국제화

(1) 경제개발과 환경보호의 갈등과 조화

UR(다자 간 무역협상)의 결과 자유무역 규범을 표방하는 WTO(세계무역기구)가 설립·출범하였다. GR(다자 간 환경협상)은 환경보전 규범을 표방하고 있다. 결과적으로 자유무역 규범과 환경보전 규범의 충돌이 생긴다. 자유무역 대 환경보전 혹은 경제개발 대 환경보호라는 충돌의 결과, 개발과 보전의 균형조화론이 대두되어 왔다.

(2) 환경문제에 대한 인식의 시대적 변화

냉전기에 환경문제는 주요한 관심사가 되지 않았다. 당시에는 High Politics 이슈들(전쟁과 평화, 개별·집단안보, 군비경쟁 등)이 주요 관심사였다. **환경보전보다 경제개발이 우선(경제개발 > 환경보전)**이었다. 1972년에 스톡홀름 '유엔인간환경회의'에서 '유엔환경계획(UNEP)'이 설립되었다. 이는 환경 분야에서의 국제협력촉진과 지구 감시를 위한 국제환경보전기구였다. 이어 1982년에는 유엔에서 '세계자연헌장(World Charter for Nature)'이 채택·선언되었다. 냉전기의 환경논의는 실효성 없는 선언적 차원의 합의와 관심 표명이었다.

탈냉전기에 들어, Low Politics 이슈들(경제, 무역, 환경 등)이 주요 관심사가 되었다. **환경보전과 경제개발의 조화(경제개발=환경보전)**가 강조되면서 이제 환경문제가 전면에 부각된 것이다. 1992년에 브라질 리우데자네이로에서 열린 '유엔환경개발회의'에서 **리우선언(환경과 개발의 조화를 추구하기 위한 기본원칙)**과

의제 21(환경문제의 발생원인과 해결방안을 규정한 21세기를 향한 종합실천계획)이 채택·발효되었다. 국제사회가 환경문제의 심각성을 인지하고 공동대처할 것을 합의하고 선언한 것이다. 리우회의는 환경문제가 국제사회의 핵심의제로 대두됨을 알리는 신호탄이 되었다.

이를 뒤이은 1997년 '리우+5회의'를 거쳐, 2002년에는 남아프리카공화국 요하네스버그에서 '유엔환경개발회의'가 개최되었다. 여기서 채택된 '요하네스버그선언'은 지속가능발전의 3대 축인 환경보호 및 경제·사회발전의 상호 의존성과 보완성을 강화하고 전진시키기 위한 공동의 책임을 강조하고 있다. 이 선언은 빈곤퇴치, 소비·생산 패턴변경 및 자연자원기반의 보전·관리가 지속가능발전의 필수요건이며 포괄적인 목표임을 인식하고 있다. 이는 인류사회를 빈·부로 나누는 깊은 단절의 선과 선진국·개도국 간 격차는 지구촌의 번영, 안전 및 안정을 위협하는 주요 요인임을 언급하고 있다.

1992년 리우회의 이후 20년이 지난 시점인 2012년에 브라질 리우데자네이루에서 '리우+20 회의'가 열렸다. 이러한 유엔지속가능발전회의(UNCSD, Rio+20)에서 193개 유엔 회원국의 대표들은 이번 회의를 통해 지속가능발전목표(Sustainable Development Goals; SDGs)의 수립을 결의하였고, 유엔환경계획(UNEP)을 강화하는 데 합의했다. Rio+20 회의는 지속가능발전을 실현하는데 있어서 시민사회의 역할이 더욱 더 확장되어야 한다고 강조하는 자리가 되었고, 지속가능한 소비 생산을 위한 10년 계획이 유엔에서 공식적으로 채택이 되는 계기가 되었다. 이번 정상회의를 통해 국내총생산(GDP)이 더 이상 발전을 측정하는 지표가 될 수 없음을 명확히 하고 대안적인 지표 개발에 착수하기로 합의했다. 이러한 몇몇 성과들에도 불구하고 Rio+20를 통해 인류사회가 기대했던 경제·사회·환경의 축을 균형적으로 통합하는 진정한 지속가능한 발전으로의 구체적이고 실질적인 로드맵을 제시하는 데에는 그 한계를 분명히 드러냈다. Rio+20 회의를 통해 1972년 로마클럽의 '성장의 한계' 보고서부터 시작하여, 1992년 리우데자네이루, 2002년 요하네스버그, 다시 2012년 리우데자네이루까지 인류가 경험한 40년간의 지속가능발전을 위한 국제지구환경거버넌스의 실패에 대한 실질적인 공통의 해답을 세계 각국 지도자들이 도출하기를 기대하였지만 결국 실패로 돌아갔다. Rio+20 회의의 결과문서 최종안인 '**우리가 원하는 미래**(The Future We Want)'의 내용에 따르면, 실질적인 이행수단과 새로운 정치적 합의에 대한 결정을 차후 후속과정으로 미루고 있어서 또 하나의 실패로 평가되었다.

2022년에는 1972년 최초의 스톡홀름 유엔 환경회의 이후 50년 만에 스웨덴에서 세계환경의 날인 6월 5일에 '하나뿐인 지구(Only One Earth)'라는 주제로 유엔 환경회의가 개최되었다. 이는 더 깨끗하고 친환경적인 방식을 통해 자연과 조화를 이루며 지속가능한 삶을 살아야 할 필요성을 강조한 회의였다.

2. GR(Green Round; 그린라운드)

그린라운드 논의가 가능하게 된 배경은 우선 무역자체에 관한 논의가 일단락되었기 때문이다. 상품과 서비스를 포함한 유무형의 무역에 관한 전반적인 **규범틀**(WTO협정)이 정립된 후 세계무역의 관심은 무역 자체에 관한 논의로부터 무역에 영향을 미치는 관련요인, 즉 환경기준, 노동기준, 경쟁조건 등으로 옮기게 되었다. 다음으로, 국가 간 상호의존성의 증대도 GR 논의에 일조했다. 경제의 범세계화 서비스, 지적재산권 등으로의 국제무역의 영역확대에 따라 공정한 경쟁조건의 확립과 시장접근의 개선 차원에서 환경, 노동, 기술 등의 새로운 문제들이 부각되었고, 이를 둘러싼 경제정책 및 국가주권의 상호조치를 위한 새로운 협상의 필요성이 대두되었다. 마지막으로, 경쟁의 심화와 새로운 보호주의 수단 모색이 그 배경요인이 된다. 냉전 종식 후 세계 각국은 경제적 이익을 우선적으로 추구해 왔고, 자유무역체제 출범과 함께 선진국들은 자국 산업을 보호하고 기업의 경쟁력을 확보하기 위한 수단으로 환경, 노동, 경제정책 등에 관한 국제규범의 강화 노력을 본격화해 왔다. GR의 주요 의제는 **수입품에 대한 환경기준 적용 문제**(제품의 생산공정의 표준문제 등), 국별 환경기준의 차이를 이유로 한 **무역규제 문제**(환경상계관세, 환경보조금 등), 다자 간 환경협정상의 무역규제의무와 GATT 원칙상의 상충 문제 등이라고 할 수 있다.

환경문제와 관련한 국제적 갈등은 크게 '**국가 대 국가의 갈등**'과 '**선진국 대**

개도국 간의 갈등'으로 구분된다. '국가 대 국가의 갈등'은 인접국 간의 갈등을 의미하며, 특정 지역의 환경문제를 야기한 원인제공국가의 규명과 그 책임 정도를 결정하는 문제와 관련된 지역적 혹은 양자 간 환경갈등과 관련된다. 그 원인제공국가에 의한 피해가 정확히 어느 정도인지, 그 국가가 얼마를 책임져야 할지가 불명확하여 양자 간 물질적 배상합의가 사실상 어렵다.

표 13 선진국 대 개도국 간의 환경갈등

	선진국	개도국
환경파괴 원인에 대한 인식	개도국들의 지속불가능한 개발 방식	선진국들의 지속불가능한 생활양식
환경파괴 책임에 따른 지원 문제	자금지원: 선진국의 대 개도국 원조자금인 공적개발지원자금의 추가지원 기술이전: 민간기업 간의 기술협력	자금지원: 선진국의 대 개도국 원조자금인 공적개발지원자금과는 별도로 새롭고 충분한 환경관련 기금의 제공 요구 기술이전: 비상업적이고 특혜적인 기술이전 요구

'선진국 대 개도국 간의 갈등'은 환경파괴 원인에 대한 인식과 환경파괴 책임에 따른 지원 문제에 대한 이견으로 인해 해결이 쉽지 않은 상황이다. 선진국은 환경보전을 앞세워 후진국의 개발규제, 자국의 환경기술 수출, 무역에서의 국제경쟁력 강화라는 목표를 추구하고자 하며, 개도국은 자국의 개발권 보호, 환경보전을 위한 선진기술 및 재정지원 확보, 환경무역 규제로부터 탈피라는 목적을 달성하고자 한다.

GR의 결과, 환경보전이라는 명분으로 인해 취해지는 통상규제에 의해서 빚어지는 갈등이 증가해 왔다. **세계무역기구(WTO)**는 환경과 관련된 개별국의 일방적 통상규제조치가 자유무역주의의 원칙을 해칠 우려가 있으므로 GR을 통해 해결하려 했다. 환경보전을 이유로 한 통상규제의 유형은 네 가지인데, 각국이 국내적 환경규제를 자국 산업의 보호를 위한 비관세장벽으로 활용하지 않도록 국가 간 합의를 필요로 하는 사항이다. 첫째, 자국 환경보호를 위해 수입품에 대해 엄격한 환경기준을 적용하는 것이 가능하다. 예를 들어, 1990년 미국의 대기정화법은 자동차 배기가스 기준을 강화한 것인데, 자국 상품에 대해 동일한 기준 적용 시 이는 정당성이 인정된다. 둘째, 자국보다 상대적으로 낮은 환경기준하에서 저가로 생산된 수입품에 대한 상계관세 부과 혹은 동일 품목을 생산하는 자국기업에 대한 보조금 지원이 가능하다. 예를 들어, 1991년 미국의 법안은 미국보다 완화된 환경관리 기준을 이용해 저가로 외국에서 제조된 수입품에 대해 상계관세 부과를 목적으로 한 것인데, 이는 환경보호의 문제라기보다는 경쟁력 문제의 성격이 강하다. 셋째, 개별 국제 환경협약에 의한 통상규제는 정당성이 인정된다. 예를 들어, 몬트리올의정서·바젤협약 등의 국제환경협약은 비가입국에 대해 통상규제를 통한 참여유도를 하고 있다. 넷째, 자국의 외부환경 파괴를 통해 제조·수확된 수입품에 대한 일방적 제재는 불가하다. 이는 일국의 환경정책을 타국에 강요하는 결과, 보호주의적 무역조치의 남용 가능성이 존재하기 때문이다. 예를 들어, 멕시코 연안 돌고래보호를 이유로 한 **멕시코산 참치통조림 수입금지 조치**(미국 주법안)는 그 정당성이 인정되지 않는다.

3. 기후변화 레짐

(1) 교토의정서에 대한 이해

온실가스가 대기 중에 축적되면 지구표면으로부터 방출되는 적외선을 과다하게 흡수함으로써 지구가 더워지는 현상을 '**지구온난화**'라고 한다. 교토의정서에서 정한 지구온난화 대상 가스는 **이산화탄소**(CO_2), **메테인**(CH_4), **아산화질소**(N_2O), **수소불화탄소**(HFC), **과불화탄소**(PFC), **육불화황**(SF6) 등 여섯 가지이다. 이러한 지구온난화는 자연생태계의 변화는 물론 인간의 보건, 주거 환경과 농업, 축산 및 산업활동 전반 등 사회·경제적인 차원에서 광범위한 영향을 미치게 된다. 지구온난화의 기후변화가 초래하는 물리적 환경변화로 혹서, 강우량의 증가, 사막화 현상, 국지적 강수량 분포의 변화, 지역식생의 변화, 해수온도와 해수면의 상승 및 지진의 작은 발생 등이 있으며 이로 인해 지역에 따라 다양한 손실과 이익이 발생할 수 있다. 지구온난화에 따른 기온의 상승은 해수의 팽창, 고산지대의 빙하 및 극지방 빙원의 용해로 인해 해수면이 상승함에 따라 토양이 소실되고, 말라리아, 황열병, 콜레라 등 전염병이 늘어날 것이다.

기후변화 레짐은 지구온난화를 야기하는 온실가스 배출을 감축하기 위해 1992년 6월 브라질 리우 유엔환경정상회의에서 채택되고 1994년 3월 발효되었다. 180여 개 국가가 참여하고, 우리나라는 1993년 12월 47번째로 가입하였다. 기후변화 레짐은 전문과 26개 조항 및 2개의 부속서로 구성되어 있으며, 대기 중의 온실가스 농도 안정화를 그 목적으로 규정하고 이를 위한 구체적인 온실가스 배출을 부속의정서에서 규정하였다. 온실가스 배출 감축의 의무를 규정한 교토의정서와 관련하여 한국은 2002년 10월 국회 본회의에서 기후변화 레짐에 관한 동 의정서를 비준하고 11월 8일 코피 아난 유엔 사무총장에게 기탁함으로써 교토의정서 비준국으로 온실가스 배출량을 줄이려는 국제적 노력에 동참하게 됐다.

기후변화 레짐은 주요 원칙과 구성, 선진국, 개도국들의 공약 등을 주요 내용으로 하고 있다. 기후변화 레짐의 구체적 실행방법들은 **기후변화 레짐 당사국 총회(COP)**에서 논의되어 왔다. 특히 3차 당사국 총회에서는 선진국의 온실가스 감축목표를 설정한 교토의정서를 채택함으로써 가시적인 목표 설정이 가능해졌다. 제7차 당사국 총회에까지 이르는 논의 끝에 교토의정서의 발효(2005. 2. 16.)에 따른 대부분의 사항들이 합의되었으며, 이는 주요 국가들의 비준을 남겨 놓고 있다.

당시 온실가스 감축의무 부담 원칙은 의무부담에 있어서는 1인당 온실가스 배출량, GDP 단위당 온실가스 배출량, 1인당 GDP, 1인당 GDP 성장률, 지표면 온도 증가에 기여 정도, 인구증가, GDP에 따른 배출 탄성치, 수출에 따른 배출 탄성치, 수출에 따른 화석 연료 탄성치, 에너지 공급 중 재생에너지의 비율 등의 기준이 고려되었다. 감축의무부담을 지는 **교토의정서 부속서(Annex I)** 국가의 선정 및 국가별 의무수준은 협약 제3조 제1항의 **공평성(equity)**, **공통의 차별화된 책임(common but differentiated responsibilities)**, **당사국의 능력(respective capabilities)**

원칙이 적용되었다. 일반의무사항은 선진국과 개도국에 공통적으로 적용되는 최소한의 의무사항으로 각국은 모든 온실가스 배출량 및 흡수량에 대한 국가통계와 정책이행에 관하여 국가보고서를 작성하여 기후변화 레짐총회에 보고해야 한다. 선진국은 협약 발효 후 6개월, 개도국은 3년 이내에 최초의 국가보고서를 제출해야 하는데, 우리나라는 1998년 3월에 제1차 국가보고서를 제출한 바 있다.

특별의무사항은 주로 EU, 미국, 일본 등 선진국을 대상으로 한다. 특별의무사항을 받는 국가들은 온실가스 저감 및 흡수원 보호를 위한 국가정책을 채택하며, 구체적 조치를 이행하고 온실가스 감축을 위한 경제수단의 활용에 있어서 국가 간의 조화를 도모해야 한다. 또한 선진국은 개도국이 기후변화대책의 역량을 높일 수 있도록 재정지원 및 기술이전에 노력해야 할 의무를 지닌다. 한국은 현재 일반의무사항에 해당하는 국가보고서 제출 및 기후변화방지 국가전략 수립의 의무를 지고 있으며 특정한 감축 분을 부과 받는 특별의무사항에서는 제외되어 있다.

양적인 감축목표와 관련하여 교토의정서는 부속서 I 국가가 2008~12년간 공약기간 중 배출량을 1990년 배출량 대비 5% 이상 감축하기 위하여 대상 온실가스의 CO_2 환산 총배출량이 부속서 B에 따라 각국에 **할당된 양**(assigned amount)을 초과하지 못하도록 합의하였다. 교토의정서는 단순한 온실가스 배출 감축뿐만 아니라 **배출권 거래**(Emission Trading; 온실가스 감축의무 국가에 대해 배출쿼터를 부여한 후, 배출량이 쿼터량보다 적은 경우, 그 차이만큼은 국가 간 거래를 허용), **청정개발체제**(Clean Development Mechanism; 선진국인 A국이 개도국인 B국에 자본과 기술을 투자하여 온실가스 감축 분을 투자국의 감축 실적에 반영), **공동이행**(Joint Implementation; 선진국인 A국이 선진국인 B국에 투자하여 발생된 온실가스 감축 분의 일정 분을 A국의 배출저감 실적으로 인정) 등의 경제적 유인 제도를 도입하고 있다. 이들 교토 메커니즘은 기후변화 레짐에 경제적 성격을 부각시키기도 한다.

1990년을 기준으로 했을 때 Annex I 국가의 온실가스 배출량 비중은 미국이 36.1%로 가장 높고, EU 24.2%, 러시아 17.4%, 일본 8.5%, 캐나다 3.3%, 폴란드 3.0%, 호주 2.1%, 루마니아 1.2%, 체코 1.2%, 기타 11개국 3.0% 등의 순으로 나타난다. 교토의정서 논의에 있어 선진국 간에도 의무부담의 수준과 방법에 대립이 표출되어 왔다. EU를 비롯한 유럽 국가들은 구속력 있는 감축목표설정을 요구한 반면, 미국·일본·호주 등 화석연료사용도 및 무역의존도가 높은 국가들은 비구속적인 느슨한 의무부담을 희망하였고, 의무위반 시 제재조치의 도입에도 소극적인 입장을 보여 왔다. 개도국 간 입장 차이는 더욱 뚜렷하게 나타났다. 특히 화석연료의 수출에 전적으로 의존하여 협약에 대해 부정적 태도를 보이는 **산유국(OPEC)**들과 해수면 상승을 생존의 위협을 받으면서 강력한 감축목표설정을 요구하는 47개 **군소도서국(Alliance of Small Islands States; AOSIS)** 간의 대립은 강하게 부각되어 왔다. 이러한 개도국들 간 극단적인 입장차이로 온실가스 감축문제 협상에서 G-77을 중심으로 한 개도국의 공동입장 정립은 거의 불가능한 상황이었다.

(2) 기후변화 레짐의 추이에 대한 이해

제18차 **유엔기후변화협약 당사국 총회(2012년, 카타르 도하)**에서 온실가스 배출량 감축 등 세계 기후변화에 대응하기 위해 190여 개국이 지난 2005년 발효한 국제협약 '**교토의정서(Kyoto Protocol)**'의 효력을 2020년까지로 8년 더 연장했다. 카타르 도하에서 열린 제18차 **유엔기후변화협약 당사국 총회(COP 18)**에 참석한 195개국 정부 대표단은 폐막 총회에서 2013~20년까지 제2기 교토의정서를 이행하기로 합의했다. EU를 비롯한 38개국은 이 기간에 자국의 온실가스 배출량을 1990년 대비 최대 20%까지 줄이기로 약속했다. **제1기 교토의정서 (2008~12년)**에 참여한 38개국의 온실가스 감축 목표량은 1990년 대비 최대 8% 였다. 그러나 1기 체제에 참여했던 일본·캐나다·러시아·뉴질랜드 등 4개국은 "2기에는 법적인 감축 의무를 지지 않겠다"며 사실상 교토의정서 대열에서 이탈했다. 미국은 1기에 이어 2기에도 온실가스 감축 의무이행을 거부했다. 당시 우리나라는 온실가스 배출량 1·3위인 중국·인도 등과 함께 개도국으로 분류돼 2020년까지 감축 의무를 지지 않게 되었다. 이 총회에서 세계 각국은 선진국, 개발도상국, 극빈국 등으로 갈려 쟁점마다 대립하는 등 합의 도출에 난항을 겪었다. 도하 총회의 대표적인 성과는 극한적 홍수와 가뭄 등 기후변화로 인한 개도국들의 '손실과 피해(loss and damage)' 보상을 논의하는 새로운 제도를 설립하기로 합의했다는 점이다. 하지만 온실가스 상위 1~5위 배출국가가 2기 교토의정서 대열에서 모두 이탈한 데다, 개도국에 대한 선진국의 자금 지원 규모 등 주요 세부 쟁점을 타결하는 데는 끝내 실패했다.

표 14 교토의정서 주요 수정 내용

	1차 협약	2차 협약
이행 기간	5년(2008~12년)	8년(2013~20년)
온실가스 의무 감축 이행국	38개국	38개국(일본, 러시아 등 4개국 빠지고, 몰타 등 4개국 편입)
온실가스 감축량 (1990년 대비)	평균 5.2%, 최대 8% 감축	최대 20% 감축
법적 성격	각국 의회의 승인으로 법적 구속력 가짐	각국 정부 차원의 약속으로 법적 구속력 없음
개도국에 대한 재정 지원	– 3년(2010~12년)간 300억 달러 지원 – 2020년 이후 매년 천억 달러 지원	– 향후 3년(2013~15년)간 재정 지원 계속하되 규모는 명시 안 함 – 2020년 이후 매년 천억 달러 지원 약속은 유효

1기 교토의정서 체제(2008~12년)에서는 전 세계 온실가스 배출량의 55%가 넘는 38개 선진국이 1990년 대비 평균 5.2%, 최대 8%까지 감축하기로 약속했다. 37개국(미국 제외)은 자국(自國) 의회의 비준을 받아 국제사회에 법적 의무를 지겠다고 공언했다. 그러나 2기 체제에서는 일본·캐나다·러시아·뉴질랜드 등 온실가스 다량 배출국이 "온실가스 감축에 대한 법적 의무를 지지 않겠다"고 밝혔다. 사실상 교토의정서 체제에서 이탈한 셈이다. 중국·미국·인도 등 온실가스 배출량 1~3위 국가는 1기에 이어 이번에도 온실가스 감축 의무 이행에 동참하지 않았다. 그나마 "2020년까지 온실가스를 최대 20% 감축하겠다"고 선언한 EU 등 38개국의 온실가스 총 배출량은 전 세계 배출량의 15%도 안 된다. 1기 교토

의정서는 각국 의회의 비준까지 이뤄졌지만 2기 체제는 정부 차원의 약속만으로 출범해, 법적 구속력이 없다는 점도 문제로 꼽힌다. 또한, 개도국에 대한 선진국의 재정 지원도 불확실한 상황이었다.

(3) 기후변화 레짐의 향방에 대한 이해

위에 언급한 바와 같이, 2015년에 유엔기후변화협약 협상은 중대 국면에 접어들었다. 온실가스 배출로 인한 지구온난화를 억제하기 위한 국제사회의 유일한 다자협의체인 유엔기후변화협약 협상은 2012년 12월 카타르 도하에서 폐막된 **제18차 당사국총회(COP18)**를 기점으로 2020년 단일한 신 기후변화체제 출범을 목표로 한 새로운 협상체제로 전환되었다. 선진국에게만 온실가스 감축의 법적 의무를 부과했던 이분법적인 교토의정서와 달리 '**2020년 이후 신 기후체제 (Post-2020)**'는 선진국과 개도국을 가리지 않고 모든 유엔기후변화협약 당사국에 동일하게 온실가스 감축의 법적 의무를 부과하는 것을 목표로 했다. 2015년을 협상종료 시한으로 정하고, 2015년 이후 각국이 국내비준과 준비과정을 거쳐 2020년 신 기후변화체제를 출범시킨다는 것이 당시 계획이어서 2015년을 전후하여 기후변화협상의 중대 고비가 도래한 것이다.

유엔기후변화협약상의 **제21차 당사국총회(21st Conference of Parties; COP21)**가 프랑스 파리에서 개최되었다. **2020년 이후(post-2020)** 국제사회의 기후변화 대응을 위해 신 기후변화체제 수립 여부를 결정할 유엔기후변화 협상이 2015년 11월 30일~12월 11일 기간 2주 동안 프랑스 파리에서 개최되었다. 신 기후변화 체제에서는 그동안 기후변화 협상의 주요 장애물 중 하나인 교토의정서상의 **하향식(top-down)** 국가별 온실가스 감축목표 강제할당 방식이 사실상 폐기되었다. 재정지원에 대한 가시적이고 신뢰할 만한 선진국의 확약이 신 기후변화체제 출범에 대한 개도국 지지와 신뢰를 결정하는 열쇠라 할 수 있었다. 포스트 2020 신 기후변화체제는 온실가스 감축을 각 국가가 제출하고 **국가결정공약(Intended Nationally Determined Contribution; INDC)**을 기초로 추진하게 되어, 향후 협상의 실질적인 핵심쟁점은 제출된 국가결정공약의 이행여부를 검증하는 **투명성 (transparency)** 제도를 어떻게 구축하느냐의 문제가 된다. 온실가스 감축 목표 설정과 이행계획은 개별 국가가 자율적으로 결정하도록 맡기되, 일단 제출된 INDC에 대해서는 감축 행동 이행 여부를 철저히 감시·감독할 수 있는 국제적 검증체제를 확보하여 감축 행동이 실효성을 높이는 체제를 마련하자는 것이다. 이는 **상향식**(bottom-up) 감축방식이고, 자발적 감축목표 설정과 이에 대한 **국제적 검증체제**(Measurable·Reportable·Verifiable; MRV)를 결합하는 형식이 된다.

지난 2017년 6월 미국 도널드 트럼프(Donald Trump) 행정부의 파리협정 탈퇴선언에도 불구하고 유엔기후변화협약 197개 당사국 중 대부분의 국가가 파리협정을 비준함으로써 파리협정의 이행에 대한 국제사회의 지지는 더욱 확고해졌다. 2017년 11월 독일 본에서 개최된 제23차 **유엔기후변화협약 당사국 총회(COP23)**는 파리협정 **세부규칙**(rulebook) 마련을 위한 기반문서를 마련하였다. COP23 협상의 주요 결과인 NDC 추가지침 의제의 주요 논점은 NDC 및 지침의 **범위**(scope), 선진-개도국 NDC의 **차별화**(differentiation) 및 개도국에 부여하는 **유연성**(flexibility)의 범위로 요약할 수 있다. **개도국 그룹**(Like-minded Developing Countries; LMDC), 아프리카 그룹, 아랍 그룹 등 개도국은 그동안 파리협정 후속 협정을 지속적으로 주장해 온 NDC 및 지침의 **포괄**(comprehensiveness)을 다시 강력하게 개진하였다. NDC 추가지침의 구성을 선진-개도국을 구별하지 않고 단일하게 구성할 것인지 아니면 선진-개도국을 구분하여 이원적으로 구성할 것인가에 대한 기존 당사국 입장 차이가 지속되었다. NDC 추가지침에 있어서 개도국은 NDC의 기본성격이 개별 **당사국이 자율적으로 결정**(nationally determined nature of NDC)하는 것이며, 선진국은 정량기준에 따라 NDC를 구성해야 할 **의무**(obligation)가 있으며, 개도국은 국가 상황 및 능력에 기초하여 NDC를 구성할 수 있도록 **유연성**(flexibility)을 부여해야 한다는 기존 입장을 그대로 제기하였다. 이 협상에서는 아프리카 그룹을 중심으로 개도국들이 선진국의 **2020년 이전의 기후행동 공약**(pre-2020)의 이행을 강력히 요구하면서 선진국 협상 진영을 압박하여 일정한 성과를 거두었다. 개도국들은 선진국의 **교토의정서 2차 감축공약(2013~20)**을 내용으로 하여 Doha Amendment의 비준 및 2020년까지 매년 1천억 불의 기후재정 확보를 위한 약속이 이루어지지 않았다는 점을 강력히 규탄하고, 선진국들의 성실한 공약 이행을 압박하였고, 결국 선진국들은 2018

년 및 2019년의 pre-2020 온실가스 감축에 대한 **검토**(stocktaking)와 2018년 및 2020년 기후재정에 대한 보고서 작성 등을 약속하였다.

기후변화 레짐이 아직 실효성이 없는 이유는 미국의 불참 때문이다. 상호의존 시각에 의하면, 미국의 교토의정서 비준 거부는 일시적으로 가능하나 결국 미국은 그 레짐에 복귀할 수밖에 없을 것이라는 것이다. 미국의 비준거부는 국제사회의 다른 이슈 영역에서 미국의 지도력을 훼손할 뿐이라고 한다. 이 시각은 상호의존된 국제사회에서 이슈연계에 따른 압박으로 미국의 **기후변화 레짐 복귀**(협약 비준)는 곧 이뤄질 것으로 보고 있다. 반면에 종속 시각에 의하면, 미국의 교토의정서 비준 거부는 강대국과 약소국 간 종속관계를 보여주는 좋은 예라는 것이다. 세계 최대의 이산화탄소 배출국인 미국의 참여 없이 기후변화 레짐은 그 실효성을 거두기 힘든 상황이며, 미국의 비준 거부는 사실상 그 레짐의 발효를 무력화시킨다는 것이다. 미국은 자국의 의사가 관철되지 않을 경우 복귀하지 않을 것이며 결국 자국에 유리한 방향으로 새로운 의정서를 만들어낼 것이라는 점이다. 여타 국가들도 미국의 이러한 입장을 바꾸지 못한다는 것이다. 이에 국가주의 시각은 양비론적 입장에서 미국의 교토의정서 비준 거부는 교토의정서에 따른 온실가스 감축의무가 미국이 감내하기 힘든 수준이었기 때문이라는 것이다. 미국도 내심 그 레짐에 참여할 수밖에 없음을 인식하고 있으나 지나친 감축의무가 미국의 세계패권전략에 반하는 관계로 그 조정을 요구하고 있다는 것이다. 21세기 세계패권은 에너지패권이라고 할 정도로 자원패권은 세계지도국이 되는 데 절대적이다. 이러한 에너지 패권을 유지하는 데 기후변화 레짐 복귀에 따른 온실가스 감축의무가 악영향을 미치지 않는 범위 내에서 미국은 그 의정서를 수정하여 복귀할 것이다.

2016년 대통령 당선 후 트럼프는 **지구온난화**(global warming)를 전면 부정하였으며, 기후변화 대응을 위해 노력해 온 오바마 행정부를 비난해 왔다. 임기 말에 트럼프 대통령은 기후변화 및 파리협약에 대해 기존의 강경했던 태도에 비해 다소 누그러진 모습을 보이기는 했으나 **기후변화 레짐**에 복귀하지는 않았다. 2021년 집권한 바이든 대통령은 친환경·재생에너지 산업 육성을 내세우며 **기후변화 레짐**에 복귀할 의사를 표명한 바 있다. **기후변화 레짐**의 전망이 밝게

느껴지는 것도 그 때문이다.

2021년 11월에 영국 글래스고에서 열린 제26차 유엔기후변화협약 당사국총회(COP26)에는 197개 당사국 정부대표단을 포함하여 산업계, 시민단체, 연구기관 등에서 4만여 명이 참석했다. 글래스고 기후합의(Glasgow Climate Pact)의 주요한 내용은 적응재원, 감축, 협력 등 분야에서 각국의 행동을 촉구하는 것이었다. 특히 일부 개도국들이 강하게 반대하던 국가감축목표(NDC) 공통 이행기간은 미국과 중국이 5년의 이행기간 설정에 합의함으로써 협상 돌파구를 마련하였고, 모든 당사국이 동일하게 5년 주기의 국가감축목표 이행기간을 설정하도록 독려하기로 했다. 따라서 2025년에 '35년 국가 감축목표', 2030년에 '40년 국가 감축목표'를 제출한 후 5년마다 차기 '국가 감축목표'를 제출하기로 했다.

또한 제28차 유엔기후변화협약 당사국총회(COP28)가 2023년 11월 30일부터 12월 13일까지 아랍에미리트(UAE) 두바이에서 개최되었다. COP28에서는 파리협정 체결(2015) 이후 온실가스 감축 이행상황을 종합적으로 평가하고 검토하는 전 지구적 이행점검의 결과가 처음으로 도출되었고, 이를 바탕으로 "아랍에미리트 컨센서스(UAE Consensus)"가 도출되었다. 국제사회는 화석연료의 '퇴출(phase-out)' 또는 '감축(phase-down)'을 놓고 치열한 논쟁 끝에 폐막 예정일이 되어서야 최종합의에 이르렀다. 최종 합의문에는 에너지 시스템에서 '화석연료로부터의 전환'이라는 중립적 문구를 사용했다. 이에 대해 지난 1995년 첫 당사국총회 개최 후 최초로 합의문에 화석연료를 언급한 성과라는 해석과 화석연료의 퇴출이 명문화되지 않은 실패라는 비판이 공존한다.

해당 합의문에는 2030년까지 재생에너지 발전 용량 3배 확대, 에너지 효율 연간 2배 확대, 2030년까지 삼림벌채 종식, 자연기반 솔루션(NbS) 구현 장려 등의 중요한 내용이 포함되었다. 아울러 COP28 합의문에는 CCUS, DAC 등의 탄소 포집 기술과 같은 저감 및 제거 솔루션, 저탄소 수소 생산 및 무배출/저배출 기술, 원자력 기술을 확대할 필요성을 인정한다는 조항도 최초로 포함되었다. COP28의 가장 큰 진전은 '손실과 피해 기금'의 공식 타결로 기후재난에 따른 개발도상국의 손실과 피해를 금전적으로 보상하기 위한 기금 조성에 이어 세부 운영 방식 등에 합의했다는 것이다. 나아가 COP28은 기후변화로 인해 발생하는 식량 및 농업, 보건 이슈 등 기존 당사국총회에서 거의 다루어지지 않았던 주제들이 언급되었다.

이러한 국제사회의 노력에도 불구하고 국제에너지기구(IEA)는 COP28에서 도출된 모든 약속이 이행된다고 하더라도 지구 평균기온을 산업화 이전 대비 1.5도 이내로 유지할 가능성은 14%에 불과하다고 예측했다. 2024 UN 기후변화협약 당사국총회(COP29)는 아제르바이잔 바쿠에서 2024년 11월에 개최되는데, 주최국인 아제르바이잔이 향후 10년 동안 화석연료 생산량을 약 33% 늘릴 계획이라고 전망되어 '화석연료 퇴출' 관련 논의가 퇴보할 우려가 나오고 있다.

II. 글로벌 환경갈등 및 동북아 환경갈등 문제에 대한 논의

1. 국제환경 논의 1: 글로벌 환경갈등과 전지구 차원의(Global) 환경협약

1990년대 이후 환경문제와 관련된 **범세계적**(global) 그리고 **지역적**(regional) 수준의 국제적 환경협력이 활발히 진행되고 있다. 국제환경협약이라는 용어는 좁은 의미로 환경문제와 관련되어 있는 다자 간의 **협약**(convention)을 지칭하지만, 흔히 환경문제와 관련된 사항을 다루는 양자 간의 **조약**(treaty)·**협정**(agreement)·**의정서**(protocol) 등을 포괄하는 넓은 의미로 사용되고 있다. 국제적으로 채택된 환경협약은 약 200여 개에 달하고 있는데, 이들은 대기보전, 유해물질 규제, 동식물 보호, 해양환경 보호, 수질 보호, 자연자원 보호 등으로 분류되며, 무역규제 조치를 포함하고 있는 협약 수는 일부이다. 국제환경협약의 발전은 국가관할권 내에서의 활동이 그 이외의 지역에 대한 환경피해를 끼치지 말도록 해야 한다는 주권의 일부 제한 가능성이 확립되어 온 점과, 대기·오존층·기후·남극·심해저 및 외기권 등이 인류의 공유물이란 인식이 확립되어 온 점에 근거하는 것이다. 국제환경협약은 여타 국제협약에 비하여 상당히 다른 특징을 가지고 있는데, 첫째로 환경 분야가 다양함에 따라 협약의 대상 분야가 광범위하고 목적달성의 방식이 서로 다르다는 점, 둘째로 환경보호를 위한 규제조치와 지속적인 개발의 필요성 간에 적절한 타협점을 모색해야 한다는 점, 그리고 끝으로 협약이행의 강제성과 실효성 제고를 위한 장치가 마련되어 있다는 점이다. 이러한 국제협약은 가입국에만 효력이 있기 때문에 비가입국은 아무런 영향을 받지 않는다. 이에 미국 등 선진국이 들고 나온 것이 비가입국에 대한 통상규제와 개도국에 대한 재정지원이라는 몽둥이와 당근이다.

1987년 9월에 채택되어 1989년 1월부터 발효된 **몬트리올 의정서**(Montreal Protocol)는 정식이름이 '**오존층 파괴 물질에 관한 몬트리올 의정서**'이다. 이 의정서는 몇 가지 화학물질에 대한 소비 및 생산감소를 규정하고 있는데, 이는 **염화불화탄소**(CFC 상품명 Freon)와 할론 등이 외계로부터 들어오는 자외선으로부터 지구를 보호하는 오존층을 파괴한다는 과학자들의 연구결과에 근거하고 있다. 이러한 보고가 1974년에 학계에 발표된 후인 1985년에야 '**오존층 보호에 관한 비엔나협약**'이 이루어졌고, 이의 시행을 위한 몬트리올 의정서가 1987년 9월에 채택된 것이다. 한국은 1992년에 비엔나협약과 몬트리올 의정서, 1993년에 런던개정의정서, 그리고 1994년에 코펜하겐 개정의정서에 가입하였다. 몬트리올 의정서는 2000년까지 프레온가스 및 할론의 생산과 소비를 1986년 수준의 50%로 삭감할 것을 결의하였으나, 런던개정의정서는 이를 더욱 강화시켜서 2000년까지 100% 삭감을 결의하였고, 코펜하겐 개정의정서는 프레온가스 및 할론 등의 생산소비금지를 1996년으로 단축시켰다. 이러한 몬트리올 의정서는 글로벌환경협약의 대표적인 성공사례로 이후 오존층 파괴 현상이 크게 완화된 것으로 알려졌다.

반면 위에 언급한 **기후변화 레짐**(Climatic Change Convention)은 실패사례로 1992년 5월 채택되어 6월 '유엔환경개발회의'에서 서명된 것이다. 이는 지구온난화의 주범인 **이산화탄소**(CO_2)의 배출규제를 목적으로 하고 있다. 즉, 석탄이나 석유 등 화석연료의 연소 시에 발생하는 이산화탄소가 대기 중에 층을 형성하여 태양열의 복사에너지가 대기 밖으로 나가는 것을 차단하여 지구의 기온이 상승하게 되는데 이러한 '온실효과'를 막기 위한 것이다. 이러한 지구온난화 현상은 기상이변을 통한 농림수산물의 피해, 사막화, 해양에 접한 지역의 수몰로 인한 육지의 감소, 이에 따른 거주지 및 농경지의 상실 등 중대한 사회경제적 문제를 연쇄적으로 불러일으키게 된다. 이 협약의 주요 골자는 각국이 지구온난화를 일으키는 가스의 배출을 안정시키고, 개도국들이 지구온난화를 야기하는 가스의 배출을 최소화하는 데에 필요한 기술 자금을 선진국으로부터 이전받을 수 있도록 장치를 마련한다는 것 등이다. 각국은 이산화탄소 배출규제의 필요성에 대해서는 인식을 같이하면서도 어느 시기까지 얼마만큼의 배출규제를 한다는 정책에는 합의를 보지 못하였다. 최근까지의 협상과정을 살펴보면, 유럽연합의 국가들과 일본, 그리고 해수면의 상승으로 그 피해가 막중할 군소도서국가들은 이산화탄소 배출규제에 적극적이나 미국은 자국내 산업에 끼칠 영향을 고려하여 소극적인 자세를 견지하고 있다. 또한 **석유수출기구**(OPEC) 국가들도 화석연료 감축에 의한 석유소비량 감소, 이에 따른 원유가의 하락을 두려워하며 이산화탄소 배출량의 구체적 감축일정에 적극 반대하고 있다. 교토회의에서 개도국들이 구속력 없이 자발적으로 감축목표를 설정하자는 수정안을 제시하였으며, 한국은 선후진국 사이에 낀 중간자적 특수성 때문에 어느 쪽에도 선뜻 지지를 표명할 수 없는 난감한 입장이었다. 자칫 선진국으로 분류될 우려로 결국 우리는 '**자발적 감축목표 설정안**'이 채택되기를 원했던 것이다. 따라서, 앞으로 지구온난화 관련 추가 국제환경협상에서 한국은 에너지 다소비형 산업구조를 가진 국가에 대한 특별 고려와 산업구조 조정에 필요한 유예기간 설정의 필요성을 강조해야 하며, 개도국에서 OECD회원국으로 선진경제권에 접근하는 국가에 대하여 기존의 선진국과는 다른 별도의 고려를 해줄 것을 계속 요청해야 한다.

표 15　전지구 차원의 환경협약

	목 적	이 슈	대 책
몬트리올 의정서 (1987 채택/ 1989 발효. 한국 1992 가입)	오존층 파괴물질에 대한 소비 및 생산 감소.	당시 한국은 개도국조항 적용을 받지 못함. 선진국 수준과 동일한 프레온가스 사용 감축 의무. 개도국들에게 재정지원금까지 지출해야 할 형편.	프레온가스 사용의 역사적 누적 통계에 있어 선진국들에 비해 훨씬 미약한 한국이 동일한 감축의무를 지지 않도록 가능한 한 많은 양보를 얻어낼 수 있도록 외교적 노력을 할 것.

기후변화 레짐 (1992 채택/ 발효. 한국 1993 가입.)	지구온난화의 주범인 이산화탄소의 배출 규제.	각국은 이산화탄소 배출 규제에 대한 인식을 같이 하면서도 어느 시기까지 얼마만큼의 배출규제를 한다는 정책에는 합의를 보지 못함.	에너지 다소비형 산업구조를 가진 국가에 대한 특별 고려와 선발개도국으로서 선진경제권에 접근하는 국가는 기존의 선진국과 다른 특별 고려를 한국은 요청해야 할 것.
생물다양성협약 (1992 채택/ 1993 발효. 한국 1994 가입.)	지구 생태계 및 환경파괴로 말미암아 급속히 멸종되어 가는 생물 다양성 보호.	개도국은 생물다양성에 대한 독점적 권리 및 이를 이용한 유전공학물질에 대한 공동소유권 주장. 선진국은 자원에 대한 자유접근 및 유전공학 기술이나 신물질에 대한 독점적 지적 소유권 주장.	유전자원에 대한 독점적 권리를 주장하는 개도국 입장에 반대. 개도국의 유전공학 기술이전 요구에는 동조. 가능한 선진국의 유전공학 기술에 대한 접근 가능성을 널리 확보해야 함.
바젤협약 (1989 채택/ 1992 발효. 한국 1994 가입.)	유독성 폐기물의 국가 간 이동을 규제하고 폐기물 이용을 엄격히 제한.	유해 폐기물의 국가간 이동에 대한 제한 범위. 선진국의 개도국에 대한 폐기물 수출 문제.	재활용 목적으로 고철·폐지 등을 수입하는 처지에 있는 한국은 이 협약의 발전추이에 관심을 기울여야 할 것.
멸종위기종의 국제교역협약 (1973 채택/ 1975 발효. 한국 1993 가입.)	야생 동식물군중 멸종 위기에 처한 종의 보호.	멸종위기의 정도에 따른 분류에 있어 이견.	일부 동식물을 약재에 사용하고 있는 한국은 그 규제 여부에 관심을 기울여야 할 것.

　한편 유해폐기물의 국가 간 이동 및 그 처리 통제에 관한 바젤 협약(Basel Convention on the Control of Transboundary Movements of Hazardous Wastes and Their Disposal)은 유독성 폐기물의 국가 간 이동을 규제하고 폐기물 이용을 엄격히 제한하고자 1989년 3월 스위스 바젤에서 채택되었고 1992년 5월 발효되었다. 당시 39개국이 참가하였으며 한국은 1994년 2월에 가입하였다. 이 협약에 의하면 가입국이 자국영토 내의 폐기물 발생을 최소화하고, 가능한 한 자국의 영토 내

에 충분한 처리시설을 확보해야 하며, 유해폐기물의 국가 간 이동은 인간의 건강과 환경에 위험을 초래하지 않는 경우에만 허용된다는 것이다. 이 협약의 목적은 크게 두 가지인데 하나는 유해폐기물의 국가 간 이동규제 및 엄격한 이용요건 규정이고 다른 하나는 이동 시 사고에 대한 책임 및 보상에 대한 규정이다. 협약의 주요 내용은 **규제대상 유해폐기물**(중금속 함유 폐기물: 수은, 납 등, 독성 함유 폐기물: PCB·시안 등) 선정, 유해폐기물의 국가 간 이동에 대한 제한과 금지, 책임과 배상, 그리고 유해폐기물 관리와 관련된 일반적 의무 등이다. 한국은 재활용 목적으로 폐기물을 수입하는 위치에 있음으로 이 협약의 의무사항에 관심을 기울여야 한다.

2. 국제환경 논의 2: 동북아 환경갈등과 지역적(Regional) 환경협정

동북아시아의 대표적인 국가들인 한국·중국·일본은 최근 에너지사용량 및 오염물질배출량의 급속한 증가로 인해 심각한 자원환경문제에 봉착하게 되었다. 그러나 각 국가별로 문제의 심각성은 상이하다. 상대적으로 일찍 산업화과정을 추진하여 이제 전 세계적으로 막강한 경제력을 가지게 된 일본은 고도화된 산업구조와 환경 관련시설 및 기술의 발달로 에너지효율성을 증대시키고 오염물질의 배출 및 처리문제도 상당히 해결한 것처럼 보인다. 그러나 한국이나 최근 급속한 경제성장을 추진해 온 중국은 점점 더 많은 에너지자원을 소비하고 보다 많은 양의 오염물질을 배출하게 되었고 앞으로 당분간 이러한 추세는 가속화될 전망이다.

동북아시아 각국에서 점점 가중되고 있는 오염물질의 발생은 단지 자국 내 환경을 오염시킬 뿐만 아니라 인접 국가들에도 상당한 영향을 미치고 있다. 특히 각 국가들은 국경을 직접 접하고 있거나 또는 상대적으로 좁은 해협이나 만으로 경계를 이루고 있고 또한 지리적으로는 오염물질들이 광역적으로 확산될 수 있는 가능성이 매우 높기 때문에, 이러한 문제에 대처하기 위해 국가 간 환경협력 방안들이 활발하게 모색되고 있으며, 아울러 환경오염의 광역화로 인한 국제적 갈등이 심화될 것이라는 우려도 낳고 있다.

최근 중국은 급속한 산업화과정에서 발생하는 대기오염물질을 장거리 이동시켜 중국뿐만 아니라 한반도, 일본 등 광범위한 지역에 걸쳐 대기오염을 확산시키고 있다. 특히 중국의 아황산가스 배출원은 반 이상이 북경·발해만·산동반도 부근에 분포하고 있기 때문에 계절풍을 타고 인접 지역에 쉽게 이동하게 된다. 중국의 현재 연료생산율은 매년 10% 정도 증대되고 있기 때문에 황해연안의 대기오염물질 장거리 이동은 매우 증대될 것으로 예상된다. 이러한 아황산가스 등의 대기오염물질은 인접 국가에 대기오염을 가중시키고, 특히 강한 산성비가 내리는 주요 원인이 된다. 특히 중국에서 발원한 대기오염물질 외에도 한국의 동남임해지방에 밀집된 중 화학공업지대는 아황산가스 등 여러 가지 대기오염물질들을 배출하여, 자국 내 환경을 심각하게 오염시킬 뿐만 아니라 일본에 산성비를 내리게 하는 주요 원인으로 간주되고 있다.

World Watch 1995년호가 황해를 세계 7대 오염수역으로 지적한 적이 있다. 서쪽의 중국대륙과 동쪽의 한반도로 둘러싸여 있는 황해는 평균 깊이가 약 44m에 불과하고 최대 깊이도 100m 정도로 수심이 얕은 대륙붕으로서의 특징을 지니고 있고 특히 오염에 대해 매우 취약하다. 더욱이 이러한 특성을 가진 황해로 중국의 모든 주요 하천과 한반도의 주요 하천들의 대부분이 유입되고 있다. 즉, 중국의 황하와 양자강은 황해 서북쪽의 발해만과 서남쪽의 해류의 흐름과 성질에 많은 영향을 주고 있으며, 그 중간에 있는 한반도의 압록강과 한강 및 그 외 중국과 한반도에 있는 여러 하천은 황해로 유입되어 그 물리적 특성에 부분적인 영향을 주고 있다. 이러한 점에서 한국과 중국의 심각하게 오염된 하천은 결국 황해를 오염시키게 된다. 특히 중국은 황해연안에 공업단지를 개발하고 있으며, 한국에서도 최근 서해안의 개발을 촉진하고 있음에 따라 황해의 오염이 심각하게 우려된다. 특히 하천에서 유입되는 담수와 해수가 완만하게 교차되면서 쉽게 오염되고 적조현상이 빈번하게 발생하고 있다. 뿐만 아니라 대규모 해안 매립이 이루어지고 있으며, 이렇게 조성된 토지에 대단위 공단이 조성되고 부분적으로 가동을 시작했기 때문에 서해안의 오염은 가속화될 것으로 추정된다.

동해는 한반도와 러시아의 극동지역 그리고 일본열도에 의해 둘러싸여 있는 바다로서 상대적으로 좁은 두 개의 해협, 즉 남쪽의 대한해협과 쓰시마해협 그리고 북쪽의 타타르해협을 통해 태평양과 연결된다. 그러나 최고 수심이 4,000m 이상에 달할 정도로 깊고, 빠른 해류가 계절에 따라 교차하여 흐르고 있기 때문에 오염에 상대적으로 덜 민감하다. 그러나 연안의 국가들에서 심하게 오염된 산업폐수와 생활폐수가 그대로 처리되지 않은 채 유입되고 있으며, 또한 연안에 입지한 공업도시들로부터 곧바로 폐기물이 배출되고 있기 때문에 점차 오염되고 있다. 특히 동해는 수심이 깊기 때문에 공식적 또는 비공식적으로 산업폐기물의 투기가 이루어지고 있으며 최근에는 러시아가 핵폐기물을 투기함으로써 방사능오염에 대한 심각한 우려를 자아내고 있다. 한반도의 동남해안은 주변에서 발생한 산업폐수와 생활폐수가 흘러들어 점차 오염되고 있으며 유기물질의 과다로 인한 **부영양화현상(적조현상)**이 빈번하게 발생하고 있다.

환경문제는 분명 국지적인 발생원을 가지지만 그 피해는 문제가 발생한 특정 장소에 한정되는 것이 아니라 국가적·세계적 규모로 확대된다. 특히 동북아 지역과 같이 각 국가가 직접 국경을 접해 있거나 좁은 해협이나 만을 공동으로 이용하면서 이를 경계로 인접해 있는 경우 한 국가에서 발생하는 오염물질들은 인접 국가들에 심각한 환경피해를 전가하거나 공동으로 이용하는 환경을 오염시키게 된다. 이러한 지역환경문제는 앞서 언급한 것처럼 지역환경을 위협하고 때로 인접 국가 간 심각한 환경분쟁을 초래할 수 있다. 물론 이러한 지역환경문제의 해소를 위하여 그리고 인접 국가의 내부 환경문제 해결을 지원하고 나아가 지구환경문제에 대처하기 위하여 인접 국가 간 환경회의나 환경협약들을 통한 지역환경협력이 이루어질 수 있다. 이러한 지역환경협력은 지역 내 또는 양국 간에 발생하는 환경문제를 조정·통제하고 자원의 공동이용이나 환경보전을 위한 정보교류와 공동조사활동 등의 수행을 목적으로 한다.

지역적 환경협력방안은 대략 다음 몇 가지가 있을 수 있다. 첫째, 서유럽국가들이 체결한 육상기인 **해양오염을 규제하기 위한 협약(파리협약)**과 광역월경대기오염협약과 같은 분야별 행동을 취하도록 하는 협약을 체결하는 것이다. 이러한 방안이 가장 실효적임은 두말할 나위가 없다. 그러나 이는 정치적·문화적 및 경제적 동질성을 갖고 있는 서유럽 국가에서나 가능한 것이고 이러한 협력체제를 동북아 국가들이 당장 채택하는 것은 무리라고 생각된다. 둘째, 인접한 국가 간 포괄적인 환경협력을 유지하는 것이다. 미국과 캐나다, 그리고 미국과 멕시코 사이의 예를 들 수 있는데, 이러한 모델을 동북아 국가들이 채택하는 것도 이 지역 국가 간의 관계가 아직은 이러한 포괄적인 체제를 이룰 정도가 되지 못하기 때문에 역시 아직은 무리라고 판단된다. 셋째, 환경과학기술 분야에 국한해서 협력체제를 구축하는 것이다. 미국과 일본, 그리고 미국과 소련 사이의 협조체제가 대표적인데 동북아 지역에서는 일본이 그 우수한 기술력과 경제력을 배경으로 이러한 체제의 수립을 선도한다면 충분히 가능할 것으로 생각된다. 넷째, 우선 지역 내의 국가들이 초보적인 협력체제를 구축하는 것이다. 이 점에 있어서는 아세안 국가들이 1978년 이후 운영해 오고 있는 ASEP(ASEAN Environment Program)가 참조될 수 있다. ASEP는 구체적이고 구속적인 활동을 하고 있지 않으며 조사 연구 등에 치중하고 있으나 이러한 초보적인 활동이 이후에 광역 대기오염이나 해양오염 등의 현안문제를 다루는 것은 가능한 것이다. 위의 예에서 보건대 동북아 지역에서 당장 가능한 것은 마지막 범주의 협력체제라고 생각된다. 이러한 기구는 한국, 일본, 중국뿐만 아니라 소련과 북한도 가입하도록 유도해야 하며, 환경정보의 교환과 환경감시체제의 운영 등의 협력사업을 수행해야 할 것이고 더 나아가서 지역의 현안 문제를 다룰 수 있는 포괄적인 협력체가 되어야 할 것이다.

동북아 지역의 지리적 자연적 여건을 고려할 때 역내 국가 간의 환경협력 필요성은 오래 전부터 제기되어 왔으나, 1980년대 후반까지 지속된 역내 국가 간의 냉전체제는 지역 환경협력의 당위성을 외면하였다. 그러나 1990년대 초에 이루어진 한·소 간 및 한·중 간의 수교를 계기로 역내 국가 간의 협력을 위한 정치적 여건이 조성되었다. 1992년 브라질 리우에서 개최된 유엔 환경개발회의는 동북아 국가 간의 양자 및 다자 차원의 환경협력 논의에 커다란 자극제가 되었다. 리우회의를 전후하여 동북아 국가 간의 환경관계 자료교환 등 협력 필요성에 대한 논의가 한국과 일본을 중심으로 중국, 러시아, 몽골을 포함한 역내 환경전문가들 간에 진행되었다. 또한, 동북아 지역 국가 간의 해빙무드를 주시한 유엔 환경계획은 1991년부터 동해 및 황해의 오염방지를 목적으로 하는 '북서태평양 환경보전 실천계획'을 추진하였다. 이어 1993년초에는 우리나라의 제의로 ESCAP이 주관한 '**동북아환경협력을 위한 고위급회의**'가 한국, 일본, 중국, 러시아, 몽고 등이 참가한 가운데 서울에서 개최되었다. 이와 동시에 동북아 국가 간에 양자 차원의 환경 협력협정 체결을 위한 교섭활동이 활발히 전개되었다.

동북아 환경협력은 1990년대에 들어와 역내 국가들의 필요성에 따라 적극 추진되기 시작하였으며, 냉전체제 종식에 따른 동북아 역내 긴장 분위기 해소가 촉매역할을 하여 다양한 협력이 전개되었다. 그동안 추진해 온 구체적인 협력사항을 정리하면 크게 다자 차원의 협력과 양자 차원의 협력으로 대별할 수 있다. 다자 차원의 협력은 동북아 역내 국가가 공동으로 참여하는 협력의 형태로써 추진주체에 따라 세 가지로 분류할 수 있다. 첫째, ESCAP 및 APEC 등 기존 역내 정부 간 기구를 중심으로 한 아태 지역협력 내 소지역 차원에서의 환경협력을 들 수 있다. 둘째, 상설 정부 간 협의체 구성을 목적으로 하는 역내 국가 간 정례 정부 간 회의를 통한 협력 추진을 들 수 있으며, 이러한 범주에 속하는 것으로 동해 및 황해의 해양 보전을 위한 '**북서태평양 보전 실천계획 (NOWPAP)**'과 해양을 제외한 대기 등 포괄적 환경협력을 목적으로 하는 '**동북아 환경협력을 위한 고위급회의(NEAREP)**'가 이 범주에 속한다. 셋째, 환경담당 부처 간 또는 전문가 간 협력의 형태로서 대개 정보 및 정책공유를 위한 포럼 (Forum) 형식으로 전개되고 있다. 양자 차원의 협력은 정부 간 양자 환경협력협정 또는 환경담당 부처 간 약정 체결 형식으로 진행되며, 주기적으로 공동위원회를 개최하여 협력사업을 선정, 이행하고 있다. 우리나라의 경우 한-중 및 한-일 환경협력 협정을 체결하여 양자 간 환경협력 공동위원회를 통하여 협력사업을 추진하고 있다.

위와 같이 동북아 환경협력은 다양한 채널을 통해 진행되고 있으나, 양자 차원의 협력과 다자 차원의 협력 간 유기적 연계 부족 및 중심 추진 체계 부재로 인해 아직 본격 궤도에 오르지 못하고 있는 실정이다. 이처럼 동북아 환경협력이 부진한 이유는 역내 국가의 경제발전 정도의 상이 및 정치구조의 이질성으로 협력 추진의 기본 바탕이 약한 점과 더불어 지역협력 사업에 참가하고 있는 국가 간 사업 추진 예산 확보 방안과 사무국 등 상설 협력메커니즘 구축

시기나 절차 등 방식에 대한 합의가 이루어지지 않고 있는 점을 들 수가 있다. 여타 지역과 비교하여 다소 늦게 협력을 위한 논의가 시작되었다는 점을 감안할 때 앞으로 동북아 환경협력은 관련 논의나 회의를 통해 점차 발전되어 나갈 것으로 전망된다.

표 16 지역적(동북아: 한-중-일) 환경협정

	일본(선진국)	한국(선발개도국)	중국(개도국)
동북아 환경협력 (1993~)	지역의 환경오염실태 파악, 특히 이동성 오염문제 공동조사. 환경보전을 위한 동등한 책임과 의무. 개도국에 대한 재정원조 및 기술이전 창구역할 부인. 환경오염조사 〉 환경기술이전	중국의 주장인 환경기술이전을 비롯한 기술협력에 동조. 일본의 주장인 환경오염에 대한 공동조사를 비롯한 환경관리 협력. 선진국인 일본과 개도국인 중국 간의 입장 차이를 조정, 협력 도모. 환경오염조사 = 환경기술이전	중국의 오염물질에 의한 일본과 한국의 피해 부정. 동북아지역의 환경실태 조사보다는 실질적 환경 기술이전이나 재정지원 등의 방안모색 희망. 환경오염조사 〈 환경기술이전
한일 환경협력 협정 (1993~)	중국이 유발하고 있는 이동성 대기 오염물질의 피해국으로서 피해문제에 대한 공동조사를 통한 진상규명. 환경기술이전 및 지식 교류.		
한중 환경협력 협정 (1993~)		환경정보·기술·경험의 교환. 환경영향공동평가와 인사교류.	

양자 간 환경협력은 주로 정부 간 환경협력협정 체결과 같은 제도적 기반하에 이루어지며 협력 사업선정 등 정책 협의를 위하여 주기적으로 공동위원회를 개최한다. 주요협력형태로는 대기, 해양, 수질, 토양, 폐기물 등 제반 환경분야에서의 전문가 교류와 공동연구 및 협력사업, 그리고 정보교환 등이 있다.

다자 차원의 환경협력은 동북아 역내 국가가 공동으로 참여하는 협력의 형태로써 추진되고 있는데 그 주요한 추진 주체는 크게 두 가지로 하나는 **아태경제사회이사회**(Economic and Social Commission for Asia and the Pacific; ESCAP) 및 **아태경제협력기구**(Asia-Pacific Economic Cooperation; APEC) 등 기존 역내 정부 간 기구를 중심으로 한 아태지역 내 소지역 차원에서의 환경협력이며 다른 하나는 상설 정부 간 협의체 구성을 목적으로 하는 역내 국가 간, 정례 정부 간 회의를 통한 환경협력이다.

　동북아 역내국가 간 정례 정부 간 회의를 통한 환경협력의 대표적인 예로 **북서태평양 보전 실천계획**(NOWPAP)이 있다. 한국의 발의로 UNEP는 1989년 한국, 중국, 일본, 북한 및 러시아와 동해 및 황해 해양보전과 해양오염방지 협력을 목적으로 하는 '**북서태평양지역 해양보전계획**' 사업을 추진키로 하였다. UNEP의 지역해양보전계획은 1974년부터 해양오염통제 및 해양·연안의 자원관리를 위한 지역적 접근의 일환으로 추진되었으며 지중해, 카리브해 등 전 세계 해역에서 시행 중에 있다. 동해와 황해의 오염방지와 해양환경보전을 목적으로 동북아 국가 간에 추진하고 있는 '**북서태평양 보전 실천계획**'은 1994년 9월 서울에서 제1차 정부간 회의를 개최하여 데이터베이스 구축 등 5개 우선 사업분야 선정 및 협력추진을 위한 재정·제도적 조치 등을 포함한 실천계획을 채택한 데 이어 1996년 11월 일본 동경에서 제2차 정부 간 회의를 개최하여 5개 우선 사업분야에 대한 구체 사업계획과 1997~98년간 약 40만 달러의 사업예산을 확정함으로써 1997년부터 세부사업을 착수할 수 있게 되었다. 한편, 한국은 연근해에서의 선박사고 등에 의한 유류오염사고가 증가하고 있음을 감안, 유류오염 방제협력사업의 세부사업조정 및 회원국 간 협력을 촉진하기 위한 **지역활동센터**(Regional Activity Center) 유치의사를 표명하였다. 이러한 NOWPAP의 목적은 동해 및 황해의 오염방지 및 보전을 위한 역내 국가들 간의 공동 대처이며, 그 참가국 및 기구는 남북한, 일본, 중국, 러시아 및 UNEP (주관기구)이다. 그러나 북한은 단 한 차례 실무협의를 제외하고는 NOWPAP 회의에 현재까지 불참해 오고 있다. 북한이 대상지역의 주요부분을 구성하고 있음을 감안, UNEP 및 NOWPAP 회원국들은 북한의 참여를 위해 노력 중이다.

환경 NGO

환경 NGO의 역할

▶ 환경 NGO 활동 내용은 다음과 같다. 첫째, 정책 연구와 개발이다. 아마도 NGO 참여의 주요한 이점은 정책 옵션에 관한 정보이고, 국가는 최소의 비용으로 정책정보와 연구를 극대화할 수 있다. 둘째, 국가의 준수 여부 감시이다. 주권 원칙이 국내문제 개입의 장애물이라서 일국은 다른 국가 및 국제기구에 의한 그들의 국경 내 정보수집에 저항한다. 거의 모든 국제환경협정과 많은 다른 국제협정이 국가 자체 보고에 의존하고, 적절한 보고의 부재는 주요한 문제를 야기한다. NGO가 국가 행태에 관한 정보수집의 대안적인 루트가 될 수 있다. 셋째, 경보이다. NGO는 조약준수와 관련하여 국가의 행위를 감시하는 반면에 그들은 또한 협상 시 국가대표단의 행위를 감시한다. NGO는 대표단의 행태를 감시하고 정부 당국자에게 그들이 얻은 정보를 알리고자 하는 동기를 가진다. 넷째, 협상 보고이다. 대규모의 다자 간 협상과정에서 대표들은 진행 중인 모든 사항을 파악할 수 없다. NGO는 일일보고서들을 제공함으로써 정보홍수의 문제를 경감한다. 다섯째, 국내신호 강화이다. NGO는 각기 다른 국가들에 의해 취해지는 입장과 행태를 학습한다. NGO 접근은 특정한 정부로 하여금 국내집단에 상황을 넌지시 알릴 수 있도록 한다. 협상이 난관에 봉착할 시 NGO는 타협점을 제시하기 위해 정책 연구개발을 개시하고, 고집스런 국가들을 회유하고, 그럼으로써 윈셋(협상타결가능성)을 확장한다. 환경 NGO는 대다수의 선진국에서 강력한 국내 행위자이다. 미국에서 12개의 주요 환경 NGO는 거의 1,100만 명의 회원을 확보하고 있다. 이들은 중산층 유권자이며 정치적 의식이 뚜렷하다.

▶ 서구의 환경운동은 19세기 말부터 본격적으로 조직화되기 시작하였으며 일반 대중들이 "자연 그대로를 지키자"는 운동이었다. 또한 역사적 유물이나 도시 조형의 예술적 전통미를 수호하는 운동과 미학적으로 바람직하지 못한 공공건물과 싸우는 시민운동 등도 20세기 초에 조직되었다. 미국에 있어서의 실질적인 환경운동은 1960년대부터 시작되었다고 볼 수 있다. 환경운동은 1960년대의 반전운동, 인권운동 등 정치사상적 변혁과정을 거치면서 정치적인 규칙을 갖추게 되었다. 환경에 대한 대중들의 높아진 의식과 더불어 기술적으로도 발전하기 시작한 환경단체들은 1970년대에 이르러 국가의 환경법 입안에까지 지대한 영향을 미치게 된다. 그러나 1980년대에 들어서면서부터 레이건과 부시 대통령의 환경에 대한 보수적인 태도는 오히려 환경운동의 암흑기를 잉태했고 환경정책에서도 오히려 후퇴를 가져왔다. 1990

년대에 들어와서는 오존층 파괴, 지구온난화, 열대림 파괴 등의 범지구적 환경문제에 대하여 언론과 대중들이 새로이 그 심각성을 인식하게 되었고, 미국의 클린턴 전 대통령과 고어 전 부통령의 환경문제에 대한 깊은 관심 그리고 세계 환경회의 등에 힘입어 미국의 환경운동은 다시 꽃피게 되었다.

▶ Greenpeace International은 서구의 대표적인 환경 NGO로 네덜란드에 국제 본부를 두고 있다. 그린피스는 전 세계 약 3백만 명의 회원을 두고 활동하고 있는 대표적 환경 NGO이다. 그린피스의 태동은 1971년 9월 15일, 미국이 알래스카 연안 암칫카섬에서 시행할 핵실험을 막기 위해 캐나다의 반전운동가, 사회사업가, 대학생 등 12명이 낡은 어선을 타고 그 섬으로 향해 떠난 것으로부터 시작되었다. 그린피스의 활동 영역은 그동안 크게 넓혀져 왔다. 현재 가장 중요한 사업은 크게 지구온난화·독성물질·핵·해양·유전자조작·삼림 문제 등으로 나뉜다. 그린피스가 일구어낸 대표적인 성과는 1971년 알래스카에서 벌어진 미국 지하 핵실험 저지 등이다.

▶ 한국의 환경문제에 대한 관심은 대체로 자연보호 차원에서 시작하여 급속한 경제성장과 개발에 따른 환경오염과 환경악화에 의해 증대되어 왔다. 한국 환경운동은 1960년대의 공해피해자들을 중심으로 한 보상운동에서 그 출발점을 찾을 수 있다. 이 시기의 환경운동은 공단지역 주변이나 대도시에서 환경파괴와 환경오염으로 인해 직접적인 피해를 입은 당사자들이나 입을 주민들의 피해보상과 생활대책을 요구하는 생존권적 투쟁으로 자연발생적이고 비조직적인 형태로 국지적으로 전개되었다. 따라서 당사자들 외에는 환경문제에 대한 관심이 크게 확산되지 않았기에 특정지역 중심의 소규모 운동일 수밖에 없었다. 경제개발정책에 따라 산업화가 본격적으로 진행되었던 1960년대와 1970년대에서부터 이미 환경오염으로 인한 공해피해가 속출하기 시작했으나 이를 사회적인 차원에서 운동의 형태로 문제를 삼기에는 경제발전에 의한 수혜욕구가 환경보존에의 필요성 또는 환경권에 대한 인식에 우선함으로써 환경문제가 사회적으로 크게 주목받지 못했다. 1980년대부터는 본격적인 전문 환경 NGO가 출현하여 보다 조직적인 환경운동을 전개하기 시작하였다. 특히 1980년대 후반기에는 정치적·사회적 민주화 분위기 속에서 환경 NGO들이 상당히 빠른 속도로 증가하기 시작하였다. 이 시기에는 환경오염의 피해가 보다 커지고 피해의 범위도 전국적인 차원으로 확대되자 환경문제가 사회적으로 중요한 이슈로 등장하게 되었다. 이에 따라 직접적인 피해보상을 요구하던 이전 시기의 일시적인 환경운동과는 달리 공익보호 차원에서 본격적인 의미의 환경운동이 전개되었다. 1980년대 후반부터는 또 다른 유형의 환경운동 형태도 활성화되었다. 기존의 시민단체, 종교단체, 소비자단체 및 각종 직능단체 등이 그들의 주요 사업의 하나로 환경운동을 수용하여 추진하였다. 이들은 음식물 쓰레기 줄이기, 대중교통 이용하기, 물 아껴 쓰기, 과소비 추방운동 등 일상생활 속에서 보다 실천

적인 형태의 환경보전운동을 전개하였다.

환경 NGO의 역할에 대한 의견

▶ 상호의존 시각

국제 환경문제를 해결함에 있어 환경 NGO의 역할은 지대하다고 할 수 있다. 환경 NGO는 국가 이익을 최우선으로 하는 개별국가들이 상호협력할 수 있도록 장을 마련하는 데 중요한 역할을 한다. 지구촌을 형성하는 데 NGO는 중요한 행위자이며, 특히 공동의 노력 없이 해결이 불가능한 국제 환경문제 해결에 있어 환경 NGO는 필수불가결한 존재이다.

▶ 종속 시각

환경 NGO는 국제사회에서 선진국의 입장을 대변하는 대리 기관에 불과하다. 환경 NGO는 환경보호를 주장하면서 개도국의 경제개발에 따른 환경파괴를 비난하고 경제적 압박을 가한다. 환경 NGO는 환경보호를 이유로 한 통상규제 등 개도국의 경제발전에 장애물이 되는 주장을 한다.

▶ 국가주의 시각

국제사회에서 환경 NGO의 역할은 제한적이다. 환경문제를 포함한 국제사회의 제 문제를 해결하는 데 NGO 활동 정도는 개별국가의 인정 여부에 달려 있는 것이다. 선진국은 자국에 유리한 방향으로 환경 NGO를 활용하고자 하나, 실제 세계에서는 이러한 국가이익을 뛰어넘는 활동을 하는 환경 NGO들이 있고 이들은 NGO 본연의 임무를 하고 있다. 그럼에도 불구하고 국가의 승인 여부가 그 활동 범위와 영향력을 결정한다는 점에서 환경문제 해결에 보조적인 역할을 수행한다고 할 수 있다.

✎ 평가하기

1. 그린라운드의 논의 배경으로 거리가 <u>먼</u> 것은?

① 국가 간 상호의존성의 증대로 다자 간 협상의 틀이 마련되었다.
② 국가 간 통상 경쟁의 심화로 새로운 보호주의 수단을 모색하게 되었다.
③ 세계무역의 관심은 무역 자체에 관한 논의에 머물러 지속적인 갈등의 모습을 보이고 있다.
④ 세계무역의 관심은 무역 자체에 관한 논의로부터 무역에 영향을 미치는 관련 요인, 즉 환경기준, 노동기준, 경쟁조건 등으로 옮기게 되었다.
⑤ 자유무역체제 출범과 함께 선진국들은 자국 산업을 보호하고 기업의 경쟁력을 확보하기 위한 수단으로 환경, 노동, 경제정책 등에 관한 국제규범의 강화를 모색해 왔다.

해설 세계무역의 관심은 무역 자체에 관한 논의로부터 무역에 영향을 미치는 관련 요인, 즉 환경기준 등으로 옮기게 되었고, 그린라운드는 이를 논의하기 위한 다자 간 환경협상인 것이다.

정답 ③

2. 교토의정서에서 말하는 배출권거래제도(Emission Trading)란 무엇인가?

① 선진국인 A국이 선진국인 B국에 투자하여 발생된 온실가스 감축분의 일정 분을
  A국의 배출저감 실적으로 인정하는 것
② 선진국인 A국이 개도국인 B국에 자본과 기술을 투자하여 얻은 온실가스 감축 분
  을 개도국의 감축 실적에 반영하는 것
③ 선진국인 A국이 개도국인 B국에 자본과 기술을 투자하여 얻은 온실가스 감축 분
  을 투자국의 감축 실적에 반영하는 것
④ 온실가스 감축의무 국가에 대해 배출쿼터를 부여한 후, 배출량이 쿼터량보다 많
  은 경우, 차이만큼을 국가 간 거래를 허용하는 것
⑤ 온실가스 감축의무 국가에 대해 배출쿼터를 부여한 후, 배출량이 쿼터량보다 적
  은 경우, 차이만큼을 국가 간 거래를 허용하는 것

해설 ①은 공동이행(Joint Implementation)제도, ③은 청정개발체제(Clean Development Mechanism)
를 말한다.   **정답** ⑤

3. 환경 NGO의 활동 내용으로 거리가 먼 것은?

① 협상 보고
② 조약 체결
③ 유사시 경보
④ 정책 연구와 개발
⑤ 국가의 준수여부 감시

해설 국제환경조약은 일반적으로 국가에 의해 체결된다.   **정답** ②

정리하기

1. 그린라운드의 핵심적 논의 내용은?

전 세계적인 자유무역의 실현을 위한 **우루과이라운드(UR)**가 타결된 후, 1995년 1월 **세계무역기구(WTO)**체제의 출범과 함께, '**그린라운드(GR)**'라는 다자 간 환경협상이 대두되었다. 앞으로 환경문제의 국제화는 더욱 빠른 속도로 진행될 것이며, 우리의 경제에도 많은 영향을 미치게 될 것이다. 환경-통상 갈등의 발단은 여러 국가들이 국내적 환경규제를 자국 산업의 보호를 위한 비관세장벽으로 활용하려는 데 있다. 환경기준은 그 국가가 처한 사회적, 경제적, 기술적 여건에 따라 다를 수밖에 없음에도 불구하고 많은 국가들이 자국의 국내 환경기준을 수입품 등 모든 상품에 일방적으로 적용하려 하고 있다. 특히 국가 간 환경통제기술의 차이가 심각한 경우 이러한 움직임은 기술수준이 낮은 국가에게는 치명적인 문제가 될 수 있다. 환경 관련 통상규제는 향후 더욱 강화될 전망인데, 그 이유 중의 하나는 국제경제관계에서 무역의 비중이 점차 높아지면서 국제수출경쟁이 치열해지는 추세에서 기업들은 그 생존을 위해 불공정 요인을 찾게 되고 이에 국가 간의 환경기준의 차이를 그러한 불공정 요인에 포함하게 된다는 것이다. 다른 하나는 국제환경문제의 해결에 있어 국가 간의 협력은 불가결한데 환경문제의 중요성에 대한 인식이 제고됨에 따라 비협조국에 대한 제재수단으로서 통상규제가 강화될 것이라는 점이다.

2. 기후변화 레짐이란 무엇인가?

기후변화 레짐은 지구온난화를 야기하는 온실가스 배출을 감축하기 위해 1992년 6월 브라질 리우 유엔환경정상회의에서 채택되고 1994년 3월 발효되었다. 180여 개 국가가 참여하고 있고, 우리나라는 1993년 12월 47번째로 가입하였다. 기후변화 레짐은 전문과 26개 조항 및 2개의 부속서로 구성되어 있으며,

대기 중의 온실가스 농도 안정화를 그 목적으로 규정하고 이를 위한 구체적인 온실가스 배출을 부속 의정서에서 규정하였다. 온실가스 배출 감축의 의무를 규정한 교토의정서와 관련하여 한국은 2002년 10월 국회 본회의에서 기후변화 레짐에 관한 동 의정서를 비준하고 11월 8일 코피 아난 유엔 사무총장에게 기탁함으로써 교토의정서 비준국으로 온실가스 배출량을 줄이려는 국제적 노력에 동참하게 됐다. 그 이후 기후변화 레짐은 국가 간 이해관계의 충돌 및 미국의 협약 탈퇴 등 수차례의 난항을 겪어오다가 오늘날 자발적 감축 목표 준수를 기조로 하는 새로운 단계에 접어들게 되었다.

3. 국제사회의 대표적인 환경 NGO인 그린피스 인터내셔널은 무엇인가?

그린피스 인터내셔널(Greenpeace International)은 서구의 대표적인 환경 NGO로 네덜란드에 국제 본부를 두고 있으며, 전 세계 약 3백만 명의 회원을 두고 활동하고 있다. 그린피스의 태동은 1971년 9월 15일, 미국이 알래스카 연안 암칫카섬에서 시행할 핵실험을 막기 위해 캐나다의 반전운동가, 사회사업가, 대학생 등 12명이 낡은 어선을 타고 그 섬으로 향해 떠난 것으로부터 시작되었다. 그들은 핵실험을 막는 것이 '**미국을 녹색 평화화**'하는 것이며, '**우리 아이들의 환경과 인류 미래 세대를 위한 것**'이라고 선언했다. 몇 명의 회원들이 두 번의 항해 끝에 미국 핵실험을 저지하는 데 성공하면서 '**그린피스**'라는 이름은 세계에 널리 퍼져갔다. 그린피스의 활동 영역은 그동안 크게 넓혀져 왔다. 현재 가장 중요한 사업은 지구온난화·독성물질·핵·해양·유전자조작·삼림 문제 등으로 크게 나뉜다.

국제정치경제 이슈 4: 국제 노동

 ## 사전 학습(핵심 용어 정리)

용어	뜻
블루라운드 (Blue Round)	블루라운드는 노동기준과 통상을 연계시키기 위한 것으로, 국제적인 노동기준을 설정하여 이 기준에 미달하는 국가의 상품에 대해서 통상규제 조치를 취하려는 다자 간 노동협상을 말함.
고용허가제	외국인 근로자들을 내국인 근로자들과 다름없이 동등하게 대우하도록 한다는 것으로, 이를 위해 내국인 근로자와 마찬가지로 노동관계법을 적용하고 체불임금 등 인권침해에 대한 단속 강화방안도 포함시킴.
노동의 세계화	자본의 세계화에 대칭적인 개념으로 국가 간 노동력의 자유로운 이동을 일컬음. 국가 간 소득격차를 가져오는 두 측면, 즉 자본과 노동의 세계화 중 국제적 노동이동성의 제약은 선진국과 개도국 간 빈부격차를 더욱 심화시킴.

◎ 주제

국제노동(labor) 문제를 국제정치경제 시각으로 살펴볼까요?
BR이란?
이주노동자 문제를 살펴봅시다!
노동의 세계화, 노동력의 국제적 이동문제를 살펴봅시다!

◎ 학습 목표

1. 국제노동의 현안 의제를 파악할 수 있다.
2. 우리나라가 당면한 국제노동 관련 의제를 이해할 수 있다.

◎ 학습 목차

1. 블루라운드(Blue Round) 논의에 대한 이해
2. 이주노동자 및 노동의 세계화에 대한 논의

I. 블루라운드(Blue Round) 논의에 대한 이해

1. 블루라운드(Blue Round)의 현황과 전망

블루라운드는 노동기준과 무역을 연계하기 위한 것이다. 기본적 인권과 관련하여 모든 나라가 준수해야 할 일정한 노동기준이 있어야 한다는 것이다. 개발도상국들이 저수준의 노동기준하에서 생산한 상품을 수출하는 행위를 사회적 덤핑으로 간주하여 이러한 불공정한 행위를 무역제재의 수단을 통해 시정해야 한다는 것이다. 선진국들은 자신들의 심각한 실업문제가 개발도상국이 싼 임금으로 만든 상품 때문에 생겨난 것으로 인식한다. 개도국의 빈약한 노동기준에 대해 통상규제를 가할 수 있다면 자국 상품의 경쟁력이 살아나고 고용도 증대될 수 있다는 발상에서 계속적인 문제를 제기하고 있다. 국제적인 노동기준을 설정하여 이 기준에 미달하는 국가의 상품에 대해서는 통상규제 조치를 취하고자 하는 것이다. 개도국들은 아동노동 및 죄수노동 금지, 결사의 자유보장 등 인도적 차원의 명분을 내세운 선진국들의 주장을 개도국의 저임금 경쟁력을 겨냥한 위장된 보호주의라고 반박한다. 노동기준에 관한 문제는 ILO에서 논의될 내용일 뿐이라는 것이다.

국제적 노동기준은 국제적으로 근로조건과 노사관계를 지배하는 규율이다. 구체적 내용으로는 강제노동 금지, 아동노동 금지, 결사의 자유, 단체교섭권과 같은 기본인권에 관한 사항과 최저임금제, 최대 근무시간 제한, 작업장의 위생 및 안전과 같은 경제적 후생 수준과 관련 있는 근무여건에 관한 사항 등을 포함한다. 하지만 노동기준의 준수를 강제할 법적 제도적 장치는 미흡한 실정이다. 무역과 연계시킬 수 있는 노동기준에 대해서 국제사회의 구체적인 합의 도출이 부재한 것이 현실이다. 여기서 ILO의 결사의 자유, 단체교섭권, 강제노동 금지, 아동노동 금지 등은 1995년 3월 덴마크 코펜하겐에서 개최된 세계사회개발정상회의에서 핵심적 노동기준으로 인정되었다.

국제적 노동기준의 효과는 부정적이다. 노동기준의 설정 여부와 관계없이 노동기준은 노동 시장에서 내생적으로 결정되기 때문이다. 단체교섭제도나 노동관행은 국가마다 고유한 성격이 있다. 개도국에 광범위하게 존재하는 아동노동은 아무리 노동기준을 인위적으로 설정한다고 하더라도 해결할 수 없다. 강제노동은 강제적으로 노동을 해야 하는 근로자가 효용극대화를 추구할 수 없고 또한 직업선택의 자유를 가지지 못하기 때문에 자원배분을 왜곡시켜 경제적 효율성의 손실을 발생시킨다. 노동기준에 대한 보호수준이 다른 국가 간의 경쟁은 특히 고기준의 국가와 저기준의 국가가 직접 경쟁하는 부문에서 선진국에게 불리하게 작용될 수 있다는 점이 지적된다. 이는 과도하게 낮은 노동기준이 특별한 비교우위를 창출하고 이것이 수출을 자극하고 외국인 직접투자의 유입을 가져온다는 믿음에 근거한다.

세계에서 노동의 기준을 명확히 정한 것은 아니지만 어느 정도 인권의 측면에서 노동의 기준을 정하고 있다. 예를 들어, 결사의 자유의 보장과 단체교섭권, 강제노동의 금지 및 아동노동의 폐지를 이야기할 수 있다. 이들을 정리하여 나열해 보면, ① 결사의 자유 및 단체교섭권, 즉 노동자들이 자신의 선택에 따라 조직을 결성하고 사용자들과 자유롭게 그들의 노동조건을 협상할 수 있는 권리, ② 예속노동과 아동노동에 대한 착취적 형태와 아동들의 건강과 안전을 심각한 위험 속에 몰아넣는 아동노동 형태의 철폐, ③ 노예 및 의무적 형태의 강제노동 금지, ④ 고용에서의 차별금지, 즉 모든 노동자들이 동등한 대우를 받을 수 있는 권리로 나누어볼 수 있다.

국제노동기구(ILO)는 국제 노동 기준을 만들기 위한 기구이다. 그리고 ILO의 조약은 다른 일반 조약들과 마찬가지로 가입을 하고 그 조약을 인준하는 절차를 통해서 효력을 가지게 된다. 즉, 국내법으로 수용하는 것이다. 이 노동의 기준은 기본 인권, 고용, 사회정책, 노동행정, 노사관계 등으로 구분할 수 있다. 먼저 기본적 인권을 보면, 이는 노동자들이 자유롭게 노동조합에 가입하거나 자신을 대표하는 어떠한 조직에도 가입할 수 있는 권리가 있는 것이다. 그리고 어떠한 종류의 강제노동도 거부할 수 있으며 동일노동의 동일임금을 이야기하면서 인종이나 성에 따른 차별을 받지 않을 권리가 있는 것을 말한다. 두 번째로 고용의 면을 이야기하면, 각 국가는 고용을 원하는 이들은 모두 고용될 수 있도록 고용을 최대화할 의미를 지니고 있다고 정의하고 있다. 뿐만 아니라 장기적인 고용안정을 보장하기 위해서 고용이 종결되는 조건들에 대해서도 말하고 있다. 세 번째 사회정책은 생존을 위해서 최소한의 생존기준의 보장을 이야기하고 있으며 이러한 최저수준의 생존의 향상에도 힘쓸 것을 이야기하고 있다. 게다가 재생산의 부분인 교육 역시도 강조하고 있다. 네 번째 노동행정의 부분은 사회의 주체들을 참여하는 효율적인 행정을 이야기하고 노·사·정이 함께 만나 이야기할 수 있는 공간을 만들기 위해서 국가는 노력해야 한다. 마지막으로 노사관계는 단체교섭과 노동 조건의 대부분을 담고 있으며 노동자들과 사용자들 간의 단체교섭의 점진적 확대를 이야기한다. 노동 조건의 부분에는 최저임금과 여성고용 등 여러 가지를 다루고 있다. 하지만 이러한 ILO의 협약은 그 국가가 이러한 조약을 비준함으로써만 효력을 발휘할 수 있다. 한국은 이러한 ILO의 조약 중 극히 일부만을 수용하고 있다.

UN의 핵심노동기준은 유엔의 몇몇 조항들에 포함되어 있으며 이는 비준국에 구속력을 가지고 있다. 다음은 이러한 조항들의 직접적 원천이다. 첫째, 유엔 경제적·문화적·사회적 권리에 관한 협약에 보면 공정하고 유리하게 일할 수 있는 권리, 사회적 보호와 인간다운 생활을 누릴 수 있는 권리, 교육받을 수 있는 권리를 가지며 이것을 향상할 의미가 국가에게 있다. 이 협약은 노동에서 차별받지 않을 것을 이야기하는 것이고 또한 노동조합이나 자신의 이익을 위한 조직에 가입할 수 있는 권리를 인정하는 것이다. ILO의 협약과 비슷한 모습을 보이고 있다. 둘째, 시민적·정치적 권리에 관한 협약을 보면 생명권, 고문금지, 사상의 자유 등을 포함하고 있다. 그리고 결사의 자유와 강제노동 금지, 법 앞의 평등 등도 이야기하고 있다. 즉, 노예나 강압적인 노동을 금지하고 있는 것이다. 셋째, 아동 권리에 관한 협약을 보면 아동은 특별한 보호를 받을 권리와 건강한 발육을 할 권리가 있다. 이 역시도 ILO의 아동노동금지의 모습과 흡사하다.

OECD는 WTO와 같이 법적 구속력을 가지고 있지는 못하지만 새로운 통상 이슈에 관해서는 회원국들의 합의가 이루어지면 세계적으로 공론화되어 시행되는 곳이다. 여기에서는 경제정책을 비롯한 많은 부분을 함께 이야기하는데 노동 역시 그중의 하나이다. 한국 역시도 OECD에 가입할 당시에 고용노동사회문제연구소에서 제삼자 개입금지와 복수노조의 금지 등이 국제 노동기준에 어울리지 않는다는 문제제기를 했었다. 물론 이러한 권고는 법적 구속력이 없지만 OECD라는 공통의 공유가치가 존재하고 국제적인 신뢰에 의해서 권고를 받아들이게 되고 국제기준의 노동법 역시 받아들이게 된다. 이러한 OECD의 노동기준의 원천은 다국적 기업에 대한 OECD의 가이드라인에서 시작된다. 다국적 기업 역시도 종업원들에게 결사의 자유와 단체교섭권을 부여할 것을 권고하고 노동자대표와 기업의 경영성과에 대해서 함께 이야기할 것 역시도 권고하고 있다. 뿐만 아니라 노동자의 훈련을 담당하고 비차별적 고용정책을 장려한다. 그리하여 다국적 기업이 같은 국가 내에서 다른 기업에 비해 뒤떨어지는 노동기준을 가지지 않기를 권고하고 있다.

노동과 통상의 연계가 UR이나 WTO와 같은 다자 간 통상협상의 의제로 채택되기 힘든 이유는 노동정책은 정부의 입장에서 보면 경제발전의 성격이나 구조를 결정하는 중요한 경제정책이기 때문이다. 근로자의 생계나 복지후생과 관련된 사회정책의 중요한 부분인 것이다. 선진국과 개도국 모두 나라의 경제구조나 발달상황 등이 다르기 때문에 적정한 국제적인 기준을 정하는 것이 어려운 상황이다. 개도국이 선진국 수준으로 정해진 근로기준을 따라야 한다면 개도국의 입장에서는 엄청난 부담이 된다. BR 논의는 미국과 프랑스가 주도해 왔다. 미국은 국내의 통상법을 통하여 근로자의 권리를 보호하지 않는 나라에 대하여 일방적인 보복조치를 취해 오고 있다. 미국은 이러한 법의 제정으로 통상 상대국의 근로자 보호를 주장하고 자유무역보다는 공정무역의 이상을 실현하고자 해 왔다.

2. 블루라운드에 대한 선진국과 개도국의 입장차이

(1) 선진국 입장

첫째, 노동권은 인간의 기본권 중 하나라는 것이다. 하지만 장시간 노동이나 저임금은 이러한 인간으로서의 최소의 권리에 위배되는 행위이다. 게다가 아동노동이나 여성 노동은 착취의 대상이 될 뿐 아니라 인권의 문제이기도 하다. 아동은 육체적으로 그리고 정신적으로 아직 노동을 완전히 소화하기에는 많이 부족하기 때문이다. 더욱이 여성의 노동도 일반적인 노동이 아닌 높은 강도의 노동은 이겨내기 힘들다. 그리고 강제 노동이나 노예 노동은 인간으로서의 노동권이 보장되는 노동이 아니라 힘들게 일만 하는 근로에 지나지 않는 것이다.

둘째, 노동의 사회적 덤핑은 안 된다는 것이다. 개도국에서는 노동조건을 악화시켜 저임금과 장시간 노동을 강요한다. 그 속에서 노동자들에 대한 임금이 감소함으로 생산비는 다른 선진국보다 당연 감소할 수밖에 없다. 이러한 낮은 임금을 통한 낮은 가격을 사회적 덤핑으로 규정한다. 덤핑을 불공정 거래로 인정하는 국제무역체제의 흐름을 본다면 노동 덤핑 역시도 불공정 거래에 해당할 수밖에 없다. 그러므로 선진국은 이러한 불공정 거래에 대한 통상규제는 당연한 것이라고 주장한다.

셋째, 노동덤핑으로부터 자국 산업도 보호해야 한다는 것이다. 노동덤핑 상품이 너무나도 싸게 자국으로 유입된다면 자국의 동종 산업은 많은 영향을 받을 수밖에 없는 상황에서 자국의 산업을 보호하고 육성해야 하는 국가로서는 이러한 무역을 막아야 한다. 그러므로 이러한 노동조건의 악화를 통한 생산에 제재를 가할 수밖에 없다.

(2) 개도국 입장

첫째, 선진국의 보호무역주의 정책에 불과하다는 것이다. 이러한 노동기준을 내세워 통상압력을 가하는 것은 노동조건이 잘 정비되어 있고 노동의 기준이 확립된 선진국에만 유리한 것이다. 뿐만 아니라 개도국이 가질 수 있는 유일한 무기인 낮은 임금·가격에 대한 제재로서 이는 자국만을 위한 보호주의 혹은 선진국들만을 위한 주장에 지나지 않는다.

둘째, 산업혁명기의 선진국을 돌아보자는 것이다. 산업화 초기 단계에 선진국들도 노동자들을 열악한 환경 속에 내몰면서 그들의 경제를 성장시켜 왔다. 엥겔스의 저작 『영국 노동자들의 상태』에서도 알 수 있듯이 산업화 초기의 노동자들은 인간 이하의 대우를 받으면서 노동했다. 그러한 그들의 노동이 결국 지금의 선진국을 만들어 낸 것이다. 지금까지 노동자에 대해 착취를 할 만큼 한 선진국이 지금의 개도국에게 지금의 선진국 노동기준을 적용하려는 것은 불공정한 것이다.

셋째, 자본·기술 모두 없다는 것이다. 일단 노동조건을 향상하면서도 선진국의 동종 산업과의 경쟁을 위해서는 기술의 발전과 많은 자본을 요구한다. 하지만 개도국은 이러한 기술이 완비되어 있지 못하고 자본 역시도 선진국에 비해 많이 뒤처질 수밖에 없다. 이러한 상황에서 공정거래는 불가능하고 이는 선진국의 배불리기에 지나지 않는다.

(3) 선진국과 개도국의 합의 가능성

블루라운드의 논의는 계속되어야 한다. 하지만 블루라운드를 통해서 노동기준에 미치지 못하는 나라에 대해 통상규제를 가하는 것은 앞에서 말한 선진국의 이익만을 위한 것에 지나지 않는다. 통상규제를 가하기 전에 먼저 기술이나 축적된 정보를 개도국에게 무상 지원하거나 자본의 지원이 필요하다. 이는 선진국에서 축적된 노동기준에 대한 정보나 역사, 그리고 많은 이윤을 창출할 수 있는 기술의 이전이 필요하다. 뿐만 아니라 개도국에서 이러한 노동기준을 지키면서 성장을 계속할 수 있는 자본의 투자가 적극적으로 이뤄져야 한다.

1970년대를 거치면서 수입대체 지향적 성장전략을 도모하던 개도국들이 수출 지향적 성장전략으로 선회하자 개도국의 무역규모가 증가하고 선진국 상품과 경쟁적인 개도국 상품 수가 증가하게 되었다. 그와 함께 1980년대에는 국제적 자본이동 및 다국적 기업의 활동이 증가하는 한편 선진국 노동시장에서는 빈부격차가 증가하고 실업률이 높아지는 현상이 목격되었다. 이를 배경으로 비교우위를 확보하고 투자유치를 하기 위한 노동기준의 하향경주가 선진국 빈부격차 확대 및 실업 증가의 원인이라는 인식이 그 사실 여부와는 독립적으로 광범위하게 확산되었다.

이러한 문제 제기로 말미암아 핵심적 노동기준의 준수정도가 다른 국가들의 무역성과, 핵심노동기준의 변화함에 따라 확인되는 무역성과, 산업부문별로 핵심적 노동기준이 다른 국가들이 보인 무역성과, 아동노동이 생산한 재화의 수출가격 분석 등에 대한 실증연구들이 다양하게 진행되었다. 그러나 이들 실증연구들은 노동기준이 낮은 국가들이 수출시장 비중을 높여 고기준의 국가들에게 악영향을 미치고 있다는 주장을 뒷받침해 주는 설득력 있는 증거를 발견하지 못했다. 낮은 노동기준이 비교우위를 낳는다는 실증적 증거가 아직 빈약하여 낮은 노동기준이 불공정한 무역관행이라고 간주할 만한 근거가 취약했던 점은 WTO 협정에 노동기준에 관한 사항이 포함되지 않았던 결정적 이유 중의 하나이다. 1998년 ILO의 '노동의 기본 원칙 및 권리에 관한 ILO 선언(ILO Declaration on the Fundamental Principles and Rights at Work)'을 전환점으로 하여 다자 간 논의과정에서 제재적 성격의 무역과 노동기준 연계논의가 적합하지 않다는 결론이 내려지자 그동안 무역과 노동기준 연계를 주장해 오던 미국은 새로운 접근법으로서 지역무역협정 및 쌍무적 협정에서 국제적 노동기준을 향상시키는 방식으로 전환하였다.

II. 이주노동자 및 노동의 세계화에 대한 논의

1. 국제노동 논의 1: 외국 인력의 국내 유입 배경과 추이

국제노동기구(ILO)는 '세계고용 전망-암울한 청년 노동시장' 보고서에서 전 세계 청년 실업률이 2017년 12.9%로 상승하여 일자리를 찾지 못한 청년이 약 7,500만 명으로 전 세계 실업자의 40%를 차지하리라 진단했다. 청년실업률이 가장 높은 지역은 북아프리카와 중동이다. 2017년 북아프리카의 청년실업률은 26.7%, 중동은 28.4%에 달했다. '아랍의 봄' 때처럼 사회에 불만을 품은 청년들이 언제든 거리로 뛰쳐나올 수 있는 상황이다.

2018년 우리나라의 **실업률(3.8%)**은 OECD 회원국 **평균치(5.3%)**에 비해 좋은 수치다. 2023년 실업률은 2.7%로 개선된 상황이다. 하지만 고용률을 들여다보면 사정이 180도 달라진다. 고용률은 15~64세 인구 가운데 얼마나 많은 사람이 일하는지를 보여주는 지표다. 2023년 말 기준 우리나라의 고용률은 61.7%다. OECD 회원국 **평균(70.1%)**에도 못 미친다. 고용률 지표는 하위권인데, 실업률 지표만 유난히 좋은 건 무엇 때문일까. 직장을 구하지 못해 아예 구직을 포기하는 사람들은 실업률을 계산할 때 빼기 때문이다. 1년에 한두 번 있는 공무원 시험이나 대기업 공채를 준비하는 대졸자, 일할 능력과 의사는 있지만 적극적으로 이력서를 쓰지 않는 주부 등은 실업률 계산에서 제외된다. 이 때문에 실업률 수치만 봐선 고용시장의 맥을 정확히 짚고, 잠재 실업자를 배려하는 정책을 만드는 데 한계가 있다. 이 때문에 실업률 보조 지표를 마련해야 한다는 지적이 그간 끊이지 않았다.

생산의 세계화는 글로벌 차원의 경쟁이 심화되고 있는 현재로서는 피할 수 없는 경향으로 보인다. 국내생산에만 의존하던 한국 전자기업들이 높은 기술과 동남아의 저임금을 결합함으로써 한층 높은 경쟁력을 가지게 된 일본 기업들과 경쟁하기 위해 생산을 세계화하게 되었듯이, 각국의 기업들은 경쟁력 향상을 위해 생산의 투입 요소와 단계들을 국경을 넘어 재조직하고 있다. 그런데 기업의 이익은 국민경제의 이익과 곧바로 등치되지 않는다. 생산이 세계화될수록 국내 제조업이 공동화되고 일자리가 상실될 것이라는 등의 우려가 이를 잘 보여준다. 그러나 생산의 세계화는 고기술-고임금 전략에 있던 선진 자본주의 국가들의 저기술-저임금 전략으로의 **하향평준화(race-to-the bottom)** 혹은 영미식 자유시장 관계로의 수렴을 필연적으로 의미하지는 않는다.

독일의 생산 세계화와 미국의 그것은 방식과 효과에서 상이하다. 미국의 경우 해외생산의 이전과 더불어 기업은 이윤을 낼지 모르지만 국내생산과 일자리는 축소되는 경향을 보여주었다. 반면 독일 주력 산업의 경우는 해외생산과 더불어 국내 일자리는 축소되지 않고 오히려 국내생산이 고기술 고부가가치로 한층 업그레이드되어 왔다. 이러한 차이는 국제분업에서 "수직적 전문화"와

"병렬적 분업"으로 나타나는데, 미국은 후자의 경향을 보여주는 반면 독일의 경우는 지속적인 협력적 파트너십에 의해 국내 업그레이드 전략을 추진함으로써 수직적 전문화, 특히 1990년대 말까지는 국제분업에서 수직적 상품 전문화를 추구하였고 최근에는 수직적 가치사슬 전문화의 경향을 보여준다. 주목할 만한 사실은 이러한 국제분업 전략은 회사 단위의 정치적 투쟁과 타협의 결과라는 것이다. 제도적 조건, 특히 노동조직이 회사 결정에 참여할 수 있는 제도나 문화의 유무에 따라 행위자들이 쓸 수 있는 전략의 범위들이 크게 정해지기도 한다. 그러나 제도가 모든 것을 결정하는 것은 아니다. 독일의 노조와 직장평의회는 회사단위에서 공세적 협상 전략으로 노선을 변경함으로써 전략적 파트너십을 구축할 수 있었다.

외국인 노동자는 생산직 인력난이 심한 노동집약적 업종에 주로 종사한다. 합법 또는 불법취업 외국인 노동자가 늘어나게 된 가장 큰 요인은 우리 경제의 고도성장이 지속됨에 따라 산업인력에 대한 수요가 꾸준히 늘어 왔기 때문이다. 산업이 발달한 대부분의 선진국이 겪었듯이 우리나라도 고임금과 인력부족의 문제를 겪어 왔다. 1980년대 중반 이후 중소업체는 심각한 생산직 인력부족에 시달렸는데 이는 우리의 경제가 성장하면서 한국인 노동자의 3D 직종 취업 기피 현상이 심화되었기 때문이다. 한국 정부는 이러한 문제를 해결하고자 1991년 11월 이후 '해외투자합작투자기술제공과 관련된 산업기술 연수생'을 도입하기 시작했다. 하지만 그후 외국인 노동자 수가 계속 급증하자 1992년 9월부터 미등록 노동자들을 강제 송환하였고 그 공백을 채우기 위해 상공부장관 추천 산업기술연수생 1만 명을 도입하면서, 불법 취업 기도 외국인에 대한 입국 거부를 강화하였다. 1994년 국내 기업들이 중소기업협동조합중앙회를 통하여 외국인 산업 기술연수생을 대규모로 도입하면서, 생산직 인력부족률은 더욱 하락하였고 동시에 외국인 노동자 수도 다시 증가하기 시작했다. 하지만 이와 더불어 미등록 외국인 노동자 수도 증가하였는데 그 원인은 상용근로자 수 10명 미만의 영세업체의 인력난이 심화되었다는 점에서 찾을 수 있다.

국내에서 외국인 노동자가 취업하는 부분은 인력난이 매우 심하다는 공통점을 갖고 있기 때문에 직종 자체의 성격상 일이 고달프고, 노동시간이 긴 것이 대부분이다. 외국인 노동자들에 대한 차별 대우는 '그들에게 부여되는 직무'에 집중된다. 외국인 노동자는 어떤 직종에서 일하든 주변적인 역할을 담당한다. 그들의 직무는 누군가가 반드시 하기는 해야 하지만 생산과정에서 핵심적이 아닌 허드렛일이 많다. 또한 그들은 사용자뿐만 아니라 동료 노동자들로부터도 명령을 받는 위치에 있다. 외국인 노동자들이 직장에서 겪고 있는 문제점으로는 장시간노동, 저임금, 폭행, 괴롭힘, 임금 체불, 열악한 작업조건, 한국인과의 차별, 폭언모욕, 산업재해직업병, 한국인 노동자와의 갈등 등이 있다. 외국인 노동자들이 하는 일이 3D업종으로 특정 지어지는 이상 장시간의 노동과 저임금, 열악한 작업요건과 같은 고충은 사전에 예상된 것일 수도 있을 것이다. 그러나 임금체불과 같은 경우는 회사의 경영 악화 혹은 부도 때문에 발생되기도 하지만 기업주가 악의적으로 '이 사람들은 한국 사람들이 아니다'라는 국경의 장벽을 내세우고, '불법체류자'라는 이유로 법을 거론하기 때문에 발생하기도 한다. 또한 산업재해의 경우는 그들이 종사하는 직종이 워낙 위험하기도 하지만 한국어를 할 수 없다는 점 때문에 빈발하기도 한다. 모든 면에서 외국인 노동자를 내국인 노동자와 똑같이 처우하는 나라는 없으나, 그들의 기본적인 인권은 필히 보장되어야 할 것이다. 즉, 외국인 노동자를 단기적 생산요소로만 간주하지 말고 국제적 민간 교류의 담당자로서 이해하는 자세가 필요하다. 그런 점에서 고용허가제를 도입한 것은 매우 좋은 해결책이라 볼 수 있다.

여기서 고용허가제에 대하여 살펴보면 고용허가제는 우선 외국인 근로자들을 내국인 근로자들과 다름없이 동등하게 대우하도록 한다는 것이다. 이를 위해 내국인 근로자와 마찬가지로 노동관계법을 적용하고 체불임금 등 인권침해에 대한 단속 강화방안도 포함시킨다. 특히 노조 결성과 단체교섭, 단체행동 등 노동 3권을 부여해 사용자에 대한 대항력을 공식 허용한다. 최근 불법체류자들의 가두시위가 심심찮게 발생하는 상황에서 고용허가제 도입 이후 이들의 조직적인 활동도 배제할 수 없는 대목이라 할 수 있다. 그러나 외국인 근로자들의 '눌러앉기'를 방지하기 위해 취업기간을 3년으로 제한했다. 또 국내외의 송출비리를 차단하기 위해 외국 인력의 도입과 취업알선 기능을 산업연수생 제도를 주관하던 민간기구로부터 국가기관으로 옮겼다. 물론 이런 고용허가제 도입으로 많은 어려움이 있는 것도 사실이다. 우선 고용비용 상승을 우려한 중소기업체들의 반발이 있으며, 고용허가제를 실시해도 외국인 근로자들이 불법 체류하는 현상이 해소되지 않는다는 것이다.

우리가 추구하는 미래 사회상은 공존의 가치가 지배하는 세계화된 사회라 할 수 있다. 우리에게 주어진 과제는 내국인 외국인 모두가 자신이 일한 만큼 정당하게 보상받고, 일체의 차별대우를 받지 않으면서, 함께 어우러져 사는 복지 사회를 건설하는 것이다.

2. 국제노동 논의 2: 국가 간 소득불균형의 원인(노동-자본 세계화의 한계)

다보스포럼은 스위스 제네바에 본부를 둔 **세계경제포럼(WEF)**이 1971년부터 매년 스위스의 휴양지 다보스에서 개최하는 토론회이다. 세계 각국 정상과 국제기구 대표 등 정치·경제 분야 거물급 인사와 유력 학자들이 모여 세계경제의 발전 방안 등을 자유롭게 논의하는 민간 회의다. 2012년 스위스 다보스에서 개막한 다보스포럼의 최대 화두는 '**자본주의의 위기와 그 해법**'으로 요약할 수 있다. 이를 상징하듯 포럼 첫날 가장 먼저 열린 세션 제목은 '**자본주의에 대한 토론(Debate on Capitalism)**'이었다. 기업인과 노조 대표 등이 패널리스트로 참석한 이 세션에서는 기업의 도덕적 해이에서부터 21세기 경제 체제에서도 변화를 거부하는 19세기형 정부 시스템, 세계화에도 불구하고 현실에 안주하는 노동계, 중국식 국가자본주의론의 부상 등 난상 토론이 이어졌다.

가장 먼저 포문을 연 것은 버로(Sharan Burrow) **국제노동조합총연맹(ITUC)** 사무총장이다. 그는 "은행의 대마불사와 각국 정부의 암묵적 동의로 서민만 피해를 봤다"면서 "작금의 위기는 금융 업계의 도덕 불감증에서 시작됐다"고 말했다. 그는 "각국 정부가 경기 부양책을 쓰면서 납세자들의 돈을 거둬 은행 부도를 막는 데 썼다"면서 "잘못한 사람들이 아무런 처벌을 받지 않은 채 자본주의 시스템은 (고장 난) 그대로 돌아가고 있어 서민들만 피해를 보고 있다"고 주장했다. 그는 또 "세계 최고 부자 나라인 미국이 최저임금을 올리려 할 때 기업인들이 반대했다"면서 "기업의 소비자인 서민들에게 하루하루 버틸 수 있는 최소한의 지원을 반대하면 세계경제는 더욱더 추락할 것”이라고 경고했다. 라잔 (Raghuram Rajan) 시카고대 교수는 현 자본주의 시스템의 한계를 지적했다. 그는 “자본주의 시스템에 문제가 생긴 것은 급격한 기술 발달과 세계화, 창의적인 기업에 대한 과도한 보상 등이 한꺼번에 어우러졌기 때문”이라고 진단했다. 이 어 그는 “자본주의 체제의 최대 위협은 성장 정체”라면서 “한정된 일자리를 놓고 **노사정(勞使政)**이 사회적 합의를 이끌지 못한다면 자본주의 체제에 대한 불만은 계속될 것”이라고 전망했다. 프랑스의 최대 통신 기업인 알카텔-루슨트의 페르바엔(Ben Verwaayen) 사장은 정부와 금융 시스템의 후진성 문제를 제기했다. 페르바엔 사장은 “우리는 전 세계가 하나로 연결되면서 24시간 경제 체제에 살고 있다”면서 “그럼에도 정부 구조는 1912년에 입안된 형태로, 금융회사는 1950년대 기준으로, 기업은 2011년 기준으로 작동하고 있다”고 주장했다. 즉, 21세기 문제를 해결하는 데에 정부의 역할이 제한적일 수밖에 없다는 것이다.

하지만 세계적인 헤지펀드 회사인 칼라일그룹의 루빈스타인(David Rubenstein) 창업자 겸 회장은 “자본주의 체제는 완벽하지 않다”고 인정하면서도 “자본주의 체제보다 나은 경제 체제는 아직까지 없다”고 단언했다. 보완할 필요는 있지만 폐기할 필요는 없다는 것이다. 특히 자본주의 체제는 소련 붕괴로 공산주의와 사회주의 체제에 완승했다고 지적했다. 루빈스타인 회장은 “자유방임형인 서구식 자본주의가 자칫하면 강력한 국가 개입형의 중국식 **국가자본주의**(state capitalism)에 밀릴 가능성이 있다”고 말했다. 지금까지 서구 정부는 거시경제 정책에 몰두하고 일자리 창출 등 미시경제 정책은 기업이 맡았지만, 자본주의 체제의 위기가 도래하면서 강력한 정부 개입을 요구하는 목소리가 높아지고 있다는 것이다. 이에 대해 라잔 교수는 “국가자본주의를 따라잡는 데는 능숙하지만 새로운 시스템을 창출하는 데는 형편없다”고 반박했다. 이 세션을 관람한 하버드대 **케네디스쿨(행정대학원)**의 엘우드(David Ellwood) 학장은 “자본주의의 위기는 3~4년 전에 이미 도래했지만, 아직 구체적인 해결책이 나오지 않고 있다”고 말했다. 참석자 상당수도 자본주의 시스템에 과부하가 걸렸다고 지적했다.

‘**노동의 세계화**’는 국가 간 소득불균형의 원인과 관련된다. (**자본의**) 세계화 시대에 있어 고려해야 할 소득불균형은 국가 간 소득불균형이다. 선진국을 중심으로 하는 세계화 주도국가와 세계화의 흐름에 동참하지 못한 이른바 한계국가 간의 소득수준 격차가 더욱 확대되고 있음은 이미 본 바와 같다. 최근 국제기구 회의가 있을 때마다 **비정부기구(NGO)**들이 주도하는 격렬한 시위가 빠지지 않는 것은 한 국가 내의 소외된 계층뿐 아니라 소외된 국가의 입장을 대변하는 것으로 볼 수 있다. 신고전파적 경제이론이 주장하는 것은 자유시장경제하에서 빈국은 일반적으로 부국보다 성장잠재력이 크고 따라서 빨리 성장할 수 있기 때문에 국가 간 소득불균형은 점차 해소될 수 있다는 것이다. 경제이론에 따르면 경제성장과 함께 자본은 값싼 노동력을 찾아 부국에서 빈국으로 이동하게 되는 반면 노동력은 임금수준이 상대적으로 낮은 빈국에서부터 임금수준이 높은 부국으로 이동하게 된다. 그 과정에서 **노동비용(임금)**과 **자본비용**(금리)은 부국과 빈국에서 일정한 수준으로 수렴하게 되는 바, 이는 바꾸어 말하면 소득수준이 서로 수렴함을 의미하는 것이다.

결국 경제이론이 주장하는 국가 간 빈부격차 해소의 필연성과 현실의 국가 간 소득 격차 심화 간의 괴리는 어디에서 오는 것인가? 국가 간의 관계는 국내적 차원의 문제보다 더욱 정치적 성격을 강하게 띠는 것이 일반적이다. 소득분배의 문제도 이의 예외가 아니다. 국가 간 소득불균형을 설명하는 요인들은 한 국가 내의 소득불균형을 설명하는 요인보다 정치적 혹은 정치경제적인 성격을 나타낸다. 이는 노동력의 국제적 흐름과 투자자본의 국제적 흐름이라는 두 가지 측면에서 관찰할 수 있다.

부국과 빈국 간 소득수준의 수렴을 주장하는 신고전파 이론이 전제로 하고 있는 것은 국내적으로는 물론 국가 간 노동과 자본의 자유로운 이동이다. 따라서 이러한 생산요소 이동의 국제적 제약에서부터 이론과 현실 간 괴리의 원인을 규명하는 것은 당연하다. 제2차 세계대전을 전후하여 대부분의 선진국은 정도의 차이는 있지만 외국으로부터 자국시장으로의 노동력 유입을 제약하는 조치를 취해왔다. 특히 보다 나은 직업을 추구하는 미숙련노동의 국가 간 이동은 자유롭게 이루어지고 있지 못한 것이 현실이다. 미국의 경우 외국으로부터 유입되는 이민이 최근 증가 추세에 있는 것이 사실이지만 이민을 원하는 많은 사람이 직접적이고도 다양한 제약에 직면하고 있다. 물론 값싼 노동력의 대량 유입은 정치적 불안정을 야기할 수 있고 이를 우려하여 적지 않은 유럽 국가들이 빈국으로부터의 이민 제한조치를 취하고 있다. 그러나 이것이 정치적으로 정당화될 수 있는 조치임에도 불구하고 시장경제와 상품 및 요소의 자유로운 이동을 주장하고 있는 서구 선진국들 스스로가 바로 그 원리의 핵심인 노동의 자유로운 이동을 제한하고 있다는 사실이 개도국의 반발을 야기하는 원인이 되고 있다.

일부 선진국의 경제학자 혹은 정책담당자들은 선진국의 이민 장벽에도 불구하고 이것이 빈국에 미치는 영향이 크지 않다고 주장한다. 그것은 이민에 대한 제약 효과가 자본의 국제적 흐름에 의해 상당한 정도 상쇄될 수 있다는 논리에 입각하고 있다. 개도국의 입장에서 보면 노동력이 선진국으로 이동하는 대신 선진국의 자본이 개도국으로 이동함으로써 비슷한 효과를 달성할 수 있다는 것이다. 그러나 이러한 논리에도 문제가 있다. 즉, 오늘날의 현실이 보여주는 것은 직접투자의 흐름이 경제이론이 제시하듯이 값싼 노동력을 찾아 개도국으로 흐르지 않는다는 것이다. 오늘날 전체 외국인투자의 약 70%는 선진국으로부터 다른 선진국으로 유입된 것이며, 선발개도국 8개국으로의 흐름이 20% 정도를 차지한 반면 나머지 약 10%의 투자자금이 100여 개국의 개도국에 분산된 것으로 나타났다. 세계은행의 통계에 따르면 극빈개도국에 대한 외국인 직접투자는 개도국에 대한 총 투자의 7%에도 미치지 못하고 있다. 이렇게 볼 때 선진국의 시장경제 및 자유화·개방화 주장은 그 이론적 타당성에도 불구하고 현실에 있어서는 매우 선별적으로 적용되어 왔으며, 이러한 환경하에서 오늘날의 세계화 추세는 구조적으로 국가 간의 소득불균형을 심화시킬 수밖에 없다는 결론에 도달한다.

이상에서 설명한 국가 간 소득격차를 가져오는 두 측면, 즉 자본과 노동의 국제적인 흐름에 대한 자연적·인위적 제약은 독립적인 문제가 아니라 상호 연관되어 있다. 특히 선진국에 의한 이민 장벽은 정치적 성격의 문제이며 이로 인한 노동이동성의 제약은 외국인투자자금의 이탈과 결부되어 개도국 빈곤문제의 심각성을 높이고 있다. 정책적으로 선진국의 이민 장벽 완화를 기대할 수 없는 상황에서 생산요소의 자유로운 이동을 전제로 하는 신자유주의적 세계화가 완전한 정당성을 가질 수는 없다. 따라서 세계화의 주체인 선진국들에 의한 신자유주의적 정책의 불완전성을 이해하려는 노력과 동시에 다른 한편에서는 이러한 불완전성을 극복하기 위한 개도국들의 개발전략 수정 노력이 필요하다.

　노동의 세계화에 대한 의견은 세 가지인데, 상호의존 시각은 자본의 세계화가 이뤄지면 선진국의 자본은 자연스럽게 개도국에 흘러들어가서 투자를 하게 되고 고용을 창출하게 되므로 개도국의 경제발전에 기여하게 된다고 한다. 결국 자본의 세계화가 개도국의 경제발전으로 이어지므로 노동의 세계화를 인위적으로 실현한다기보다 시장에 맡기는 것이 필요하다는 것이다. 노동의 세계화는 자본의 세계화에 대한 개도국의 정치적 슬로건일 뿐인 것이다. 종속 시각은 선진국의 세계화 논리대로 선진국과 개도국 간부가 수렴되기 위해서는 자본의 세계화와 더불어 노동의 세계화가 이뤄져야 하나 현실 세계는 이것이 불가능한 상황이라고 한다. 선진국이 자국에게 유리한 자본의 국제적 이동은 실현하면서도 불리한 노동의 국제적 이동은 소극적인 것이 현실이라고 비판한다. 개도국의 입장에서 보면 노동의 세계화는 반드시 실현해야 할 것이며, 경제발전은 이를 통해 가능한 것이다. 양비론적인 국가주의 시각은 노동의 세계화가 개도국의 경제발전을 보증하지 못하며 자본의 세계화 속에서도 자국의 경쟁력을 살리는 것이 중요하다고 주장한다. 개도국의 경제발전 과정에서 선진국 자본을 잘 활용하면 약이 되고 잘못 활용하면 독이 된다. 개도국 정부의 역량에 따라서 경제발전의 여지가 남아 있는 것이다.

생각해 봅시다!

한국 내 이주노동자 문제

이주노동자 문제에 대한 이해

▶ **노동조건과 차별대우:** 국내에서 외국인 노동자가 취업하는 부분은 인력난이 매우 심하다는 공통점을 갖고 있기 때문에 직종 자체의 성격상 일이 고달프고, 노동시간이 긴 것이 대부분이다. 외국인 노동자의 노동조건이라는 자료에 의하면 이들의 하루 평균 노동시간은 10.8시간으로서 이는 국내 제조업 노동자의 하루 평균 노동시간인 8.4시간을 훨씬 초과하는 것이다. 이러한 현

상이 나타나는 이유는 그들이 취업한 사업체에서 장시간 노동이 일반화되어 있는 데다가, 그들이 '돈을 더 많이 벌기 위하여' 잔업을 떠맡아 하기 때문이다. 외국인 노동자들이 직장에서 겪고 있는 문제점으로는 장시간노동, 저임금, 폭행, 괴롭힘, 임금 체불, 열악한 작업조건, 한국인과의 차별, 폭언모욕, 산업재해직업병, 한국인 노동자와의 갈등 등이 있다. 외국인 노동자들이 하는 일이 3D업종으로 특정 지어지는 이상 장시간의 노동과 저임금, 열악한 작업 요건과 같은 고충은 사전에 예상된 것일 수도 있다.

▶ **고용허가제:** 외국인 근로자를 필요로 하는 기업이 직접 외국인 근로자를 뽑아 쓸 수 있도록 하는 제도로서, 정부는 인력제공국가·기관에 한국 근무에 필요한 자격기준(한국어 능력 등)을 제시하고 평가측정을 통과한 외국인 취업희망자 명단을 국내 직업안정기관에 비치해 둔다. 외국인 근로자들은 노동법에 따라 임금과 복리후생 등에서 국내 근로자와 똑같은 신분이 보장된다. 즉, 외국인 근로자들도 산재보험, 최저임금, 노동 3권 등을 똑같이 부여받게 되고 원칙적으로 파업에도 참여할 수 있게 된다. 내국인의 충원이 어려운 제조업·건설업·서비스업 등에 외국인 취업을 허용한다(상대적으로 인력부족현상을 겪는 중소기업에 대하여 외국인 근로자 고용을 우선 허용).

▶ **한국 내 외국인 노동자 문제의 해결방안:** 모든 면에서 외국인 노동자를 내국인 노동자와 똑같이 처우하는 나라는 없으나, 그들의 기본적인 인권은 필히 보장되어야 할 것이다. 즉, 외국인 노동자를 단기적 생산요소로만 간주하지 말고 국제적 민간 교류의 담당자로서 이해하는 자세가 필요하다. 그런 점에서 고용허가제를 도입한 것은 매우 좋은 해결책이라 볼 수 있다. 우리에게 주어진 과제는 내국인 외국인 모두가 자신이 일한 만큼 정당하게 보상받고, 일체의 차별대우를 받지 않으면서, 함께 어우러져 사는 복지 사회를 건설하는 것일 것이다.

▶ **ILO Labor Standards Monitoring Regime:** 이는 다자 간 감시레짐의 확산을 의미하며, 그 존재 의의는 ILO 감시체제의 효과성에 달려 있다. shame이 회원국으로 하여금 레짐 의무사항에 대해 긍정적으로 반응하고 준수하도록 영향을 끼치는 무기이다. 강제수단에 의해 준수를 강요하는 다자 간 감시레짐에 의한 시도는 실패하거나 궁극적으로 비효과적이 되는 경향이 있다. 그러나 레짐은 회원국 기만의 위험에 직면해 있다. 효과적인 감시는 회원국의 준수여부에 대한 감독을 요하고, 위반에 대한 처벌에 대해 긍정적으로 반응하는 정도에 대한 감독을 요한다. ILO가 국가에 가할 수 있는 가장 지독한 처벌은 비난적인 언어이다. 가장 억압적인 정부조차도 정부들은 UN 기구들에 의해 비난받는 것을 좋아하지 않는다. 공식적인 국제적 비난을 피하려고 노력하는 것이다. ILO 회원국은 일상적으로 ILO 감시국에 보고서를 제출한다. 정부, 고용주, 노동자 대표들로 회의가 구성되며, 상호견제협력을 수행한다. ILO 감시레짐은 핵심노동기준의 보편화를 제도화할는지 모른다.

이주노동자 인권에 대한 의견

▸ **상호의존 시각**

이주노동자의 인권은 보장되어야 하며 국가 간 다른 기준을 적용해서는 안되는 것이다. 최소한의 기본적 노동권은 보장되어야 하며 이주노동자를 위한 국제적 노동기준은 마련되어야 한다. 지구촌을 지향하는 국제사회에서 내국인 노동자와 이주 노동자 간에 차별된 권리 보장은 시정되어야 한다.

▸ **종속 시각**

이주노동자의 인권은 선진국에 의해 왜곡되고 있다. 선진국은 자국 국민이 기피하는 3D 업종에 이주노동자를 활용하고 있으며 인권의 사각지대에 그들을 방치하고 있다. 선진국 내에 잔존하는 이중 잣대에 의해 이주노동자의 인권은 유린되는 것이다. 선진국의 전향적인 노동시장 개방과 이민 정책이 요구되는 것이다.

▸ **국가주의 시각**

이주노동자의 인권은 단계적으로 개선될 수밖에 없다. 각국이 처한 현실에 따라 달리 접근할 수밖에 없다. 국제노동기준의 강제는 현실을 무시한 것이다. 개별 국가의 자국 노동자와 이주 노동자 간의 차별을 좁히는 방향으로 노동권 개선이 이뤄져야 한다.

1. 1995년 덴마크 코펜하겐에서 개최된 세계사회개발 정상회의에서 인정된 핵심적 노동기준이 <u>아닌</u> 것은?

   ① 단체교섭권
   ② 결사의 자유
   ③ 강제노동 금지
   ④ 아동노동 금지
   ⑤ 여성노동 금지

해설 여성노동을 금지하는 것은 노동권 침해에 해당하는 것이다.　　　　　정답 ⑤

2. 블루라운드에 대한 선진국의 입장과 거리가 <u>먼</u> 것은?

   ① 사회적 덤핑은 안 된다!
   ② 우리나라 산업도 보호해야 한다!
   ③ 개구리가 올챙이 시절을 생각 못한다!
   ④ 보편적 인권 혹은 인간으로서의 최소 권리다!
   ⑤ 개도국의 노동권 침해를 개선하기 위한 것이다!

해설 ③은 선진국도 산업화 초기단계에서 경험한 것이라는 점을 개도국이 비판한 점이다.
　　　　　정답 ③

3. 블루라운드에 대한 개도국의 입장과 거리가 <u>먼</u> 것은?

　① 기술도 없고 돈도 없다!

　② 문화상대주의에 반하는 것이다!

　③ 개도국의 노동권 개선과 무관하다!

　④ 개구리가 올챙이 시절을 생각 못한다!

　⑤ 선진국의 보호무역주의에 지나지 않는다!

해설 문화상대주의는 블루라운드에 대한 개도국의 입장과 거리가 멀다.　　　　　정답 ②

✏️ 정리하기

1. 블루라운드(BR)란 무엇인가?

블루라운드는 노동기준과 무역을 연계하기 위한 것이다. 기본적 인권과 관련하여 모든 나라가 준수해야 할 일정한 기준의 노동기준이 있어야 한다는 것이다. 개발도상국들이 저수준의 노동기준하에서 생산한 상품을 수출하는 행위를 사회적 덤핑으로 간주하여 이러한 불공정한 행위를 무역제재의 수단을 통해 시정해야 한다는 것이다. 선진국들은 자신들의 심각한 실업문제가 개발도상국이 싼 임금으로 만든 상품 때문에 생겨난 것으로 인식하며, 개도국의 빈약한 노동기준에 대해 무역제재를 가할 수 있다면 자국 상품의 경쟁력이 살아나고 고용도 증대될 수 있다는 발상에서 계속적으로 문제를 제기하고 있다. 따라서 국제적인 노동기준을 설정하여 이 기준에 미달하는 국가의 상품에 대해서 통상규제 조치를 취하려고 한다. 그러나 국제적 노동기준의 효과는 부정적이다. 노동기준의 설정여부와 관계없이 노동기준은 노동시장에서 내생적으로 결정되기 때문이다.

2. 고용허가제란 무엇인가?

고용허가제는 외국인 근로자들을 내국인 근로자들과 다름없이 동등하게 대우하도록 한다는 것이다. 이를 위해 내국인 근로자와 마찬가지로 노동관계법을 적용하고 체불임금 등 인권침해에 대한 단속 강화방안도 포함시킨다. 특히 노조결성과 단체교섭, 단체행동 등 노동 3권을 부여해 사용자에 대한 대항력을 공식 허용한다. 최근 불법 체류자들의 가두시위가 심심찮게 발생하는 상황에서 고용허가제 도입 이후 이들의 조직적인 활동도 배제할 수 없는 대목이라 할 수 있다.

3. 노동의 세계화란 무엇인가?

　선진국의 시장경제 및 자유화, 개방화 주장은 그 이론적 타당성에도 불구하고 현실에 있어서는 매우 선별적으로 적용되어 왔으며, 이러한 환경하에서 오늘날의 세계화 추세는 구조적으로 국가 간의 소득불균형을 심화시킬 수밖에 없다는 결론에 도달한다. 요컨대 오늘날 세계화된 지구촌 시장은 모든 국가에게 기회를 제공하지만 정작 그 기회를 이용할 수 있는 국가는 선진국과 소수의 개도국에 국한되어 있다. 대부분의 개도국은 외국인투자의 혜택에서 소외되거나 그 접근이 제약되어 있다. 개도국의 값싼 노동력에도 불구하고 투자자본이 이들을 외면하는 것이다. 국가 간 소득격차를 가져오는 두 측면, 즉 자본과 노동의 국제적인 흐름에 대한 자연적·인위적 제약은 독립적인 문제가 아니라 상호 연관되어 있다. 특히 선진국에 의한 이민 장벽은 정치적 성격의 문제이며 이로 인한 노동이동성의 제약은 외국인투자 자금의 이탈과 결부되어 개도국 빈곤문제의 심각성을 높이고 있다.

국제정치경제 이슈 5: 국제 부패

 사전 학습(핵심 용어 정리)

용어	뜻
부패 (Corruption)	국제투명성기구(TI)가 정의하는 부패란 사적 이익을 위한 공적 권력의 오용을 말하며 그 예로 공무원에 대한 뇌물공여와 공금횡령 등이 있음.
반부패라운드 (Anti-Corruption Round)	세계무역기구(WTO)체제하에서 새로운 이슈로 거론되고 있는 부패와 무역의 연계 문제와 관련하여 국제적 상거래에 있어서 부패 관행의 규제를 위해 국제적 규범을 마련하려는 다자 간 협상을 의미함.
OECD 부패방지협약	공식 명칭은 "국제상거래에 있어서 외국공직자에 대한 뇌물공여 방지에 관한 협약"으로, 이 협약은 뇌물을 제공받은 관리에 의해 저질러지는 범죄행위인 "수동적 뇌물수령"과 대조되는 의미에서 일부 국가에서 "능동적 뇌물공여"라고 칭해지고 있는 뇌물을 약속하거나 제공하는 자에 의해 저질러지는 범죄행위를 다루고 있음.

✏️ 학습 목표 및 목차

🔍 주제

국제부패(Corruption) 문제를 국제정치경제 시각으로 살펴볼까요?
ACR이란?
국제투명성기구(TI)의 부패인지지수(CPI)를 살펴봅시다!
뇌물과 떡값을 비교해 봅시다!

🔍 학습 목표

1. 국제부패의 현안 의제를 파악할 수 있다.
2. 우리나라가 당면한 국제부패 관련 의제를 이해할 수 있다.

🔍 학습 목차

1. **반부패라운드(Anti-Corruption Round)**에 대한 이해
2. **국제투명성기구(TI)의 부패지수(CPI)** 및 뇌물·떡값에 대한 논의

Ⅰ. 반부패라운드(Anti-Corruption Round)에 대한 이해

1. 국제적 반부패 논의의 배경과 전개과정

(1) 반부패라운드(Anti-Corruption Round)

세계무역기구(WTO) 체제하에서 새로운 이슈로 거론되고 있는 부패와 무역의 연계문제와 관련하여 국제적 상거래에 있어서 부패 관행의 규제를 위해 국제적 규범을 마련하기 위한 다자 간 협상을 의미한다. 하지만 WTO에 속해 있는 개도국들이 이에 반대하고 있어 아직 이를 전 세계적 차원의 뇌물방지 논의로 보기는 어려운 것이 현실이다. 1990년대 들어 **경제협력개발기구(OECD)** 등 국제기구들을 중심으로 국제적 상거래에 있어서 뇌물거래 방지, 즉 반부패논의가 진행되었다. 이와 같은 최근 국제기구들의 부패방지 논의는 국제상거래 과정에서 발생하는 뇌물공여행위가 공정한 경쟁을 제한함으로써 궁극적으로 국제 무역과 투자의 증진을 저해하는 결과를 초래한다는 인식에서 출발하고 있다. 국제적인 반부패 논의의 중심축은 미국이 담당하고 있으며, 이러한 논의가 부패와 무역의 연계성을 강조하고 있다는 점에서 주목할 가치가 있다고 말할 수 있다.

하지만 반부패라운드의 실효성에 대한 의문도 제기되고 있다. 반부패국제협정을 체결하더라도 선언적인 의미 이상의 강제력을 갖기 어렵다는 이유로 국제기구에서의 논의에 대해 부정적인 반응을 보이는 국가들도 있다. 또한 현재의 반부패논의가 뇌물 '**공급**'에만 초점을 맞추고 있을 뿐 '**수요**'를 무시하고 있다는 지적도 있다. 진정한 성공을 위해서는 '**뇌물수요처**'인 개발도상국들의 국내개혁이 병행되어야 한다는 것이다.

(2) 국제적 반부패 논의

국제적 반부패 논의는 당초 미국의 역사적 경험으로부터 파생된 것이다. 미국의 닉슨 대통령을 사임토록 했던 **워터게이트**(Watergate) 사건을 수사하던 특별검사는 수사 과정에서 미국 기업들의 불법선거헌금 사실을 밝혀냈을 뿐만 아니라 이들 미국 기업들이 해외 영업을 하면서 외국정부의 결정에 영향력을 행사하기 위해 해당 외국공무원들에게 뇌물을 공여한 사실을 적발해 내게 되었다. 이는 당시로서 매우 충격적인 사건이었고, 이러한 일련의 분위기를 반영하여 외국정부의 결정에 영향을 미칠 의도에서 행해진 당해 외국 정부인사에 대한 금전이나 금품의 공여에 대한 규제를 목적으로 하는 **해외부패관행법**(Foreign Corruption Practices Act)이 1977년에 제정되었다. 미국은 1996년도 수출전략보고서를 통해 지난 1994년 중반 이후 타국의 불공정 행위로 미국 기업들이 36건의 계약기회를 놓침으로써 110억 달러의 손실을 입었다고 주장했다. 미국은 이 보고서에서 경쟁이 치열한 상품의 경우 뇌물이 수출계약을 체결하는 데 결정적인 역할을 한다며, 뇌물을 제공한 기업들이 전체계약의 80% 정도를 따내고 있는 것으로 추정했다. 결과적으로 1970년대 초에 있었던 워터게이트 사건은 미국으로 하여금 해외부패관행법을 제정토록 하는 계기가 되었고, 이는 더 나아가 국제적으로 다자 차원의 해외부패관행의 규제를 위한 국제적 논의의 계기가 되었다고 말할 수 있다.

그후 OECD, WTO, UN, OAS, IMF, IBRD 등 국제기구에서 해외부패관행의 국제규제를 위한 논의를 추진해 왔다. OECD에서의 논의로 1997년 5월 27일 파리에서 폐막된 제36차 OECD 각료회의는 외국 공무원에 대한 뇌물제공을 처벌할 수 있는 근거를 마련하였다. 여기서 채택한 공동선언문에서 해외에서 외국 공무원에게 뇌물을 제공하는 행위를 국내에서 형사처벌할 수 있도록 1998년 말까지 각국이 국내 입법을 끝내기로 합의하였다. 이에 따라 해외에서 뇌물공여로 물의를 빚은 기업은 1999년부터 국내에서 형사처벌을 받는 것은 물론, 정부조달 참여가 제한되고 뇌물액의 손금산입이 금지되며 엄격한 회계기준을 적용받게 된 것이다.

1995년 GATT를 대체하여 출범한 WTO에서는 미국 무역대표부의 미키 캔터 대표가 WTO 사무총장에게 부패관행의 척결에 앞장서야 한다고 주장한 것을 계기로 논의가 시작되었다. 이에 1996년 12월 9일부터 13일까지 싱가포르에서 세계 127개 회원국 통상장관들과 대표단, 30여 개의 미가입국 대표, IMF·UNCTAD 등 국제기구의 대표들이 참석한 WTO 제1차 각료회의에서 신통상의제로 부패문제가 논의되었다. 이는 WTO가 무역규범에만 국한하지 않고 무역과 관련되는 문제는 무엇이든 논의하겠다는 것을 의미하는 것으로, 정부조달상의 투명성 부족으로 부패 행위 등을 야기함으로써 무역 왜곡이 발생한다는 인식하에 정부조달의 투명성을 보장하기 위한 다자 간 협정을 체결하자는 것이 논의되었다.

UN에서의 논의를 살펴보면 1978년 부패관행에 관한 조약의 입안을 위한 회의의 개최에 관한 결의가 채택된 후 미국의 해외부패관행법을 모델로 한 초안이 입안된 바 있다. 아울러 1978년에 설치된 UN 국제기업위원회의 국제기업에 관한 행위규약의 입안이 병행되었다. 이 행위규약에는 국제기업은 뇌물을 공여해서는 아니 된다는 것과 외국공무원에 대한 금전공여에 관한 회계기록을 유지할 것 등을 규정하고 있다. 또한 총회에서 국제 상거래에서의 반부패 결의를 채택한 바 있다.

미주기구(OAS)는 1996년 3월 외국공무원에 대한 뇌물공여의 불법화, 부패 관련 해외도주 범법자 인도 및 수사공조 등을 내용으로 한 반부패협정을 승인했다. **국제통화기금(IMF)**과 **세계은행(IBRD)**에서의 논의를 언급하면, 국제통화기금은 최근 국제통화기금 지원기금을 유용한 국가에 대해 자금 제공을 보류키로 하는 등 회원국의 부패척결을 위한 새로운 지침을 발표했다. 또한 **세계은행(IBRD)**도 세계은행이 자금을 지원하는 프로젝트에서의 부패척결을 위해 관련 국가 및 기업에 대한 제재방안을 강구해 왔다. 이러한 분위기 속에서 국제 금융기구들은 지금까지 금융 지원을 하면서 대상국가에 경제적 충고 이외에 내정에는 일체 간섭하지 않았으나 종래 입장을 수정해 수혜국에 부정부패를 뿌리 뽑든지 금융지원을 포기하든지 택일할 것을 요구하는 추세로 나아가고 있다.

(3) OECD 부패방지협약(Convention on Combating Bribery of Foreign Public Officials in International Business Transactions)의 체결·발효

OECD가 국제투자, 환경, 경쟁정책, 노동, 반부패 등 향후 WTO체제에서 중요하게 부각될 소위 신통상 이슈들에 대한 규범을 제정하는 데 있어 주도적 역할을 하고 있음은 이미 잘 알려진 사실이다. 1993년 OECD 이사회는 산하 국제투자 및 다국적기업위원회에 대하여 "국제무역 및 투자에 있어 불법적 지불행위 방지 권고안" 작성을 요청하였다. 이에 따라 1994년 OECD 이사회에서 "국제상거래에 있어서 뇌물에 관한 권고"를 채택하였고, 이어 1996년 OECD 이사회에서 "외국공무원에 대한 뇌물의 손금처리에 관한 권고"를 채택하였다. 1997년 5월 OECD 이사회에서 "국제상거래에 있어 뇌물방지에 관한 개정권고"를 채택하였고, 외국공무원에 대한 뇌물제공자의 형사처벌을 위한 국제협약 협상을 즉시 개시토록 결정하였다. 따라서 이러한 권고 내용에 따라 OECD는 1997년 12월 "뇌물방지협약"을 체결하였고, 각국의 비준을 거쳐서 1999년 2월 발효하였다. 공식 명칭은 **"국제상거래에 있어서 외국공직자에 대한 뇌물공여방지에 관한 협약(약칭 OECD부패방지협약)"**으로, 이 협약은 뇌물을 제공받은 관리에 의해 저질러지는 범죄 행위인 '**수동적 뇌물수령**(passive bribery)'과 대조되는 의미에서 일부 국가에서 '**능동적 뇌물공여**(active bribery)'라고 칭해지고 있는 뇌물을 약속하거나 제공하는 자에 의해 저질러지는 범죄행위를 다루고 있다.

1999년초 발효된 전문·17조·부속서로 구성된 OECD 뇌물방지협약(안) 주요 내용은 다음과 같다.

첫째, 외국공무원에 대한 **뇌물수뢰행위**(passive bribery)가 아닌 **뇌물공여행위**(active bribery)를 형사처벌한다는 것이다. 여기서 뇌물제공행위란 부당한 금전적 또는 기타 이익을 직접 또는 제삼자를 통해 외국공무원에게 제공하는 것을 의미하며, 해당국가의 관습, 해당정부의 용인여부, 사업 관련상의 필요성을 불문한다. 다만, 해당국 **법률(판례 포함)**에 명시적으로 허용된 경우 및 급행료 성격의 소액사례비는 제외한다. 외국공무원에 대한 뇌물제공행위 이외에 교사, 방조 및 승인 행위도 형사처벌 대상범죄로 규정하고 있다. 뇌물공여의 목적이 사업 또는 기타 부적절한 이익을 유지 또는 획득하기 위한 것이어야 한다. 수뢰자는 외국공무원으로 한정하며, 외국공무원의 범위는 **입법·사법·행정부 공무원(국회의원 포함)**, 공적기능수행자 및 공기업임직원, 정당 및 정당간부, 공직후보자를 포함한다. 뇌물액 및 뇌물로 발생한 수익을 몰수하고, 추가적으로 공공지원 배제, 조달참여 자격정지, 사법적 감독대상 지정, 해산명령 등 민사적 또는 행정적 제재를 부과하는 것을 검토하기로 하였다.

둘째, 뇌물공여 관련 자금세탁행위 처벌 및 회계기준 위반행위 제재를 명시하였다. 국내 자금세탁법에 해외뇌물공여죄를 포함하여 자금세탁법을 보유하고 있는 국가의 경우에는 국내 공무원에 대한 뇌물제공 및 수뢰뇌물의 은닉 처분을 위한 자금세탁행위를 처벌하는 것과 마찬가지로 외국공무원에 대한 뇌물과 관련된 자금세탁행위를 형사처벌하기로 하였다. 회계기준 위반 시의 제재로 엄격한 회계기준 적용을 위해 금지대상 행위를 나열하였는데, 금지대상행위는 부외장부계정의 설정·기록, 부적절한 계정 처리, 가공비용의 기록, 부정확한 부채의 계상, 허위문서의 이용 등이다. 또한 회계장부 누락 및 위조에 대해 민사상, 행정상 또는 형사상 처벌을 의무 부과하였다.

셋째, 해외 뇌물죄 처벌을 위한 국제협력을 명시하였다. 우선 관할권 기준으로 속지주의 및 속인주의를 동시 적용하였다. 사법공조 의무를 부과하여 국내법이 허용하는 범위에서 최대한 민사·형사·행정상 사법공조를 행한다. 그리고 해외뇌물죄를 범죄인 인도 대상 범죄로 규정하고, 자국민을 이유로 인도 거절 시에는 자국에서 기소추진을 의무화하는 것으로 하였다.

한국에서는 1998년 10월 관련 법률안, 즉 **'해외뇌물거래방지법안'**이 국회에 제출되었고, 국회는 1998년 12월 본회의를 열어 해외뇌물거래방지법 등 9개 법률안을 처리하였다. 제정된 해외뇌물거래방지법은 국제상거래와 관련해 부정한 이익을 얻을 목적으로 외국공무원 등에게 뇌물을 약속, 공여하거나 공여의 의사를 표시하는 행위에 대해 5년 이하의 징역 또는 2천만 원 이하 벌금을 부과하는 것으로 되어 있다.

2. 국제적 반부패 논의와 국제통상관계

(1) 해외뇌물거래방지 논의와 국제통상관계의 변화

해외뇌물거래 방지논의가 한·미 통상관계에 미칠 영향을 말하자면 양국 간 쌍무적 통상거래에 있어서 일반적으로 긍정적인 결과를 초래한 것으로 보인다. 그동안 미국은 한국의 투명하지 못한 상거래 행위에 대해 문제를 제기하여 왔고 이는 한·미 통상마찰의 원인이 되어 왔다. 따라서 한국의 투명성 제고는 미국의 지속된 요구를 불식시키고 양국 간 통상관계를 보다 선진화시킬 것이다. 미국 시장진출에 있어 한국 기업의 뇌물거래 방지를 위한 주의가 새로이 요구되며, 한국 시장에 있어 선진국 간의 뇌물거래 관련 강화된 감시감독은 보다 공정한 경쟁과 이에 따른 우리의 경제적 효율성 제고를 가져올 것이다.

국제시장에서, 주로 개도국 시장에서 양국 간 투명한 경쟁은 상대적으로 기술 및 서비스 수준에서 우위에 있는 미국 등 선진국에게 유리하게 작용할 것이다. 물론 우리의 경쟁우위가 모두 뇌물에 의존하는 것은 아니나 개도국이 발주하는 국제적 대형프로젝트 및 공사 입찰에 막대한 뇌물을 공공연히 건네는 상황에서 때론 이를 통해 수주를 따낸 우리의 기업들은 더 이상 이러한 것이 통하지 않는다면 경쟁에 열악한 상황에 처할 수밖에 없다. 이제 뇌물 등 부정한 거래가 더이상 경쟁력을 보완해 줄 수 없는 상황에서 우리 기업의 활로는 기술·자본 등 실력향상만이 그 해결책임을 인식하여야 한다.

(2) 해외뇌물거래방지 논의와 한국의 대응방안

OECD 회원국인 우리나라가 OECD의 뇌물방지 권고를 수용하기 위해서는 형사, 조세, 정부조달 등 각 분야에 있어서 일부 법과 제도의 정비가 선행되어야 할 것이며, 특히 형사처벌의 이행방법과 기업회계기준 강화방안과 관련하여 국내의 제도현황을 기반으로 우리 입장을 정립하여 OECD 논의에 참여해야 할 것이다. 아울러 해외 상거래 비중이 매우 높은 우리로서는 이 새로운 흐름에 적극적으로 신속하고 현명하게 대응할 필요가 있을 것이다.

첫째, 기업윤리규범을 채택하고 내부단속을 강화해야 할 것이다. 둘째, 기업의 회계영역은 뇌물범죄의 발생과 관련한 핵심적인 영역이므로 특별관리영역으로 설정, 집중적인 내부 감시와 단속으로 투명성을 유지하여야만 할 것이다. 협약에서는 뇌물방지를 위한 회계제도의 강화를 요구하고 있다. 기업들이 뇌물자금 조성 및 감시회피용으로 부외장부를 유지하거나 분식결산하는 것을 금지한다. 회계관리는 국내 뇌물방지, 조세의 형평성제고, 기업공시의 신뢰성 확보 차원에서도 필요성이 제기될 수 있는 사안이며 앞으로 회계 관련 국제적 감시가 강화될 것으로 예상되므로 보다 철저한 대비가 필요하다. 셋째, 정부와의 협조체제 구축이 필요하다. 본 협약은 외국공무원에 대한 뇌물제공 행위는 수뢰공무원 소속국 이외에도 뇌물공여 행위에 대한 관할권이 있는 국가에서 중대한 형사범 죄로 처벌토록 규정한다. 뇌물제공행위가 여러 나라에 직·간접적으로 연관되는 경우 자국뿐만 아니라 제3국에서도 기소가 가능하다. 이때에 재판관할권에 대하여 다수국가가 주장하는 경우 국제분쟁의 소지가 있다. 따라서 해당 기업은 정부에 적시에 적절한 정보를 제공하여 국제적 분쟁 등으로 예기치 못한 불이익을 당하는 일이 없도록 협조가 필요하다. 넷째, 정부는 우리 기업으로 하여금 새로운 국제영업환경에 대비할 수 있도록 하고, 향후 재판관할권 등에 대한 중복 또는 충돌 문제 발생 시 국가 간 사법공조 제도 등을 활용하여 우리 기업이 부당하게 불이익을 당하지 않도록 노력해야 할 것이다. 아울러 본 협약의 적용범위를 최대한 확대하여 비OECD 경쟁국들이 포함될 수 있도록 지속적인 노력을 경주해야 할 것이다. 마지막으로, 뇌물공여 이외의 다른 방법으로 우리 기업과 개도국의 상호이해를 증진하는 방안들을 모색하여야 하며 이를 국제상거래에 적극 활용해야 할 것이다. 예를 들어, 개도국들이 발주하는 대형프로젝트 추진 시 개도국 기능 인력에 대한 현지에서의 기술교육이나 기술연수 프로그램 등을 제공하는 등 이 분야에 대한 지원을 강화하는 것은 좋은 방법이 될 것이며, 특히 기타 프로젝트 수주를 조건으로 개도국 정부가 간절히 희망하는 공공시설을 제공하는 것 등이 좋은 방법으로 활용될 수 있을 것이다.

(3) 미국의 회계부정 사건과 회계투명성 논의

2001~02년 미국의 금융스캔들로 미국발 금융공황에 대한 우려가 세계 곳곳

에서 제기되었다. 당시 미국의 통신업체 월드컴이 사상 최대 규모의 기업회계 부정사건에 휘말려 큰 파문을 일으켰는데, 이는 미국의 기업회계 사기사건 가운데 규모가 가장 큰 37억 달러 규모의 회계부정이었다. 37억 달러를 자본지출 항목에 불법 계상하는 방법으로 EBITDA(이자·세금·감가상각 지출 전 이익)를 부풀린 사실이 밝혀진 것이다. 미국 경제를 수렁으로 밀어 넣은 회계부정 사건의 서막은 2001년 말 터진 미국 최대 에너지기업인 엔론 스캔들이었다. 에너지가격 하락, 무모한 사업 확충, 분식회계를 통한 순익 부풀리기 등이 엔론의 파산을 몰고 온 것이다. 엔론의 부실을 눈감아주고 관련 문서까지 파기한 혐의로 유죄판결을 받은 아서앤더슨 사는, 한편에선 엔론 이익 과다계상을 눈감아주면서 다른 한편 엔론에 투자자들을 끌어다 주어 상당한 이익을 챙겼다. 회계법인과 피감사 기업의 관계가 견제와 감시에서 유착으로 바뀐 것이다. 월드컴의 회계감사법인 또한 엔론의 회계감사법인인 아서앤더슨으로 조작이 어려운 것으로 알려진 현금흐름표에까지 손을 댄 것으로 알려졌다.

회계감사가 부실해질 수 있는 주요 원인은 회계감사법인이 본업인 회계감사보다 수입이 더 좋은 컨설팅에 치중하기 때문이다. KPMG는 모토로라로부터 회계감사 항목으로는 390만 달러를 벌었지만 컨설팅을 포함한 다른 프로젝트로 15배가 넘는 6,230만 달러를 벌어들였다. 또한 아서앤더슨은 2000년 엔론의 회계감사를 맡아 2,500만 달러를 받았지만 컨설팅 등 기타 수수료로 2,700만 달러를 벌었다. 감사 외 수입에 대한 의존도가 높아지면 감사의 투명성은 흔들릴 게 뻔하다. 아서앤더슨은 1980년대부터 줄곧 엔론 감사를 맡았고 이 바람에 유착관계가 형성되었다. 한국의 경우도 상장등록법인의 경우 3년마다 주총에서 감사법인을 바꿀 수 있지만 기업들은 정보가 샌다며 감사 법인 교체에 소극적인 것이 현실이다. 따라서 회계감사인과 경영컨설턴트라는 두 가지 역할이 충돌하게 된 것이다. 이와 같은 회계부정을 줄이려면 상시 회계 보고 방식을 도입해서 경영인의 회계조작을 어렵게 해야 한다.

이러한 일련의 회계부정 사건에 대응하여 미국 상하원은 기업개혁법안 단일안을 마련함으로써, 미국 기업들의 재정과 회계의 투명성이 높아지고 기업 최고경영자들과 회계회사의 책임이 크게 강화되었다. 미국의 기업회계 개혁법안의 주요 내용은 다음과 같다. 기업회계를 감독할 독립적인 위원회 설립, 회계회사의 컨설팅 서비스 제공금지, 기업 최고경영자(CEO)들의 회사 재무제표 인증 의무화, 기업 CEO들이 고의로 허위 재무제표 신고 시 형사처벌, 각종 기업관계 법률위반 시 벌금과 형량 대폭강화, 증권거래위원회(SEC)의 인력 예산 확충 통한 기업감시 강화, 일반투자자의 회사 상대 제소 시한 5년으로 연장, 기업 내부비리 폭로자 보복 금지와 문서파기 범죄조항의 신설, 기업부정으로 손해 본 투자자들을 위해 연방투자자 배상 계정 신설, 기업의 재정적 건전성에 변화 발생 시 즉각 공개 의무화 등이다.

미국의 대규모 회계부정 사건을 보는 전문가들의 시각은 크게 두 가지로 나뉜다. 즉, 미국식 주식회사 시스템의 근원적 결함이라는 시각과 제도상의 보완을 통해 극복 가능한 범죄행위 정도로 보는 시각이다. 첫 번째 시각은 주주이익만 중시하는 미국식 주식회사 제도의 모순이 내부감시 시스템을 무력화시킨 것으로 종업원에게 감사위원회 추천권을 부여하는 등 내부감시 시스템을 정상화해야 한다는 것이다. 두 번째 시각은 기업의 투자 시스템이 고도화되면서 나타나는 필연적 현상으로 최근의 회계부정을 설명하고 제도적 장치를 통해 충분히 해결될 수 있는 사안으로 보고 있다.

회계부정은 기업에게 투명경영의 중요성을 개인 투자자에게 분산투자의 필요성을 일깨워 준 좋은 기회라고 할 수 있다. 오늘날 미국을 중심으로 국제사회는 회계제도의 개혁에 나서고 있으며 회계투명성을 통해 불법 자금이 조성되는 것을 막아내고자 하고 있다. 뇌물거래방지를 위한 선결 과제는 세계 각 기업들의 회계투명성 확보인 것이다. 검은 돈의 조성을 막는 회계투명성만이 뇌물거래를 사전에 차단하는 최선의 방책이 될 것이다.

II. 국제투명성기구(TI)의 부패지수(CPI) 및 뇌물·떡값에 대한 논의

1. 국제부패 논의 1: 국제투명성기구(TI)의 부패지수(CPI)

1993년에 설립되어 현재 100여 개국에 지부가 있는 국제반부패 NGO의 대표격인 **국제투명성기구**(TI)는 두 가지 목표를 추구하고 있는데, 하나는 부정부패의 피해가 얼마나 심각한가에 대해 인식을 새로이 하는 것이며, 다른 하나는 국내 및 국제적으로 투명한 사회를 건설하는 것이다. 이에 TI는 부정부패 퇴치를 위해 국제적으로 효율적인 제도를 만들고 또한 연대를 강화해 나아가고 있다. TI는 국제사무국을 중심으로 전 세계적인 차원에서 업무를 추진하고 있는데, 국제사무국은 각 지부의 사업을 지원해주고 지부 간 연계를 도와준다. 또한, EU, UN, OECD, World Bank 등과 긴밀한 협력관계를 맺고 있다. 최근 TI는 OECD 뇌물거래방지협정의 발효와 함께 국제적인 반부패연대를 강화하고 효과적인 부패퇴치를 위한 국제연대에 주력하고 있다.

TI는 반부패 운동의 일환으로 부패에 대한 국가별 순위를 나타내는 **국가별 부패지수**(Corruption Perception Index; CPI)를 1995년부터 매년 독일 괴팅겐대학과 공동으로 조사하여 발표해 왔다. **2023년**(2024년 발표)의 경우 CPI 작성에 활용된 통계자료는 12개 기관의 13개 자료이다. 이는 African Development Bank Country Policy and Institutional Assessment(2021), Bertelsmann Stiftung Sustainable Governance Indicators(2022), Bertelsmann Stiftung Transformation Index(2024), Economist Intelligence Unit Country Risk Service(2023), Freedom House Nations in Transit(2023), Global Insight Country Risk Ratings(2022), IMD World Competitiveness Center World Competitiveness Yearbook Executive Opinion Survey(2023), Political and Economic Risk Consultancy Asian Intelligence(2023), The PRS Group International Country Risk Guide(2023), World Bank Country Policy and Institutional Assessment(2022), World Economic Forum Executive Opinion Survey(2023), World Justice Project Rule of Law Index Expert Survey(2023), Varieties of Democracy(2023) 등이다. 13개의 원천자료는 조사대상

과 조사항목에서 차이가 있지만 기본적으로 한 국가 내부의 부패 정도를 파악하고 있다. 일부 조사는 전문가들의 평가를 중심으로 점수가 산출되고 일부 조사는 경영자들을 대상으로 하는 조사 방식을 사용하고 있다. 각 원천자료에 따라 조사 방법이 다양하지만 대부분의 조사는 해당 국가와 관련된 경영인이나 전문가를 대상으로 한 조사가 이루어지고 이 결과를 조사기관의 전문가 등이 다시 국가별로 비교하는 등의 작업을 거쳐서 산출하고 있다.

CPI는 주로 기업인과 정치분석가의 부패에 대한 주관적인 평가를 취합하여 100점 만점(2011년까지 10점 만점, 2012년부터 100점 만점)으로 환산하고 국가별 순위를 매긴 것이다. 부패의 정도가 심할수록, 즉 청렴도가 낮을수록 낮은 점수를 받는 반면 부패의 정도가 약할수록 높은 점수, 즉 100점에 근접하게 된다. 부패지수는 부패에 대한 주관적인 체감지수이며 대상 국가의 일반적인 부패 수준을 나타내는 것이라 할 수 있다. 그러므로 부패지수는 객관적으로 존재하는 부패의 규모 및 강도와는 거리가 있을 수 있음을 고려해서 그 의미를 해석해야 한다. 표준편차는 설문조사 자료에 따른 부패인지도의 격차를 의미하며 그 값이 클수록 해당국가에 대한 부패인지도가 설문조사에 따라 다르게 나타남을 의미한다. 또한 사용된 설문조사자료의 수가 많을수록, 표준편차가 작을수록 CPI의 신뢰도는 증가한다.

TI의 CPI나 기타 다른 기관의 부패지수는 모두 해당국가의 전반적인 부패수준에 관하여 설문대상의 체감 정도나 인식 수준, 즉 부패의 체감지수를 부패지수로 사용한다는 공통점을 가지고 있다. 실제 부패 수준이 직접적으로 측정되기 어렵기 때문에 부패에 대한 인식을 기초로 산출한 부패지수가 타당성을 갖기 위해서는 부패에 대한 인식의 정도가 체계적으로 편향되지 않게 조사되었다는 전제가 필요하다고 볼 수 있다. 특히 CPI의 경우 선정된 통계자료에 대해 원칙적으로 지난 3년 동안의 조사결과를 모두 포함시켜 단편적인 사건이 미치는 영향력을 최소화하고 각 기관의 자료에 대해 표준화하는 과정을 거치기는 하지만, 조사기관의 종류와 사용된 조사결과의 수에 따라 측정치가 달라지는 단점을 내재적으로 갖게 된다.

특히 여러 기관의 다양한 설문조사 자료를 토대로 산출되는 TI의 CPI는 첫째, 객관적인 실측자료가 아닌 주관적인 인식자료를 잣대로 하여 국가 간 비교를 하는 것이 무리라는 지적을 받을 수 있다. 둘째, CPI는 신뢰할 수 있는 다양한 최신의 설문조사 자료들을 반영시키고 있으나, 자료 사용의 일관성 결여로 매년 CPI의 변화가 부패 정도의 변화는 물론 설문조사대상과 사용자료의 변화에 기인한다는 점도 무시할 수 없다. 셋째, 다양한 통계자료들이 서로 다른 방법으로 작성되었기 때문에 이들의 집계과정에서 측정오차가 증폭될 수 있는 가능성이 존재한다. TI는 매년 CPI를 도출해 내는 데 사용된 해당 연도의 조사기관 및 사용 자료의 신뢰성, 집계과정에서의 방법론적 타당성을 설명하고 있지만 주관적인 가치판단을 기초로 한 부패지수의 객관성 획득은 여전히 딜레마로 남아있다고 볼 수 있다.

CPI의 작성에 사용된 모든 기관의 부패지수가 부패의 정도를 측정하는 목적을 갖고 있는 반면 각각의 샘플 디자인은 상당한 차이를 보인다. WEF, IMD, WB(World Bank), PwC(PricewaterhouseCoopers)의 자료는 주로 내국인을 대상으로 한다. 반면, PERC(Political & Economic Risk Consultancy), FH(Freedom House), EIU(Economist Intelligence Unit)의 자료는 해당 국가에 거주하는 외국인을 대상으로 한다. 하지만 내국인과 외국인의 여론은 상당 부분 밀접한 상관성을 나타내기 때문에 샘플에 있어서의 차이는 결과에 그리 큰 영향을 주지 않는다. CPI의 작성은 샘플과 데이터에서의 차이를 갖는 다양한 출처의 자료를 사용하며 각각의 범주로 순위를 정하기 때문에 모든 자료를 합산하여 각 국가의 평균값을 결정하기 이전에 표준화(standardizing)시켜야 할 필요가 있다. 예를 들어, IMD, PERC는 애초부터 등급의 범주를 0부터 10으로 나누기 때문에 큰 변화가 없지만 WEF의 경우는 1부터 7까지로, EIU는 0과 4사이로, FH는 평가범주를 1부터 6으로 나누고 있으며, WBES(World Business Environment Survey)는 부패에 대해 두 개의 데이터를 제시하고 있다.

TI는 2000년부터 CPI 작성 시에 표준화의 과정을 거치기 시작했다. 각 자료들은 서로 다른 평균값과 표준편차를 가지고 있지만 표준화의 과정이 서로 다른 평균값과 표준편차를 동일하게 만드는 것을 의미하는 것은 아니다. 왜냐하면 CPI의 작성에 사용되는 자료들은 서로 다른 국가들을 대상으로 하고 있는 경우가 대부분이기 때문이다. 대신 표준화 과정의 목적은 CPI의 작성 시 각 자료에 포함된 국가의 평균값과 표준편차가 변화하지 않게 하는 것이다. 이는 각각의 기관이 다른 국가와의 상대적인 비교를 통해 국가별 부패 순위를 정하는 것을 목적으로 하는 것과 관련이 있다.

International Country Risk Guide(ICRG)는 부패 수준이 가장 높은 0부터 가장 낮은 6까지의 범주로 부패지수를 구성하고 있다. ICRG 지수는 경제에서 부패의 정도에 대한 외국인 투자자의 평가를 반영한다. 투자자들에 대한 질문은 조사 대상인 국가의 고위 공직자가 특별한 지불을 요구할 것 같은지, 그리고 불법적 지불이 수입 및 수출 허가, 외환 통제, 세금, 정책적 보장이나 대출과 연관되어 일상적으로 기대되고 있는지 등으로 이루어져 있다. Business International(BI)의 부패지수는 조사 대상인 국가에서 부패나 의문스러운 지불을 포함하는 기업 거래의 정도에 대해 BI 자체의 분석가들이 가지고 있는 입장을 반영하고 있으며 68개 국가를 대상으로 한다. 가장 부패 수준이 높은 국가의 점수는 0으로 표현되며 부패 수준이 가장 낮은 국가를 표현하는 10까지 분류된다. 모로는 BI 의 지수를 사용하여 부패와 경제성장, 투자와의 상관관계를 통계적으로 분석하고 있으며 그 외에도 정치적 안정성을 평가할 수 있는 9가지의 지표를 바탕으로 부패의 원인 및 사회경제적 영향을 경험적으로 연구하고 있다.

CPI 개선을 위한 제안으로 매이트랜드(Elizabeth Maitland, 2002)는 부패인지지수가 갖는 제한성을 지적하면서 부패의 유형을 구분하고 뇌물 제공자의 정체성이 포함된 국가 조직, 권리 남용의 희생자, 뇌물의 규모 등을 확인함으로써 보다 직접적으로 부패 현상 자체에 대한 객관적 분석을 가능하게 하는 보도자료의 이용을 주장한다. 그에 따르면 부패는 광범위하게 재산, 폭력과 차별로부터의 자유를 포함하는 정치·사회적 권리에 있어 공직자에 의한 불법적 조작으로 정의될 수 있다. 이때 사회경제적 지표와 부패의 상관관계를 분석하기 위해서 보다 협소하게 공직의 남용에 따른 재산권 제도에 대한 왜곡을 경제적 부패로 정의한다. 매이트랜드는 크게 두 개의 유형으로 부패의 유형을 구분하고 보도자료의 제공자, 부패의 유형, 공직자의 서열, 뇌물의 제공자, 사회적 스캔들로 공식화된 사례 수, 족벌주의가 개입된 여부, 뇌물 공여자의 수 및 뇌물 취득자의 수를 변수로 하여 부패를 측정한다.

다양한 사회경제적 현상에 대한 부패의 영향을 살펴보기 위해서는 연구주제에 가장 적합한 부패의 개념을 설정하고 개념정의에 따른 부패 수준의 객관적인 측정과 부패의 유형 및 특성, 부패 행위가 이루어지는 경로에 대한 타당성 있는 자료를 확보해야 한다. TI나 여타 기관에서 제시되고 있는 부패지수는 객관적이고 정확한 측정이 거의 불가능하다는 부패의 특성 때문에 타당한 자료로서 광범위하게 수용되고 있지만 주관적인 인지지수임을 항상 고려해야 한다.

2024년 1월에 발표된 2023년 부패인지지수는 우리에게 무엇을 말하고 있는지 검토하려고 한다. 2023년 우리나라의 **부패인지지수**(Corruption Perception Index; **CPI**)는 63점으로 전체 180개국 중에서 32위를 차지하였다. 우리나라의 CPI 점수는 1999년 이후 2008년까지 10년 동안 개선되는 추세를 보였다. 1999년 38점에서 2008년 56점으로 빠르게 상승하였다. 그렇지만 2008년 56점을 기록한 이후 등락을 거듭하며, 2012년 56점, 2013년 55점, 2014년 55점, 2015년 54점, 2016년 53점, 2017년 54점, 2018년 57점, 2019년 59점, 2020년 61점, 2021년 62점, 2022년 63점을 보이고 있다.

한국이 얻은 점수를 아시아태평양지역의 주요 국가의 점수와 비교하면 한국과 비교할 수 있는 주요 국가의 점수에 비해서 한국의 CPI는 상대적으로 낮다. 아시아태평양지역 국가 중에서 뉴질랜드가 85점으로 가장 높은 점수를 기록하고 있으며, 싱가포르가 83점, 호주 75점, 홍콩 75점, 일본 73점이 그 뒤를 잇고 있다. 대만도 67점으로 한국보다 4점이 높다. 한국보다 낮은 점수를 받은 국가로는 브루나이, 말레이시아, 중국, 인도네시아, 태국, 몽골, 베트남, 필리핀, 캄보디아 등이 있다. OECD 국가들과 비교하여도 한국의 점수는 현저히 낮다. OECD 37개 회원국 중에서 **우리나라**보다 낮은 점수를 받은 나라는 이스라엘, 포르투갈, 리투아니아, 스페인, 라트비아, 체코, 이탈리아, 슬로베니아, 코스타리카, 폴란드, 슬로바키아, 그리스, 헝가리, 콜롬비아, 튀르키에, 멕시코의 16개 나라이다.

2024년 1월 발표한 우리나라의 2023년 부패인식지수(CPI) 국가순위는 32위로 작년보다 한 단계 하락하였다. 2017년 이후 지난 6년 동안 우리나라의 CPI

국가순위는 20단계가 상승하여 2022년 31위였으나 2023년 32위로 추락하였다. CPI 점수는 63점으로 2022년과 동일하다. 사회 상층의 부패가 핵심적인 문제로 지적되어 왔으며, 우리나라가 반부패·청렴사회로 나아가는 길이 멀어지고 있는 것이 아닌가 하는 걱정을 하게 된다. 한국투명성기구 보고서에 의하면,

그림 6 **2023년 국제투명성기구(TI)의 부패인지지수(CPI)**

OECD국가 등 다른 나라들과의 비교에서 우리나라는 몇 가지 특징을 보인다. 첫째, 경제활동과 관련된 지표들은 OECD, 아시아태평양 주요 국가, 그리고 일본이나 대만과의 비교에서 나쁜 점수를 받고 있다. 둘째, 공직사회의 반부패 규율을 포함한 공직사회와 직접적으로 관련된 지표는 다른 지표들에 비해서 양호한 점수를 보인다. 셋째, 사회 전반의 부패 정도에서는 국제 비교에서 우리나라가 매우 낮은 점수를 받고 있다. 2017년 이후 상승하던 우리나라의 부패인식지수 추이에 변화가 나타나고 있어서 정치와 경제영역의 부패를 막기 위한 대책이 필요하며, 특히 정권 핵심부의 반부패 의지가 무엇보다 중요하다(한국투명성기구, 2024).

2. 국제부패 논의 2: 뇌물과 떡값(문화상대주의를 인정할 것인가?)

(1) 뇌물과 떡값의 구별방법: 공무원 사례

공무원도 일반인과 마찬가지로 일상적인 생활을 영위한다. 다른 사람들로부터 얼마든지 선물을 받을 수 있다. 그런데, 공무원이 다른 사람들로부터 선물을 받았을 때 이것이 그의 직무와 관련되어 있다면 선물이 아니라 뇌물이 된다. 공무원은 그가 받은 일체의 금전이나 이익이 어떤 경우에 뇌물이 되는지, 다시 말해서 뇌물과 선물의 구별방법을 알고 있어야 한다. 양자를 구별하기란 사실상 쉽지 않다. 그러나 일반적으로 적용해 볼 수 있는 근본적인 방법은 "만일 내가 이 자리에 있지 않았다면 상대방이 내게 이 선물을 줄까"라고 스스로 묻고, 만약 이에 대한 대답이 "아니요"라면 그 선물은 뇌물이라고 보기에 큰 무리가 없다고 판단하는 것이다.

공무원은 직무와 관련하여 어떠한 금전이나 이익을 제공받거나 요구하여서는 안 된다. 뇌물이 되는 이익은 직무행위에 영향을 미칠 만큼 충분히 가치 있는 것인 한, 반드시 금전적 가치를 지녀야 할 필요는 없다. 사교적 의례로서의 선물이라 할지라도 직무행위와 대가관계가 인정되거나 관습상 용인되는 정도를 초과하는 다액의 금품이나 향응은 뇌물이 된다. 공무원은 비록 직무와 관련이 없다 할지도 가액 5만 원을 초과하는 선물을 받은 경우에는 소속기관장에게 신고하여야 하며, 받은 선물을 기관장에게 제출해야 한다.

뇌물과 떡값은 구분될 수 있는 것인가. 문화상대주의를 인정할 것인가. 이에 대한 서로 다른 시각이 존재한다. 상호의존 시각은 뇌물과 선물은 구별하기 어려우므로 이해당사자에 대한 선물은 뇌물로 봐야 한다고 주장한다. 문화적 차이로 인해 뇌물을 떡값의 명목으로 용인하는 것은 부패를 허용하는 것과 같다는 것이다. 국제적 부패 척결을 위한 시점에서 문화상대주의는 인정할 수 없다는 것이다. 종속 시각은 미풍양속인 떡값 문화를 서구적 잣대로 부인하는 것은 문화제국주의에 불과하다고 한다. 각국이 향유해 온 문화적 풍속을 국제적 기준으로 침해하는 것은 엄연한 주권 침해 행위이고, 국제적 반부패 논의에서 문화상대주의는 지켜져야 한다고 말한다. 이러한 논쟁에서 국가주의 시각은 뇌물과 선물은 구별하기 어려우나 그렇다고 이해당사자에 대한 선물을 모두 뇌물로 보는 것은 적절하지 않다고 주장한다. 떡값의 명목을 용인하는 문화적 특수성은 인정해야 하며, 국제적 부패 척결을 위한 노력은 인정하나 문화상대주의는 인정해야 한다고 강조한다.

(2) 부정청탁 및 금품 등 수수의 금지에 관한 법률(약칭 청탁금지법)

부정청탁 및 금품 등 수수의 금지에 관한 법률(약칭 **청탁금지법**)은 대한민국에서 부정부패를 방지하기 위해 국민권익위원장이던 김영란의 제안으로 만들어진 법률로, 제안자의 이름을 따서 흔히 '**김영란법**'이라는 별칭으로 불린다. 공무원이나 공공기관 임직원, 학교 교직원 등이 **일정 규모 이상의**(식사대접 **5만 원**, 선물 **5만 원**, 경조사비 **10만 원**) 상당의 금품을 받으면 직무 관련성이 없더라도 처벌하는 것을 골자로 하고 있다. 공무원이 외국 또는 그 직무와 관련하여 외국인으로부터 10만 원 또는 100달러 이상의 선물을 받은 경우에는 지체 없이 소속 기관의 장에게 신고하고 당해 선물을 인도하여야 한다. 공무원이 퇴직·전근 시에 환영금이나 전별금 기타 축하금을 받는 것은 사교적 의례를 넘어서는 것이다. 뇌물은 금전이나 이익을 받은 것만으로 성립하며, 반드시 자신을 위하여 사용하여야만 성립하는 것은 아니다. 일단 자기 것으로 하려는 생각으로 금전을 제공받은 것이라면, 뒤에 이를 반환하였다 하더라도 뇌물이 된다.

'부정청탁 및 금품 등 수수의 금지에 관한 법률(청탁금지법·김영란법)'은 2015년 3월 3일 국회 본회의에서 통과돼 3월 27일 공포됐다. 이 법은 1년 6개월의 유예기간을 거쳐 2016년 9월 28일부터 시행됐다. 법안은 당초 공직자의 부정한 금품 수수를 막겠다는 취지로 제안됐지만 입법 과정에서 적용 대상이 언론인, 사립학교 교직원 등으로까지 확대됐다. 한편, 청탁금지법에 따르면 금품과 향응을 받은 공직자뿐만 아니라 부정청탁을 한 사람에게도 과태료가 부과된다. 또한 공직자는 배우자가 금품을 받은 사실을 알면 즉시 신고해야 하며, 신고 의무를 어길 시에는 형사처벌 또는 과태료 처분을 받게 된다.

'청탁금지법'은 크게 금품 수수 금지, 부정청탁 금지, 외부강의 수수료 제한 등의 세 가지 축으로 구성돼 있다. 우선 공직자를 비롯해 언론인·사립학교 교직원 등 법안 대상자들이 직무 관련성이나 대가성에 상관없이 1회 100만 원(연간 300만 원)을 초과하는 금품을 수수하면 **형사처벌**(3년 이하의 징역 또는 3,000만 원 이하의 벌금)을 받도록 규정했다. 또 직무 관련자에게 1회 100만 원(연간 300만 원) 이하의 금품을 받았다면 대가성이 입증되지 않더라도 수수금액의 2~5배를 과태료로 물도록 했다. 다만 원활한 직무 수행, 사교·의례·부조 등의 목적으로 공직자에게 제공되는 금품의 상한액을 설정했다.

법안 시행 초기에는 식사·다과·주류·음료 등 음식물은 3만 원(5만 원으로 **법령 개정되어 2024. 8. 27.자로 공포·시행됨**), 금전 및 음식물을 제외한 선물은 5만 원, 축의금·조의금 등 부조금과 화환·조화를 포함한 경조사비는 10만 원을 기준으로 했다. 그러나 국민권익위원회는 2017년 12월 선물 상한액을 농수축산물에 한해 10만 원으로 올리고 경조사비는 5만 원으로 낮아지는 내용의 개정안을 의결해 입법예고했다. 아울러 법안은 누구나 직접 또는 제삼자를 통해 공직자 등에게 부정청탁을 해선 안 된다고 규정하고, 부정청탁 대상 직무를 인·허가, 인사 개입, 수상·포상 선정, 학교 입학·성적 처리 등 총 14가지로 구분했다. 다만 공개적으로 요구하거나 공익적 목적으로 고충 민원을 전달하는 행위 등 5가지 행위에 대해서는 부정청탁의 예외 사유로 인정했다. 외부강의의 경우 사례금 상한액은 장관급 이상은 시간당 50만 원, 차관급과 공직유관단체 기관장은 40만 원, 4급 이상 공무원과 공직유관단체 임원은 30만 원, 5급 이하와 공직유관단체 직원은 20만 원으로 제한했다. 사립학교 교직원, 학교법인 임직원, 언론사 임직원의 외부강의 사례금 상한액은 시간당 100만 원이다.

(3) 공직자의 선물수수금지에 대한 외국입법례

미국의 경우 1회 가액 20달러 이상은 수수가 금지되고 수수한 경우 신고해야 한다. 20달러 이하의 경우도 동일인으로부터 연간 50달러를 초과한 경우 신고하여야 한다. 독일의 경우 연방공무원법 70조에 3천 마르크 이상은 무조건 금지되고, 50마르크(3만 4천 원) 이상은 신고해야 한다. 베를린 의원의 경우 수수 가능한 선물을 1회 15마르크로 제한한다. 싱가포르의 경우 시민으로부터 금전, 상품, 자유이용권 등 어떤 형태든지 선물을 받을 수 없다. 이 경우 개인적인 친구의 일상적인 선물은 제외되어 있다. 부득이하게 받았을 경우 보고하도록 한다. 일본의 경우 국가공무원윤리법에 5천 엔을 넘는 증여를 받은 경우 신고하도록 되어 있고 대통령령인 윤리규정에 선물 금지조항을 넣고 있다.

생각해 봅시다!

부패지수

부패지수와 문화상대주의

▸ TI의 CPI나 기타 다른 기관의 부패지수는 모두 해당 국가의 전반적인 부패 수준을 설문대상의 체감 정도나 인식 수준, 즉 부패의 체감지수를 부패지수로 사용한다는 공통점을 가지고 있다. 실제 부패 수준이 직접적으로 측정되기 어렵기 때문에 부패에 대한 인식을 기초로 산출한 부패지수는 타당성을 갖기 위해서는 부패에 대한 인식의 정도가 체계적으로 편향되지 않게 조사되었다는 전제가 필요하다고 볼 수 있다. 특히 CPI의 경우 조사기관의 종류와 사용된 조사결과의 수에 따라 측정치가 달라지는 단점을 내재적으로 갖게 된다.

▸ 다양한 사회경제적 현상에 대한 부패의 영향을 살펴보기 위해서는 연구주제에 가장 적합한 부패의 개념을 설정하고 개념정의에 따른 부패 수준의 객관적인 측정과 부패의 유형 및 특성, 부패 행위가 이루어지는 경로에 대한 타당성 있는 자료를 확보해야 한다. TI나 여타 기관에서 제시되고 있는 부

패지수는 객관적이고 정확한 측정이 거의 불가능하다는 부패의 특성 때문에 타당한 자료로서 광범위하게 수용되지만 주관적인 인지지수임을 항상 고려해야 한다. 결국 문화상대주의를 배격한 가운데 국제반부패 규범을 설정한다는 것이 얼마나 한계가 있는 것인지가 드러나는 대목이다. 국제 반부패라운드(ACR)가 뇌물거래방지에 머물고 도덕성을 강조하는 진정한 윤리라운드(Ethics Round; ER)로 진화하지 못하는 이유가 여기에 있는 것이다.

국제적 부패기준 설정에 대한 의견

▶ 상호의존 시각

전 세계적인 차원에서 부패기준을 설정하고 이에 근거하여 부패의 정도를 측정하는 것은 의미 있는 일이다. 국가 간 동일한 부패기준의 설정은 가능하며 이에 따른 처벌 등 국제공조는 가능하다. 부패와 통상규제를 연계하는 것은 바람직한 선택이다.

▶ 종속 시각

전 세계적인 차원에서 부패기준을 설정한다는 것은 불가능하며 이를 근거로 부패의 정도를 측정한다는 것은 서구적 시각에서 비서구 국가의 상황을 왜곡하는 것에 불과하다. 국가 간 동일한 부패기준의 설정은 불가능하므로 이에 따른 처벌 등 국제공조는 시기상조이다. 부패와 통상규제를 연계하는 것은 선진국의 개도국에 대한 무역규제 음모이다.

▶ 국가주의 시각

전 세계적인 차원에서 부패기준을 설정하려면 문화상대주의에 입각하여 각국의 문화적 특수성을 고려해야 하고 주관적인 체감지수의 한계를 극복하려는 노력을 보여야 한다. 국가 간 동일한 부패기준의 설정은 가능하나 이에 따른 처벌 등 국제공조는 한계가 있다. 부패와 통상규제를 연계하는 것은 개도국에 대한 불필요한 무역규제로 작동할 수 있다.

✏️ 평가하기

1. OECD 뇌물거래방지협정의 내용과 거리가 <u>먼</u> 것은?

① 관할권 기준으로 속지주의만을 적용한다.
② 해외 뇌물죄 처벌을 위한 국제협력을 행한다.
③ 뇌물공여관련 자금세탁행위 처벌 및 회계기준 위반행위 제재를 행한다.
④ 외국공무원에 대한 뇌물수뢰행위가 아닌 뇌물공여행위를 형사처벌한다.
⑤ 사법공조의무를 부과하여 국내법이 허용하는 범위에서 최대한 민사·형사·행정상 사법공조를 행한다.

해설 관할권 기준으로 속지주의와 속인주의를 동시에 적용한다.   **정답** ①

2. 국제투명성기구(TI)의 부패지수(CPI)에 대한 설명과 거리가 <u>먼</u> 것은?

① 부패의 정도가 약할수록 높은 점수 즉 100점에 근접하게 된다.
② 부패의 정도가 심할수록, 즉 청렴도가 낮을수록 낮은 점수를 받는다.
③ 객관적으로 존재하는 부패의 규모 및 강도와는 거리가 있을 수 있다.
④ 부패에 대한 객관적인 체감지수이며 대상 국가의 일반적인 부패 수준을 나타낸 것이다.
⑤ 주로 기업인과 정치분석가의 부패에 대한 주관적인 평가를 취합하여 100점 만점으로 환산하고 국가별 순위를 매긴 것이다.

해설 객관적인 체감지수가 아니라 주관적인 체감지수이다. 설문조사로 얻은 체감지수는 개별 응답자의 주관적인 판단에 기초한 것이다.   **정답** ④

3. 공직자의 선물수수 금지에 관한 입법 사례와 거리가 <u>먼</u> 것은?

① 독일의 경우 연방공무원법 70조에 3천 마르크 이상은 무조건 금지되어 있다.
② 미국의 경우 1회 가액 20달러 이상 수수를 금지하며 수수한 경우 신고해야 한다.
③ 일본의 경우 국가공무원윤리법에 5천 엔을 넘는 증여를 받은 경우 신고하도록 되어 있다.
④ 싱가포르의 경우 시민으로부터 금전, 상품, 자유이용권 등 어떤 형태든지 선물을 받을 수 없다.
⑤ 한국의 경우 공무원은 비록 직무와 관련이 없다 할지도 가액 3만 원을 초과하는 선물을 받은 경우에는 소속기관장에게 신고하여야 하며, 받은 선물을 기관장에게 제출해야 한다.

해설 가액 5만 원을 초과하는 선물을 받은 경우에 소속기관장에게 신고하고 제출해야 한다.

정답 ⑤

정리하기

1. 반부패라운드(ACR)란 무엇인가?

세계무역기구(WTO) 체제하에서 새로운 이슈로 거론되고 있는 부패와 무역의 연계문제와 관련하여 국제적 상거래에 있어서 부패 관행의 규제를 위해 국제적 규범을 마련하기 위한 다자 간 협상을 의미한다. 하지만 WTO에 속해 있는 개도국들이 이에 반대하고 있어 아직 이를 전 세계적 차원의 뇌물방지 논의로 보기는 어려운 것이 현실이다. 1990년대 이후 **경제협력개발기구(OECD)** 등 국제기구들을 중심으로 국제적 상거래에 있어서 뇌물거래 방지, 즉 반부패논의가 진행되고 있다. 이와 같은 국제기구들의 부패방지 논의는 국제상거래 과정에서 발생하는 뇌물공여행위가 공정한 경쟁을 제한함으로써 궁극적으로 국제무역과 투자의 증진을 저해하는 결과를 초래한다는 인식에서 출발하고 있다. 최근에 일고 있는 국제적인 반부패 논의의 중심축은 미국이 담당하고 있으며, 이러한 논의가 부패와 무역의 연계성을 강조하고 있다는 점에서 주목할 가치가 있다고 말할 수 있다.

2. 국제투명성기구(TI)의 부패지수(CPI)란 무엇인가?

CPI는 주로 기업인과 정치분석가의 부패에 대한 주관적인 평가를 취합하여 100점 만점으로 환산하고 국가별 순위를 매긴 것이다. 부패의 정도가 심할수록, 즉 청렴도가 낮을수록 낮은 점수를 받는 반면 부패의 정도가 약할수록 높은 점수, 즉 100점에 근접하게 된다. 부패지수는 부패에 대한 주관적인 체감지수이며 대상 국가의 일반적인 부패 수준을 나타내는 것이라 할 수 있다. 그러므로 부패지수는 객관적으로 존재하는 부패의 규모 및 강도와는 거리가 있을 수 있음을 고려해서 그 의미를 해석해야 한다.

3. 뇌물과 떡값을 어떻게 구분할 수 있는가?

공무원은 그가 받은 일체의 금전이나 이익이 어떤 경우에 뇌물이 되는지, 다시 말해서 뇌물과 선물의 구별방법을 알고 있어야 한다. 양자를 구별하기란 사실상 쉽지 않다. 그러나 일반적으로 적용해 볼 수 있는 근본적인 방법은 "만일 내가 이 자리에 있지 않았다면 상대방이 내게 이 선물을 줄까"라고 스스로 묻고, 만약 이에 대한 대답이 "아니요"라면 그 선물은 뇌물이라고 보아 큰 무리가 없다고 판단하는 것이다.

국제정치경제 이슈 6: 국제 인권

 사전 학습(핵심 용어 정리)

용어	뜻
아시아적 인권 개념	인권이 그 본질에 있어서 보편적이지만 국제적 규범의 설정이 역동적이고 진화 중이라는 맥락에서 국가별·지역별 특성과 역사적·문화적·종교적 배경이 가지는 다양한 의미를 염두에 두고 인권을 이해함.
인권라운드 (Human Rights Round)	인권이 주권에 우선한다는 신국제주의 원칙하의 국제 인권규범의 설정과 이에 따른 인권개선을 논의하기 위한 다자 간 협상을 의미하며, 인권개선을 위한 수단으로 경제제재 등을 허용함.
인권 NGO	인권과 관련한 정부의 행위를 감시하고 이를 정기적으로 보고하며, 인권침해 행위가 있는 경우 이를 막기 위해 압력을 가하거나 국제적 인권 보호 장치를 창출하는 데 기여하는 단체를 일컬음.

◉ 주제

국제인권(human rights) 문제를 국제정치경제 시각으로 살펴볼까요?
HRR이란?
인권보호 문제를 인간안보 차원에서 살펴봅시다!
북한 인권문제를 살펴봅시다!
국제인권보호를 위한 NGO의 활동을 살펴봅시다!
난민 문제를 살펴봅시다!

◉ 학습 목표

1. 국제인권의 현안 의제를 파악할 수 있다.
2. 우리나라가 당면한 국제인권 관련 의제를 이해할 수 있다.

◉ 학습 목차

1. **인권라운드**(Human Rights Round)에 대한 이해
2. 북한 인권문제 및 국제적 인권NGO 활동에 대한 논의
3. 난민 문제에 대한 논의

Ⅰ. 인권라운드(Human Rights Round)에 대한 이해

1. 국제적 '인권' 기준의 설정

(1) '아시아적 인권'의 이해

아시아에서 인권은 부차적 가치이다. 물론 그 누구도 인권을 가치 없는 것으로 평가하지는 않으나 온갖 변명과 핑계로 인권은 늘 부차적 가치로 취급되고 있는 것이 현실이다. 물론 과거에 비해 인권이 신장된 것은 사실이지만 지금도 아시아의 곳곳에서 인권은 끊임없이 침해당하고 있다. 물론 아시아에서만 인권이 침해되는 것은 아니다. 인권침해는 전 지구적인 문제로서 심지어 가장 민주적인 국가에서도 인권은 완벽하게 보장되지 않는다. 아시아의 인권이 문제가 되는 것은 경제성장에 자신감을 얻은 아시아의 일부 지도자들이 인권의 보편성을 부정하며 아시아에는 아시아에 적합한 '**아시아적 인권**'이 적용되어야 한다고 주장하고 있고 이러한 주장이 많은 아시아인들을 유혹하고 있기 때문이다.

중국의 천안문 사태 이후 중국의 인권문제에 대해 비난의 화살이 집중되면서 아시아의 인권은 인권 담론의 핵심적인 주제가 되었다. 먼저 인권상황의 개선을 요구하는 서구의 외교적 압력이 가해졌고 이에 대항하여 아시아 국가들은 서구 중심적 인권 개념에 대해 도전했다. 서구에서 생성된 인권과 자유의 원칙이 역사적·문화적 배경을 달리하는 비서구 지역에 그대로 적용될 수 없다는 것이다.

1993년 방콕선언은 "인권이 그 본질에 있어서 보편적이지만 국제적 규범의 설정이 역동적이고 진화 중이라는 맥락에서 국가별·지역별 특성과 역사적, 문화적, 그리고 종교적 배경이 가지는 다양한 의미를 염두에 두고 인권을 고려하여야만 한다고 인식한다"고 하였다. 방콕 선언문이 진정으로 말하고자 하였던 것은 아시아적 특수성으로 인해 서구의 것과는 근본적으로 다른 아시아적 인권 개념을 창조하겠으며 또한 그렇게 하는 것이 정당하고 인권문제에 매달리는 서구의 외교정책은 아시아를 지배하려는 패권적 음모에 불과하다는 것이다.

방콕선언 이후 '**아시아적 인권**'은 좀 더 세련된 모습으로 포장되었다. 한마디로 이는 배타적 상대주의에 기초하고 있다. 배타적 상대주의는 인권의 절대성과 보편성을 부정하고 인권의 개별화와 서열화가 가능하다고 믿는 것이다. 인권의 개별화와 서열화란 인간의 여러 권리를 각각 독립적인 것으로 간주하고 권리 간의 우선순위를 설정하는 것이다. 여기에서 권리 간의 서열을 매기는 결정적 변수는 역사적·문화적 특성이고, 서열에 따라 덜 중요하다고 간주되는 권리는 더 중요하다고 간주되는 권리의 확보를 위해 얼마든지 포기될 수 있다는 것이 논의의 핵심이다. 이러한 논리를 바탕으로 리콴유(Lee Kuan Yew)와 마하티르(Mahathir bin Mohamad)는 궁핍으로부터의 탈출, 나아가 물질적 풍요, 그리고 조화로운 사회 건설의 이름 아래 '**서구적 인권**' 개념이 결코 보편적 인권이 될 수 없음을 강조했다. 즉, 개인의 자유와 권리에 앞서 전체의 생존문제를 해결하는 경제발전이 더욱 중요하기 때문에 시민적 정치적 권리는 유보될 수 있고 유보되어야 한다는 것이다. 그러나 경제발전을 위해서 왜 인권이 반드시 제한되어야 하는지에 대해서는 아무런 설명도 하지 않으며 단지 자국의 '**특수한 경험**' 만을 근거로 할 뿐이다. 사실 자유의 제한과 경제발전 사이에는 일반화될 수 있는 상관관계가 전혀 없다는 것이 많은 연구 결과들이 공통적으로 내리는 결론이다. 즉, 인권을 탄압하는 정부가 경제발전을 보장한다고 믿을 경험적 근거가 없다는 것이다.

(2) '인권' 개념의 보편성과 다양성

오리엔탈리즘에 내포된 기만적 속성의 핵심은 세계적 보편성의 기준으로 서구의 백인 남성을 설정함으로써 아시아의 모습을 일탈적인 것으로 묘사하고, 그러한 일탈적 아시아에 대비되는 서구의 모습을 보편적이고 정당한 것으로 보이도록 하는 것이다. 다양성의 긍정적 개념은 오리엔탈리즘 내에서 삭제되었다. 그러나 분명한 것은 다양성의 존재는 부인될 수 없는 사실이다. 국가마다 고유한 역사, 문화, 가치관을 갖추고 있다는 사실은 어떤 이유로도 부인될 수 없다. 그러나 그렇기때문에 국가마다 다른 정치체제를 수립해야 한다는 주장은 엄밀히 말해서 아무런 논리적 근거가 없다. 정치체제의 경우, 많은 국가들이 다양한 역사적 문화적 배경에도 불구하고 민주주의를 지향하고 있다.

물론 모든 민주주의 체제가 획일적으로 조직되어 있지 않다는 것은 분명하다. 다양한 역사적·문화적 환경에 따라 형성된 다양한 민주주의 체제가 존재하고 있다. 그러나 그러한 체제의 다양성은 모두 민주주의 원칙이 정하는 경계 내에 존재하는 다양성이다. 보편성을 부정할 수 없는 이유는 민주주의의 이론과 원칙이 이미 존재하는 정치체제를 합리화하기 위한 목적으로 형성된 것이 아니라 '선험적 가치관 혹은 원칙들'에서 출발한 이론이자 이상이기 때문이다. 그러므로 민주주의 정신이 규정하는 준칙에 위배되는 정치체제는 다양한 민주주의 체제 가운데 하나로 간주될 수 없다. 그러한 체제는 민주주의가 아니다. 예컨대 표현과 언론의 자유를 박탈하는 것은 국민의 진정한 선택권 보장이라는 민주주의의 기본적인 원칙에 위배되므로 그러한 체제는 민주주의 체제로 간주될 수 없다.

다양성과 보편성이 양립할 수 없다는 주장은 싱가포르가 민주주의의 다양한 체제 가운데 하나라는 확신에서 연유한 순환논리이다. 싱가포르가 민주주의라면 다양한 민주주의 체제에 싱가포르의 경우가 포함될 것이고, 따라서 다양성과 보편성은 충돌할 수밖에 없을 것이다. 그러나 민주주의의 여부는 민주주의의 원칙에 의해 판단된다. 민주주의의 원칙으로 판단하면 안타깝게도 싱가포르는 민주주의가 아니다. 리콴유에게 싱가포르는 틀림없는 민주주의 국가이다. 민주주의를 하나의 수단으로 간주하기 때문이다. 즉, 민주주의는 번영과 안정이라는 목표를 구현하는 하나의 도구라는 것이다. 이에 따르면 민주주의의 기준은 선거를 통해 선택된 정부가 번영과 안정을 얼마나 효율적으로 실현하느냐이다. 번영과 안정을 실현하는 정부가 곧 '좋은 정부'이고 '좋은 정부'가 곧 민주주의라고 주장하는 것이다. 이러한 논리에 따라 싱가포르 정부는 "특정한 정치이론이나 이상에 얽매이지 않고 효과적으로, 공정하게 전체의 복리를 증진하는 방식으로" 통치하는 '좋은 정부'이므로 민주주의 정부라고 주장한다. 그러나 민주주의를 판단하는 기준으로 정부의 기능 정도 혹은 통치력을 채택하는 것은 싱가포르를 민주주의 체제로 인정받기 위한 궤변에 지나지 않는다. 민주주의와 정부의 통치력은 아무런 관계가 없기 때문이다.

'**좋은 정부**'라는 개념은 '**나쁜 정부**'의 존재를 필요로 한다. 아시아적 인권론과 아시아적 가치론이 상정하는 대표적인 나쁜 정부는 미국이다. 마약, 범죄, 경제적 불평등, 인종차별, 가족 붕괴, 열악한 복지제도와 같은 온갖 문제들은 미국 정부를 나쁜 정부로 간주하기에 충분하다. 아시아적 가치, 아시아적 민주주의, 아시아적 인권, 이 모두가 미국의 패권적 인권정책에 대한 반발로부터 기인한 것이라고 해도 과언이 아니다. 특히 아시아적 인권론은 아시아 국가에게 시민적 정치적 권리를 강조하는 미국이 미국인들의 경제적 사회적 권리를 보장하지 못하는 현실을 집중적으로 비난하면서 설득력을 얻고 있다.

(3) '인권'을 이유로 한 국제적 압력의 타당성

아시아적 인권론 가운데 논리적으로 가장 취약함에도 불구하고 청중들에게 가장 강한 호소력을 가지는 주장은 아마도 주권론일 것이다. 아시아 국가들의 인권에 대해 비판하는 것 자체가 독립국가의 주권을 침해하는 것이고 주권을 침해하며 인권을 거론하는 것은 모순이라는 주장이다. 이러한 맥락에서 방콕 선언문은 "국가의 주권, 영토보전에 대한 존중의 원칙, 내정불간섭의 원칙, 그리고 정치적 압력의 수단으로 인권을 사용하지 않을 것"을 강조한다. 인간이라면 누구나 단지 인간이라는 이유만으로 소중한 존재라는 명제, 즉 인권은 결코 부정될 수도 없고 되어서도 안된다. 이러한 보편적 관점에서 보자면 인권 확보와 신장을 위한 국제사회의 노력 그 자체는 도덕적으로 타당한 것이다. 그러나 인권 신장을 위한 전략적 차원에서 보았을 때 서구적 인권 개념을 비서구 지역에 그대로 강요하는 전략은 재고의 여지가 있다. 만약 문화적·역사적 특성에 따라 인권에 대한 다양한 인식이 존재하는 것이 현실이라면 서구에서 생산된 인권 개념을 일률적으로 적용하는 것은 인권을 신장하기 위한 최상의 방법이 아니라는 주장이 설득력을 가진다. "인권에 대한 강제되지 않은 합의"가 필요하다.

인권에 대한 '**통문명적**(intercivilizational)' 접근을 통해 상이한 문화 속에서 근사한 개념들의 교합점을 찾는 것이 절실하다. 바꾸어 표현하자면, 아시아 지역의 인권을 신장하기 위한 노력은 아시아의 문화와 전통에 도전하기보다 토착적 인권 전통을 발굴하여 그것을 바탕으로 아시아인들이 인권의 가치에 자발적으로 동의하도록 설득할 수 있어야 한다는 것이다. 예컨대, 태국의 경우 불교의 비폭력 원칙을 통해 인권이라는 결론에 도달할 수 있을 것이고, 또한 그렇게 동의된 인권의 보호막으로 제도적·법적 장치와 더불어 국왕의 권위까지 동원될 수 있는 것은 태국만의 강점이 될 수도 있다는 것이다. 만약 이와 같은 인권의 '**국지적 정당화**'를 통해 인권을 존중하는 관행이 전통적 문화 위에 놓인다면 인권이 장기적으로 보호될 가능성은 더욱 커질 것으로 기대된다.

동남아시아의 인권에 대한 논의는 먼저 동남아시아의 지배 엘리트들이 아니라 동남아시아의 민중이 가지고 있는 인권의 개념을 파악하고 서구적 인권 개념과 얼마나 근사한지, 또 어떤 차이가 있는지 비교하고 어떤 개념과의 합을 통해 확대될 수 있는지에 초점을 모아야 할 것이다. 인권을 이유로 한 국제적 압력은 이러한 과정을 통하여 수립된 국제적 인권기준의 설정 이후에나 그 타당성을 얻을 수 있다.

(4) 프리덤하우스 통계자료로 본 국제인권 현황

민주주의의 개념은 그것에 대해 정의하는 학자의 수만큼이나 다양하다. 민주주의의 정의는 민주주의 그 자체의 규범적 성격과 비교분석에 요구되는 개념적 등가성의 확보문제가 상충되어 일목요연하게 개념화하기란 불가능하기 때문이다. 따라서 민주주의의 개념정의를 놓고 학자들 간에는 이상과 현실, 또는 이론과 실천 간의 긴장이 지속적으로 존재해 왔다. 민주주의의 정의에 대한 학자들의 논의를 크게 대별하면 실질적 민주주의와 절차적 민주주의로 나눌 수 있으며, 이 두 가지 조건이 다 충족되었을 때 민주주의가 공고화 단계에 접어들었다고 평가할 수 있다.

세계 각국의 민주화 정도를 경험적으로 평가하기 위해 프리덤하우스의 자유화지수를 활용하고자 한다. 프리덤하우스는 1978년부터 지속적으로 세계 각국의 정치적 권리와 시민적 자유에 관한 연간 보고서 '**세계 자유 현황**(Freedom in the World)'을 발간해 왔다. 더불어 공산주의 체제가 붕괴하면서 새롭게 등장한 27개 국가들에 대해서는 1995년부터 '민주적 변화(Nation in Transit)'라는 민주화 과정에 대한 보고서를 발간하고 있다.

프리덤하우스는 민주주의와 자유의 중요성을 강조하기 위해 세계 각국 및 지역에 대해 단일한 기준을 가지고 조사를 진행한다. 기준이 되는 민주주의의 개념은 민주화 정도에 대한 비교가 가능하도록 최소 정의에 따르고 있다. 프리덤하우스가 제시하는 민주주의의 개념은 "공정하고 자유로운 경쟁이 보장된 그룹들 가운데서 시민들이 선거를 통해 자신들의 **지배자(정치 지도자)**를 선출할 수 있으며 정부에 의해 임명된 개인의 통치를 받지 않는 것"을 말한다. 그리고 자유는 "시민들이 정부나 다른 어떤 지배 세력들의 통제나 간섭을 받지 않고 자발적으로 다양한 분야에 대해 선택하고 행동할 수 있는 기회를 분명하게 누리는 것"이라고 정의한다.

먼저 'Freedom in the World'는 **'정치적 권리'**와 **'시민적 자유'**의 정도를 매년 평가하는데, 정치적 권리는 "시민들이 정치과정에 자유롭게 참여할 수 있는 것"을 의미한다. 여기에는 투표할 권리와 공무원이 되기 위하여 경쟁에 자유롭게 참여할 수 있는 권리가 포함된다. 그리고 **'시민적 자유'**는 "국가의 방해 없이 여론을 형성하고 제도에 참여하며 개인적인 자율권을 지닐 수 있는 자유"를 말한다. 'Freedom in the World'의 평가는 프리덤 하우스에 소속된 30여 명의 학자와 분석가들이 동일한 **점검항목(정치적 자유 10항목, 시민적 자유 15항목)**을 가지고 각국별로 항목마다 점수를 할당하는 형식으로 이루어진다. 정치적 권리와 시민적 자유의 점검항목에 따른 평가결과는 과거에 합산을 통하여 1에서 7까지의 등간척도를 사용한 종합 평가로 확정되었는데, 최근에는 0에서 100까지의 **등간척도(마이너스도 가능)**를 활용하고 있다. 이를 통해 종합 평가에서 **'자유국가'**, **'부분적인 자유국가'**, **'자유롭지 못한 국가'**를 구분하고 있다. 프리덤하우스는 최근 그 **평가척도(0~100)**로 글로벌자유지수(Global Freedom Scores; political rights+civil liberties), **인터넷자유지수**(Internet Freedom Scores; obstacles to access+limits on content+violations of user rights), **민주주의지수**(Democracy Scores; democracy percentages+democracy score)를 제시하고 있다.

그림 7   2024년도 세계 인권 현황

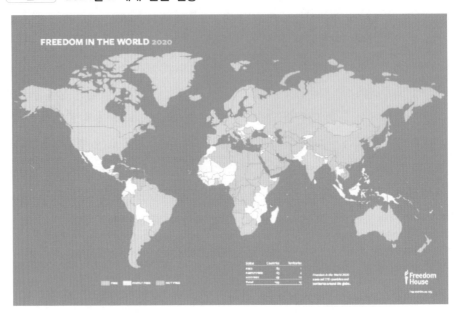

개별 국가 혹은 지역의 자유도는 정치적 권리지수(0~40)와 시민적 자유지수(0~60)에 달려 있다. 이를 종합한 자유지수는 다음 표를 기준(F=Free, PF=Partly Free, and NF=Not Free)으로 결정된다.

* 정치적 권리지수는 0 이하(−1~−4)가 가능하다.

Status		Political Rights score						
		0~5*	6~11	12~17	18~23	24~29	30~35	36~40
Civil Liberties score	53~60	PF	PF	PF	F	F	F	F
	44~52	PF	PF	PF	PF	F	F	F
	35~43	PF	PF	PF	PF	PF	F	F
	26~34	NF	PF	PF	PF	PF	PF	F
	17~25	NF	NF	PF	PF	PF	PF	PF
	8~16	NF	NF	NF	PF	PF	PF	PF
	0~7	NF	NF	NF	NF	PF	PF	PF

    2024 글로벌 자유지수에 의하면 한국은 83점(정치적 권리 33점+시민적 자유 50점)으로 자유로운 국가로 평가된다. 핀란드는 100점으로 완벽하게 자유로운 국가로 평가되고 있다. 반면 북한은 3점(정치적 권리 0점+시민적 자유 3점)으로 대표적인 비자유국가이다. 첨언하면, 한국의 인터넷자유지수는 67점(접근제한 22점+**내용규제 24점+사용자권한침해 21점**)으로 부분적으로 자유로운 국가에 해당된다.

이는 일본(자유로운 국가; 77점)에는 뒤떨어지나 **중국**(비자유국가; 9점)에는 훨씬 앞선 수준이다.

2. 국제관계에서의 '인권' 문제

(1) 인권 문제의 국제적 대두

17세기 후반 유럽의 지적 혁명과 함께 싹튼 인권사상은 그후 영국, 프랑스, 미국 혁명의 정신적 밑거름이 되었고, 제2차 세계대전 중 **홀로코스트**(Holocaust)와 같은 비극을 통해 인간이 인간에게 얼마나 잔인할 수 있는지를 경험하고 난 후 인권은 전 세계적인 이슈가 되었다. 인권유린을 막기 위한 국제사회의 노력은 1948년 UN의 **세계인권선언**(Universal Declaration of Human Rights)을 시작으로 구체화되었고 이 선언문에 포함된 인간의 권리는 이제 보편적 가치로 받아들여지고 있다. 그러나 여러 가지 권리가 동시에 성취될 수 없을 경우, 보호해야 할 권리의 순서를 논리적으로 정하는 것은 쉽지 않다. 중국의 주장처럼 권리의 우선순위를 결정하는 보편적 혹은 일률적 기준을 도출하기란 지극히 어려운 문제이다. 중국은 바로 이러한 점을 이용하여 미국이 중국의 인권문제를 거론하는 것에 대해 내정간섭이라며 반발하고 있다. 또한 유고 공습에서처럼 미국이 인권외교를 추구하는 방법에 대해서도 논란의 여지가 있을 수 있다. 예컨대, 인권침해국에 대한 제재의 수단이 피제재국 국민들의 또 다른 인권을 침해하는 상황을 야기할 수도 있기 때문이다.

(2) 전후 미국의 인권외교정책

미국이 세계 인권문제에 관심을 갖게 되는 계기는 인권탄압적인 정부하의 국민들에 대한 동정심, 인권탄압적인 정부 지도자들에 대한 분노, 인권탄압은 미국의 건국정신에 위배된다는 신념, 인권문제를 제기함으로써 대외적으로 미국의 이미지 제고, 그리고 동서 이념투쟁에서 인권문제의 외교적 수단으로의 활용가능성 등으로 요약될 수 있다.

미국의 인권외교정책이 추구하는 목적은 첫째, 건국 이후 미국이 줄곧 추구하는 자유라는 기본 가치의 외교정책에의 반영, 둘째, 일국의 인권침해는 그 사회 내의 또 다른 문제를 발생시킬 우려가 있고 이는 결국 미국의 이익에 직접적인 해를 끼칠 수 있기 때문에 미리 그러한 사태의 사전 방지, 셋째, 인권침해는 국제갈등의 요인이 되기 때문에 이를 사전에 방지, 그리고 마지막으로 세계의 인권존중을 통해 미국의 가치를 보호하는 우호적인 분위기 조성 등이다.

제2차 세계대전 이후 미국 인권정책의 발전과정을 살펴보면 크게 인권문제의 무시(1945~74), 인권문제에 대한 관심(1974~80), 인권문제의 등한시(1981~92), 인권문제에 대한 새로운 관심(1993~현재) 등 4단계로 구분할 수 있다(정연식·이상환, 2000).

첫 번째 시기인 인권문제의 무시 단계 동안 미국은 유엔에서 인권문제에 관해서 무관심하지는 않았지만 인권과 관련하여 국제사회를 지원하는 데 소극적이었으며, 미국 외교정책의 주요 의제에서 세계인권문제는 분리되었다. 미국은 봉쇄정책의 기조 위에 서유럽 외교를 강화하면서 인권문제를 외교정책의 주요 의제에 포함시키지 않았던 것이다. 트루먼(Harry Truman) 정부(1945~53)와 아이젠하워(Dwight Eisenhower) 정부(1953~61) 및 케네디(John F. Kennedy) 정부(1961~63)는 인권문제에 소극적이었으며, 존슨(Lyndon Johnson) 정부(1963~69)는 월남전에 매진하느라 인권문제를 거론할 여유가 없었다. 뒤를 이은 닉슨(Richard Nixon) 정부(1969~74) 또한 힘의 정치를 내세우며 인권문제에 소극적이었다.

두 번째 시기인 인권문제에 대한 관심 단계 동안 인권문제는 먼저 의회에 의해서 주도되다가 곧 카터(Jimmy Carter) 정부(1977~81)의 등장과 함께 행정부에 의해서 이끌어져갔다. 미국 의회가 인권문제에 대해 관심을 갖게 된 계기는 워터게이트 사건으로 그동안 도덕적으로 우월하다는 미국의 이미지가 실추되었고, 이어 월남전과 더불어 아시아와 중남미에서의 친미 군사정부에 대한 지원 등이 문제가 되어 미국이 도덕성 회복과 인권정책에 대한 관심을 갖게 된 데 기인한다. 이러한 시기에 카터 대통령의 등장으로 미국의 인권외교가 새롭게 각광을 받게 되었고, 그의 '**도덕적 가치**'에 기초한 '**신외교정책**'은 세계의 정의·공평·인권을 외교목표로 설정하였다.

세 번째 시기인 인권문제의 등한시 단계 동안 레이건(Ronald Reagan) 정부

(1981~89)는 미국의 국가 위신을 회복한다는 목표를 설정하고 신보수주의 대외정책 노선을 택하여 미국의 경제적·군사적 지배권의 재건을 내세웠다. 물론 인권외교를 대외정책의 중요 목표로 설정하기는 했으나 카터 대통령의 인권정책을 '냉전과 분리된 하찮은 것'이라고 비판하면서 전략적인 반공주의 정책으로 회귀하여 인권문제는 등한시하였다.

네 번째 시기인 인권문제에 대한 새로운 관심 단계는 냉전의 종식과 옛 소련의 해체와 함께 변화한 미국 외교정책의 방향과 관련되어 있다. 클린턴(Bill Clinton) 정부(1993~2000)는 인권외교보다는 미국의 경제성장을 위한 경제외교에 보다 역점을 둔 것이 현실이다. 따라서 인권문제는 미국외교정책의 주요 목표라기보다는 다른 목표를 달성하기 위한 수단적 측면에서 강조되고 있다고 볼 수 있다. 부시(George W. Bush)·오바마(Barack Obama) 정부(2001~16)는 9·11테러를 경험하면서 인간안보 차원에서 인권보호를 이유로 한 국제사회의 개입의 정당성, 즉 인권보호를 이유로 한 주권제한의 타당성을 강조하고 민주평화론에 근거한 미국식 가치의 확산을 모색했다. 트럼프(Donald Trump) 정부(2017~20)는 미국 우선주의를 내세우며 실리적인 외교정책을 추구했고 인권문제는 외교에서 다분히 뒤처진 입장을 보였다. 2021년 출범한 바이든(Joe Biden) 행정부(2021~24)는 인권·민주화를 다시금 강조하며 '가치의 진영화' 나아가 '진영 내 네트워크화'를 달성하는 데 역점을 두고자 한다. G10 등 민주주의 네트워크 주장도 이와 연관된다고 볼 수 있다.

한마디로 말하여, 미국 정부는 인권문제를 외교정책의 주요 의제로 관심을 두고 있으나 그 자체가 목적이라기보다는 아직 수단적인 성격이 강하다고 볼 수 있다. 미국의 인권외교가 인권문제를 국제사회의 도덕적인 관심사로 등장시킨 것은 분명한 사실이다. 그러나 미국의 인권정책이 얼마나 효과적으로 국제인권 신장에 공헌했느냐 하는 것을 검증하기는 어려운 일이다. 미국 인권외교정책의 대외적 효과를 일반적으로 평가해보면 별 효과가 없는 것으로 파악되고 있다. 그 이유는 미국의 인권정책이 가지는 한계점 때문이며, 이는 인권개념의 상대성, 내정간섭의 비정당성, 일관성 없는 정책수행, 경제제재의 부작용 등으로 요약될 수 있다. 구체적으로 말하여, 상대적 개념인 인권을 국제기준으로 판단·평가하는 것은 곤란하다는 점이며, 설사 그러한 합의된 가치기준이 설정되어 있다고 하더라도 인권을 이유로 타국의 내정에 간섭하여 불이익을 주는 것은 정당화되기 어려운 점을 지적할 수 있다. 또한 대통령에 따라 그리고 그 대상 국가에 따라 인권정책의 내용과 추진방법이 다르게 나타나는 관계로 정책의 타당성이 의심되며, 타국의 인권보호를 위해 경제제재를 가하는 경우 또 다른 비인도적인 문제를 야기하는 모순을 가져올 수 있는 것이다.

(3) 미국 인권외교의 사례: 미국의 대중 인권외교정책과 대한 인권외교정책의 비교

그 상이점은 우선 닉슨·포드 행정부가 대한 인권외교정책에 있어서 한국의 권위주의 정부에 대해 인권개선 압력을 적극적으로 행사하지 않은 것을 한국의 베트남 파병에 대한 일종의 보상으로 생각하였다는 것이다. 이는 카터·레이건 행정부가 중국정부에 아무런 심리적 부채가 없음에도 불구하고 중국의 인권문제에 대해 침묵을 지킨 것과 대조적이라고 볼 수 있다. 닉슨·포드 행정부 시절 의회가 대한 인권외교정책을 주도하였던 것이 미 의회에 진보주의가 지배하던 특정한 시기의 예외적 상황이었다는 점이라고 할 수 있다. 이에 따르면 의회가 아니었다면 닉슨·포드 행정부는 한국의 인권상황을 개선하기 위한 최소한의 조치도 취하지 않을 수 있었다는 말이 된다. 클린턴 행정부에 접어들면서 미 의회는 의원들의 정치적 성향에 관계없이 그 어느 때보다도 미국의 인권외교정책에 주도적 역할을 하고 있음은 중국의 사례에서 잘 나타나 있다.

그 공통점은 인권문제가 외교정책의 우선순위에 있어서 항상 부차적인 수준에 머물렀다는 것이다. 닉슨 행정부에서 레이건 행정부에 이르기까지 냉전체제하에서의 미국의 최대관심사는 안보·전략이었다. 한반도에서는 공산주의의 확산을 막는 것이 한국의 인권개선보다 훨씬 중요하게 인식되었고 중국의 광범위한 인권탄압은 옛 소련의 팽창을 저지하기 위해 중국을 동맹국으로 유지하려던 미국의 집착에 가려서 제대로 알려지지도 않았다. 특히 인권개선을 외교의 목표로 삼았던 카터 행정부도 안보·전략 논리에 굴복하여 초기에 한국에 대해 취했던 압력을 스스로 포기하였고 중국에 대해서는 인권문제를 거론하기

조차 꺼려하였다. 그러나 현실적주의적 관점에서 보자면 닉슨·포드 행정부와 카터 행정부가 각각 한국과 중국의 인권상황을 개선하기 위해 쓸 수 있는 뚜렷한 지렛대가 없었다는 점도 당시 미국 인권외교의 소극적 성격을 설명하는 공통점이라고 볼 수 있다. 냉전체제가 종식된 후에도 인권문제는 미국외교정책의 우선순위에서 계속 부차적인 수준에 머물렀다. 단지 외교정책의 최우선 순위가 안보·전략에서 경제적 이익으로 바뀌었을 뿐이다. 클린턴 행정부가 중국에 대해 인권과 통상을 연계시키는 정책은 쉽게 포기한 반면 분리된 통상문제는 쉽게 포기하지 않는 모습은 인권-통상 연계정책이 중국의 인권개선을 위한 수단이었다기보다는 오히려 인권을 심각한 대중 무역역조 현상을 개선하기 위한 외교적 수단으로 이용하였다는 의구심을 자아내게 하는 것이다. 요컨대, 인권문제가 다른 국익과 상충하는 경우에 미국은 인권을 언제든지 포기할 수 있음을 중국과 한국에 대한 정책에서 보여주었던 것이다(정연식·이상환, 2000).

때때로 미국이 인권문제로 중국이나 한국과 마찰을 빚었을 때에는 항상 공개적으로 처리되었다는 사실도 공통점으로 지적될 수 있다. 통상 미국은 중국이나 한국과의 관계에서 민감한 정치적 사안들을 비공개적으로 처리하였다는 점에 비추어보면 이것은 아주 예외적인 방법이라고 볼 수 있다. 이러한 공통점은 행정부의 의지에 따라 추진되었다기보다는 공개주의를 원칙으로 하는 의회와 언론이 인권외교정책에 적극적으로 관여함에 따른 결과로 볼 수 있다. 인권문제를 둘러싼 중-미 관계와 한-미 관계의 갈등은 주로 의회와 여론의 압력으로 시작되었고 미국의회 대 중국정부 그리고 미국의회 대 한국정부의 대결양상이 되었다. 베트남전 패배 이후 미국 의회가 더 이상 행정부의 외교정책 독점을 허용할 수 없다고 판단한 데 따른 결과였다.

(4) 인도주의적 개입에 대한 논의

① 인권 거버넌스와 인권강제

인권과 관련한 다양한 거버넌스 과업들 중에서 이행이 가장 문제가 되는데, 이는 주로 국가의 복종이 핵심문제이고 국제제도들이 복종을 강요하는 데 제한된 능력을 갖고 있기 때문이다. 비록 국제사회가 점차 다양한 이행 활동을 떠맡고 국가가 주요한 인권 침해자가 될지라도, 국가는 항시 인권 규범의 주요한 이행자가 되어 왔으며 그렇게 남아있다. 국가는 일반적으로 이행을 위한 두 가지 접근방법인 법적 수단과 강제적 조처를 활용한다. 공판은 인권위반을 다루기 위한 하나의 수단이며, 공판이 개별 고소인 혹은 활동적인 판사에 의해 활용되는 곳에서, 정부는 과도한 인권유린을 이유로 다른 국가에 대해 일방적인 강제조치를 취할 수 있다. 국제연합(UN)의 이행의 권위는 국제연합(UN)헌장의 제7장에서 발견된다. 이 규정하에서 만약 안전보장이사회가 인권위반이 국제평화를 위협하거나 깨뜨린다고 결정하면, 그것은 강제조치를 취할 권한을 가지게 된다.

인도주의적 개입은 단지 선별적으로 적용되어 왔고, 항시 성공적인 것은 아니었다. 국제사회는 인권위반이 확실함에도 불구하고 수단, 라이베리아 및 시에라리온의 잔인한 내전에 거의 주의를 기울이지 못했다. 하지만 국제사회는 국제정치에서 인권규범의 증가된 중요성을 반영하면서 다른 상황에서는 단지 중요성을 반영하는 척했다. 대다수 정부들은 아직 그들의 사법관할지역으로 간주한 것에 개입하는 국제연합(UN) 혹은 어떤 정부간 기구의 권한을 강화하는 것에 의혹의 눈초리를 보낸다. 하지만 국제연합은 냉전종식 이래 인권 분야에서 시행을 위한 일부 중요한 절차를 설정해 왔다.

개별 임시 국제형사재판소와 새로이 설립된 국제형사재판소(ICC)는 전쟁범죄와 비인도적 범죄 사건의 집행을 위한 국제적 장치이다. 양 기구는 고소된 개인들을 적당한 법정에 인도하는 국가들 혹은 그들을 적당한 법정에 인도하는 개인들에 의존한다. 이들 법원에서 다루어지는 사건들에 대한 판결은 대규모의 인권유린을 저지른 개인들과 관련된다. 선고는 모국에서 혹은 제3의 국가에서 수행된다. 엄격히 말하여, 비정부기구들은 제재 혹은 군사력과 같은 강제조치를 통해서 인권규범을 따르도록 강제하는 능력이 부족하다. 대부분의 정부간 기구들도 마찬가지이다. 하지만 비정부기구들은 일부 성공을 하면서 국가들이 그 태도를 바꾸도록 많은 전략을 활용해 왔다. 가장 오래된 비정부기구들 중 하나인 국제적십자사는 국가들이 국제인권기준을 준수하도록 함에 있어 최대의 정당성과 최선의 기록을 의심할 바 없이 가지고 있다. 이것의 특수한 역할은 위반 행위를 한 국가들을 제지하고, 분쟁에 따른 군인 및 민간인 희생자들을 보호 지원하며, 전쟁 당사자들 사이에서 조정자로서 활동하도록 특별한 의무가 명시된 인도주의적 법에 관한 제네바협정에 기인하는 것이다. 다른 비정부기구들은 국가의 태도를 변경시키는 수단으로서 제재와 배척을 이용할 것인지를 논의해 왔으나 그러한 행위가 그들의 중립성을 훼손할까 우려했다 (Karns & Mingst, 2015).

② 세계화 시대의 인권확장

제2차 세계대전 이래 글로벌 인권 거버넌스의 현저한 진보가 있었다. 국제인권의 규범적 기반이 수립되었다는 점이다. 세계화는 국제인권의 발전에 방해물이자 자극제가 되어왔다. 경제적 세계화는 개발도상국에서 값싼 노동력을 활용하는 다국적기업들에게 보다 많은 기회를 낳았다. 그것은 새로운 취약성을 낳으면서 사회 내 일상을 전 세계적 시장 도처로 얽매이게 했다. 하지만 경제적 세계화는 또한 인권을 해치는 불균형인 사회 내 그리고 사회 간 광대한 경제적 불균형에 보다 많은 관심을 초래했다. 통신의 세계화는 심각하고 흔히 급속한 응답을 야기하면서 인권유린과 잔학성이 광범위하게 알려지는 것을 의미해 왔다. 그것은 비정부기구들과 개인들에게 네트워크를 만들고 조치를 취하며 그들의 관심을 방송할 강력한 새로운 매체를 제공해 왔다. 그것은 인권 이슈에 민감하고 영향을 미칠 준비가 되어있는 국제적 청중을 만들었다. 인권을 보호하는 것은 사실상 전 세계적인 과업인 것이다(Karns & Mingst, 2015).

3. 새로운 인권 논의

(1) 인간안보와 보건안보

우리는 그동안 국가안보라는 개념에 매몰되어 다른 유형의 안보 개념에 크게 귀 기울이지 않았다. 하지만 인권이 주권에 우선한다는 '**신국제주의**' 원칙하에 안보 논의가 이뤄지면서 인간안보라는 개념이 대두되게 된 것이다. 국가안보란 영토와 주권을 보존함으로써 그 구성원인 국민의 안전과 존엄성 및 정치·경제·문화적 권리를 보장하고 이에 대한 침해를 일으키거나 영속화하는 대내외적 조건을 제거하는 것을 의미한다. 이런 측면에서 볼 때, 국가안보는 외부적인 위협에 대항하여 국민을 위한 안보를 달성하는 것을 의미하지만, 내전, 박해, 기근 등한 국가 내에서 초래되는 제반 문제들로 인해 국민들의 생존과 복지가 위협받는 경우가 비일비재하다. 이러한 국내외적 요소들을 감안하여 인간안보를 개념화하려는 여러 학술적 혹은 정책적 시도들이 지난 20여 년간 지속되어 왔다.

이와 같은 이론적 논의의 가장 대표적인 시발점은 1994년의 UNDP 연례보고서인데, 이 보고서는 인간안보를 '공포로부터의 자유 및 궁핍으로부터의 자유'라고 정의함으로써 이 분야의 길잡이가 되었다. 또한 이 보고서는 **경제**(economic security), **식량**(food security), **보건**(health security), **환경**(environmental security), **개인** (personal security), **공동체**(community security), **정치**(political security)의 일곱 가지 영역에서 야기되는 위협을 막는 것이 인간안보를 가장 확실하게 보장하는 것이라고 제시한다. 인간안보의 구성요소로서 보건 문제가 거론되고 보건 혹은 건강안보라는 개념이 등장하게 된 것이다.

하지만 인간안보 개념의 주창에도 불구하고 이 개념은 지나치게 광범위하고 포괄적이어서 실행가능성에 대한 비판을 초래하고 있다. 이러한 인간생명에 대한 모든 위협요인들을 포함하는 광범위한 정의는 포괄성을 얻는 대신 정밀성이 떨어지기 마련이다. 광의와 협의의 인간안보 개념을 둘러싼 현재까지의 논쟁은 공포로부터의 자유만 포함시킬 것이냐 공포와 궁핍으로부터의 자유 모두를 고려할 것인가에 관한 내용이 주를 이루어 왔다. 최소한의 인간안보가 인간의 생존 자체를 보장하는 것이라면, 최대의 인간안보는 모든 개인이 자원의 자유로운 확보와 정치적·사회적 영역의 자격 확대로 삶을 최대한 즐길 수 있는 권리를 보장받아야 비로소 가능하게 되는 것이다.

인간안보의 개념화에 있어 하나의 중요한 의제는 포괄적 안보와 인간안보를 어떻게 구별할 것인가의 문제이다. 이 두 가지 개념이 종종 같은 의미로 오용되기도 하는데, 포괄적 안보는 그 분석 수준이 국가라는 점에서 개인을 분석 기준으로 삼는 인간안보와 확연히 구별된다. 즉, 포괄적 안보가 인간의 필요를 강조하는 반면, 인간안보는 인권을 강조한다. 또한 포괄적 안보는 국가 수준에서 질서와 안정에 중점을 두지만 인간안보는 개인 수준에서 정의와 해방에 치중한다.

(2) 국제사회에서 전염병 협력을 위한 제안

전염병을 안보 이슈화하는 주요한 목적은 일국 내외에 있는 관련 행위자들로 하여금 그것으로 인해 야기될 수 있는 위협과 위험에 대해 경계심을 갖도록 하는 데 있다. 첫째, 세계화와 함께 사람과 상품의 움직임의 규모, 속도 및 범위가 유사하지 않다. 불확실성 속에서 전염병이 확산되며 예측이 불가능한 것이다. 둘째, 세계화 이외에 인위적인 질병 촉진 사안들이 있다. 도시화와 지구온난화를 가져오는 기후변화는 전염병 발생을 가속화시키고 있다. 셋째, 전염병원체로 인한 위협은 과거보다 오늘날 더 크다. 사스가 명백히 보여준 바와 같이 전염병이 개인의 건강을 위협할 뿐만 아니라 그 확산은 경제적 마비를 초래하고 사회질서를 약화시키며 정부에 대한 대중 신뢰를 해친다. 결과적으로 전염병의 발생 혹은 재발은 사실상 그 영토 내에서 일어나고 또한 지역 안정을 위협할는지 모르므로 안보 이슈로 다루어져야 한다는 것이다.

전염병 문제는 협의의 인간안보 혹은 최소한의 인간안보 개념에 포함될 수 있는 중요한 국제사회의 의제라고 할 수 있다. 성격상 인간안보의 범주에 있는 전염병 문제가 국가 간의 갈등을 유발하고 이로 인해 국가 간 분쟁, 나아가 전쟁으로 이어진다면 이는 국가안보 차원에서의 문제가 되는 것이다. 국제법상 공중보건에 관한 쟁점은 월경질병의 확산 방지 및 국제적 차원에서 공중보건의 수준향상에 초점을 맞추어 왔다. 19세기 이전까지, 월경질병의 확산방지에 관하여 국가들은 국제적 협력의 필요성을 인식하지 못하였다. 즉, 질병확산의 방지는 국내적 방역정책으로 충분하다고 생각하였다. 그러나 이러한 제한적인 방역조치는 국제교역의 증가로 인해 한계점에 도달하게 되었다. 제한적인 방역조치에 의한 국제무역의 제한은 국가 차원의 경제적 이해에 많은 영향을 주었으며 국가 간 통상갈등을 초래하였다. 따라서 국제교역의 감소를 유발하지 않는 적절한 수준의 월경질병 확산의 방지에 대한 협의가 필요하게 되었다. 오늘날 전염병 즉 보건 문제가 국제사회의 갈등 요인이 되고 이를 해결하기 위한 협력이 요구되고 있는 것이다.

21세기에 국제사회는 다양한 문제, 특히 **코로나19(COVID-19)**와 같은 보건 문제에 직면해 있다. 인접국의 도움 없이 국제사회는 그 문제를 해결할 수 없다. 성공적인 협력을 위해 국제사회는 안보에 대한 인식을 단지 주권을 위한 국가안보에서 인권을 위한 인간안보로 변경시켜야 한다. 아니면 인간안보를 포함하는 포괄적인 개념으로서 국가안보에 대한 인식을 재정의해야 하는 것이다. 국제사회에서 보건레짐은 그 지역 내 공통적인 안보 인식과 상호주의 원칙에 토대를 두어야 한다.

II. 북한 인권문제 및 국제적 인권NGO 활동에 대한 논의

1. 국제인권 논의 1: 북한 인권문제

(1) 북한 인권문제의 전개

냉전종식 후 국제사회에서는 인권문제가 주요한 논의의 대상으로 자리 잡고 있는 바 1990년대 들어서 유엔을 중심으로 북한의 인권문제가 심도 있게 거론되고 있다. 국제엠네스티, **아시아 워치**(Asia Watch) 등 인권관련 비정부기구들은 이미 1980년대 후반부터 북한 내 정치범 문제와 정치적 자유권의 제한, 러시아 벌목공 문제 등을 제기해 왔으며, 유엔 인권소위원회는 1992년 이래 이들 비정부기구로부터 탄원을 접수한 바 있다. 1996년 유엔 총회 연설에서 공노명 당시 외무장관은 우리 정부로서는 최초로 북한인권문제를 공개적으로 거론하여 북한 측으로부터 강력한 반발이 있었으며, 1999년 3월에는 홍순영 당시 외교부 장관이 유엔 인권위원회에서 북한 인권문제를 제기하였다.

1997년 유엔 인권소위원회는 해외를 포함한 거주 이전의 자유 보장, 인권이사회 정기보고서 제출 등 4개항의 대북 인권관련 결의안을 표결로 채택함으로써 국제기구에서 북한의 인권 상황이 공식적으로 언급되고 문서화하는 계기를 마련했다. 북한은 상기 결의안이 주권을 침해하였다는 이유로 '**시민적·정치적 권리에 관한 국제규약**'으로부터 탈퇴를 전격적으로 선언하였으나, 유엔은 이를 허용하지 않았다.

유엔 인권소위원회는 1998년에도 북한의 인권 상황을 파악하기 위한 정확한 정보를 취득하는 것이 극도의 어려움에 봉착하고 있다고 확인하고, 약식처형과 계속적인 실종의 보고, 수천의 정치범들에 대한 동일한 형태의 인권 유린 보고들에 우려를 표명하며 대북 인권관련 결의문을 채택했다. 이후 유엔 인권 위원회 및 인권소위원회에서 정부 대표 및 비정부기구들에 의하여 북한인권 관련 문제의 제기 및 논의가 진행되고 있으며 유엔 인권고등판무관에게 공식 적인 개입을 요청하는 등 북한의 인권문제가 자연스럽게 중요한 국제이슈로 자리매김되고 있는 실정이다. 이러한 배경하에 북한은 제출시한보다 12년이 경 과된 2000년 3월 시민적·정치적 권리에 관한 **국제규약(B규약)** 제2차 보고서를 제출하였는 바 인권이사회는 2001년 7월 이를 심의하고 최종 평가서를 발표했다. 북한 인권문제는 전술한 바와 같이 유엔뿐만 아니라 미국 국무부의 '**각국 인권 실태보고서**'라든지 헤리티지 재단의 보고서 등에서 주요하게 취급되고 있고 국 제사면기구, 국제적십자사, 국제인권옹호연맹, 국제언론인협회, 미네소타 변호 사 국제위원회, 아시아태평양의원연맹 등에서 활발한 논의가 진행되고 있다(조 정현, 2014).

　북한인권결의안(UN Resolution on the Situation of Human Rights in the DPRK)은 북한 주민들의 인권상황에 대한 우려와 개선을 담은 유엔의 인권결의안이다. 북한인권결의안은 1990년대 중반 이후 북한의 심각한 인권상황을 개선하기 위 하여 유엔 차원에서 채택한 결의안으로 유엔인권위원회와 유엔총회에서 채택 되고 있다. 북한의 심각한 인권상황이 1990년대 중반 이후 국제사회에 알려지 게 되면서, 북한인권 개선을 위한 유엔 차원의 개입전략이 추진되었다. 1997년 유엔 인권소위원회는 북한인권결의안을 채택함으로써 유엔 차원의 공식적인 논의를 시작하였다. 북한인권결의안은 2003년 제59차 유엔인권위원회부터 3년 연속 채택되었으나 북한인권 상황이 별다른 진전을 보이지 않게 되자, 2005년 부터 유엔총회에서도 채택되었다. 북한인권결의안은 유엔인권위원회에서는 2003년부터 그리고 유엔총회에서는 2005년부터 매년 채택되고 있다. 유엔총회 의 인권결의안은 6개 주요위원회 중 **제3위원회**(Social, Humanitarian & Cultural Committee)에서 담당하고 있다. **북한인권결의안**[조선 민주주의 인민 공화국 인권 상 **황에 대한 결의안**; The Resolution on the Situation of Human Rights in the Democratic People's Republic of Korea(DPRK)]은 북한의 열악한 인권상황에 대한 우려와 함께 개선을 위한 인도주의적 기술협력과 대화를 포함하고 있다. 북한인권결의안의 주요 내용은 고문, 공개처형, 정치범 수용소, 매춘, 영아살해, 외국인 납치 등 각종 북한 인권문제에 심각한 우려를 표시하는 한편 북한 주민의 인권과 기본적인 자유 보장을 촉구하고 있다. 또한 결의안은 유엔 안전보장이사회가 북한의 상황을 **국제 형사 재판소(ICC)**에 회부하고 제재 조치를 고려하는 등 적절한 조치를 취할 것을 권장한다. 북한인권결의안은 유엔 안전보장이사회가 채택하는 결의와는 달리 법적 구속력이 없다는 점에서 한계를 가지고 있다. 그러나 북한 인권결의안은 북한 인권을 국제적 관심사안으로 부각시켰다는 점에서 의미가 있으며, 북한으로 하여금 인권에 대한 대응방안을 모색하도록 하는 기회를 제공하였다고 볼 수 있다(조정현, 2014).

북한인권 유엔조사위원회(Commission of Inquiry; COI)는 북한의 인권문제를 조사하기 위해 사상 처음 출범한 유엔 차원의 공식기구로, 2013년 3월 21일 스위스 제네바에서 열린 **유엔 인권이사회**(United Nations Human Rights Council; UNHRC) 제22차 회의에서 이사국의 만장일치로 채택된 결의안을 바탕으로 구성되었다. 이 결의안은 유럽연합(EU)과 일본, 한국 정부가 공동제안하고 미국 등이 지지했다. 초대 위원장에는 마이클 커비 전 호주 대법관이 임명되었으며 북한인권 특별보좌관 등 3명으로 구성된다. 이 위원회는 북한의 인권상황과 인권침해에 대해 1년간 활동하며 조사대상은 식량권 침해, 수용소 인권침해, 고문과 비인간적 대우, 자의적 구금, 차별, 표현의 자유 침해, 생명권 침해, 이동 자유 침해, 타국민의 납치와 실종 문제 등이다.

북한 인권 관련 유엔 노력 연혁

- 2006년: UNHRC(United Nations Human Rights Council) 창설 ⇒ 국가별인권상황정기검토(Universal Periodic Review) 메커니즘이 만들어짐/UNGA(United Nations General Assembly)는 북한인권실태에 대한 결의안 채택
- 2008년: UNHRC는 북한인권실태에 대한 결의안 채택
- 2009년: 북한에 대한 첫 번째 국가별인권상황정기검토 이루어짐
- 2013년: UNHRC는 합의에 의한 북한인권실태에 대한 결의안 채택/북한인권

유엔조사위원회(Commission of Inquiry; COI) 설립 ⇒ 유엔인권기구가 국제형사처벌을 목적으로 하는 조사위원회를 설립, 국제사법절차에 의한 형사처벌 가능성 열림, 북한인권유린의 심각성 알림, 북한 내 최고존엄으로 지칭되는 최고지도자를 겨냥한 국제적 처벌 논의

(2) 북한 인권문제의 현안

북한에서의 인권 개념은 인류보편적 가치의 개념과는 현격한 차이를 보이고 있는 바 이러한 근본적인 개념의 차별성으로부터 북한 인권문제에 대한 국제사회의 접근과 북한의 대응은 커다란 괴리를 보이고 있다. 북한은 국제적인 인권규범을 거부하고 소위 '**자주적**' 인권 개념을 내세우고 있는데, 이는 개인의 권리를 부정하고 나라와 민족 중심의 집단적 인권 개념에 기반하여 계급적 성격에 따라 국가가 시혜하는 것으로 규정되어 있다. 이러한 배경하에서 북한에서 인권이라는 것은 결코 국경을 넘어선 보편적 가치가 될 수 없는 바 국제사회에서 북한 인권문제를 제기·비판하는 것은 내정간섭 혹은 주권침해의 사항이라는 논리를 전개하고 있다.

시민적·정치적 권리문제와 관련하여, 북한 인권과 관련하여서는 공개처형과 같은 생명권의 존중 위반, 정치적 수용소와 같은 신체의 자유에 대한 위반, 출신 성분에 의한 사회적 차별과 같은 평등권에 대한 위반 등이 주요 인권문제로서 지적되고 있다. 북한 사회에서 정치적 신념을 달리하고 있는 정치범의 존재와 그들에 대한 조직적인 탄압이 특히 문제되고 있는 바 정식 재판 절차 없이 이들을 집단 수용한 소위 '**149호 대상지역**', '**독재대상 특별구역**', '**49호 교화소**' 등으로 불리는 일종의 강제 노동수용소의 존재 및 광범위한 탄압에 대한 구체적인 사실 적시가 있다. 이외에도 거주 이전의 자유, 언론 출판의 자유, 집회 결사의 자유, 사상 종교의 자유를 내용으로 하는 자유권에 대한 실제적인 보장이 이루어지지 않고 있는 점이 언급되고 있다.

경제적·사회적·문화적 권리는 기본적인 의식주를 제공받을 생존권, 사회보장권, 근로권, 직업 선택의 자유 및 교육받을 권리 등을 포괄하고 있는 바 북

한 정부는 이러한 권리의 우선 실현을 강조하고 있으나 현실은 그렇지 못해 문제가 되고 있다. 북한은 최근의 심각한 식량난과 기아문제를 홍수와 가뭄 등 자연적 재해에 기인한 것으로 변명하고 있으나, 이는 북한체제의 비효율성과 폐쇄성에서 기인한 문제라고 보아야 하므로 북한의 식량난은 단순한 식량부족 문제가 아니라 인간의 기본적인 생존권의 문제 혹은 경제적 인권의 문제로 보아야 한다는 주장이 있다.

북한의 인권문제라고 할 때, 상기한 바와 같이 순수하게 북한 내에만 국한되는 속지적 성격을 갖는 인권문제뿐만 아니라 한국이나 일본, 중국, 러시아 등 외부세계와의 관련성을 갖는 인권문제들이 존재한다. 그러한 문제로서는 피랍된 동진호 선원 등 납북억류자 송환문제, 한국전쟁 시 억류된 국군포로의 인권보호 및 송환 문제, 중국에 밀입국하거나 시베리아 벌목장을 탈출한 북한이탈주민의 인권보호문제, 북송재일교포의 인권문제, 남북이산가족 서신왕래 및 상봉문제 등이 있다.

2. 국제인권 논의 2: 국제적 인권NGO 활동

(1) 국제인권 NGO의 활동과 역할

① 인권 NGO란?: 일반적으로 인권 NGO는 인권과 관련한 정부의 행위를 감시하고 이를 정기적으로 보고하며, 인권침해행위가 있을 경우 이를 막기 위해 압력을 가하거나 국제적 인권보호 장치를 창출하는 데 기여하는 단체이다. 그러나 인권의 내용이 정치, 사회, 경제, 문화 등 실로 다양한 분야와 관련되어 있기 때문에 인권 NGO들의 추구 목표도 다양한 양상을 보인다. 또한 인권 NGO들이 자신의 목적인 인권신장 및 인권침해 방지를 위해 사용하는 방법은 다양하다. 가장 일반적 방식으로 자신들의 정보력을 바탕으로 인권침해 행위가 있는 경우, 이를 언론에 공개하거나 혹은 UN과 같은 기구에 보고하여 인권침해저지를 위한 여론을 조성한다. 또한 국내 및 국제적 수준에서 활동하는 정책결정자들과 다양한 교류활동을 펼쳐 국제기구에서 인권관련 의제가 논의될 수 있도록 영향력을 행사한다. 그리고 법률서비스 및 교육 등을 통해 개인과 단체

가 자신의 권리를 알고 이를 행사하는 데 도움을 준다.

인권 NGO들은 다음과 같은 기능들을 수행한다. 첫째, 인권 NGO들은 인권규범 확산에 기여한다. 1996년 UN총회를 통해 제정된 두 개의 인권장전, 즉 경제적·사회적·문화적 권리에 관한 국제규약 시민적·정치적 권리에 관한 국제규약이 1976년 발효되기까지는 NGO의 역할이 절대적이었다. 많은 제3세계 신생국가들은 이들 규약에 대한 가입을 꺼려했는데 NGO들은 이들 국가를 설득하고, 가입에 필요한 국내입법의 초안 작성을 지원하기도 하였다. 둘째, 인권 NGO들은 새로운 인권 규범을 수립하는 데 기여한다. 예로 1989년 채택되어 1991년 발효된 시민적·정치적 권리에 관한 규약에 대한 두 번째 선택의정서는 **국제사면기구**(Amnesty International)가 지속적으로 주장하고 있는 '**사형제도 철폐**'를 명문화한 것이다. 또 오늘날 국제 인권규범 체계에서 중요한 위치를 차지하고 있는 '**고문방지국제협약**'도 1972년 이후 국제사면기구와 국제법률가위원회 등 서방 세계 주요 NGO들의 주장으로 국가 간 협약이 만들어지게 된 사례이다. 셋째, 인권 NGO들은 인권규범의 실행력을 보강한다. 기본적으로 각종 인권규약은 정부들 간의 합의를 통해 수립되지만 이에 대한 UN등 정부 간 국제기구의 실행 능력은 한정되어 있다. 이는 정부 간 기구가 정부들로 이루어져 있기 때문인데, 따라서 인권침해를 행한 회원국에 대한 제재 등 인권규약의 실행을 보장하기 위한 이들의 결정은 정치적인 고려에 따르게 마련이다. 이에 반해 NGO는 정치적 고려가 아닌 오직 인권보호라는 목적을 추구하고 이에 따라 행동한다. 이들은 자신들의 자원을 활용, 독자적으로 혹은 UN 등 국제기구의 이행 감시활동과 연계하여 정부의 인권규약 이행여부를 감시한다. 이러한 NGO의 감시활동을 통해 인권침해 사실은 국제사회에 전달되어 인권침해 중지를 위한 국제여론이 조성되며, 이는 다시 UN 등 정부간 기구가 인권침해국에 대해 취하는 조치에 대한 정당성 자원으로서 활용될 수 있다.

② 국제사면기구[Amnesty International(AI)]: AI는 1961년 5월 28일 영국인 변호사 피터 베넨슨(Peter Benenson) 씨에 의해 창설되었다. 그는 우연히 두 명의 포르투갈 학생들이 단지 "자유를 위하여"라고 건배하였다는 이유로 7년형을 살고 있다는 기사를 읽고 이들을 석방시키기 위한 캠페인을 촉구하는 기사를 영

국의 옵서버지에 기고하였다. '잊힌 수인들'이라는 이 기사는 당시 유럽의 양심
적 시민들과 지식인들에게 엄청난 반향을 불러일으켰다. 한 변호사의 인권에
대한 관심이 알려진 6개월 만에 세계 최대의 국제인권운동단체가 탄생하게 되
고, 이후 슈바이쳐 박사, 맥브라이드, 피카소를 비롯한 세계적인 저명인사들의
참여가 뒤따랐다. AI는 현재 160여 개국에 140만 이상의 회원과 천만 명 이상
의 지지자를 확보하고 있다. 그리고 세계전역에 70여 개국에 지부를 두고 있다.
아프리카, 아시아, 유럽, 미주지역, 중동지역 등에 6천 개 이상의 지역 그룹을
두고 있으며 명실상부한 세계 최대의 민간 인권단체로 자리 잡게 되었다.

국제사면기구는 세계최대의 민간인권 운동 단체이며, 특정정부, 정치집단,
이데올로기, 경제적 이해 또는 특정종교로부터 독립적이고 공평하게 활동한다.
앰네스티 운동은 세계인권선언에 기초하며 전 세계 회원들의 민주적 의사결정
으로 운영된다. AI는 인권보호운동에 대한 공로로 1977년도에 노벨 평화상을,
1978년도에 유엔 인권상을 수상하기도 했다. AI는 모든 종류의 인권을 위한 투
쟁을 지지하면서도, 실제로는 특정한 인권문제를 위해서만 활동한다. AI는 모
든 인권이 똑같이 중요하다는 점을 인정한다. 그리고 세계인권선언의 30개 조
항을 모두 받아들인다. 그러나 이 조직의 공식적인 활동은 특정한 시민적·정치
적 권력에 초점이 맞춰져 있다. 현재 주요 수임활동으로는 다음과 같은 것을
들 수 있다. 양심수 석방, 모든 형태의 고문 반대, 사형제도 반대, 정치범에 대
한 공정하고 신속한 재판 촉구, 실종 반대, 정치적 살인 반대, 난민보호 등이다.

③ 인권감시기구[Human Rights Watch(HRW)]: HRW는 뉴욕에 본거지를
두고 브뤼셀, 런던, 모스크바, 홍콩, 로스엔젤레스, 워싱턴, 트빌리시, 타슈켄트,
사라예보 그리고 르완다 등에 사무실을 두고 있으며 조사해야 할 인권관련 문
제가 발생하면 그 사건의 강도에 따라 임시적 사무실을 운영하고 있다. 또한
담당 조사관들이 정기적으로 그들의 지역을 방문 조사하여 보고하고 있다. 현
재 HRW에서 70여 개국 이상에 활동하고 있는 사람들은 변호사, 기자, 교수 등
그 나라의 다양한 분야의 전문가들로 구성되어 있으며 다른 단체들과 마찬가
지로 자원봉사자들이 기반을 이루어 운용되고 있다.

HRW는 1978년 Helsinki Watch로 **소비에트**(Soviet) 주변국들의 인권에 대한

문제들을 보고하기 시작하면서부터 1980년에 이르러 본격적으로 미국에서 American Watch로 활동하였다. 그 이후 각 지역들의 감시단들이 모여 1988년 지금의 Human Rights Watch가 탄생하게 되었다. 그들은 세계의 모든 사람들이 동등하게 대우받을 수 있는 국제적 기준을 믿으며 지금은 미국에 본거지를 두고 각 지역의 여성 문제와 아이들의 노동 착취문제 그리고 무기문제들을 포함한 폭넓은 인권 활동에 참여하는 단체이다.

HRW가 설립된 이래 100여 국이 넘는 곳에서 1천여 편이 넘는 인권관련 보고문들을 발간하였다. 경찰권의 남용 감시대상국으로는 브라질, 인도 그리고 미국이 있고 시민들의 자유로운 정치권 행사가 잘 이루어지지 못하는 감시국으로는 인도네시아, 마케도니아, 콜롬비아 등이 있다. HRW는 이러한 국가들을 감시하고 방문하여 직접 그 현장에서 피해자들과 전문인들과의 대화를 통해 문제의 객관성과 정확성을 파악하여 보고문을 작성 후 발간하며 그 보고서들은 판매된다. 그들의 주요활동은 다음과 같다. 아이들의 노동 착취 보호, 대인지뢰 금지, 르완다에서 발생한 대량학살 증거제시, **피노체트**(Augusto Pinochet) 사건조사, 아이들 용병 금지, 여성의 권리 등이다.

④ AI 및 HRW 두 기구의 한계: 이러한 국제인권 NGO는, 그들의 노력에도 불구하고 특히 제3세계 NGO들로부터 비판을 받고 있다. 이 비판의 요지는 제3세계 독재정권에 의해 자행되는 인권침해가 결국 선진국들이 그들의 국익을 보호하기 위해 이들 국가에서 강력한 물리력으로 국민들을 무차별 탄압하는 독재 정권을 후원함으로써 야기된다는 점이다. 따라서 선진국의 시민사회가 독재정권에 의해 탄압받는 정치범을 보호한다는 것 자체가 모순되며, 이는 병 주고 약 주는 식의 선진국의 이중적 가치관이라는 것이다. 이런 비판은 일면 타당성과 정당성을 갖고 있어, 이러한 문제는 해당국가의 인권단체들과의 긴밀한 연대를 통해 해결되어야 할 것이다. 또한, 그들의 변화 적응 능력과 인권 개념의 절대성 및 보편성이 지적되고 있으며 인권 침해에 대해서 어떻게 대처할 것인지도 문제로 지적되고 있다.

(2) 국제사회의 인권개선을 위한 NGO의 역할에 대한 의견

상호의존 시각은 국제 인권문제를 해결함에 있어 NGO의 역할은 지대하다고 한다. 국가 행위자가 하지 못하는 역할을 국제기구 중 NGO가 담당한다는 것이다. 특히 주권과 충돌하는 인권 사안에 대해서 국적을 떠나 개입의 정당성을 가질 수 있는 행위자는 NGO뿐이라는 것이다. 종속 시각은 국제 인권문제를 해결함에 있어 NGO는 강대국의 임무를 대행하는 기관에 불과하다. 강대국 정부가 개도국 정부에 영향력을 행사함에 있어, 특히 인권개선을 요구함에 있어 NGO는 국제 여론을 조성하는 데 중요한 행위자인 것이다. NGO가 국가이익으로부터 벗어날 수 없으며 활동의 순수성을 그대로 받아들인다는 것은 어리석은 것이다. 특히 주권과 충돌하는 인권 사안에 대해서 NGO는 강대국 혹은 국제사회의 지원 없이 제대로 역할을 할 수 없다. 국가주의 시각은 국제 인권문제를 해결함에 있어 NGO의 역할은 제한적이라고 한다. 국가의 승인 없이 NGO가 할 수 있는 역할은 한정될 뿐이며, 특히 주권과 충돌하는 인권 사안에

표 17 국제사면기구(AI)와 인권감시기구(HRW)의 비교

성격	국제사면기구 (Amnesty International)	인권감시기구 (Human Rights Watch)
초기 관심사	개별 양심수	동유럽의 표현의 자유
주요 기금	회비	개인 기부/재단
기금 확보 전략	분권화	중앙집중화
본부	런던	뉴욕
권한	양심수/고문/사형죄/실종/초사법적 처형	시민/정치적 권리
주요 패러다임	자유주의	자유주의
회원과의 연계	각국 지부/집단	-
주요 활동대상	정부/각국 지부/국제기구/ 전 세계적 여론	미국 의회/행정부/주로 미국 여론/ 다른 정부/주요 세계 언론/다른 인 권 비정부기구
거버넌스 구조	위원회/집행위원회/사무총장/각국 지부	이사장/이사회/자문위원회

대해서 NGO가 실효성 있는 역할을 한다는 것은 불가능하다고 말한다.

III. 난민 문제에 대한 논의

'난민(refugee)'이란 종교, 인종, 정치적 이유 등으로 인해 박해 및 전쟁 상황을 피해 자신의 거주지를 떠날 수밖에 없는 사람들을 말하는 것으로, 더 나은 삶 또는 기회를 찾아 거주지를 떠나는 '이주민(migrant)'과는 구별된다. 유엔난민기구(United Nations High Commissioner for Refugees; UNHCR)에 의하면, 지난 몇 년 간 전 세계의 난민 혹은 강제이주민 수는 큰 폭으로 증가하여 2022년 말 3,500만 명을 넘어섰다(UNHCR, 2023).

UNHCR 규정은 1950년 12월 14일 UN총회 결의에 의해 채택되었는데, 이는 난민의 자격요건을 다음과 같이 언급하고 있다(이용호, 2007). 첫째, 시간 제약성을 들 수 있다. 난민협약상의 '1951년 1월 1일 이후에 발생한 사건'이라는 시간 제약성을 보완하는 난민의정서가 1967년에 채택되었음에도 불구하고, 이러한 시간 제약성은 난민협약의 체약국이면서 난민의정서의 체약국이 아닌 일부 국가에 대해서는 논란의 대상이 되고 있다. 둘째, 난민의 성격을 결정짓는 핵심 요소로 '박해를 받을 우려가 있다는 충분한 이유가 있는 공포'가 요구된다. 셋째, 인종, 종교, 국적, 특정 사회집단의 구성원 신분 정치적 의견을 이유로 박해를 받을 우려가 있다는 충분한 근거가 있는 공포로 인하여 자신의 국적국의 보호를 받을 수 없거나 또는 그러한 공포로 인하여 국적국의 보호를 받는 것을 원하지 않는 경우이다. 넷째, 난민지위 신청일 현재 자신의 국적국 밖에 있는 자로서 자국 정부의 보호를 받을 수 없거나 그러한 공포 때문에 그 국가의 보호를 받기를 원하지 않은 경우이다. 다섯째, 종전의 상주국 밖에 있는 무국자로서, 종전의 상주국으로 돌아갈 수 없거나, 또는 그러한 공포로 인하여 돌아가기를 원하지 않은 자가 이에 해당한다.

한편 미국의 이민법에서 명시하고 있는 난민은 '자신의 국적국 밖에 있는 자로서 또는 국적국이 없는 자로서, 인종, 종교, 국적 또는 특정 사회집단의 구성원 신분 또는 정치적 견해 등을 이유로 박해를 받을 우려가 있다는 충분한 근거가 있는 공포로 인하여 자신의 국적국의 보호를 받을 수 없거나 그러한 공포로 인하여 국적국의 보호를 받는 것을 원하지 아니하는 자'를 말한다(장은영, 2016). 최근 중동과 아프리카로부터의 대규모 난민유입으로 유럽 국가들 내에서 반이민정서, 이슬람 혐오증이 커지고 있다. 하지만 난민에 대한 외면은 단기적으로는 자국의 사회 안정을 도모할 수 있겠지만, 장기적으로는 더욱 복잡하고 위험한 상황을 자초할 수 있다. 그러므로 난민문제가 안보위협이 될 수 있다는 인식하에 난민보호가 필요하다는 인식 변화가 필요한 상황이다(이신화, 2016).

2015년 이래 유럽연합(EU) 내 시리아 등에서의 난민 유입이 급증하면서 난민 문제가 최대 현안으로 대두하였다. EU의 망명 신청자 수는 2012년 33만 6천 명, 2013년 43만 2천 명, 2014년에는 62만 6천 명으로 증가해 왔고, 2015년 전체 난민 신청자 수는 1백만 명에 이르렀다. 헝가리는 난민 유입을 차단하기 위해 세르비아와의 국경 지역에 철조망을 설치한 바 있고, 독일, 네덜란드, 오스트리아, 슬로바키아 등도 난민 유입을 이유로 국경 통제를 실시한 적이 있다. 난민 문제는 정치·경제·사회·문화 분야가 연결된 복잡한 문제이고 이미 유로존 위기로 커진 반 EU 정서에 호소하며 약진한 극단주의 정당이 난민 사태로 증가한 반 이민 정서를 자극하면서 더욱 그 세력을 키우려는 움직임을 보였다(전혜원, 2016).

유엔난민기구(UNHCR)가 발표한 보고서에 따르면 2024년 기준 전 세계적으로 그 어느 때보다 많은 사람이 강제로 고향을 떠나게 되어 1억 2천만 명의 강제이주민이 발생했다. 이는 제2차 세계대전 이후 가장 높은 수준이다. 러시아-우크라이나 전쟁에서 시리아 분쟁 사태, 기후 위기, 수단 위기와 동아프리카와 남아메리카에서의 경제난까지 전 세계의 불안정성이 증가하고 있다. 2022년 2월 우크라이나에서의 전쟁이 격화되면서 제2차 세계대전 이후 유럽 내에서 가장 빠른 속도로 난민이 발생했다. 전쟁 초기에는 하루에 최대 20만 명의 난민들이 이웃 국가로 피난을 갔다. 그리고 현재 830만 명이 넘는 난민들이 우크라이나를 떠났고 370만 명의 국내 실향민이 발생했다.

난민 문제로 골치를 앓고 있는 유럽연합이 3년간의 협상 끝에 난민 심사와 회원국별 배분 방법을 정한 '신 이민·난민 협약'을 타결했다. 이는 회원국들이 부담을 나누자는 취지인데, 난민 승인 조건을 강화한 것은 물론 거부권을 행사하는 방법을 공식화하면서 난민에 대한 벽을 높였다. 그리스와 이탈리아 등 아프리카나 중동과 가까운 회원국에 난민 수용 부담이 쏠리는 것을 막자는 것이다. 이에 따라 회원국들은 협약에 명시된 '의무적 연대' 규정에 따라 특정 국가에 난민 유입 부담이 발생할 때 일정 수의 난민을 나눠 받아들여야 한다. 그러지 않으려면 난민을 본국으로 송환하는 대신, 그 수에 따라 EU 기금에 돈을 내야 한다. 난민 신청자에 대한 '사전 심사 규정'도 단일화하고, 승인율이 낮은 국가에서 온 난민에 대해서는 패스트트랙을 적용해 조속히 송환 여부를 결정하기로 했다. EU에서는 중동과 아프리카의 내전 등으로 난민이 몰려들면서 이들의 수용 여부를 놓고 회원국 사이에 불화가 빚어졌다. 기존의 더블린 조약은 처음 입국한 국가에서 난민 신청을 하고 해당 국가가 이를 받아들이도록 했기 때문이다.

점점 확대되는 난민위기로 인해 개별 국가들이 난민을 수용하는 절차가 더 강화되고, 난민에 대한 입장이 더 인색해질 뿐 아니라, 반이민정서, 이슬람혐오 범죄, 난민 문제의 안보화 경향이 나타나는 것은 시리아 난민을 포함해 세계난민문제의 해법을 모색하는 데 장애요소가 되고 있다. 인도주의관점에서 난민 문제에 접근해 온 일부 서방국가들마저 점차 복잡해지고 심각해지는 난민이나 유민문제에 대해서 까다로운 면접을 통해 유럽 요새화의 입장을 보이고 있다. 따라서 난민문제 해결을 위한 궁극적인 해법을 찾기 위해서는 출신국의 분쟁이나 위기상황에 대한 정치적 해결노력, 토착민과의 사회갈등 해소를 위한 대책, 비대칭적 난민쏠림과 불공평한 난민부담에 대한 국제사회의 책임분담 등을 종합적으로 고려하여 체계적으로 접근할 필요가 있다(이신화, 2016).

한국은 아시아 최초로 난민법을 제정하는 등 제도적 측면에서 적극성을 보여 왔으므로, '인도주의 외교' 차원에서 난민 문제 대응을 위한 국제 기여를 확대해야 할 것이다. 한국은 2015년 12월 유럽 내 난민 위기 대응을 지원하는 차원에서 그리스(150만 달러), 세르비아(100만 달러), 크로아티아(50만 달러) 발칸지역 3개 국가에 총 300만 달러 규모의 인도적 지원을 제공할 것을 발표한 바 있다. 이에 추가로 EU가 추진하는 터키·요르단·레바논 등 거대 난민 수용국에 대한 지원 등 EU 차원의 난민 관련 협력에 동참하는 방법을 고려해 왔다(전혜원, 2016). 우리나라의 경우 2011년 말에 독립적인 난민법안이 국회 본회의를 통과했다. 그 이전에는 1992년 난민의 지위에 관한 협약에 비준한 이후 출입국관리법에 난민에 관한 조항들을 신설한 것이었다. 외국인의 출입국을 관리하기 위한 법이 박해 때문에 본국에 돌아갈 수 없어 피난처를 찾는 난민들을 규율해 온 것이다. 그러니 난민을 인정하고 보호하는 데 있어서 인간안보의 관점보다는 국가안보의 관점이 지배했던 것이 사실이다. 이러한 현실에 문제의식을 가지고 난민협약의 정신에 부합하는 독립적인 난민법을 만들기 위한 논의를 통해 난민법안이 본회의를 통과한 것이다. 독립적인 난민법의 탄생으로 출입국 통제의 관점이 아니라 인권 보호의 관점에서 난민을 바라볼 수 있는 제도적 장치가 마련된 것이다(김종철, 2012).

생각해 봅시다!

인도주의적 개입

인도주의적 개입에 대한 이해

▸ 인도주의적 개입의 정당성을 지지하는 미국을 중심으로 한 서구국가들은 현실적으로 인도적 개입이 특정 국가의 주권이나 영토의 독립을 침해하는 것이 아니기 때문에 그것은 결코 국제연합(UN) 헌장을 위반하는 것이 아니라고 주장한다. 이러한 자유주의적인 관점에 부정적인 국가들은 현실주의적인 관점에서 인도주의적 개입의 정당성에 대해 거부감을 갖고 있다. 냉전기 인권문제에 대한 상이한 입장의 토대였던 정치적·경제적 이념의 차이는 오늘날 종합적인 사회·문화적 요인으로 대체되고 있다. 최근 가치의 진영화는 이러한 사회·문화적 차이에 기인하는 것이다. 헌팅턴(Samuel Huntington)의 문명충돌론, 나이(Joseph Nye)의 연성국력론 등이 이와 연관된다. 이런 관점에서 본다면, 인권의 보편성 주장과 국제사회의 문화적 재편 추세는 인도적 개입의 정당성 문제의 해결을 모호하게 한다.

▸ 인도주의적 개입의 정당성 문제에 대한 논란이 종식되지 않았음에도 불구하고 인도적 개입은 서방 국가들의 대외정책 및 국제사회의 여론에 반영되어 구체적인 정책으로 나타나고 있다. 탈냉전기 이래 미국의 경제제재 혹은 군사적 개입은 인도적 개입이라는 명분에 기초한다. 그 대표적인 예는 2003년 미국의 이라크 침공이며, 당시 전쟁의 명분인 예방전쟁(preventive war)과

인간안보(human security) 중 인간안보는 바로 인권침해적인 독재국가의 인권개선을 위한 개입명분을 의미한다.

인도주의적 개입에 대한 의견

▶ **상호의존 시각**

인권은 주권에 우선하며 일국의 인권침해 상황에 대해 국제사회는 개선을 위해 개입해야 한다. 개선을 위한 수단은 경제제재 등이 효과적이다. 테러와의 전쟁 등 국제사회의 협력 없이 인권침해 문제는 해결할 수 없다. 인권 개념의 보편성을 강조한다.

▶ **종속 시각**

주권이 인권에 우선하며 일국의 인권침해 상황에 대해 국제사회가 개입하는 것은 제국주의적 음모라고 할 수 있다. 인권개선은 표방하는 슬로건일 뿐 강대국의 영향력 확장을 위한 명목에 불과하다. 인권 개념의 특수성을 강조한다.

▶ **국가주의 시각**

주권이 인권에 우선하며 일국의 인권침해 상황에 대해 국제사회는 주권을 침해하면서까지 개선을 요구해서는 안 된다. 이는 인권개선을 위한 또 다른 인권침해를 유발할 것이다. 인권 개념의 특수성을 강조한다.

1. 인권 개념의 보편성을 설명한 것으로 거리가 먼 것은?

① 정치체제의 다양성은 모두 민주주의 원칙이 정하는 경계 내에 존재하는 다양성이다.

② 많은 국가들이 다양한 역사적 문화적 배경에도 불구하고 민주주의를 지향하고 있다.

③ 국가마다 고유한 역사, 문화, 가치관을 갖추고 있다는 사실은 어떤 이유로도 부인될 수 없다.

④ 국가마다 다른 정치체제를 수립해야 한다는 주장은 엄밀히 말해서 아무런 논리적 근거가 없다.

⑤ 민주주의의 이론과 원칙이 이미 존재하는 정치체제를 합리화하기 위한 목적으로 형성된 것이 아니라 '선험적 가치관 혹은 원칙들'에서 출발한 이론이자 이상이다.

해설 인권 개념의 특수성 혹은 다양성을 주장하는 사람들은 "국가마다 고유한 역사, 문화, 가치관을 가지고 있다는 사실은 어떤 이유로도 부인될 수 없다."고 한다.　　**정답** ③

2. 국제사면기구(AI)에 대한 설명으로 거리가 <u>먼</u> 것은?

① 본부는 뉴욕에 있다.
② 1961년 영국인 변호사 피터 베넨슨 씨에 의해 창설되었다.
③ 인권보호운동에 대한 공로로 1977년도에 노벨 평화상을, 1978년도에 유엔 인권 상을 수상하기도 했다.
④ 세계최대의 민간인권 운동 단체이며, 특정 정부, 정치집단, 이데올로기, 경제적 이 해 또는 특정종교로부터 독립적이고 공평하게 활동한다.
⑤ 현재 주요 수임활동으로는 양심수 석방, 모든 형태의 고문 반대, 사형제도 반대, 정치범에 대한 공정하고 신속한 재판 촉구, 실종 반대, 정치적 살인 반대, 난민보 호 등이 있다.

해설 본부는 뉴욕에 있는 것이 아니라 영국 런던에 위치한다.　　　　　　　정답 ①

3. 인권감시기구(HRW)에 대한 설명으로 거리가 <u>먼</u> 것은?

① 각 지역의 감시단들이 모여 1988년 지금의 Human Rights Watch가 탄생하게 되었다.
② 조사해야 할 인권관련 문제가 발생하면 그 사건의 강도에 따라 임시적 사무실을 운영한다.
③ 변호사, 기자, 교수 등 그 나라의 다양한 분야의 전문가들로 구성되어 있으며 다 른 단체들과 마찬가지로 자원봉사자들이 기반을 이룬다.
④ 1978년 American Watch로 소비에트 주변국들의 인권 문제들을 보고하기 시작 하면서부터 1980년에 이르러 본격적으로 미국에서 Helsinki Watch로 활동하였다.
⑤ 주요활동은 아이들의 노동 착취 보호, 대인지뢰 금지, 르완다에서 발생한 대량학살 증거제시, Augusto Pinochet 사건조사, 아이들 용병금지, 여성의 권리 등이다.

해설 1978년 Helsinki Watch로 소비에트 주변국들의 인권 문제들을 보고하기 시작하면서부 터 1980년에 이르러 본격적으로 미국에서 American Watch로 활동하였다.　　정답 ④

정리하기

1. 인권라운드(HRR)란 무엇인가?

인권이 주권에 우선한다는 신국제주의 원칙하에 국제 인권규범의 설정과 이에 따른 인권개선을 논의하기 위한 다자 간 협상을 의미하며, 인권개선을 위한 수단으로 경제제재 등을 허용하고 있다. 국가마다 고유한 역사, 문화, 가치관을 갖추고 있다는 사실은 어떤 이유로도 부인될 수 없다. 그러나 그렇기 때문에 국가마다 다른 정치체제를 수립해야 한다는 주장은 엄밀히 말해서 아무런 논리적 근거가 없다. 다양한 역사적·문화적 환경에 따라 형성된 다양한 민주주의 체제가 존재하고 있다. 그러나 그러한 체제의 다양성은 모두 민주주의 원칙이 정하는 경계 내에 존재하는 다양성이다. 인권라운드는 이러한 인권 개념의 보편성에 근거하고 있다.

2. 아시아적 인권 개념이란 무엇인가?

인권이 그 본질에 있어서 보편적이지만 국제적 규범의 설정이 역동적이고 진화 중이라는 맥락에서 국가별·지역별 특성과 역사적·문화적·종교적 배경이 가지는 다양한 의미를 염두에 두고 인권을 이해해야 한다는 것이다. 아시아에서 인권은 부차적 가치이다. 물론 그 누구도 인권을 가치 없는 것으로 평가하지는 않으나 온갖 변명과 핑계로 인권은 늘 부차적 가치로 취급되고 있는 것이 현실이다. 물론 과거에 비해 인권이 신장된 것은 사실이지만 지금도 아시아의 곳곳에서 인권은 끊임없이 침해당하고 있다. 아시아의 인권이 문제가 되는 것은 경제성장에 자신감을 얻은 아시아의 일부 지도자들이 인권의 보편성을 부정하며 아시아에는 아시아에 적합한 '**아시아적 인권**'이 적용되어야 한다고 주장하고 있고 이러한 주장이 많은 아시아인을 유혹하고 있기 때문이다. 개인의 자유와 권리에 앞서 전체의 생존문제를 해결하는 경제발전이 더욱 중요하기 때문에 시민적 정치적 권리는 유보될 수 있다는 논리이다. 그러나 경제발전을 위해서 왜 인권이 반드시 제한되어야 하는지에 대해 아무런 설명도 하지 않으며 단지 자국의 '**특수한 경험**'만을 근거로 할 뿐이다.

3. 인권 NGO의 기능은 어떠한가?

우선 인권 NGO들은 인권규범 확산에 기여한다. 또한 인권 NGO들은 새로운 인권 규범을 수립하는 데 기여한다. 그 예로 1989년 채택되어 1991년 발효된 시민적·정치적 권리에 관한 규약에 대한 두 번째 선택의정서는 **국제사면기구**(Amnesty International)가 지속적으로 주장하고 있는 '**사형제도 철폐**'를 명문화한 것이다. 또한 인권 NGO들은 인권규범의 실행력을 보강한다. 기본적으로 각종 인권규약은 정부들 간의 합의를 통해 수립되지만, 이에 대한 UN 등 정부 간 국제기구의 실행능력은 한정되어 있다. 이는 정부 간 기구가 정부들로 이루어져 있기 때문인데, 따라서 인권침해를 행한 회원국에 대한 제재 등 인권규약의 실행을 보장하기 위해 NGO는 독자적으로 혹은 UN 등 국제기구의 이행 감시활동과 연계하여 정부의 인권규약 이행 여부를 감시한다.

국제정치경제 이슈 종합:
국제 통상-금융-환경-노동-부패-인권

 사전 학습(핵심 용어 정리)

용어	뜻
라운드(Round)	국제정치경제 영역에서 라운드란 다자주의, 규범주의 틀 속에서 특정 이슈 내 국제적 기준을 설정하기 위한 다수의 국가 간 협상을 의미함.

📝 학습 목표 및 목차

◎ 주제

여섯 가지 국제정치경제 이슈를 비교해 볼까요?
UR(NR), FR, GR, BR, ACR, HRR이란?
국제정치경제 이슈의 현안과 전망은 어떠한가요?

◎ 학습 목표

1. 여섯 가지 국제정치경제 이슈의 유사점과 상이점에 대해 이해할 수 있다.
2. 국제정치경제 이슈의 현재와 미래를 이해할 수 있다.

◎ 학습 목차

1. 국제정치경제의 주요한 현안 이슈에 대한 이해
2. 국제정치경제 이슈의 현재와 미래에 대한 논의

Ⅰ. 국제정치경제의 주요한 현안 이슈에 대한 이해

국제정치경제 이슈에는 통상, 금융, 환경, 노동, 부패, 인권 등 여섯 가지 의제가 있으며, 각 이슈 영역에서 국제적 기준을 마련하기 위한 협상으로 UR을 이은 DDA는 다자 간 통상 협상이고, FR은 다자 간 금융 협상, GR은 다자 간 환경 협상, BR은 다자 간 노동 협상, ACR은 다자 간 반부패 협상, HRR은 다자 간 인권 협상을 각각 의미한다. 이를 각각 살펴보면 통상 의제의 경우 국제경제통합 논의가 핵심 사안이며 자유무역·공정무역을 그 목적으로 한다. 금융 의제의 경우 국제금융시장 안정 및 외채문제 해결이 핵심 사안이며, 환율 및 통화 안정을 그 목적으로 한다. 한편 환경 의제의 경우 환경보호와 통상규제의 연계 문제, 노동 의제의 경우 노동권 보호와 통상규제의 연계 문제, 반부패 의제의 경우 부패척결과 통상규제의 연계 문제, 그리고 인권 의제의 경우 인권보호와 경제제재의 연계 문제 등을 각각 핵심 사안으로 하며, 결국 이들은 국가경쟁력 문제로 귀결되어 환경보호, 노동권보호, 부패척결, 인권보호라는 본연의 목적과 충돌하고 있다. 각 사안별 갈등 구조가 형성되어 있고, 그 주요한 대립적인 행위자는 선진국과 개도국이다. 한마디로 말하여, 국제정치경제적 이슈들을 중심으로 한 선진국과 개도국 간 갈등을 해결하고자 하는 것이 오늘날 국제사회의 관심사인 것이다.

표 18 국제정치경제의 주요 이슈

Summary of Current Issues in International Political Economy

이슈 / 구분 기준	통상 (Trade)	금융 (Finance)	환경 (Environ -ment)	노동 (Labor)	부패 (Corrup -tion)	인권 (Human Rights)
다자간 협상명 (Round)	UR/DDA (우루과이 라운드/ 도하개발 어젠다 협상)	FR (금융 라운드)	GR (그린 라운드)	BR (블루 라운드)	ACR (반부패 라운드)	HRR (인권 라운드)
현안 의제 (Current Subjects)	국제경제 통합 문제	국제금융 시장 및 외채문제	환경보호와 통상규제의 연계 문제	국제노동 기준과 통상규제 의 연계 문제	뇌물거래 방지와 통상의 연계 문제	국제인권 기준 설정 문제
	자유무역 공정무역	환율통화 안정	환경보호	노동권 보호	부패척결	인권보호
			목표 실현을 위해 통상규제와 연계 ⇒ 국가경쟁력의 문제로 귀착			
갈등 속의 행위자 (Actors in Conflict)	선진국과 개도국 간 대립/ 블록 간 대립	선진국과 개도국 간 대립	선진국과 개도국 간 대립/ 인접국가 간 대립	선진국과 개도국 간 대립	선진국과 개도국 간 대립	서구적 시각과 비서구적 (아시아적) 시각의 대립

II. 국제정치경제 이슈의 현재와 미래에 대한 논의

1. 국제정치경제 종합 논의 1: 동북아 공동체 형성

최근 동북아 정세는 새로운 질서를 구축하기 위한 주변 강대국 간의 경쟁과 협력이 지속하는 모습을 보이고 있다. 안보적인 측면에서 한·미·일 남방삼각 체제와 북·중·러 북방삼각체제가 견제하는 냉전적 구도가 근저하면서, 한·미 동맹관계와 미·일 동맹관계를 토대로 주도적 위치를 점하려는 미국에 대해 중국과 러시아가 경계를 하는 양상이 계속되고 있다. 이러한 안보상황과 함께 경제적 측면에서 한반도 주변 4강과 한국의 경제적 상호의존은 보다 심화되고 있으며, 중국의 경제적 부상에 따른 영향력 증대는 동북아 경제질서에 새로운 변화를 예고하고 있다.

동북아시아 지역은 그 동안 역내국가 간 통상관계의 증진 등 경제적 상호의존이 심화되어 왔음에도 불구하고, 이러한 발전에 상응하는 지역협력을 제도화시키려는 노력이 상대적으로 매우 미흡했던 것이 사실이다. 이제 동북아를 대상으로 한 지역협력 문제는 더 이상 미룰 수 없는 우리의 주요한 관심사가 되고 있다.

오늘날 동북아 공동체 형성에 긍정적인 요인들로 언급될 수 있는 사항은 이 지역 국가의 높은 성장 잠재력과 역내 국가 간 상호의존의 심화이며, 그 촉매제로 1997년 이후 동아시아를 강타한 경제위기를 들 수 있다. 반면 부정적인 요인들은 무엇보다도 냉전의 경험으로 이는 동북아 국가 간 지역협력을 가로막는 중요한 정치적 요인이 되고 있다. 또한 역내 국가들의 다양성, 아직 역내 국가 간 정치적으로 신뢰구축이 미비한 점, 그리고 일본과 중국 간의 경쟁적 대결관계를 들 수 있다.

이러한 동북아 공동체 형성 논의를 동북아 안보 및 경제레짐 구축을 중심으로 다루면 다음과 같다. 동북아에서의 국제레짐 형성의 지연은 경제적 상호의존의 심화를 가속화시키지 못하고 있으며, 아울러 안보 불확실성의 증대를 야기하고 있다. 보다 안정적인 동북아 질서의 구축을 위해서 안보 및 경제적 차원의 지역적 레짐 형성이 요구되는 것이 오늘날의 현실이다.

동북아 안보레짐의 가능한 유형은 집단무력레짐과 협력안보레짐 중 평화적·협력적 조처에 기초한 협력안보레짐이라고 할 수 있다. 따라서, 군비통제레짐, 비확산레짐, 검증레짐 및 위기관리레짐을 그 내용으로 하고 있다. 냉전적 요소가 잔존하고 있는 동북아에서 집단방위레짐 및 집단안보레짐 등을 포함하는 집단무력레짐의 형성은 불가능하며 바람직하지도 않다. 결국 군비통제레짐과 **비확산레짐(CWC, BWC, NPT, CTBT 등 관련)**을 주축으로 한 포괄적인 지역적 협력안보레짐의 구축이 그 목표가 되어야 하는 것이다. 비확산레짐을 통한 대량살상무기의 통제, 그리고 군비통제레짐을 통한 군비경쟁의 완화가 이 지역의 안보 불확실성을 해결할 수 있는 근간이 되는 것이다.

한반도 주변 6개 국가의 입장을 살펴보면, 북한을 제외하고는 모두 다자주의적·규범주의적 틀 속에서 안보문제를 해결하고자 한다. 그러기 위해 동북아 안보레짐의 형성이 요구되는 것이다. 저비스(Robert Jervis)의 기준에 따른 동북아 안보레짐의 형성 가능성을 언급하면, 동북아 안보레짐에 장애가 되는 요인은 북한의 핵무기 개발노력과 향후 부정적으로 발전될는지 모르는 중국과 일본 간의 대결구도라고 할 수 있다. 따라서 북한 핵무기 개발이 강대국의 외교적 노력에 의해 **종식(비핵화)**된다면 이는 동북아 안보레짐의 형성을 앞당기는 계기가 될 것이며, 중국과 일본의 대결·경쟁구도가 경제적 상호의존의 심화에 의해 완화된다면 그 레짐 형성에 긍정적으로 작동할 것이다.

경제적인 측면에서 세계화와 더불어 전 세계에 걸쳐 확산되고 있는 지역블록화 움직임은 동북아 지역의 경제통합 가능성을 확인시켜 주고 있으며, 그 가능한 대안으로 자유무역지대 설정이 논의되고 있다. 향후 동북아 지역에서 한·중·일 3국이 자유무역지대 결성에 성공할 경우, 이는 동북아 전체의 경제통합에 강한 동기를 제공하게 될 것이다. 현재 지역경제협력 강화 필요성에 대한 공동 인식 제고 등에 힘입어 3국 간 **자유무역협정(FTA)**이 모색되고 있으나 이에 대한 이해득실과 관련하여 각국별 평가가 엇갈리고 있다.

현재 논의되고 있는 한·중·일 FTA 추진 가능성을 살펴보면, 그 긍정적 요인으로 경제적 상호의존의 심화를 들 수 있으며, 부정적 요인으로 **한(선발개도국)·중(후발개도국)·일(선진국)** 3국 간의 경제발전 단계의 격차와 체제의 상이성 및 한·중·일 3국 간의 역사적 갈등을 들 수 있다.

향후 진정한 동북아 공동체 형성을 위해 그 전단계로 동북아 안보 및 경제레짐 구축을 위한 방안을 제시해 보면 다음과 같다. 동북아 안보레짐 구축을 위하여, 첫째, 중국과 일본 간의 대립·경쟁 구도가 동북아 안보레짐 구축에 장애요인이라면 지역적 안보레짐 형성에 앞서 사전단계로 중국과 일본 양자 간 군비통제 협정 내지 평화 협정을 맺을 필요가 있다. 둘째, 북한의 **핵무기 개발 저지(비핵화)**를 위해 현 다자 간 틀을 활용하며 외교적 압박을 통해 문제를 해결하여야 한다. 셋째, 일본에 대한 주변국의 역사적인 반감은 단기적으로 해결되기 어려운 문제이며 지역 국가들의 경제적 상호의존의 심화와 정부 및 민간 차원의 사회문화적인 교류활성화를 통해 이 문제를 점진적으로 해결하여야 한다. 마지막으로, 주한 및 주일 미군의 존재가 향후 안정된 동북아 질서에 긍정적으로 작동할 것이라 생각되나 중국과 러시아가 거부감을 표명한다면 갑작스런 철수는 바람직하지 못하나 주둔군 재배치 등을 통해 새로운 무기체계와 전략에 걸맞는 성격 변화를 보여주어야 할 것이다. 즉, 냉전적인 반공산주의·반소주의적 주한미군의 성격을 평화유지 주한미군의 성격으로 이미지 전환을 해야 할 것이다.

동북아 경제레짐 구축을 위하여, 단계적인 공동체 형성 전략이 요구된다. 궁극적으로는 동북아 경제공동체 달성을 상정하되 초기단계로는 FTA보다는 느슨한 형태의 한·중·일 3국간 **경제협력체(RCEP 동참 등)**를 구성하고, 다음 단계로 FTA를 달성하는 방안을 추진하는 것이 바람직하다. 즉, 동북아 지역은 과거 역사상 공동번영을 위한 상호협력 경험이 부족하므로 쉬운 분야부터 시작하는 단계적 접근이 필요한 것이다.

한국은 동북아 지역에서 양대 강국인 중국과 일본 사이에 위치하여 이들을 연결함으로써 동북아 지역협력—동북아 협력안보레짐 구축 및 동북아 자유무역지대 설정—에 중재적 역할을 수행할 수 있다. 한국이 안보 및 경제적으로 중국·일본과 비견할 만한 능력을 갖추고 있지는 못하지만, 상호 경쟁적인 대결을 벌이고 있는 중국·일본이 독자적으로 동아시아 지역협력에 주도적 역할을 담당하기 어렵기 때문에, 한국의 역할이 중요하다고 할 수 있다. 나아가 진정한 동북아 공동체 형성을 위해 동북아 사람들이 공유하는 지역적 정체성을 확립할 것이 요구된다. 따라서 향후 이러한 진정한 동북아 공동체 형성을 위해 새로운 지역적 정체성을 창출해 나아가야 할 것이다.

2. 국제정치경제 종합 논의 2: 지속가능성 분쟁과 글로벌 위기관리

오늘날 에너지, 환경, 바이오 안보 문제는 국제사회에서 가장 주목받는 관심사로 부각되고 있다. 20세기에는 생존을 위한 국가안보가 초미의 관심사였다면, 21세기에는 에너지의 안정적 확보, 대체에너지 개발, 환경 보전, 식량 확보, 수자원 확보, 질병 관리 및 신약개발 등 삶의 질과 관련된 인간안보가 주목받고 있다. 특히 제한된 매장량을 갖고 있는 에너지 자원은 한 국가의 경제발전뿐만 아니라 주권 수호를 위한 군사력 확충에 이르기까지 국가의 운명을 결정할 수 있을 정도로 인간의 삶에 결정적인 요소가 되었다. 또한, 에너지 자원의 소비에 따른 초국가적 환경위협의 증가는 점차적으로 국가 간 분쟁의 씨앗이 되고 있고 나아가 인류의 삶에 위협을 주고 있다. 따라서 에너지 안보, 환경 안보, 바이오 안보의 확보를 중심으로 하는 **지속가능성 분쟁**(Sustainability Conflict)은 21세기 국제사회의 중요한 화두가 되었다.

문제는 21세기 들어 에너지 자원, 환경, 식량, 수자원 이슈들이 인간과 사회에 주는 영향이 중요해진 만큼 그와 같은 쟁점을 둘러싼 갈등이나 분쟁이 점증하고 있고 향후 더욱 증대될 수 있음에 주목할 필요가 있다는 것이다. 탈냉전

그림 8 **지속가능성 분쟁과 글로벌 위기관리의 중요성**

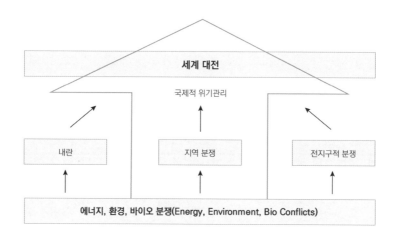

이후 냉전적 이념 갈등을 원인으로 하는 분쟁은 확연히 줄었다. 그러나 아프리카, 중남미, 아시아 지역에서 에너지, 환경, 바이오 자원 그 자체를 둘러싼 분쟁이 감소하고 있지 않고 오히려 지속적으로 증가하고 있다. 이처럼 제한된 자원에 대한 중요성과 그에 따라 증가하는 분쟁은 **지속가능한 글로벌 사회**(Sustainable Global Society)를 위해 해결해야 할 중요한 과제이다.

에너지 분쟁의 경우 석유와 천연가스 같은 에너지 자원뿐 아니라 금속류의 비에너지 자원을 확보하고 관리하기 위한 국내적, 지역적, 국제적 분쟁은 이미 분쟁으로 귀결되었거나 물리적 충돌의 위험 수위에 이르고 있다. 또한, 에너지를 둘러싼 국제적 경쟁과 분쟁 지형에는 기존의 **전통적 선진국**(미국, 유럽, 일본)과 더불어 중국, 러시아, 인도, 브라질, 한국 등과 같은 신흥 경제권 국가들도 가세하고 있다. 환경 분쟁의 경우 기후변화 레짐의 진행과정에서 보듯이 선진국과 개도국 간, 감축의무를 둘러싼 국가 간 갈등이 심화되고 있다. 바이오 분쟁의 경우도 최근 코로나19(COVID-19), 신종플루, 사스 등 전염병의 발병국과 인접국가 간 갈등, 그리고 아프리카에서의 식량 및 수자원 부족에 따른 내전은 시간이 지날수록 그 분쟁상황이 악화되고 있다. 키신저(Henry A. Kissinger) 전 미국 국무장관은 "향후 지구촌에서 가장 발생 가능성이 큰 분쟁은 화석연료를 둘러싼 분쟁"이라고 지적했다. 이를 증명이라도 하듯이 현재 지구촌에는 자원의 생산과 분배를 두고 총성 없는 전쟁이 끊임없이 진행되고 있다. 석유, 가스, 금, 텅스텐 등 중요 자원을 소유한 많은 국가들 내부에서는 서로 자원을 차지하기 위해 정치 세력 간 혹은 인종, 종족, 부족 간 피비린내 나는 내전이 진행되고 있다.

자원분쟁은 비단 일국 내의 갈등만을 야기하는 것은 아니다. 거대 자원 소비국들은 자원 확보를 위해 자원보유 국가들에게 압력을 행사하거나 경우에 따라 침략 행위를 감행하고 있다. 미군이 이라크와 아프가니스탄에서 피를 흘린 것도, 러시아가 카스피해 근처에서 새로운 국가의 탄생을 가로막는 조치도, 중국이 에너지 자원의 보고인 카스피해에 진출하기 위해 신강-위구르와 티베트의 독립 움직임을 무력을 통해 탄압하고 있는 것도 모두 자원의 안정적인 확보를 위한 강대국들의 에너지 안보 정책의 일환이다. 동북아시아에 큰 피해를 주고 있는 중국으로부터의 황사는 향후 환경 분쟁과 바이오 분쟁으로 증폭될 수 있는 여지가 있다. 더욱 큰 문제는 강대국들의 에너지, 환경, 바이오 정책이 자국의 이익을 위하여 동맹관계를 재편하면서 글로벌 차원에서 충돌하고 있다는 사실이다. 지속가능성 분쟁이 '**또 다른 냉전**'을 만들고 있다. 따라서 현재 에너지, 환경, 바이오 분쟁은 인류평화를 위협하고 지속가능한 글로벌 사회 건설의 큰 장애물이다.

세계 13위의 경제 대국이며 에너지 자원의 거의 전량을 수입에 의존하고 있는 한국도 이미 이러한 자원 확보전에 뛰어들었다. 한국의 에너지 해외의존도는 현재 97% 수준에 이르고 있다. 에너지를 제외한 광물자원의 경우는 경제성장이 지속됨에 따라 그 필요품목의 수가 증가하지만 한국은 이 분야에서도 부존자원이 거의 없다. 이에 따라 전략자원의 수급을 대부분 해외에 의존해야만 한다는 사실은 한국경제의 결정적 취약점이다. 에너지 안보의 시각이 제기되는 이유가 바로 여기에 있다. 이들 에너지의 수급 안정성이 경제발전을 좌우할 뿐 아니라 국민의 생존권이 달려 있고, 군사력을 유지하고 운용하는 데에도 절박한 요건이기 때문이다. 그중에서도 핵심적인 전략자원이 석유라는 사실은 두말할 나위가 없다.

아울러 지난 반세기 이상 산업화에 박차를 가해 온 한국은 에너지 다소비형 산업구조로 인한 환경 문제에 직면해 있다. 향후 적절한 대책 없이 온실가스 배출 감축의무를 질 경우 국가경제에 심한 타격을 받을 가능성이 있다. 특히 1997년 교토의정서의 서명국인 한국은 에너지 소비의 증가, 경제발전과 연계된 환경문제의 해소가 새로운 국가사업의 핵심 과제로 등장하고 있다. 이런 문제 해결을 위한 고부가가치 지식산업 중심 산업구조로의 개편이 어렵게 되면 한국 경제의 추락은 자명할 것이다. 나아가 식량 문제 해결을 위한 유전공학, 질병 문제 해결을 위한 의약학 및 생명공학의 발전이 병행되지 않을 경우 한국의 위상과 한국인의 삶은 악화될 가능성이 크다.

제3차 세계대전은 발발 가능한 것인가? 만약 가능하다면, 그 분쟁의 성격은 지속가능성 분쟁일 것이다. 따라서 '**지속가능한 국제사회**'의 구축에 가장 큰 영향력을 미치는 에너지, 환경, 바이오 분쟁에 대한 이해를 통해 그 해결 방안을 모색하는 것이 중요하다. 즉, 에너지, 환경, 바이오 분쟁으로 비롯될지 모를 글로벌 위기를 잘 관리함으로써 지속가능한 국제사회를 유지하고, 에너지·환경·바이오 자원을 효율적으로 공동 사용하는 방안을 강구해야 한다. 이는 전 세계적 수준에서 지속가능한 발전을 가능하게 하고, 인간안보를 확보하여 세계 평화를 정착시킬 수 있을 것이다.

✎ 평가하기

1. 국제정치경제 이슈를 핵심적 이슈와 부수적 이슈로 구분할 경우 핵심적 이슈에 해당하는 것은?

① 통상, 금융
② 통상, 환경
③ 금융, 노동
④ 부패, 인권
⑤ 환경, 인권

해설 핵심적 이슈는 통상, 금융이고, 부수적 이슈는 환경, 노동, 부패, 인권이다.　　　정답 ①

2. 국제정치경제 이슈 중 부수적 이슈는 결국 통상규제와 연결되어 국가□□□ 문제로 귀결되는 것이다. 여기서 □□□에 들어갈 용어는 무엇인가?

① 동원력
② 정보력
③ 경쟁력
④ 통합력
⑤ 응집력

해설 환경보호, 노동권보호, 부패척결, 인권보호 등의 실현을 위한 수단으로 통상규제를 활용하다 보니 국가경쟁력 문제로 귀결되는 것이다.　　　정답 ③

1. 국제정치경제 이슈를 종합적으로 이해하기 위해 어떤 설명이 가능한가?

국제정치경제의 핵심적 이슈는 통상-금융이며, 부수적 이슈는 환경-노동-부패-인권이다. 자유-공정 무역을 목표로 하는 WTO체제의 출범은 다자주의와 규범주의 틀 속에서 국제정치경제적 문제의 해결을 이끌어 왔다. 문제는 자유무역 실현을 위한 공정무역주의가 보호무역적인 조처를 수반한다는 것이다. 즉, 공정무역을 이유로 한 통상규제는 자칫 자유무역의 실현을 방해할는지 모른다. 환경보호, 노동권보호, 부패척결, 인권보호 등을 이유로 한 통상규제 혹은 경제제재는 국가경쟁력의 문제로 귀착되어 오히려 국가 간의 갈등을 증폭시키고 협력을 힘들게 만드는지 모르는 것이다. 국제적 기준의 설정이 힘의 논리가 아닌 협상의 논리 즉 선-후진국 간 진정한 합의에 의해 달성되는 것이 중요하다고 할 수 있다.

참고문헌

강봉구. 2005. "편승과 균형: 21세기 세계정치와 러-미관계." 『국제정치논총』 45(3).

강선주. 2019. "미-중의 통화·금융 패권경쟁: 환율과 기축통화." 『주요국제문제분석』 2019(32).

_____. 2021. "2021년 G7 정상회의: 포스트-코로나 국제질서에의 함의와 전망." 『주요국제문제분석』 2021(16).

강성남. 1997. "국제적 반부패논의: 최근 동향과 쟁점." 『국제문제분석』 32.

고성준. 1996. "국제무역에 있어 부패관행의 규제에 관한 연구." 『통상법률』. 서울: 법무부.

권기철·정승진. 1999. "동아시아의 국제간 노동력 이동에 관한 연구." 『국제지역연구』 3(2).

권인혁. 1992. "2000년대 환경외교." 『국회보』 312.

권은경 외. 1998. 『OECD 뇌물방지협정의 주요내용 및 대응방안 연구』. 서울: 국토개발연구원.

김관옥. 2015. "미중 금융패권경쟁: 유럽금융기구와 다자기구 사례를 중심으로." 『국회보』 33(1).

김기수(편). 1996. 『미국 통상정책의 이해: 국제정치경제적 접근』. 서울: 세종연구소.

김기현. 2002. "라틴아메리카의 달러라이제이션(dollarization): 안정을 위한 선택인가?" 『라틴아메리카연구』 15(2).

김기홍. 2002. "동북아지역의 경제통합이 지속가능 무역에 미치는 영향 -한·중·일의 국제환경협력을 중심으로-." 『국제통상연구』 7(1).

김동수. 1994. "민주주의와 공동체주의: 자유주의·공동체주의 논쟁을 넘어서." 『한국정치학회보』 28(1).

_____. 1994. "기후변화협약의 국제정치: 우리나라에 대한 영향과 대응방안." 『한국정치학회보』 28(2).

김동춘 외. 2000. 『NGO란 무엇인가』. 서울: 아르케.

김동한. 1991. "미국의 인권외교정책과 한국의 민주화." 극동문제연구소(편), 『현대

세계체제의 재편과 제3세계』. 서울: 극동문제연구소.

김병오. 1994. "블루라운드와 노동정책의 선진화 방향."『노동문제논집』 11.

김병완. 1994. 『한국의 환경정책과 녹색운동』. 서울: 나남출판사.

김상준. 2013. "지역과 헤게모니: 미국 헤게모니의 쇠락과 일본의 지역주의 전략 변화를 중심으로."『국제정치논총』 53(1).

김서중. 2001. "뉴라운드 시대 한국 농업의 발전방향."『농약과학소식』 5(2).

김석우. 1995. "제3세계 보호 무역 정책의 정치경제."『국제정치논총』 35(1).

_____. 2007. "한국국제정치학의 회고와 전망: 국제정치경제의 발전과정과 특성 분석."『국제정치논총』 46(1).

_____. 2008. "FTA의 정치경제학: FTA 체결요인에 관한 경험적 분석을 중심으로."『국제정치논총』 18(1).

김성수. 1998. "다자간 환경협력에 관한 연구."『한국환경과학회지』 7(6).

_____. 2001. "기업윤리의 국제동향과 부패관행에 관한 국제규범화의 동향 분석."『기업윤리연구』 3.

김세곤. 2001. "그린라운드하에서의 무역규제 대처 방안 연구 -ISO14000을 중심으로."『사회과학연구논집』 27(3).

김소영. 1994. "블루라운드 관련 노동법적 문제와 대응."『경영계』 1994(5).

김승진·나성린. 1994. 『환경-무역관계가 한국무역에 미치는 영향』. 서울: 세계경제연구원.

김영문. 2004. "중국 현대화 과정에서 나타난 부패원인에 관한 연구."『대한정치학회보』 11(3).

김영종. 2001. "남북한 부패 비교연구."『한국부패학회보』 5.

김영진. 2003. "러시아의 부패현황과 사회문화적 원인."『월간 아태지역동향』 2003(10).

김영호. 1997. "신현실주의의 비판적 고찰."『국제정치논총』 37(2).

김옥암. 2000. "국제노동이동과 외국인 노동자 문제."『국제지역연구』 4(2).

A.V. Jose(호세). 2000. "세계화와 노동조합의 대응: 국제비교."『노동사회』 2000(1/2).

김우상. 2000. "미·중관계의 미래와 동아시아 안보질서 전망."『국제정치논총』 40(4).

김웅진·김용민·안승국·이상환. 2004. 『현대정치학서설: 연구의 영역·대상·맥락』. 서울: 세영사.

김정식. 2004. "한국경제의 IMF 관리체제 극복과 새로운 과제."『산업경제연구』 17(1).

김종섭. 2001. "세계화와 외환·금융위기: 아시아와 라틴아메리카 사례의 비교."『세계지역연구논총』 16.

김종철. 2012. "난민법 제정의 의미와 향후 과제." 『월간 복지동향』 160.

김준기·김종범. 1996. "Cultural Differences in the Crusade against International Bribery: Rice-Cake Expenses in Korea and the Foreign Corruption Practices." 『대외경제정책연구원[KIEP] 연구보고서』 1996(12).

김진영. 2018. "세계금융위기 이후의 포스트 브레튼우즈 체제." 『21세기정치학회보』 28(3).

김진철. 1987. "상호의존론." 『국제정치논총』 27(2).

김창섭. 2001. "기후변화협약의 현황과 전망." 『대한설비공학회 2001 하계학술발표회 논문집』.

김철범. 1992. 『21세기 신국제질서와 한반도』. 서울: 평민사.

김철수. 1993. "국제교역환경 전망과 대응책." 『외교』 25.

김태헌. 2003. "한국의 대EU 통상현안과 문제점." 『EU학 연구』 8(1).

김택. 2001. "반부패 제도의 국제적 동향 및 비교연구 -홍콩, 싱가포르, 말레이시아를 중심으로-." 『한국부패학회보』 5.

김희철. 2000. "국제상거래에 있어서의 부패라운드의 영향과 대응전략." 『한국관세학회지』 1(2).

남궁근. 2002. "NGO의 반부패활동과 성과." 『한국부패학회보』 6.

노명준. 2000. "유해폐기물의 국가간 이동 및 그 처리의 통제에 관한 바젤협약의 운용 현황." 『환경법연구』 22.

노융희. 1988. "환경정책의 과제와 방향." 『국회보』 265.

대한무역진흥공사. 1993/1994. 『선진국의 환경장벽 I·II』. 서울: 대한무역진흥공사.

대한서울상공회의소. 1992. 『지속성장을 위한 환경정책: 환경규제와 경제적 인센티브』. 서울: 대한서울상공회의소.

문순홍. 2000. "민주주의와 환경 결합 논의들의 재구성 -생태민주화의 설계도 그리기-." 『한국정치학회보』 34(2).

문흥호. 1998. "중국의 환경실태와 정책." 『1998년 한국국제정치학회 춘계학술회의 논문집』.

민병승. 1996. 『동북아지역의 환경문제와 국제협력방안에 관한 연구』. 서울: 한국환경기술개발원.

박경서. 1985. 『국제정치경제론』. 서울: 법문사.

박병인. 2003. "동아시아 자유무역지대(FTA)의 형성과 중국의 전략." 『중국연구』 31.

박영수. 2003. "제3세계에서의 부패에 관한 연구." 『경제연구』 21(1).

박용수. 2004. "국제 반부패 동향과 한국." 『한국동북아논총』 30.

박정수. 2003. "국제협력을 통한 효과적인 부패방지." 『한국행정학회 비정기학술발표논문집』.

박재영. 1998. 『국제기구정치론』. 서울: 법문사.

_____. 1999. 『국제정치 패러다임』. 서울: 법문사.

박재완·박영원. 2002. "부패 수준의 측정모형: MIMIC과 DYMIMIC." 『한국부패학회보』 6.

박흥식. 2000. "해외 반부패 NGO 활동의 의미." 『한국행정학회 비정기학술발표논문집』.

배긍찬. 2000. 『동아시아 지역협력 추진 전망』. 서울: 외교안보연구원.

_____. 2001. 『동아시아 정체성 창출방안 연구』. 서울: 외교안보연구원.

_____. 2003. 『동북아 경제중심국가 건설을 위한 외교적 과제』. 서울: 외교안보연구원.

백봉종. 1999. "국제환경레짐과 오존층 보호(협약)." 『한국동북아논총』 13.

백웅기. 2002. "금융위기 이후 신용위축의 원인과 통화정책." 한국금융연구원 『금융조사보고서』 2002-07.

서민환. 1999. "생물다양성협약과 자연 탐사." 『자생식물』 47.

서헌제. 1996. 『대외통상환경의 변화와 법제개편』. 서울: 집문당.

선준영. 1993. "국제환경외교와 우리의 대응." 『외교』 28.

설영기·박현희. 2000. "WTO 뉴라운드 전자상거래 논의동향과 전망." 『무역학회지』 25(4).

성극제. 2001. "WTO 뉴라운드 동향과 협상전략." 『협상연구』 7(1).

손종국·유영옥. 1997. 『동북아론』. 서울: 학문사.

송경석·김주완. 2002. "전자상거래관련 통상문제의 대두와 WTO의 대응." 『국제무역연구』 8(1).

송복. 1995. 『세계화 전략으로서의 공동체 재건』. 서울: 공보처.

송치영. 2000. "전염효과의 원인: 동아시아 금융위기의 경우." 『금융학회지』 5(1).

신상범. 2017. "글로벌 보건과 국제정치학: 연구 성과와 향후 과제." 『국제정치논총』 57(3).

신용하. 1985. 『공동체이론』. 서울: 문학과 지성사.

신유균. 1995. 『신교역질서와 한국의 선택』. 서울: 한국무역경제.

_____. 1993. 『신국제경제질서』. 서울: 한국무역경제.

심영규. 2018. "감염법 예방 및 관리를 위한 국제규범체계에 관한 고찰: 규범조화적 관점에서." 『해사법연구』 30(2).

안경문. 1994. "그린라운드(GR)에 대비하자." 『도시문제』 29/302.

안병훈. 1990. "지구환경문제의 국제적 추세: 우리나라 환경외교의 문제." 『국회보』 285.

안승국·이상환·이태흥·홍원표. 1997. 『정치의 대전환: 포스트모던공동체와 결사체

민주주의』. 서울: 인간사랑.

양동훈. 2002. "정치부패의 문제와 민주주의의 공고화: 정치체제 접근." 『한국정치학회보』 36(2).

염홍철. 1987. "국제정치경제: 종속의 시각." 『국제정치논총』 27(2).

오경택. 2002. "환경문제와 국제관계학." 『한국국제정치학회 소식』 104.

오호성. 1995. 『환경과 경제의 조화』. 서울: 조선일보사 출판부.

외무부. 1992. 『지구환경동향과 환경외교』. 서울: 외무부국제경제국.

_____. 1992/1994. 『주요국제문제분석』. 서울: 외무부 외교안보연구원.

_____. 1993. 『동북아환경협력을 위한 고위실무회의 결과보고서』. 서울: 외무부국제경제국.

_____. 1994. 『동북아환경협력을 위한 전문가회의 및 제2차 고위급회의 결과 보고』. 서울: 외무부국제경제국.

_____. 1996/1997. 『지구환경정보』 창간호~22호. 서울: 외무부국제경제국.

_____. 1996. 『환경외교편람』. 서울: 외무부국제경제국.

원동욱. 2003. "황사문제와 동북아 환경협력 -권력, 이익 그리고 지식의 상호작용 연구-." 『중소연구』 99.

유승익. 1994. "한국의 환경 외교정책: 과제와 전망." 아주대학교 사회과학연구소 편, 『생태사회과학』. 경기: 아주대학교 출판부.

유지성. 2001. "아시아통화기금(AMF)의 설립에 관한 일고." 『경제연구』 22(2).

윤덕민. 2013. "중국의 부상과 일본의 대중전략." 『전략연구』 59.

윤상철. 2000. "정치적 부패와 국제적 연계." 『한국사회학』 34.

윤영모. 2003. "ILO 총회, 무엇을 다루나." 『노동사회』 2003(6).

윤효원. 2003. "이라크 침략전쟁과 국제노동운동의 흐름." 『노동사회』 2003(4/5).

이강무. 1995. "세계무역기구(WTO) 체제하의 분쟁해결제도에 관한 연구." 『무역학회지』 20(1).

이건모. 1994. "국제 환경경영 표준화 동향." 『경영계』 197.

이경태. 2001. "미국의 통상정책 변화와 대응전략." 『경영계』 275.

이경화. 2015. "'공중 보건' 문제에 대한 국제법적 대응." 『환경법연구』 37(2).

이규철. 2019. "미국의 통화패권과 미-중 불균형의 정치경제: 2008년 금융위기 대응사례를 중심으로." 『국제정치연구』 22(4).

이광은. 1995. "블루라운드의 법적 문제점." 『법과 사회』 12.

이기훈. 1998. "우리나라의 기후변화협약 협상 대응전략에 대한 비판적 고찰." 『경제논집』 14.

이내영. 2004. "중남미 경제통합과 미주자유무역지대(FTAA)." 『라틴아메리카연구』 17(1).

이범걸. 2003. "뉴라운드가 한국경제에 미치는 영향 -서비스산업을 중심으로-." 『사회과학연구』 10.

이범준 외. 1998. 『미국외교정책: 이론과 실제』. 서울: 박영사.

이병곤·김일곤·전영권. 1994. 『지구환경문제와 보전대책』. 서울: 법문사.

이병렬. 2003. "서구와 한국의 통상정책 비교연구 -자유무역정책을 중심으로-." 『산업경제연구』 16(4).

이병욱. 1997. 『환경경영론』. 서울: 비봉출판사.

이상돈. 1993. 『환경위기와 리우회의』. 서울: 대학출판사.

_____. 1994. "국제환경규제의 현황과 과제." 아산사회복지사업재단 편, 『현대산업사회와 환경문제』. 서울: 정문출판사.

_____. 1996. "기후변화협약에 관한 연구." 『환경정책』 4(2).

이상환. 1995a. "미국과 동북아 3국간의 무역분쟁: 패권안정이론과 잉여능력이론의 고찰." 『국제정치논총』 35(1).

_____. 1995b. "국제적 환경·무역갈등과 한국의 대응방안에 대한 연구." 『1995년 한국국제정치학회 연례학술회의 국제정치경제분과 논문집』.

_____. 1996a. "신국제정치경제질서의 도래와 세계민주공동체로의 전환." 『국제정치논총』 36(1).

_____. 1996b. "미국 국제무역위원회(USITC)의 연례보고서를 통해 본 미국과 동북아 3국간의 통상관계." 『한국정치학회보』 30(1).

_____. 1998a. "미국 통상대표부(USTR)와 한·미 통상갈등: 분석과 전망." 『한국정치학회 춘계학술회의 논문집』.

_____. 1998b. "국제적 환경 갈등과 협력: 분석과 전망." 창원대학교 사회과학연구소 편, 『창원대 사회과학연구』 4.

_____. 1998c. "동아시아 신흥공업국(NICs)의 경제위기와 발전전략의 대전환." 영남국제정치학회(현 동아시아국제정치학회), 『영남국제정치학회보(현 국제정치연구)』 1.

_____. 2001a. "국제적 반부패논의와 반부패 국제비정부기구의 역할: 국제투명성기구의 활동을 중심으로." 『세계지역연구논총』 16.

_____. 2001b. "미국의 인권외교정책: 코소보와 동티모르의 사례 비교." 『국제정치연구』 3(2).

_____. 2001c. "부패지수의 국제정치경제: 국제투명성기구에 대한 경험적 분석을 중심으로." 『사회과학논집』 19(1).

_____. 2002. "동아시아 경제위기와 그 해법: 한국과 말레이시아 사례에 관한 비교연구." 『한국정치학회보』 36(2).

_____. 2009. "갈등과 협력의 국제 보건 관계: 최근 전염병 사례에 대한 국제사회

의 초기 대응을 중심으로."『정치정보연구』 12(2).

_____. 2015. "세계질서와 동북아 지역질서의 안정성에 대한 전망: 세력전이 시각을 중심으로."『정치정보연구』 18(1).

_____. 2017. "북한 핵무기 개발과 한국의 외교전략: 미국 신행정부의 대외정책에 대한 대응을 중심으로."『정치정보연구』 20(1).

_____. 2020a. "감염병의 국제관계: 21세기 국제사회의 보건 갈등과 협력."『JPI 정책포럼(2020-2)』. 제주: 제주평화연구원.

_____. 2020b. "포스트 코로나: 국제정치질서의 변화와 한국의 대응방안."『한국사회과학협의회 소식(2020-1 통권 24권)』. 서울: 한국사회과학협의회.

_____. 2020c. "세계화와 탈세계화: 민족주의, 보호무역주의의 확산과 글로벌 거버넌스."『외교』 135.

_____. 2020d. "Post COVID-19 시대의 국제정치: 탈세계화, 디지털화 그리고 신냉전 질서의 도래."『정치정보연구』 23(3).

_____. 2021a.『국제정치경제: 시각과 쟁점』. 서울: 박영사.

_____. 2021b. "미국-중국 간 통화 패권경쟁과 국제정치경제질서 전망."『정치정보연구』 24(3).

_____. 2022a.『국제관계개론』. 서울: 박영사.

_____. 2022b. "포스트 코로나19 시대의 미·중 패권 경쟁: 가치공유냐? 이익공유냐?"『아태연구』 29(3).

이상환/박광기. 2016. "G-20 국가의 보건협력 방안 연구: 21세기 전염병 사례에 대한 국제사회의 갈등과 협력을 중심으로."『정치정보연구』 19(2).

이신규. 2002. "미국 통상협상의 전개방향과 한국의 협상전략."『한국관세학회지』 3(1).

이신화. 1996. "환경전쟁(Eco Conflict)?: 폭력갈등과 국제질서 위협요인으로서의 환경파괴."『한국정치학회보』 30(3).

_____. 2006. "동아시아 인간안보와 글로벌 거버넌스."『세계정치』 27(1).

_____. 2016. "시리아 난민 사태: 인도적 위기의 안보적 접근과 분열된 정치적 대응."『한국과 국제정치』 32(1).

이영준. 1995.『국제환경법론』. 서울: 법문사.

이용욱. 2021. "미중경쟁 2050: 통화금융."「EAI 스페셜리포트」(동아시아연구원).

이용호. 2007. "난민의 개념과 그 보호."『국제법학회논총』 52(2).

이은호. 1998. "동북아환경문제에 관한 지역협력."『1998년 한국국제정치학회 춘계 학술회의논문집』.

이재웅. 2000. "금융위기와 국제통화질서의 개편방향."『국제경제연구』 6(1).

이재형. 2002. "반부패와 시장개방사이의 상호관계: 국가별 비교."『도시행정학보』

15(2).

이정전. 1995. 『녹색경제학』. 서울: 한길사.

이종무. 1992. "유엔환경개발회의와 한국의 환경외교." 『외교』 21.

이홍배. 2004. "일본의 통상정책 변화와 한·일 FTA." 『한일경상논집』 28.

이효영. 2022. "경제안보의 개념과 최근 동향 평가." 『주요국제문제분석』 2022-08.

임종수. 1996. 『국제환경·무역연계논의 동향과 대응방안』. 서울: 한국환경기술개발원.

임혜란. 2002. "미국의 신통상정책과 이념의 역할: 미·EU 통상마찰의 재조명." 『EU 학 연구』 7(1).

장오현. 1999. "일본의 금융위기와 정책대응 및 그 대안." 『비교경제연구』 7(1).

장은영. 2016. "미국의 난민인정 절차와 정착지원". 『월간 복지동향』 210.

전영평. 2003. "시민단체에 의한 부패통제: 논리, 유형 분석." 『한국행정학보』 37(3).

전재성. 1999. "E.H. 카아의 비판적 현실주의 국제정치이론." 『한국정치학회보』 33(3).

_____. 2000. "현실주의 국제제도론을 위한 시론." 『한국정치학회보』 34(2).

전혜원. 2016. "유럽 난민 사태의 유럽정치에의 함의". 『주요국제문제분석』 2015(47).

정건오·황진영. 2003. "The Determinants of Corruption: A Macroeconomic Aspect." 『경제연구』 21(3).

정연식·이상환. 2000. "미국의 인권외교정책: 중국과 한국의 사례 비교." 『21세기 국제관계연구의 쟁점과 과제』. 서울: 박영사.

정영태. 2001. "영국의 신노동조합주의와 한국에 대한 함의." 『학술대회 및 심포지움 자료집』.

정이환. 2001. "1980-90년대 한국 근로자의 직무만족도 연구: 추세, 결정요인 및 국제비교." 『산업노동연구』 7(2).

정진영. 1997. "자본의 국제적 유동성, 국가의 정책자율성, 국제협력: 세계금융의 정치경제에 관한 한 시론." 『국제정치논총』 36(3).

_____. 2000. "외환·금융위기와 동아시아 발전의 미래: 발전모델, 구조조정, 지역 협력을 둘러싼 논쟁을 중심으로." 『한국과 국제정치』 16(2).

정회성·정회석. 2000. "동북아 환경협력의 과제와 발전방향." 『국토계획』 35(1).

조경근. 1993. "국제환경정치의 소망과 현실 -'국제환경협력'의 가능성-." 『국제정치논총』 33(2).

_____. 1995. "그린라운드(Green Round)의 국제정치적 특성 -'자유무역레짐'의 변화를 둘러싼 갈등과 협력의 구조-." 『국제정치논총』 35(2).

_____. 1998. "일본의 환경실태와 정책." 『1998년 한국국제정치학회 춘계학술회의 논문집』.

조문희 외. 2019. "한국의 FTA 15년 성과와 정책 시사점." 『2019 KIEP 정책연구

브리핑』1(9).

조성권. 2001. "카지노 관련 정치부패의 유형과 대책 -국제조직범죄의 측면에서-." 『한국부패학회 창립기념학술대회』.

조정현. 2014. "유엔 북한인권 조사위원회(COI) 보고서 분석 및 평가." 『주요국제 문제분석』 2014(07).

조찬래. 1998. "한국의 환경실태와 정책." 『1998년 한국국제정치학회 춘계학술회의 논문집』.

조한승. 2018. "동아시아 보건안보의 쟁점과 협력." 『한국동북아논총』 23(4).

차재훈. 2014. "한-미 정부의 대북인식과 핵정책 상관성연구." 『정치정보연구』 17(2).

최낙균 외. 2001. "WTO 뉴라운드의 협상의제별 주요 쟁점 및 대응방안." 『대외경 제정책연구원[KIEP] 연구보고서』.

최무웅. 1994. 『돌풍 그린라운드』. 서울: 정훈출판사.

최민휴. 1992. "유엔 환경개발회의(UNCED) 참가보고." 『한국임학회 학술발표논문집』.

최병두. 1995. 『환경사회이론과 국제환경문제』. 서울: 한울.

최상래. 1998. "다자간투자협정(MAI)이 국내산업에 미치는 영향과 대응전략." 『생 산성논집』 12(4).

최성일. 2003. "국제통상문제의 정치경제적 접근에 관한 연구." 『경제연구』 21(1).

최운도. 2004. "아시아 경제통합에 있어서 일·중 협력과 경쟁." 『중소연구』 101.

최은경·이종구. 2016. "2000년대 글로벌 전염병 거버넌스의 변화: 글로벌 보건 안 보의 대두와 국내 전염병 관리 체계의 변화." 『의사학』 25(3).

최종범·김기순. 1994. 『자연환경과 국제법』. 서울: 범양사 출판부.

최진우. 1997. "유럽경제통화통합의 동인과 정치적 쟁점." 『국제정치논총』 36(3).

최혁. 2001. "한국 통상정책의 방향." 『국제법거래연구』 10.

통계청. 1997. 『국제통계연감』. 서울: 통계청 국제통계과.

표인수. 2000. "뉴라운드의 반덤핑규범의 최근 동향." 『국제법거래연구』 9.

한택환. 1993. 『한-중 환경협력에 관한 연구』. 서울: 대외경제정책연구원.

홍기준. 1997. "OSCE와 ARF 사례연구를 통해서 본 동북아 지역안보협력의 방향." 『국방논집』 40.

홍득표. 1992. "외교정책결정과 정치위험분석." 『국제정치논총』 32(2).

홍성복(역). 1992. 『새로운 초강대국』. The New Superpowers by Jefferey T. Bergner(New York: St. Martin's Press, 1991).

홍성우 외. 2001. "동아시아 지역의 국제화와 노동자 인권." 『산업관계연구』 11(2).

황재민. 1994. "환경경영주의의 대두와 국제경쟁력." 『경영계』 197.

Jay Mazur·김영두. 2000. "새로운 노동자 국제주의." 『노동사회』 44.

문화일보, 세계일보, 조선일보, 중앙일보 등 각종 일간지.

Adams, W. M. 1991. *Green Development: Environment and Sustainability in the Third World*. NY: Routledge.

Altman, Roger C. 1994. "Why Pressure Tokyo?" *Foreign Affairs*, 73(3): 2-6.

Axelrod, Robert. 1985. *The Evolution of Cooperation*. NY: Basic Books, Inc.

Baehr, Peter R. & Gary Campbell. 1994. *The Role of Human Rights in Foreign Policy*. London: The Macmillan Press.

Baldwin, David(ed). 1993. *Neorealism and Neoliberalism: The Contemporary Debate*. NY: Columbia University Press.

Baldwin, Robert E. 1985. *The Political Economy of U.S. Import Policy*. Cambridge, MA: MIT Press.

Bhagwati, J. 1988. "The United States and Trade Policy: Reversing Gears." *Journal of International Affairs*, 42(1): 93-108.

Caballero-Anthony, Mely. 2005. "SARS in Asia: Crisis, Vulnerabilities, and Regional Responses." *Asian Survey*, 45(3): 475-495.

Cardoso, Fernando H. and Enzo Faletto. 1978. *Dependency and Development in Latin America*. CA: University of California Press.

Chirot, Daniel. 1977. *Social Change in the Twentieth Century*. Harcourt College Pub.

Cline, William R. 1982. *Reciprocity: a New Approach to World Trade Policy?* Washington DC: Institute for International Economics.

_____(ed). 1983. *Trade Policy in the 1980s*. Washington DC: Institute for International Economics.

Conybeare, John A. C. 1984. "Public Goods, Prisoners' Dilemmas and the International Political Economy." *International Studies Quarterly*, 28(1): 5-22.

Cooper, David Edward and Joy A. Palmer. 1992. *The Environment in Question: Ethics and Global Issues*. NY: Routledge.

Destler, I. M. 1986. *American Trade Politics: System Under Stress*. Washington D.C.: Institute for International Economics.

_____. 1992. *American Trade Politics*. Washington D.C.: Institute for International Economics.

Destler, I. M. and John Odell. 1987. *Anti-Protection: Changing Forces in United States Trade Politics*. Washington D.C.: Institute for International

Economics.

Deutsch, Karl and David Singer. 1964. "Multipolar Power Systems and International Stability." *World Politics*, 16(3): 390−406.

Dietz, Frank, Udo Ernst Simonis, and Jan van Straaten. 1992. *Sustainability and Environmental Policy: Restraints and Advances*. Berlin: Edition Sigma.

Dimitrov, Radoslav S. 2003. "Knowledge, Power, and Interests in Environmental Regime Formation." *International Studies Quarterly*, 47(1): 123-150.

Dougherty, James and Robert Pfaltzgraff Jr. 1981. *Contending Theories of International Relations*. NY: Harper & Row, Publishers.

Dreher, Axel. 2006. "Does Globalization Affect Growth? Evidence from a new Index of Globalization." *Applied Economics*, 38(10): 1091-1110.

Ekman, Bjorn. 2003. *Globalization and Health: An Empirical Analysis Using Panel Data*. Lund University, mimeo.

Engel, J. Ronald & Joan Gibb Engel. 1990. *Ethics of Environment and Development: Global Challenge and International Response*. AZ: University of Arizona Press.

Esty, Daniel C. 1994. *Greening the GATT: Trade, Environment, and the Future*. Washington, DC: Institute for International Economics.

Evans, Peter. 1979. *Dependent Development*. NJ: The Princeton University Press.
_____. 1997. "The Eclipse of the State? Reflections on Stateness in an Era of Globalization." *World Politics*, 50(1): 62-87.

Evans, P., D. Rueschemeyer & T. Skocpol., eds. 1985. *Bringing the State Back In: Strategies of Analysis of Current Research*. Cambridge, UK: Cambridge University Press.

Evans, Tony. 1996. *U.S. Hegemony and the Project of Universal Human Rights*. NY: St. Martin's Press.

Fisman, R. & Robera Gatti. 2002. "Decentralization and Corruption: Evidence across Countries." *Journal of Public Economics*, 83(3): 325-345.

Fox, Heather. 2014. "China: An Unlikely Economic Hegemon." Strategic Studies Quarterly, 8(1): 88−113.

Frank, A. 1967. *Capitalism and Underdevelopment in Latin America*. NY: Monthly Review Press.

Fraser, Donald M. 1979. "Human Rights and U.S. Foreign Policy: Some Basic Questions Regarding Principles and Practice." *International Studies Quarterly*, 23(2): 174-185.

Frieden, J. 1988. "Sectoral Conflict and U.S. Foreign Economy Policy, 1914-1940." *International Organization*. 42(1): 59-90.

_____. 1998. "The Euro: Who Wins? Who Loses?." *Foreign Policy*. 112: 24-39.

Fukuyama, F. 1992. *The End of History and the Last Man*. NY: Free Press.

Gerring, J. & S. C. Thacker. 2002. "Do Neoliberal Policies Deter Political Corruption?." Paper presented at the 2002 Annual Meeting of the International Studies Association.

Geithner, P. 1999. "What Governments Can Do to Encourage Civic Participation." *Paper presented at the International Conference on "Democracy, Market Economy and Development*(1999.2.26.-27)," Seoul, Republic of Korea.

Ghai, Dharam P. & Jessica M. Vivian. 1992. *Grassroots Environmental Action: People's Participation in Sustainable Development*. NY: Routledge.

Gilpin, Robert. 1975. *U.S. Power and the Multinational Corporation: The Political Economy of Foreign Direct Investment*. NY: Basic Books.

_____. 1987. *The Political Economy of International Relations*. NJ: The Princeton University Press.

Golden, David G. & James M. Poterba. 1980. "The Price of Popularity: The Political Business Cycle Reexamined." *American Journal of Political Science*, 24(4): 696-714.

Goldstein, Judith. 1986. "The Political Economy of Trade: Institutions of Protection." *American Political Science Review*, 80(1): 161-184.

_____. 1988. "Ideas, Institutions, and American Trade Policy." *International Organization*, 42(1): 179-217.

Gowa, Joanne. 1989. "Bipolarity, Multipolarity, and Free Trade." *Amercan Political Science Review*, 83(4): 1245-1256.

_____. 1994. *Allies, Adversaries, and International Trade*. NJ: The Princeton University Press.

Grieco, Joseph M. 1988. "Anarchy and the Limits of Cooperation: A Realist Critique of the Newest Liberal Institutionalism." *International Organization*, 42(3): 485-507.

Grigorescu, Alexandru. 2003. "International Organizations and Government Transparency: Linking the International and Domestic Realms." *International Studies Quarterly*, 47(4): 643-667.

Haftel, Yoram Z. 2004. "From the Outside Looking In: The Effect of Trading

Blocs on Trade Disputes in the GATT/WTO." *International Studies Quarterly*, 48(1): 121–142.

Haggard, Stephan & Beth A. Simmons. 1987. "Theories of International Regimes." *International Organization*, 41(3): 491–517.

Hansen, Wendy L. 1990. "The International Trade Commission and the Politics of Protectionism." *American Political Science Review*, 84(1): 21–46.

Held, David. 1993. *Prospects for Democracy*. CA: Stanford University Press.

_____. 1995. "Democracy and the New International Order." in Daniele Archibugi and David Held (eds.), *Cosmopolitan Democracy: An Agenda for a New World Order*. Cambridge: Polity Press.

Heidenheimer, A. J. 1970. Political Corruption: Readings in Comparative Analysis. NJ: New Brunswick Transaction.

Helleiner, Eric. 2002. "Economic Nationalism as a Challenge to Economic Liberalism? Lessons from the 19th Century." *International Studies Quarterly*, 46(3): 307–329.

Herrera, A. M. and P. Rodriguez. 2002. "Bribery and The Nature of Corruption." Paper presented at *the 2002 Annual Meeting of the International Studies Association*.

Herrero, Alicia Garcia. 2019. "Europe in the Midst of China－US Strategic Economic Competition: What are the European Union's Options?" Bruegel, 1－21.

Hirschman, Albert. 1980. *National Power and the Structure of Foreign Trade*. CA: University of California Press.

Hudock, A. 1999. *NGOs and Civil Society: Democracy by Proxy?* Polity Press.

Isaak, Robert. 1995. *Managing World Economic Change*. NJ: Prentice-Hall, Inc.

Jervis, Robert. 1982. "Security Regimes." *International Organization*, 36(2): 357–378.

Karns, Margaret P. & Karen A. Mingst. 2015. *International Organization: The Politics and Processes of Global Governance*. CO: Lynne Rienner Publishers, Inc.

Keohane, Robert. 1984. *After Hegemony: Cooperation and Discord in the World Political Economy*. NJ: Princeton University Press.

_____. 1989. *International Institution and State Power: Essays in International Relation Theory*. CO: Westview Press.

Keohane, Robert & Joseph Nye. 1977. *Power and Interdependence: World Politics in Transition.* MA: Little Brown and Company.

Kennedy, Paul. 1987. *The Rise and Fall of Great Powers.* NY: Random House.

Kindleberger, Charles P. 1987. *The World in Depression, 1929-39.* Penguin Books Ltd.

Kleindorfer, Paul R., Howard Kunreuther & David S. Hong. 1996. *Energy, Environment, and the Economy: Asian Perspectives.* Edward Elgar Pub.

Kono, Daniel Yuichi. 2002. "Are Free Trade Areas Good for Multilateralism? Evidence from the European Free Trade Association." *International Studies Quarterly,* 46(4): 507-527.

Korten, David C. 1986. *Community Management: Asian Experience and Perspectives.* CT: Kumarian Press.

Krasner, Stephen. 1976. "State Power and the Structure of International Trade." *World Politics,* 28(3): 317-348.

_____. 1978. *Defending the National Interest.* Princeton, NJ: The Princeton University Press.

_____. 1983. "Structual Causes and Consequence: Regimes as Intervening Variables." in Krasner (ed.), *International Regimes.* NY: Cornell University Press.

_____. 1984. "Approach to the State: Alternative Conceptions and Historical Dynamics." *Comparative Politics,* 16(2): 223-246.

_____. 1985. *Structural Conflict: The Third World Against Global Liberalism.* CA: The University of California Press.

Krugman, Paul R. 1986. *Strategic Trade Policy and the New International Economics.* MA: The MIT Press.

_____. 1998. "Who's Afraid of the Euro?" http:/www.pathfinder.com/fortune (April).

Lambsdorff, Johann G. 1998. "An Empirical Investigation of Bribery in International Trade." *European Journal of Development Research,* 10(1): 40-59.

_____. 1999. "Exporter's Propensity to Pay Bribes-A Trade Pers-pective." *Unpublished Manuscript.* Göttingen University.

Leblang, David. 2003. "To Devalue or to Defend? The Political Economy of Exchange Rate Policy." *International Studies Quarterly,* 47(4): 533-559.

Lee, Sang-Hwan. 2002. "Global Anti-Corruption Issues: Empirical Analyses on the Relationships between the Corruption Perception Index of Transparency

International and National Socio-economic Situations in East Asia." *2002 International Studies Association Annual Conference Proceedings.*

_____. 2003. "Security Concerns in Northeast Asia and Korea's Role." Paper to be presented at *the 18th Annual Conference of the Council on Korea-U.S. Security Studies,* Washington, D.C., U.S.A., October 8-10.

_____. 2005. "Environmental and Epidemic Cooperation in Northeast Asia: Focusing on the Cases of Yellow Sand, SARS, and Bird Flu." *2005 Korean Association of International Studies Annual Convention Proceedings* (Seoul, R.O.K.), 1-29.

Maitland, Elizabeth. 2002. "Modelling Economic Corruption: Implications for Multinational Enterprises." Paper presented at *the 2002 Annual Meeting of the International Studies Association.*

Mauro, Paolo. 1995. "Corruption and Growth." *The Quarterly Journal of Economics,* 110(3): 681-712.

_____. 1997. "The Effects of Corruption on Growth, Investment, and Government Expenditure: A Cross-Country Analysis." *Corruption and the Global Economy.* Washington D.C.: Institute for International Economics.

_____. 1998. "Corruption and the Composition of Government Expenditure." *Journal of Public Economics,* 69(2): 263-279.

McCracken, Kevin & David R. Phillips. 2017. *Global Health: An introduction to current and future trends.* London & NY: Routledge.

McKeown, Timothy J. 1983. "Hegemonic Stability Theory and 19th Century Tariff Levels in Europe." *International Organization,* 37(1): 73-91.

_____. T. 1984. "Firms and Tariff Regime Change: Explaining the Demand for Protection." *World Politics,* 36(2): 215-233.

Mearsheimer, John J. 2001. *The Tragedy of Great Politics.* NY: W.W. Norton.

Milner, H. 1987. "Resisting the Protectionist Temptation: Industry and the Making of Trade Policy in France and the United States During the 1970s." *International Organization,* 41(4): 639-665.

Molnar, Joseph J. & David L. Rogers. 1982. "Interorganizational Coordination in Environmental Management: Process, Strategy, and Objective," in Dean E. Mann(ed.), *Environmental Policy Implementation.* KY: Lexington Books.

Morgenthau, Hans J. 1967. *Politics among Nations: The Struggle for Power and Peace.* 4th ed. NY: Alfred A. Knopf.

Morse, Edward. 1976. "Interdependence on World Affairs." in James Rosenau (ed.), *World Politics*. NY: The Free Press.

Nordhaus, William D. 1975. "The Political Business Cycle." *The Review of Economic Studies*, 42(2): 169-190.

Nye, J. S. 1967. "Corruption and Political Development: A Cost-Benefit Analysis." *Americal Political Science Review*, 61(2): 417-427.

Odell, John S. 1985. "The Outcomes of International Trade Conflicts: The US and South Korea, 1960-1981." *International Studies Quarterly*, 29(3): 263-286.

Organski, A. F. K. 1981. *The War Ledger*. IL: The University of Chicago Press.

Pass, Jonathan. 2020. "China's Institutional Statecraft within the Liberal International Order." Revista Española de Derecho Internacional, 72(2): 89−115.

Pearce, David W., Edward B. Barbier & Anil Markandya. 1990. *Sustainable Development: Economics and Environment in the Third World*. Gower Publishing Company.

Pollins, Brian M. 1989. "Conflict, Cooperation, and Commerce: The Effect of International Political Interactions on Bilateral Trade Flows." *American Journal of Political Science*, 33(3): 737-761.

Portes, Alejandro. 1976. "On the Sociology of National Development: Theories and Issues." *American Journal of Sociology*, 82(1): 55-85.

Powell, Robert. 1991. "Absolute and Relative Gains in International Relations Theory." *American Political Science Review*, 85(4): 1303-1320.

Raustiala, Kal. 1997. "States, NGOs, and International Environmental Institutions." *International Studies Quarterly*, 41(4): 719-740.

Rose-Ackerman, Susan. 1996. "Democracy and 'Grand' Corruption." *International Social Science Journal*, 149: 365-380.

Salamon, L., and Associates. 1999. *Global Civil Society: Dimensions of the Nonprofit Sector*. The Johns Hopkins Comparative Nonprofit Sector Project.

Sand, Peter H. 1991. "International Cooperation: The Environmental Experience," in Jessica T. Mathews (ed.), *Preserving the Global Environment*. NY: W.W. Norton & Company.

Sandholtz, Wayne & William Koetzle. 2000. "Accounting for Corruption: Economic Structure, Democracy, and Trade." *International Studies Quarterly*, 44(1): 31-50.

Sell, Susan K. 2004. "The Quest for Global Governance in Intellectual Property and Public Health: Structural, Discursive and Institutional Dimensions." *The 45th International Studies Association Annual Convention Proceedings* (Montreal, Canada).

Shirk, Susan. 1977/78. "Human Rights: What about China?" Foreign Policy, 29.

Singer, David. 1989. "The Level of Analysis Problem in International Relations." in John Ikenberry. *American Foreign Policy: Theoretical Essays*, 67-80.

Snidal, Duncan. 1985. "The Limits of hegemonic Stability Theory." *International Organization*, 39(4): 579-614.

_____. 1991. "Relative Gains and the Pattern of International Cooperation." *American Political Science Review*, 85(3): 701-726.

Spero, J. 1985. *The Politics of International Economic Relations*. NY: St. Martin's Press.

Spiro, Herbert J. 1962. "Comprehensive Politics: A Comprehensive Approach." *American Political Science Review*, 56(3): 577-595.

Snyder, Glen H. 1984. "The Security Dilemma in Alliance Politics." *World Politics*, 36(4): 461-495.

Strange, Susan. 1979. "The Management of Surplus Capacity: or How Does Theory Stand Up To Protectionism 1970s Style?" *International Organization*, 33(3): 303-333.

_____. 1985. "Protectionism and World Politics." *International Organization*, 39(2): 233-259.

_____. 1987. "The Persistent Myth of Lost Hegemony." *International Organization*, 41(4): 551-574.

Strange, S. and R. Tooze. 1981. *The International Politics of Surplus Capacity*. George Allen & Unwin Ltd.

The Union of International Associations(ed.). 1999. *Yearbook of Internationl Organizations*. London: K.G. Saur Verlag.

Tropp, Shawna and Michael Atchia. 1995. *Environmental Management: Issues and Solutions*. NY: Wiley.

Tufte, Edward R. 1978. *Political Control of the Economy*. NJ: The Princeton University Press.

Valenzuela, Samuel & Arturo Valenzuela. 1978. "Modenization and Dependency: Alternative Perspectives on the Study of Latin American Underdevelopment." *Comparative Politics*, 10(4): 535-557.

Vermeiren, Mattias and Sacha Dierckx. 2012. "Challenging Global Neoliberalism?

The global political economy of China's capital controls." Third World Quarterly, 33(9): 1647−1668.

Vogler, John and Mark Imber. 1996. *The Environment and International Relations*. NY: Routledge.

Walleri, Dan. 1978. "The Political Economy Literature of North-South Relations." *International Studies Quarterly*, 22(4): 587-624.

Wallerstein, Immanuel. 1974 & 1980. *The Modern World System*. Academic Press.

Walsh, James I. 2001. "National Preferences and International Institutions: Evidence from European Monetary Integration." *International Studies Quarterly*, 45(1): 59-80.

Walt, Stephen M. 1988. "Testing Theories of Alliance Formation." *International Organization*, 42(2): 275-316.

Waltz, Kenneth. 1967. "International Structure, National Force, and the Balance of World Power." *Journal of International Affairs*, 21(2): 215-231.

_____. 1979. *Theory of International Politics*. NY: Random House.

_____. 1993. "The Emerging Structure of International Politics." *International Security*, 18(2): 44-79.

Wapner, Paul. 2002. "The Sovereignty of Nature? Environmental Protection in a Postmodern Age." *International Studies Quarterly*, 46(2): 167-187.

Warford, Jeremy J. 1989. "Environmental Management and Economic Policy in Developing Countries," in Gunter Schramm and Jeremy J. Warford(eds.), *Environmental Management and Economic Development*. MD: The Johns Hopkins University Press.

Youde, Jeremy. 2004. "Enter the Fourth Horseman: Health and International Relations Theory." *The 45th International Studies Association Annual Convention Proceedings* (Montreal, Canada), 1-26.

Zeng, Ka. 2002. "Trade Structure and the Effectiveness of America's Aggressively Unilateral Trade Policy." *International Studies Quarterly*, 46(1): 93-115.

국립외교원: http://www.knda.go.kr
외교부: http://www.mofa.go.kr
질병관리본부: http://www.cdc.go.kr
통계청: http://kostat.go.kr
한국무역협회: http://www.kita.net

Amnesty International: http://www.amnesty.org

Freedom House: http://www.freedomhouse.org

Global Health Security Index Report: http://www.ghsindex.org

Human Rights Watch: http://www.hrw.org

KOF Swiss-Federal Institute of Technology Zurich: http://www.kof.ethz.ch

Transparency International: http://www.transparency.org

UNHCR The UN Refugee Agency: http://www.unhcr.org

World Bank: http://www.worldbank.org

World Health Organization: http://www.who.org

富士總合研究所. 1992. 『環境要覽』. 東京: 富士總合研究所.

西宮ライフサイエンスセミナー研究委員會. 1994. 『地球環境と人間:私たちが知ら
    なかつたこと』. 東京: 莱根出版.

✏️ 찾아보기

저자 약력

이 상 환

학력사항

미시간주립대학교(Michigan State University) 정치학박사(Ph.D.)
미시간주립대학교(Michigan State University) 정치학석사(M.A.)
한국외국어대학교 정치학사(B.A.)

일반 경력사항

(현재)
한국외국어대학교 정치외교학과 교수
외교부 정책자문위원
교육부(한국연구재단) 대학혁신통합사업관리위원
Korean Journal of International Studies 편집장(Editor-in-Chief)

(역임)
한국외국어대학교 정치행정언론대학원장/연구산학협력단장/학생복지처장/글로벌정치연구소장/외무고시
　　　반 지도교수 등
미시간주립대학교 아시아연구센터 풀브라이트방문학자(Fulbright Visiting Scholar)
한국연구재단 정치학분야 RB
한국국제교류재단 글로벌시티즌십 프로그램 사업 주관교수
한국국제교류재단 공공외교역량강화대학 사업 주관교수
제24회 세계모의유엔대회(Harvard-HUFS WorldMUN) 주관교수
제17회 전국대학생모의유엔대회(한국외대) 주관교수
대통령 외교안보자문위원
청와대 국가안보실 정책자문위원
통일부 정책자문위원
민주평화통일자문회의 자문위원
국민권익위원회 자문위원
미래창조과학부 국제화사업추진위원
한국도평방지위원회 국제위원
국립외교원 설립 추진위원
서울동부지역 산학단장협의회 회장
국립 창원대학교 국제관계학과 교수
육군 정훈장교(중위)로 군복무

학회 경력사항

한국국제정치학회 회장
한국정치정보학회 회장
International Studies Association 정회원
American Political Science Association 정회원(Governing Board Member, International Political Science
　　　Committee)
Midwest Political Science Association 정회원
International Political Science Association 정회원

기타 경력사항

외무-행정-입법-사법고등고시 출제/채점/검토/면접 위원
법학적성시험(LEET) 출제위원
대입 수학능력시험 기획/출제/검토자문 위원
중등교사임용시험 출제/검토 위원
중등교과서(정치와법/법과정치/정치) 검정/연구 위원, 심의위원장
교육부 대학평가위원(장)(대학혁신사업 · 에이스사업 · 링크사업 · 대학구조개혁평가 등)

수상

한국외국어대학교 우수교원표창(연구업적, 2004-2005-2006-2007-2008)

연구실적

"패권과 패권국, 그리고 글로벌 패권질서: 미 · 중 패권경쟁의 동학"「정치정보연구」26-2 (2023).
"세계화와 탈세계화 그리고 국제관계의 변화"「정치정보연구」25-3 (2022).
"미국 · 중국 간 통화 패권경쟁과 국제정치경제질서 전망"「정치정보연구」24-3 (2021).
"Post COVID-19 시대의 국제정치: 탈세계화, 디지털화 그리고 신냉전 질서의 도래"「정치정보연구」
    23-3 (2020).
"The United States and Asia in 2023: In Search of Global Shared Interests" *Asian Survey* 64-2 (2024),
    University of California Press (CA, USA).
"The United States and Asia in 2022: Looking for Shared Values or Interests" *Asian Survey* 63-2
    (2023), University of California Press (CA, USA).
외 국영문 연구논문 120여 편.

「국제관계개론」. 박영사 (2022).
「글로벌 공공외교 기관과 활동」. HUINE (2022).
「국제정치경제: 시각과 쟁점」. 박영사 (2021).
Issues and Perspectives in the Korean Peace Process. Korean Association of International Studies,
    HUINE (2021).
외 국영문 저역서 40여 권.

제2판
국제정치경제: 시각과 쟁점

초판발행 2021년 4월 14일
제2판발행 2024년 9월 10일

지은이 이상환
펴낸이 안종만·안상준

편 집 이수연
기획/마케팅 박부하
표지디자인 이은지
제 작 고철민·김원표

펴낸곳 ㈜ **박영사**
서울특별시 금천구 가산디지털2로 53, 210호(가산동, 한라시그마밸리)
등록 1959. 3. 11. 제300-1959-1호(倫)

전 화 02)733-6771
f a x 02)736-4818
e-mail pys@pybook.co.kr
homepage www.pybook.co.kr
ISBN 979-11-303-2126-4 93340

copyright©이상환, 2024, Printed in Korea

* 파본은 구입하신 곳에서 교환해 드립니다. 본서의 무단복제행위를 금합니다.

정 가 23,000원